组织行为学

（第二版）

聂永有 编著

图书在版编目(CIP)数据

组织行为学 / 聂永有编著. —2版. —上海：立信会计出版社,2015.8
ISBN 978-7-5429-4761-1

Ⅰ.①组… Ⅱ.①聂… Ⅲ.①组织行为学 Ⅳ.①C936

中国版本图书馆 CIP 数据核字(2015)第 185948 号

责任编辑　赵志梅
封面设计　周崇文

组织行为学(第二版)

出版发行	立信会计出版社		
地　　址	上海市中山西路 2230 号	邮政编码	200235
电　　话	(021)64411389	传　真	(021)64411325
网　　址	www.lixinaph.com	电子邮箱	lxaph@sh163.net
网上书店	www.shlx.net	电　话	(021)64411071
经　　销	各地新华书店		
印　　刷	上海锦良印刷厂		
开　　本	787 毫米×960 毫米	1/16	
印　　张	26.75		
字　　数	643 千字		
版　　次	2015 年 8 月第 2 版		
印　　次	2015 年 8 月第 1 次		
印　　数	1—3 100		
书　　号	ISBN 978-7-5429-4761-1/C		
定　　价	45.00 元		

如有印订差错,请与本社联系调换

第二版前言

本书出版以后,得到了国内众多高校同行的支持与帮助,作者表示由衷的感谢。

2015年7月,在本书新的责任编辑赵志梅老师的帮助下,我们对内容做了修订并增改了部分案例。在此过程中,杉达大学的袁洪飞老师做了大量的工作,在此特表示感谢。

2015年8月

前　言

组织行为学是以一定组织中的人的心理和行为的发展规律为研究对象的学科。研究它的目的是使我们通过一些人为的手段去影响个体及组织的行为结果,提高组织运行效率。

组织行为学的产生是管理理论越来越强调人的因素的结果。现代管理理论改变了人们对组织中人的行为的认识,强调了人才是有效组织的核心,这个改变带来了激励手段、管理思维的变革。组织行为学就是在这样的背景下产生的,它是一门新学科,是心理学、人类学、生理学等原理在管理中的应用,属于多学科相交叉的边缘学科。近50年的实践证明,加强组织行为学的研究和运用,对于调动劳动者的积极性、主动性和创造性,提高管理水平,推动社会经济发展,都具有非常重要的意义。

本书共分五篇十八章。第一篇:导论,主要介绍组织行为学的产生和发展过程;第二篇:个体行为分析,主要介绍个体行为特征、压力、沟通与激励;第三篇:群体行为分析,主要介绍群体行为特征、群体决策、团队与团队管理、领导行为、绩效管理;第四篇:组织行为分析,主要介绍组织结构设计、组织决策、组织文化、组织控制;第五篇:组织创新,主要介绍领导权变、组织变革、学习型组织、虚拟组织等。

组织行为学

　　本书适合经济管理类各专业的研究生、EMBA、MBA、本科生,管理培训学员,各级领导和管理者,以及所有希望提升自己领导和管理能力的人士阅读。

　　本书得以完成并出版,首先要感谢立信会计出版社孙时平社长、上海交通大学陈宪教授,是他们的鼓励与支持,使我能够历经数年,最终完成书稿的写作任务。在本书的写作过程中,我的导师李非教授给了我极大的关怀与支持;陈多友、李爱民、湛正群、袁清瑞、花红林、岳芳敏、蔡进兵等朋友为我提供了很多的帮助;吕雷、孟德庆、单晓雯、陈永红、何鹏、谭慧红、徐萍、王盟、张艳清等人,为本书的写作收集了大量的资料并承担了部分章节的写作任务;立信会计出版社的方辉编辑,为本书的修改与出版付出了辛勤的劳动,在此一并致谢。

　　在本书的编写过程中,编者参考了大量的国内外相关专著、教材、论文与其他资料,在此,向有关成果的作者表示衷心的感谢!

　　由于本人学术水平有限,对相关问题的研究不够透彻,书中一定存有不足之处,敬请读者批评指正。

聂永有
2008 年 7 月

目 录

第一篇 导 论

第一章 组织行为学导论 ... 3
学习目标 ... 3
第一节 组织行为学概述 ... 3
第二节 组织行为学的理论渊源 ... 11
第三节 组织行为学的研究内容与方法 ... 17

第二篇 个体行为分析

第二章 个体行为特征 ... 25
学习目标 ... 25
第一节 个体行为 ... 25
第二节 价值观与个体行为 ... 29
第三节 态度与个体行为 ... 30
第四节 情绪情感与个体行为 ... 37
第五节 知觉与个体行为 ... 39
第六节 个性心理特征与个体行为 ... 43

第三章 压力 ... 55
学习目标 ... 55
第一节 压力及其影响因素 ... 55
第二节 压力管理 ... 63

第四章 沟通 ... 71
学习目标 ... 71

第一节　沟通过程 …………………………………………………… 71
　　第二节　沟通形式 …………………………………………………… 77
　　第三节　有效沟通 …………………………………………………… 90

第五章　激励 …………………………………………………………… 98
　　学习目标 ……………………………………………………………… 98
　　第一节　激励过程模式 ……………………………………………… 98
　　第二节　激励理论 …………………………………………………… 103

第三篇　群体行为分析

第六章　群体行为特征 ………………………………………………… 125
　　学习目标 ……………………………………………………………… 125
　　第一节　群体 ………………………………………………………… 125
　　第二节　群体行为 …………………………………………………… 133
　　第三节　群际关系及冲突 …………………………………………… 142
　　第四节　竞争与合作 ………………………………………………… 147

第七章　群体决策 ……………………………………………………… 152
　　学习目标 ……………………………………………………………… 152
　　第一节　决策的原则 ………………………………………………… 152
　　第二节　群体决策模式 ……………………………………………… 157

第八章　团队与团队管理 ……………………………………………… 167
　　学习目标 ……………………………………………………………… 167
　　第一节　团队概述 …………………………………………………… 167
　　第二节　团队构建 …………………………………………………… 172
　　第三节　团队管理 …………………………………………………… 177

第九章　领导行为 ……………………………………………………… 187
　　学习目标 ……………………………………………………………… 187
　　第一节　领导与领导行为 …………………………………………… 187
　　第二节　影响领导行为的因素分析 ………………………………… 197
　　第三节　领导行为的艺术 …………………………………………… 201

第十章 绩效管理 · 208
学习目标 · 208
第一节 绩效管理的原则 · 208
第二节 绩效考核 · 211
第三节 绩效管理系统的设计 · 215
第四节 绩效管理过程 · 218

第四篇 组织行为分析

第十一章 组织结构设计 · 227
学习目标 · 227
第一节 组织结构 · 227
第二节 组织结构设计的原则 · 235
第三节 组织结构设计的权变因素 · 241
第四节 组织结构的类型 · 249

第十二章 组织决策 · 260
学习目标 · 260
第一节 组织决策概述 · 260
第二节 组织决策模式 · 263
第三节 组织决策过程 · 265
第四节 组织决策过程的影响因素 · 268
第五节 组织决策的方法和技术 · 272

第十三章 组织文化 · 286
学习目标 · 286
第一节 组织文化概述 · 286
第二节 组织文化的功能 · 293
第三节 组织文化的构建 · 298
第四节 组织文化的实施与变革 · 302

第十四章 组织控制 · 307
学习目标 · 307
第一节 组织控制的原则 · 307

第二节　组织控制的类型…………………………………………………… 313
第三节　组织控制的过程…………………………………………………… 317
第四节　组织控制的技术与方法…………………………………………… 321

第五篇　组织创新

第十五章　领导权变……………………………………………………… 335
学习目标………………………………………………………………… 335
第一节　领导行为的连续带模式…………………………………………… 335
第二节　领导行为的菲特勒模式…………………………………………… 338
第三节　领导行为的途径—目标模式……………………………………… 343
第四节　领导参与模式……………………………………………………… 347
第五节　领导生命周期模式………………………………………………… 351

第十六章　组织变革……………………………………………………… 355
学习目标………………………………………………………………… 355
第一节　组织变革的动因…………………………………………………… 355
第二节　组织变革的方法…………………………………………………… 359
第三节　组织变革的模型…………………………………………………… 362

第十七章　学习型组织…………………………………………………… 374
学习目标………………………………………………………………… 374
第一节　学习型组织的产生………………………………………………… 374
第二节　学习型组织的构成………………………………………………… 376
第三节　学习型组织的创建………………………………………………… 380

第十八章　虚拟组织……………………………………………………… 391
学习目标………………………………………………………………… 391
第一节　虚拟企业组织的产生……………………………………………… 391
第二节　虚拟企业组织的运营模式………………………………………… 398
第三节　几种特定的虚拟企业组织………………………………………… 405
第四节　虚拟企业组织运营模式的完善…………………………………… 409

参考文献……………………………………………………………………… 414

第一篇

导论

第一章 组织行为学导论

学习目标

1. 掌握组织行为学的产生背景
2. 了解组织行为学的概念与特点
3. 理解关于人的行为的几个基本解释
4. 掌握组织行为学的理论发展脉络
5. 理解组织行为学在实际运用中的重要意义
6. 了解组织行为学研究的几个基本方法

第一节 组织行为学概述

组织行为学,顾名思义就是指研究组织中个体、群体行为的学科。我们研究它的目的是要通过一些人为的手段去影响个体及组织的行为结果,提高组织运行效率。

现代管理理论改变了人们对组织中人的行为的认识,强调了人是有效组织的核心。这个改变带来了激励手段、管理思维的变革。组织行为学就是在这样的背景下产生的。它是一门新兴学科,是心理学、人类学、生理学等理论在管理中的应用,属于多学科相交叉的边缘学科。近50年的实践证明,加强组织行为学的研究和运用,对于调动劳动者的积极性、主动性和创造性,提高管理水平,推动社会经济发展,都具有非常重要的意义。

组织行为学是一门以一定组织中的人的心理和行为的发展规律为研究对象的学科。它的任务就是使管理者能够掌握劳动者的心理和行为发展变化的规律性,提高劳动者心理和行为的预测能力以及引导与控制能力,以便及时协调个人、群体、组织之间的关系以及他们与外部环境的关系;充分地调动和发挥组织内成员的积极性和创造性,探索并作出最优的组织设计和工作设计,以保证组织目标的实现,取得最佳的工作效果。

学习和研究组织行为学,就是要在掌握一定组织中人的心理和行为规律的基础上,正确认识人的行为,预测人的行为,引导人的行为,控制和改变人的行为。通过科学的测试手段,对组织成员的心理素质以及各方面的能力进行诊断,做到了解自己、完善自己、了解他人、理解他人、激励他人。

一、组织行为学的概念

由于组织行为学是一门多学科、多层次相交叉的边缘性学科,曾有许多学者从不同侧面对其概念进行界定。目前,很多教科书多采用这样的定义:"组织行为学是采用系统分析的方法,研究一定组织中人的心理和行为的规律,从而提高管理人员预测、引导和控制人的行为的能力,以实现组织既定目标的学科。"

美国学者安德鲁·J·杜布林(A. J. Dubrin)认为:"组织行为学是系统研究组织环境中所有成员的行为,以成员个人、群体、整个组织以及外部环境的相互作用所形成的行为作为研究对象。"在《组织行为基础——应用的前景》一书中,他推崇蒙特利尔大学管理学教授和组织心理学家乔·凯利(Joe Kelly)所提出的定义:"组织行为的定义是对组织的性质进行系统的研究:组织是怎样产生、成长和发展的,它们怎样对各个成员、对组成这些组织的群体、对其他组织以及更大些的机构发生作用。"

比较权威的定义是圣地亚哥大学的斯蒂芬·P·罗宾斯(Stephen P. Robbins)提出来的,他认为:"组织行为学是一个研究领域,它探讨个体、群体以及结构对组织内部行为的影响,以便应用这些知识来改善组织的有效性。"按罗宾斯的说明,组织行为学关心人们在组织中做什么,这种行为如何影响组织的绩效。它研究组织行为的决定因素:个体、群体和结构。另外,组织行为学把研究个体、群体和结构对行为的影响所获得的知识用到实际中,使组织的运作更有效。人们对于构成组织行为学主题领域的看法越来越趋于一致。这些主题包括激励、领导行为和权威、人际沟通、群体结构与过程、学习、态度形成与知觉、变革过程、冲突、工程设计、工作压力。

综合上述各种不同的定义,我们将其概括为如下的表述:组织行为学就是系统地研究组织环境中人的行为表现及其规律的学科。

组织行为学,就其性质来说具有以下特点。

(一)跨学科性

组织行为学以行为科学、管理学(主要指人事管理学、组织管理学)的概念、理论、模式和方法为主要知识基础,同时涵盖很多社会科学、自然科学中有关论述人类行为、心理的内容。

(二)层次性

组织行为学可分为四个层次:

(1) 组织中的个体行为。包括知觉、学习、个性、价值观、态度、动机、挫折等。

(2) 组织中的群体行为。包括群体的形成、类型、动力、特征、规模、群体建设、群体决策等。

(3) 从整个组织角度研究成员的行为。包括领导、权力、沟通、冲突、组织结构设计、组织发展与变革。

(4) 组织与外部环境的相互关系。包括环境的变化、环境对组织的影响、组织财务环境的反作用等。

(三) 权变性

由于所研究的对象是人及人组成的组织,而人是千变万化的,组织的类型也是千差万别的,故组织行为学不主张采取通用的最佳模式,而主张根据不同情景采用不同的理论及管理方式。

(四) 科学性

虽然不排斥直觉判断和推测,但下结论时,力求采用科学方法进行论证。

(五) 实用性

所有理论和方法,要求具有使用价值,以便帮助管理者理解、预见和引导组织成员的行为。

二、组织行为学的目标

组织行为学关注的是人际交往能力,其目标就是帮助管理者解释、预测和控制人的行为。

(一) 解释

当我们被问及一个人或一个群体为什么会做某些事情时,我们会客观地寻求解释。它似乎是组织行为学的三个目标中最不重要的一个,因为从管理的角度看,解释通常出现在事实之后。然而,如果我们要去理解一种现象,我们必须从一开始就试着解释它,然后我们可以通过这种理解找出原因。例如:一个很有价值的员工辞职了,我们毫无疑问想知道原因,目的是防止类似事件的发生。很显然,员工辞去工作的原因很多,比如较高的辞职率是由于工资水平不令人满意或工作令人感到厌烦,管理者通常会在今后采取必要的措施避免类似事件的发生。

(二) 预测

预测是对未来事件而言的。如果希望在将来出现某种结果,就需要要从现在开始采取相应的行动。一家小工厂的管理者试图评价员工对安装新型机械设备的反应,即是一种预测行为。在掌握组织行为学知识后,管理者就能对由于某种变化引起的行为反应,作出一定程度的预测。当然,实现某种变化的途径是多种多样的,所以管理者通常希望评价员工对采取不同途径所作的不同反应,这样,就可预测哪种措施引起员工的抵触行为最小,进而作出决策。

（三）控制

组织行为学中最具争议的目标,就是运用组织行为学的知识去控制行为。例如:一位管理者问道:"我通过何种方法才能使戴维为他的工作付出更多的努力?"这就是一个控制问题。当某个人试图使他人按照自己的意愿行事时,尽管这种控制在主观上有时是无意识的,但却使他人的行为受到了控制。

三、组织行为学的由来

组织行为学与管理心理学有很深的渊源关系。首先采用管理心理学名称的是美国女管理学家莉莲·吉尔布雷斯(L. Gilbrenth)。她认为应该注意研究工人的心理,她发现,由于管理人员不关心工人而引起的不满情绪也会影响工作效率。因此,在1914年她出版了一本名为《管理心理学》(Psychology of Management)的著作,她力图把早期心理学的概念应用到管理实践中去,但并未引起人们足够的重视。

许多西方国家,特别是美国,在第二次世界大战前,心理学用于工业一直被称为"工业心理学"(industrial psychology)。当时,工业心理学的重要内容是指对工作中个体差异的测定,它以个体为研究对象。自20世纪20年代起,"霍桑实验"已发现了工作群体的重要性,但建立在群体理论上的社会心理学研究,真正起步始于20世纪50年代。那时候,人们清楚地看到,作为群体特征特别是以小群体为研究对象的社会心理学,对职工工作绩效的影响作用变得越来越大。

美国斯坦福大学的莱维特(H. J. Leavitt)在1958年起正式开始用"管理心理学"(management psychology)这个名词代替原来沿用的工业心理学,使之成为一门独立学科。据莱维特本人的意思,他用"管理"这个词来替换"工业"这个词的原意是想引导读者去考虑这样的问题:如何领导、管理和组织一大批人去完成特定的任务。

以后又出现了"组织心理学"(organization psychology)这个名词,这是20世纪60年代初莱维特在《心理学年鉴》中所写的一篇文章的标题中首先采用的。这篇文章的目的也是要强调社会心理学,尤其是群体心理学在企业界日趋显著的作用。

在行为科学的研究应用中,逐步形成了一个以组织中人的行为为研究对象的流派。他们的研究主要集中在四个领域:

一是有关人的需要、动机与激励问题,代表性理论有马斯洛(Abraham Harold Maslow)的"人类需要层次论"、赫茨伯格(F. Herzberg)的"激励因素—保健因素理论"、斯金纳(Burrhus Frederic Skinner)的"强化理论"、弗鲁姆(V. H. Vroom)的"期望模式的理论"等。

二是同企业管理有关的"人性"问题,代表性理论有道格拉斯·麦格雷戈(Douglas M. McGregor)的"X—Y理论"、克里斯·阿吉里斯(Chris Argyris)的"不成熟——成熟理论"等。

三是企业中非正式组织以及人与人的关系问题,代表性理论有库尔特·卢因(Kurt Lewin 又译为勒温)的"团体动力理论"、布雷德福(Leland Bradford)的"敏感性训练"等。

四是企业中的领导方式问题,代表性理论有坦南鲍姆(R. Tannenbaum)和施米特(W. H. Schmidt)的"领导方式连续统一理论"、伦西斯·利克特(Rensis Likert)的"支持关系理论"、斯托格第(R. M. Stogdill)和沙特尔(C. L. Shartle)的"双因素模式",布莱克(Robert R. Blake)和穆顿(Jane Mouton)的"管理方格理论"等。

由于以上理论都是以组织中人的行为为研究对象,所以被称为组织行为学。这样组织行为学就从行为学科中独立出来,在20世纪60年代末形成了一门新的学科。组织行为学的由来如图1-1所示。

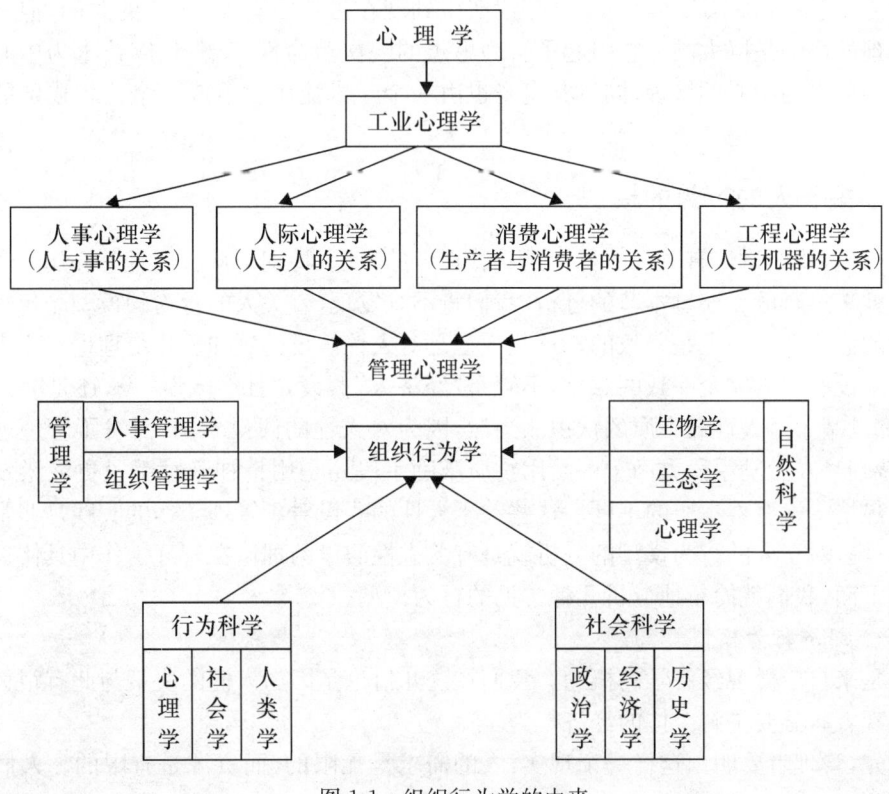

图1-1 组织行为学的由来

组织行为学产生后,在世界各个国家都获得了发展,其中应用最广泛、发展最快的为美国、日本和瑞典等国。组织行为学最初产生于美国,其发展也以美国为主,对组织行为研究作出突出贡献的人绝大部分为美国学者。美国的一些大学也逐步加入对组织行为学的研究;美国成功的大公司的经营思想中都渗透着组织行为学的原理,或直接是组织行为学的应用。20世纪80年代初"企业文化"理论的兴起,就是组织行为学原理在企业管理中深入应用的结果。

组织行为学在日本也得到了很好的发展,组织行为学一产生便很快传播到日本,并在日本迅速发展起来。日本的学者在原来的基础上,结合国情对理论进行了发展与创新,如日本大阪大学三隅教授在总结美国领导行为评论方法的基础上,历经10余年时间,进行各行业40万例的调查研究,从800多个项目中筛选出60项,构成PM量表,并探讨了利用量表分析研究组织的领导行为的方法。在实践上,日本可以说是运用组织行为学理论最成功的国家。目前,组织行为学在日本的应用,并不限于企业管理,在大学管理、自卫队管理、政府行政部门管理以至社会的宏观管理中都得到了广泛的采用。

总之,组织行为学从20世纪60年代产生到现在虽然只有40多年的时间,但是它对企业管理的影响是巨大的。它引起了管理思想的一次革命性变革:从以技术为中心的管理转变为以人为中心的管理,同时其自身也由一个学术流派发展成一个比较成熟的独立学科。

四、关于人的行为的模型

在这里,我们讨论有关人的行为是从管理者的角度,特别是从管理者怎样运用激励手段的角度来进行的。通过本节的分析,我们将不难发现,有关人的行为的模型与传统的关于人性的假设在本质上是一致的。这些模型是对人性假设的延伸。传统理论对于人性的假设从来没有取得完全一致的意见,不管是"经济人"假设,"社会人"假设,还是"复杂人"假设,都是基于对人性最本质的认识。当然,因为对人性的假设不同,引发了管理思想的不同,特别是在激励手段方面——是用物质激励手段还是用精神激励手段更能激发工人的工作热情——有着本质的不同。这些关于人性的假设对于管理工作的实践是非常有用的,可以说,对于人的行为模型的分析就是有关人性假设的理论在管理工作中具体运用的表现。下面,我们就简单地分析几种常见的行为模型。

(一) 经济行为模型

这是来自于微观经济学的概念。我们在这儿讨论是因为人们的决策与此有很大的关系。管理者有必要了解个体的经济行为。

首先,管理者要明白这样一个现实:人的需求是无限的,而资源是有限的。人们渴望自己的状况比以前更好,并且随着人的理想的实现,新的理想又会产生。然而用于人类满足自己欲望的资源是有限的：我们的收入有限；我们的时间有限。那么，由于资源的有限性，使得人们都会把自己的需求按照某一标准（或可能实现的满足程度）最大化。这样，人们就会选择对自己最优需求有利的行动方案。比如，某学生认为毕业后出国深造是符合他的最优需求，那么他的行动就倾向于努力学习外语。

其次，存在着边际收益和机会成本的问题。一般来说边际收益是递减的。吃第一碗饭对于十分饥饿的人来说，对其满足程度很大——可以立即充饥。然而吃第二碗饭、第三碗饭……对他来说，其作用已经很小——因为他已经吃饱了，甚至是负面作用——再吃一碗他可能会被撑死！同样，第一杯水对于口渴的人，第一件衣服对于受冻的人，第一次成功对于屡败的人，等等都是非常有用的。换句话说，这些强烈的需求如果被满足或者被许诺可以满足，那么其激励作用是巨大的。

实际上，对人的管理除了越来越不重要的纪律、规章和一些习惯外，剩下的，也是非常重要的就是"找出谁最需要什么，然后尽量满足"。用中国的一句成语来说就是"投其所好"。机会成本就如你为了读书而必须放弃工作机会的成本。这种成本的存在使得人的行为有时有些方向不明。如某学生考虑：是应该去工作呢？还是去读研究生，两年后再去工作？由于资源是有限的，一身不能两用（特殊情况除外，例如在职研究生）他就必须面临二选一的抉择。不管选择哪一条路，都要以牺牲另一个机会为条件。对管理者来说，对于这些简单的经济行为的分析是有必要的。管理者必须要设计出合理的激励方法和标准来激发工人的理想行为。当然这需要管理者掌握高超的管理技巧。

（二）快乐即生产力模型

管理者有时强调，快乐的员工比不快乐的员工工作效率要高。在设计制度和政策时，信奉这一快乐即是生产力模型的经理们会按照让员工满意的目标来设计工作环境。激励理论，比如，马斯洛的"需要层次理论"和赫茨伯格的"激励—保健理论"经常被用来作为提高工作满意度的指导性文件。

一个坚信快乐即是生产力模型的经理可能会认为，组织的一些问题往往来源于某些刺激所引起员工的不满，而他们将自己心中的委屈发泄到顾客身上。从人们所关心的物品上考虑，经济学模型与快乐即是生产力模型，两者并没有区别。与其他标准的经济物品，比如食物、衣服以及住房等一样，经济学模型允许个人看重爱、尊重、有趣的工作以及令人愉快的工作环境等的价值。这两个模型的主要区别在于靠什么来激励员工的行动。在快乐即是生产力模型中，当员工高兴时，他们就会付出更大的努力；在经济学模型中，当有回报时，员工就会付出努力。

比较这两个模型，考虑给予一个员工终身的职业保障，再加上较高的薪水，而且薪水与工作业绩无关。快乐即是生产力模型认为，这个员工将会更有效地工作，因为特别的工作保障和高收入都会增加工作的满足感。而经济学模型则认为，这个员工将会付出更少

组织行为学

的努力(因为对于这个员工来说,更努力工作,不会得到追加的回报;放松自己,也不会被解雇)。

(三) 良民模型

有些管理者采用良民模型。这一模型的基本假定是:员工愿意做好工作;他们为自己的工作而骄傲,愿意在工作中有出色的表现。按照这种观点,管理者有三种基本的作用。第一,他们需要就组织的目的和目标与员工进行沟通。第二,他们需要帮助员工找出实现这些目的和目标的方法。第三,管理者应提供员工业绩的反馈,因为从本质上讲,员工都有兴趣做好自己的工作。在良民模型中,员工总是把公司的利益放在第一位,员工的个人利益与公司的利益之间从来不会有冲突。

(四) 环境造就人模型

环境造就人模型认为,在很大程度上,个人的行为是由其幼年时期所受的教育决定的。有些文化和家庭会鼓励个人积极的价值观,比如勤奋和诚实;而有些文化也许会鼓励一些负面的价值观,比如懒散和自私。根据这一模型,组织中会存在一些懒散的、不诚实的、起负面作用的人,管理者的职责就是找出这些人,然后解雇他们,而招聘背景更好的更为有效的员工。

(五) 管理者的选择

行为是一个复杂的课题。任何行为的模型都不可能适用于所有的情况。例如,要预测一个人将选择红色的衬衫还是白色的衬衫(假设价格相同),经济学的模型就无能为力了。但是,我们所关心的是管理者的决策。在这个领域,完全可以相信,经济学模型是非常有用的。

大多数管理者都对于培育和引导行为的变化感兴趣。例如,经理想要员工更努力地工作,想要工会减少增加工资的要求。与其他的模型不同,经济学的理论框架给管理者提供了一种如何改变有关行为的具体指导。通过改变决策方所面临的成本和收益,就可以激发出理想的行为。例如,奖励性报酬可以用于激发员工的积极性,而价格的调整可用于引导消费者的购买行为。

大量事实证明,这种经济学的理论框架对于行为变化的解释是非常有用的。最为常见的例子是,面对更高的价格顾客会购买更少的数量。事实还表明,对于其他的一些行为的解释,这一模型也非常有用,包括投票、家庭的组成、分解和财产分配、犯罪的发生等等。

在解释管理领域的行为时,良民模型显得更力不从心。如果员工都愿意努力工作,生产出符合要求的高质量产品,管理工作就变得简单多了。而快乐即是生产力模型也有很大的局限性。最为重要的是,现存的事实表明,工作满意度与工作业绩之间没有什么关系。

第二节 组织行为学的理论渊源

组织行为学是管理学的新发展,特别是管理学中的组织管理学和人事管理学的新发展,又是心理学、社会学等原理在管理中的具体应用,它的产生和发展经历了一个漫长的理论准备和实际应用的演变过程。

组织行为学已经发展了一系列应用性的行为科学概念、模型和技术。对组织行为学具有重要贡献的一些学科,如心理学、社会心理学、社会学、政治学和人类学等,对我们在组织中理解和运用组织行为学很有帮助。图1-2可以帮助我们深入地理解组织行为学的学科体系和应用范围。

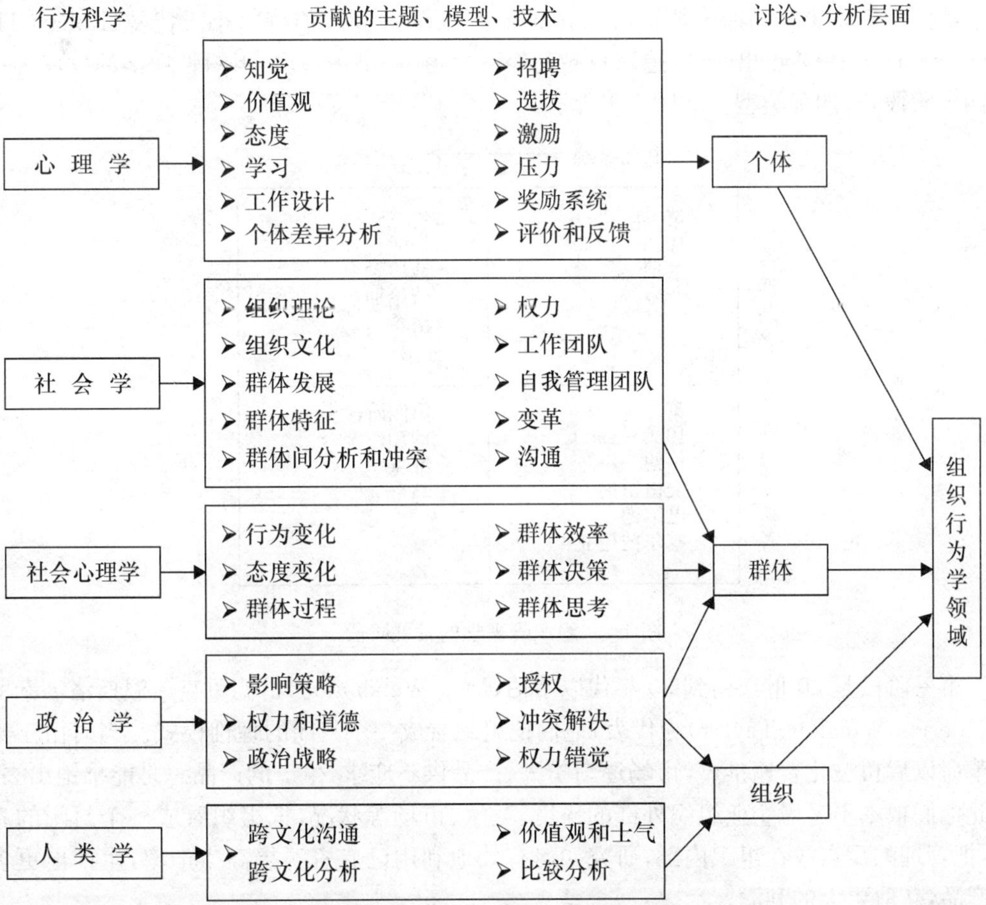

行为科学	贡献的主题、模型、技术		讨论、分析层面
心理学	➢ 知觉 ➢ 价值观 ➢ 态度 ➢ 学习 ➢ 工作设计 ➢ 个体差异分析	➢ 招聘 ➢ 选拔 ➢ 激励 ➢ 压力 ➢ 奖励系统 ➢ 评价和反馈	个体
社会学	➢ 组织理论 ➢ 组织文化 ➢ 群体发展 ➢ 群体特征 ➢ 群体间分析和冲突	➢ 权力 ➢ 工作团队 ➢ 自我管理团队 ➢ 变革 ➢ 沟通	群体
社会心理学	➢ 行为变化 ➢ 态度变化 ➢ 群体过程	➢ 群体效率 ➢ 群体决策 ➢ 群体思考	
政治学	➢ 影响策略 ➢ 权力和道德 ➢ 政治战略	➢ 授权 ➢ 冲突解决 ➢ 权力错觉	组织
人类学	➢ 跨文化沟通 ➢ 跨文化分析	➢ 价值观和士气 ➢ 比较分析	

最终汇入：组织行为学领域

图1-2 对组织行为学的研究应用有贡献的学科

一、从管理学到组织行为学

管理活动自古就有,它是协调、控制和指挥共同劳动的人们,为了达到预期目标,取得尽可能好的效益的过程。但直到1911年,泰罗的《科学管理原理》一书的公开发表,管理学才被认为是一门独立的学科。随着科学技术的进步和生产的发展,管理学也在不断地发展。组织行为学正是管理学发展的必然结果。

(一)组织管理学的发展与组织行为学的产生

由于不同历史时期科学技术的发展和生产发展的程度不同,且管理学家在如何协调、控制和指挥一定组织中人们的协同劳动问题上所强调的重点不同,因此组织管理学可分为几个阶段和几种学派。

美国管理学家托马斯·彼得斯(Thomos J. Peters)和罗伯特·小沃特曼(Robert H. Waterman)在1982年出版的《追求卓越的经营之道》一书中指出,组织管理学的发展经历了四个阶段,有四种类型。如图1-3所示。

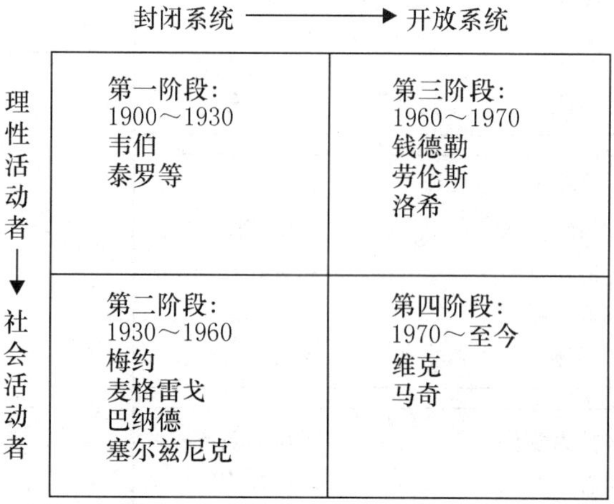

```
                  封闭系统 ————————→ 开放系统
              ┌──────────────────┬──────────────────┐
  理         │ 第一阶段:         │ 第三阶段:         │
  性         │ 1900~1930        │ 1960~1970        │
  活         │ 韦伯              │ 钱德勒            │
  动         │ 泰罗等            │ 劳伦斯            │
  者         │                   │ 洛希              │
   ↓         ├──────────────────┼──────────────────┤
  社         │ 第二阶段:         │ 第四阶段:         │
  会         │ 1930~1960        │ 1970~至今        │
  活         │ 梅约              │ 维克              │
  动         │ 麦格雷戈          │ 马奇              │
  者         │ 巴纳德            │                   │
              │ 塞尔兹尼克        │                   │
              └──────────────────┴──────────────────┘
```

图1-3 组织管理学的发展阶段

第一阶段是20世纪初到30年代以韦伯(Max Weber)和弗雷德里克·温斯洛·泰罗(Frederick Winslow Taylor)为代表,他们把组织看成一个封闭的理性模式。当时由于工业革命以后机械化普遍推广,市场逐渐扩大,产品供不应求,生产的产品总是能推销出去,因此他们根本不考虑企业组织外部的环境、竞争、市场等状况,把组织看成一个封闭的系统,把管理的重点放在组织内部,研究如何有效地利用已有资源提高生产率,生产出更多的产品,获取更大的利润。

德国社会学家韦伯认为,行政等级制的组织形式只有通过严格的规章制度来建立一定的秩序,才能达到高效率。美国管理学家泰罗则着重于对工作进行动作研究和时间研究,认为由管理人员制订出合理的标准工作程序和方法,工人们会像机器一样严格地按那种标准的动作和工作程序来做,从而大大提高了工作效率。韦伯和泰罗的组织管理中心思想是:从管理对象来说,注意对物的管理和对工作的管理,而忽视对人的管理;从管理的目的来说,他们只强调工作高效率,而忽视对工作者各种需要的最大满足;从考虑工作者的需要来说,他们认为工作者是只有经济需要的机械人,而忽视了工作者社会心理的需要。总的来说,他们把组织中的人看做理性的人,一切均按事先规定的规章制度、原则原理来办事。

第二阶段是20世纪30年代到60年代之间,弗雷德里克·温斯洛·泰罗的理性人观点受到非议。以梅约(Mayo)、道格拉斯·麦格雷戈(Douglas M. McGregor)、切斯特·巴纳德(Chester Barnard)、塞尔兹尼克(Selznick)为代表,他们把组织看做一个封闭的社会性的模式。梅约通过著名的霍桑实验证实只有把人当做"社会人"来看待,而不是当做完全理性的机器看待,才能创造出高效率,这是组织管理学迈向重视人的因素,重视人的社会心理需要以及重视企业组织内部人与人关系的改善等对提高工作效率的影响的标志。

第二次世界大战后麦格雷戈提出了著名的X—Y理论,这两种理论代表了两种对立的观点:X理论认为,工人生性懒惰,必须严格监督和控制;Y理论认为,大部分人都有创造性,都愿意把工作做好,因此应赋予责任。麦格雷戈也积极赞同Y理论,他们的理论可被统一称为"人群关系学"。相对于泰罗科学管理视物不见人的管理来说,这是一种进步。由于"人群关系学"给组织中的成员提供了一定的社会心理需要的满足,改善了监督者与劳动者之间的关系,从而调动了组织成员的积极性,促进了效率的提高。

但是,早期的"人群关系"也存在局限性,那就是它过分偏重于非正式组织;过于强调人与人之间的感情因素;过于否定人们对经济的需要;忽视企业组织外部环境因素的影响。巴纳德与人群关系学派有所不同,他认为应该形成企业的指导思想和价值观。塞尔兹尼克则提出了组织的"性格"和"特长"的概念。认为组织是社会使命的有机体。所有这一阶段理论的共同特点就是开始注重人的心理满足。

第三阶段是20世纪60年代到70年代之间,代表人物是弗雷德·钱德勒(Fred Chandler)、劳伦斯(Lawrence)和洛希(Roche)等。他们把组织看做开放的理性模式,把组织管理归结为简单明了的、用数量表示的工作目标和工作成果。这时候他们的理论已经开始认识到组织外部环境对组织内部结构和管理起着决定性作用。他们提出组织结构和管理方式要服从总体战略目标的论断,说明要使组织结构形式服从于组织经营的战略内容,但他们过于强调量化决策,而忽视管理人员的工作经验和对主观客观条件的分析。

第四阶段是 20 世纪 70 年代至今,代表人物是维克(Wick)、马奇(Marge)。他们把组织看成一个开放的社会性的模式,这种组织模式主要强调组织的生存价值、社会作用和性格特征,强调人是企业组织的中心,认为不能单纯用理性的利润指标衡量企业经营的好坏,还要考虑到人的感情需要能否得到满足。在工作中,处理好各方面的关系,上下左右经常交换意见、沟通思想,加强对工作的共同认识。组织内部要创造一种有原则的、和谐的、相互了解、信赖和支持的气氛。同时,要使每个人感到他的存在、他的价值,他受尊重和信任,并被人关心,有困难时会得到帮助和支持,犯错误时能得到公平对待。这就会使人产生一种归属感、向心力,产生维护群体和组织荣誉的力量,形成群体意识和群体动力,就能更好地克服困难完成任务。

这个阶段的理论对外部环境也有明确的认识。这一阶段实际上综合了前三个阶段、三种学派,即科学管理学派(职能学派)、行为学派和管理科学学派(数学学派)各自的优点,而形成一种综合的学派。

组织管理学的发展除了逐步趋向综合之外,同时还具有以下三种趋势:

(1) 由原来的基层管理为主发展到以高层管理为主。

(2) 由日常业务性管理为主发展到以经营战略性管理为主。

(3) 由原来以物为中心的管理发展到以人为中心的管理。

(二) 人事管理与组织行为学

早期的管理学家大部分只注意到物的管理而忽视人的管理,但也有少数的管理学家已经注意到,要完成物质产品的生产或提供其他的劳务,必须重视对人的研究和对人的管理,有人开始把对人的管理叫做人事管理。

传统的人事管理一般通过以下几种方法来实施:

(1) 福利:这种方法是通过帮助人解决困难,关心他们,给予必要的福利,使他们能够更好地完成组织的任务。

(2) 招聘、挑选、录用、培训和合理配备人员:这部分职能不管是传统人事管理还是现代人事管理均有。

(3) 合理的工资形式:传统的人事管理中常用的工资形式有:计时工资制、计件工资制、差别计件工资制、分红制和工资奖金制。每种形式都各有利弊。

传统人事管理所采用的方法存在严重的不合理性:只着眼于静止地死板地制度化地挑选人、配备人、培训人、报酬人(发工资和奖金),以及给予一定的福利这一类事务性的工作;他们只是静止地在人头数目上做文章,只从经济需要,而没有动态地从人的心理和社会的需要方面来研究人的行为,调动他们的积极性,挖掘他们内在的潜力。

而真正的以人为中心的管理,应满足下列几个要求:

(1) 要由静态发展到动态,即要由单纯研究人事管理的一般业务工作发展到研究人的心理和行为,由研究人事的各种死的规章制度和人的经济需要到研究人的心理和社会的各种需要。

(2) 要由消极等待人的某种行为发展到积极地预测、引导、控制人的行为。

(3) 要由单纯追求工作效率发展到还要使工人和职员感到满意。

实践证明,实现上述要求的过程就是由传统人事管理向现代人事管理,即向以人为中心的组织行为学转变和发展的过程。

二、从心理学到组织行为学

在泰罗等人研究管理学的同时,有许多心理学家认为,要管好人首先得了解人,摸清人的心理活动规律,才能做到预测、引导和控制人的行为。而组织行为学正是心理学原理在管理工作中应用的基础上产生和发展起来的。

下面着重考察心理学原理是怎样逐步运用到管理工作上的。从分析管理领域中人员对象的层次来看,一般经历了分析管理领域中个体(人)—群体(人)—组织(人)的这种不断扩大的发展演变过程;从把心理学原理应用于不同的领域来分析,历程为从普通心理学(又称个体心理学或理论心理学)、工业心理学到组织行为学。从工业心理学到管理心理学的演变,如图1-4所示。

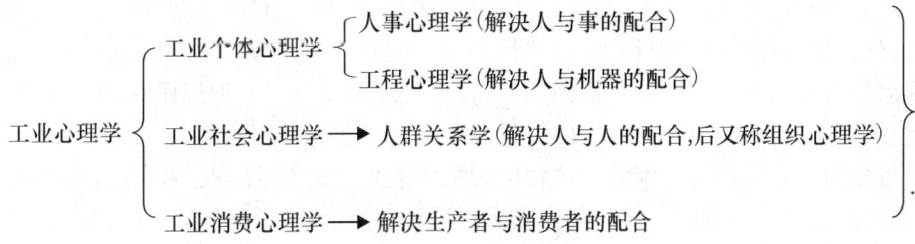

图1-4 工业心理学到管理心理学的演变

(一) 工业心理学与组织行为学

工业心理学包括工业个体心理学、工业社会心理学、工业消费心理学三个部分,其中,工业个体心理学又包括人事心理学和工程心理学。

人事心理学是心理学与人事管理的结合,是解决人与事(工作职务)的合理配合问题。重点研究和探讨关于人的各种心理特性以及分析各种"事"(工作职务)的要求,目的在于使人与事之间恰当配合,并调整"人"与"事"之间的相互关系,使其真正做到人尽其用,也就是说人事心理学是研究工业企业中人力资源的充分利用和合理开发的问题。

工程心理学正式出现在1947年,它是研究如何设计机器设备和厂房设施便于供人使用以及如何使人有正确的行为去恰当地使用机器和设备的一门科学。必须注意,工程心理学所要解决的不是装备的工程技术问题,而是从适合于人的使用和提高工作效率的角度,向机器的工程设计人员提供有关人的特征、能力和合理性的限度参数和要求。

工业社会心理学,也就是20世纪30年代梅约通过霍桑实验而提出的"人群关系学"。他于1933年出版了《工业文明中人的问题》一书,提出了影响人们工作效率的新因素:

(1) 工作效率在很大程度上受心理的、群体的、社会的因素所影响。
(2) 生产率取决于群体内的气氛、成员的工作情绪和人与人的相互关系。
(3) 强调非正式组织的存在。
(4) 尊重职工意见,加强相互沟通,运用非正式组织的作用融洽领导与被领导的关系。梅约的霍桑实验第一次把工业中人与人的关系问题提到首位,所以人们把这个学派叫做人群关系学派。这实际上是组织行为学的前身或先驱。

工业消费心理学主要解决工业生产者和消费者的关系问题,也就是研究生产者与消费者相互关系中的心理和行为的规律性问题。

(二) 管理心理学与组织行为学

管理心理学与组织行为学是两个既有联系又略有区别的相关学科。这种联系集中表现在心理活动与行为的联系上,心理活动是行为的内在表现,心理活动只能用行为来衡量和表现;行为是心理活动的外在表现,且行为是在一定心理活动的指导下进行的。总之,心理活动和行为是密不可分的。正因如此,管理心理学在研究心理规律时,也不能不研究行为;组织行为学在研究行为规律性时,也同样不能不研究心理活动(心理规律)。但是心理活动与行为毕竟还是有区别的。这种区别集中表现为心理活动是内在的,行为是外在的;进而管理心理是着重研究行为的内在表现这种心理活动规律性的。不仅如此,组织行为学与管理心理学相比,还是一门有更广泛理论基础的和有更大应用范围的学科。社会学、心理学、社会心理学、人类学、经济学,甚至生物学、生理学等都是组织行为学的理论基础和理论来源;而管理心理学的理论基础和来源主要是心理学。管理心理学侧重于把心理学的原理原则应用于管理,侧重于理论研究,但具体方法较少;而组织行为学则是把行为科学和心理学、社会学、人类学等原理原则应用于组织管理,这样不仅有理论研究,而且还有许多管理方面的具体应用方法,如组织设计和工作设计等。

三、行为科学与组织行为学

按照美国管理百科全书对行为科学所下的定义:"行为科学是运用研究自然科学那样的实验和观察的方法,来研究在一定物质和社会环境中的人的行为和动物的行为的科学。已经确认研究行为所运用的学科包括心理学、社会学、社会人类学和与研究行为有关的其他的学科。"这定义指明了人的行为的产生实际是个体人对外部环境所作出的反应,用一般的数学模式来表示,行为是个体心理特征和外部环境的函数:

$$B = f(P \cdot E)$$

(行为)＝(个体)·(环境)

这个模式也就反映了人的行为的最一般规律。行为科学运用极为广泛,把行为科学的知识和原理运用于各种组织的管理上就构成了组织行为学。

第三节 组织行为学的研究内容与方法

一、组织行为学的研究内容

关于组织行为学的研究内容,各学派都有自己的看法。

(一)一般观点

一般学者认为组织行为学的内容包括四个方面:

(1) 个体行为。主要研究组织中个人的行为规律,包括个体心理与人性研究、个体行为的一般过程、激励的基本原理与激励理论、个体行为管理等。

(2) 群体行为。主要研究群体行为规律及个体行为的影响,包括群体动力、群体沟通、群体冲突及非正式群体等。

(3) 领导行为。主要研究领导行为规律,包括领导的有效性理论及领导的方法与艺术、领导的职能与性质等。

(4) 组织行为。主要研究组织发展变革的规律,包括组织工作的设计、组织决策行为及组织的环境适应策略和组织的变革与发展。

(二)罗宾斯的观点

圣地亚哥大学的罗宾斯(Shephen D. Robins)认为组织行为学只包括三方面的层次内容:

(1) 个体层次。包括个体行为的基础;价值观、态度和工作满意度;个性与情绪、知觉与个体决策;基本激励理论等。

(2) 群体层次。包括群体行为的基础;理解工作团队;沟通、领导与信任、权力与政治、冲突与谈判等。

(3) 组织系统层次。包括组织结构的基础;工作设计与技术;人力资源政策与实践;组织文化;组织变革与压力管理理论等。

三个层次在内容和结构上的逻辑关系可用图 1-5 表示。

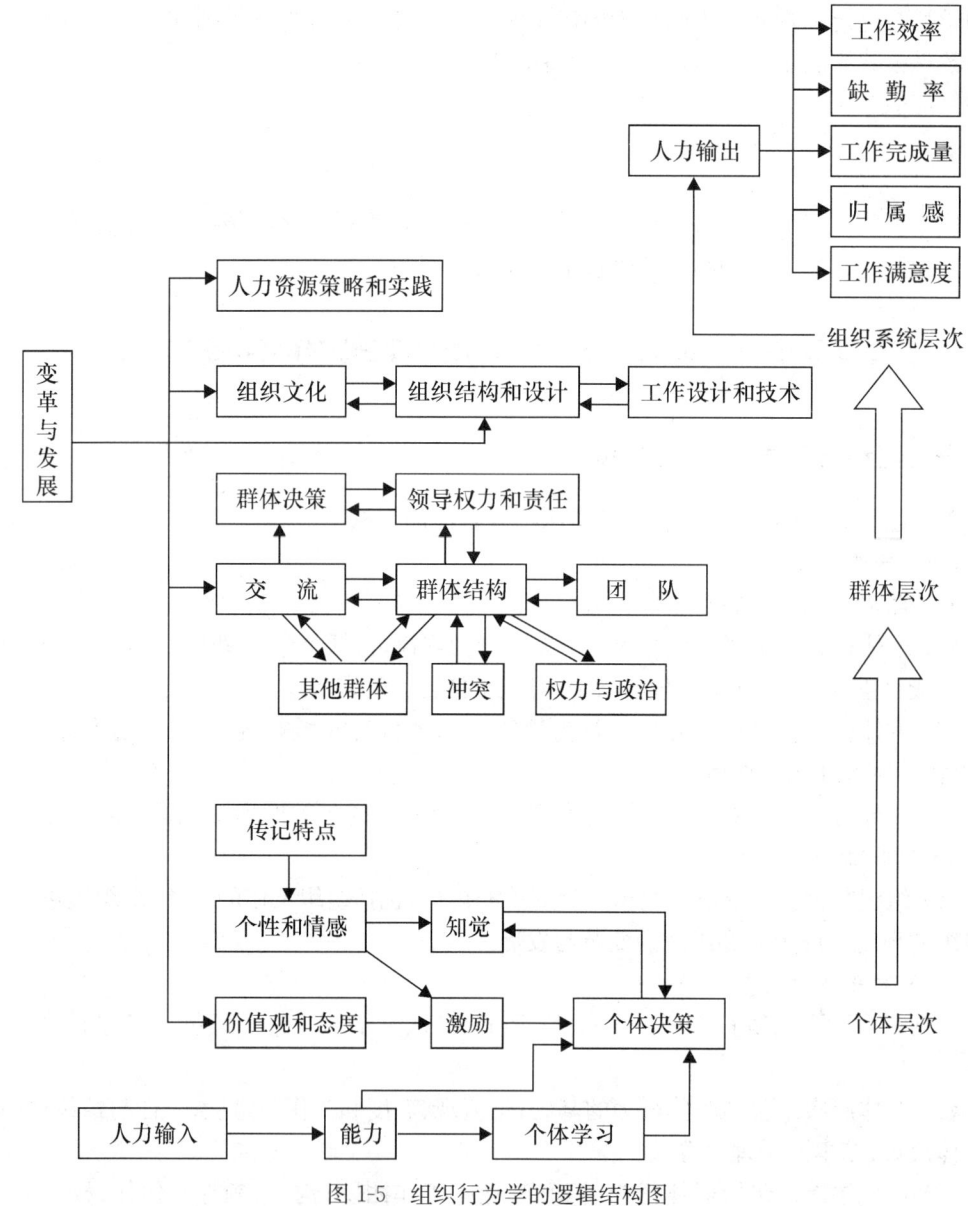

图 1-5 组织行为学的逻辑结构图

二、组织行为学的实际运用

(一) 运用组织行为学解决实际问题的步骤

管理者每天都要面临大量的决策问题,其中有很大一部分与组织行为学所涉及的领域相关。掌握好组织行为学的技巧对于圆满解决这些问题是很有帮助的。理论来自于实践,并在指导实践中获得应有的价值。组织行为学理论也一样,它之所以重要是因为它能指导管理工作的实践,能够大大提高管理者的管理水平。可以说,一个好的管理工作者必须是一个善于把组织行为学技巧运用于实际工作中的实践者。实际上,运用组织行为学解决实际问题的步骤,也就是管理问题解决的一般步骤:诊断、制订方案、行动与评价。

(1) 诊断。任何问题的解决都起始于对问题的诊断。这一步骤就是围绕所发生(或者将要面临)的问题收集信息,并且作出总结归纳。这些信息可能来自于问题的本身,也可能来自于问题所处的周围环境。最让人信服的例子是中国改革开放之初,邓小平同志对于中国当时所处的国际环境的正确认识:和平与发展是当今世界的主题,在这样的国际环境下,中国要解决自己的问题只有发展经济。有时候,我们太注重来自于问题本身的信息,而忽视了其所处的环境,那么就会得出一个错误的解决问题的方向。

(2) 制订方案。在形成问题报告后,管理者往往会暂时置原问题不顾,而集中精力根据问题报告来研究制订解决问题的行动方案。第一,要对问题报告进行分析,以确定问题的解决需要哪些部门的配合,需要哪些人员的参与。第二,对于问题进行细分以及在此基础上形成对解决问题的任务的分担。第三,要确立子任务的先后顺序以及整体间的协调。第四,也是很重要的一方面就是关注一下原问题,看看是否有了新的变化,所处的环境是否有很大的改变等。管理者在这一步中必须克服想当然、简单化、忙于下结论的工作作风,要对备选的方案充分分析,选择最合适的方案。

(3) 行动。这一步是对第二步所定方案的落实。这一阶段,管理者要确定所要进行的具体活动,并监督其实施。这一步骤,是检查方案可行性的关键。有时方案是可行的(可以解决问题,但在行动时,由于管理者监督不力或者承担部门间的配合不密切等等都会使方案夭折)。有时,方案本身就不可行(在实际实施过程中才发现),那么就必须认真找出问题的关键点。不管怎样,这一步骤是问题解决所有过程中最重要的一步。

(4) 评价。这是解决问题的最后一步。有的人认为这一步可以省略,其实并非如此。评价是确立为解决问题所采取的行动是否达到了预期的效果。因此,为了恰当评价前面所确立的解决问题的方案,在事先必须有个衡量是否成功的标准,比如利润提高2%。很显然,预期标准与方案行动所带来的结果之间的差额就是我们评价的依据。但有时,不管是这些预期的标准还是实际的结果都很难量化。例如,某公司认为利润下降是由员工的士气低落引起的。那么,该公司就把提高员工士气作为问题解决的预期目标。通过一系列的规划、实施与监测,我们得出了实际的士气状况,然而我们也只能用"提高了"、"提高不大"等非量化的词来评价我们的方案实施结果。

(二) 运用组织行为学的技能

对于管理者来说,运用组织行为学技能的熟练程度对于解决问题是非常关键的。实际上,运用组织行为学解决实际问题的能力决定了管理者的管理水平。约翰·威根将组织行为学技能分为五个等级:本本型(novice)、本本与情景结合型(advanced beginner)、能力型(competence)、熟练型(proficiencies)、专家型(expertise)。

本本型也叫新手型,是指只会按照基本的原则和规律程序做事。

本本与情景结合型是指在实践中将基本的原则与管理的实际结合起来,灵活运用所学的知识和理论。

能力型是指人们能灵活地运用基本的规则去适应和处理遇到的各种新情况。

熟练型是指人们可以本能地觉察问题和凭直觉对同类的问题作出反应,仅仅在不寻常的问题出现时,才有意识地去深思熟虑如何解决问题。

专家型是指人们能凭直觉对各种情况下的问题做出处理,而很少要有意识去深入考虑。

三、组织行为学的研究方法

对于任何一门学科,由于其学科体系和学科内容的特殊性,都有自己的学习和研究方法。要掌握好组织行为学首先必须要掌握这些方法,才能够真正地理解其内容并准确地运用其理论来指导实践。

(一) 调查法

调查法是很多科学研究中必须采取的方法。因为理论来自于实践,没有准确翔实的实践资料,理论最多只是一种猜想。组织行为学的研究也不例外。在组织行为学中,调查法是了解被调查者对某一事物(包括人)的想法、感情和满意程度的方法。由于被调查者是具有主观性的人,其心理活动是非常复杂的,有的心理现象是可以直接观察到的,而有的是不能直接观察到的。对于前者我们只要作简单的记录就可以完成调查任务;而对于那些不能直接观察到的心理现象,我们则须通过调查、访问、谈话、问卷等方法来收集所需要的相关材料。这种方法运用极其广泛,很多公司就是用这种方法来收集客户信息的。由于这种调查是基于抽样的结果,因此就要求被调查对象必须具有一定的代表性。也只有这样我们才能够对所得到的数据进行统计分析,从而得出正确的看法。这就要求我们必须选择好抽样样本。一般来说,抽样方法有三种:

(1) 随机抽样法:就是随机地在总体的各个部分中等可能性地抽取数据。

(2) 分层抽样法:就是按照年龄、性别、单位、地区、等级或者其他因素分别抽样。

(3) 有意抽样法:就是依据一定的要求,选择具有代表性的对象进行研究。

有些时候,为了全面准确地获得信息,我们必须综合使用多种抽样法。在具体的实施过程中我们可以用口头谈话法去直接了解对方情况,这种方法的优点显而易见,它简单可行,可以在较短的时间内获得第一手资料。但是其缺点也不容忽视,因为是否能真正收到好的效果,还要看主事者的驾驭能力如何,是否善于营造一个轻松愉快的和谐气氛,让被试者解除顾虑,畅所欲言。而问卷法就可以弥补这些不足,它通过一定的量表,让被试者根据个人的情况,表达对问题的真实看法。常用的问卷量表有三种:是非法、选择法、等级排列法。问卷法的优点就是使结果定量化、程序化,但是它不能够根据情境对被试的反应作出定性的分析。很多时候,我们需要把谈话法和问卷法结合起来一起使用。

（二）观察法

观察法是指通过感官或仪器按行为发生的顺序进行系统观察、记录并分析的研究方法。观察法又有自然观察法与实验室观察法之分。自然观察法是指在自然行为发生的自然环境中进行观察,对行为不施加任何干预。实验室观察法是指在实验室内,在人为控制的某些条件下进行的观察。自然观察法的优点是所观察到的结果具有典型性,更易于运用实际;缺点是有时不能肯定被观察者的行为变化是由何种变化引起。而实验室观察法通过控制某些因素就能够弥补这种缺陷。

（三）案例法

案例法就是对个体、群体或组织用各种方法收集各方面可能的资料以供分析的方法。案例法在管理教育中运用得相当广泛。这种方法是研究人员利用正式的和非正式的访问谈话,发调查表和实地观察所收集的资料,以及从组织的各种记录与档案中去收集有关个人、群体或组织的各种情况,用文字、语音、录像等方式如实地记录下来,提供给学生和有实际工作经验的人员进行研究或讨论、分析。本教材所用的案例就是案例法在学习和研究组织行为学中的具体应用。

（四）情境模拟法

情境模拟法是根据被试者所担任的职务,测试者编一套与岗位实际情况相似的测试场景,将被试者放在模拟的工作环境中,由测试者观察其才能、行为,并按照一定规范对测试行为进行评定。情境模拟测评,一般通过公文处理、小组讨论、上下级对话、口试等方法进行。无领导小组讨论,在人员选拔、岗位晋升工作中应用广泛,从讨论中可以了解被试者在语言表达、思维、应变、驾驭等方面的能力。由于情境模拟法具有针对性、客观性、预测性、动态性等特点,所以对人员考核的信度、效度较高,但对主试者的技术要求也很高。

（五）系统法

很显然,任何一个组织都是一个社会系统。因此在组织行为学的研究和学习中,系统的观点是非常重要的。以美国学者卡斯特、米勒、罗森茨韦克为代表的系统学派,将系统论全面运用于管理。经过分析指出,任何组织都可分为目标、技术、管理工作、结构和社会心理（人际社会）五个子系统,并特别强调要从总体和相互联系上,研究各种因素对实现组织总目标的作用。系统方法要求人们从整个组织及其环境的相互作用中分析组织的特点及其行为。

（六）试验法

试验法是指在人为控制的环境下精确操纵自变量从而考察因变量如何因其而变化，进而研究变量间相互关系的方法。实验法有实验室试验和现场试验之分。实验室试验在人为制造的实验室环境中进行，其特点是精确，但也因此而失去了一定的真实性和普遍性，因为现实中很少存在实验室那样的环境。现场试验是在真实的组织环境中进行，比如要了解照明度对生产的影响，可安排两个同样条件的车间在不同的照明光线下生产，比较生产率。现场试验是更为有效的方法，作出的结论也更具有普遍性意义，只是研究的成本很高。

思 考 题

1. 指出经济行为与经济人概念的区别。
2. 请举例说明快乐即是生产力的意义。
3. 对于组织行为学的名称的来源，请给出其发展逻辑图。
4. 行为科学与组织行为学的联系和区别。
5. 在运用组织行为学理论解决实际问题时应该注意什么问题？
6. 组织行为学的研究方法一般有哪些？

第二篇

个体行为分析

第二章 个体行为特征

学习目标

1. 了解个体行为的概念
2. 了解个体行为的特征对管理的意义
3. 了解个体行为的影响因素
4. 了解如何利用个体行为的影响因素为管理行为服务

第一节 个体行为

组织行为学在很大程度上是对组织中个体行为特征的研究。组织中的个体作为一个独立完整的人,有自己的情感、意识、理想等。同时个体充当组织角色,与组织间有一种内在的联系,受到所在组织的影响。个体在组织中的行为直接或间接影响着组织的行动效率和经济效益,所以对个体行为的研究是组织行为学的基本内容。

一、个体行为的含义

什么是行为?各领域的学者分别从不同的研究角度给行为下了定义。

哲学家认为:"行为就是人类日常生活中所表现的一切活动。"生理学家认为:"所谓行为,一般是指可以观察到的肌肉和外分泌腺的活动,是身体的某一部分的运动以及由泪、唾液等形态表现出来的行为。"心理学家和行为科学家则认为,行为是在外部刺激的影响下,经由内部经验的折射而产生的反应活动。

二、个体行为的特点

(一)从人类行为与动物行为的差异性来看

(1)自为性。人的行为是自动自发的,外力能影响其行为,但无法发动其行为。

(2) 有因性。任何一种行为的产生都有其起因。

(3) 目的性。行为不是盲目的,而是有目标的。

(4) 持久性。行为指向目标,目标没有达到以前,行为不会终止。

(5) 可改变性。为了谋求目标之达成,不但常改变行为手段,而且经过学习或训练可改变行为方式。

(二) 从观察与被观察关系的角度来看

(1) 不连贯性。人的行为很容易受到周围许多细小的不确定因素的影响,从而使其偏离原有的、特定的情形。需要指出的是,虽然个体行为具有不连贯性,但是每个人都有其关键行为,关键行为可以解释或预测大多数个体行为。

(2) 环境依赖性。环境变化对个体行为会产生重要的影响作用。从人类整体来说,人是环境的创造者;但从人类的每一个个体来说,人是环境的产物,人的行为又要受到环境的影响,对环境具有依赖性。

(3) 隐蔽性。人的真实动机具有难以获知或不可知性。观察者通过被观察者的行为而推知的动机与被观察者的真实动机之间往往具有差异性。因此,在观察者的眼中,被观察者的行为可能与其真实动机是相互脱节的。

(4) 应变性。人会根据其目标、价值观和所处的环境选择自己的生活道路与行为方式。对自己有利的会充分利用,不利的会设法回避,甚至会想方设法变不利为有利。

(5) 复杂性。主要体现在行为是个体特征在一定的环境条件下各种复杂因素相互间有机作用的结果,其中既有个体行为动机难以把握的一面,又有个体需要隐蔽的一面;既有主观因素的影响,又有客观因素的影响。因而,各种因素综合作用的结果使得行为变得非常复杂,难以深入认识和准确预测,它使我们更好地认识和把握人类行为变得更加困难。

(6) 难以描述和度量性。由于上述行为上的种种特性,造成人的行为很难科学地描述和度量。到目前为止,人们的认识还是很有限的,常常缺乏比较准确的、可以操作的度量方法。

【案例 2-1】

哈维·兰克尔克培训新员工

哈维·兰克尔克是一家制造厂的工头,受命教会新员工如何使用某台机器。有位新来的工人是个少数民族小伙子。他是通过针对难以受雇人群的特别培训计划招募来的。

兰克尔克对这类特别招聘计划没什么好感。他老大不乐意地把小伙子带到机器跟前,指导他如何使用。"每次这种金属部件从装配流水线传到这儿,你把它拉下来,放到这个压床下面。这边儿对齐了,然后踩一下脚踏板,钻头就会落下来正好在这儿打个洞。干的时候小心你的手别挨着钻头。傻瓜也能干这活儿,有问题吗?"

"没有,先生。"新来的人答道。

在这位工头看来,这个工人不大可能会成为一个特别能干的人。由于受赞助性行动而受雇的少数民族员工他见得太多了,他们根本就不能胜任工作。说实话他也弄不懂为什么会这样。他对他们这些员工全都一视同仁,跟别的人没什么两样。事实上,他特别注意在向所有新员工解释这个简单程序的时候,都使用同样的语言。没过几天,兰克尔克的这位新员工在完成工作数量和质量上大都落后于别人。对此兰克尔克感到毫不意外。

过了几天,又来了一位针对难以受雇人群的特别培训计划招募来的小伙子。兰克尔克对这个看上去挺机灵的小伙子,说了和第一位新员工几乎完全相同的话,并且被分配了同样的工作。这位新员工大约觉察出工头好像挺喜欢自己,对于"傻瓜也能干这个活儿"之类的评价并不在意。很快,他能像那些干了一段日子的熟练工人一样完成任务了。

案例来源:赵春蕾,王亚玲.组织行为学[M].北京:电子工业出版社,2013.

三、个体行为的理论解释

(一)华生的行为主义理论

行为主义的创始人,心理学家华生(John. B. Watson)否认传统心理学的对象——意识,而以行为取而代之。他认为,人的行为是一种机械性反应,受客观刺激的影响,一定的刺激必然引起一定的反应,其公式为:"S—R",S(stimulus)代表刺激,R(response)代表反应。华生强调心理学必须符合一般科学共有的预测、控制的基本原则。心理学研究行为的任务就在于查明刺激与反应之间的规律性关系,从而根据刺激预知反应或根据反应推测刺激,以预测和控制动物和人的行为。

华生的理论对于研究行为产生的原因,研究如何改变和调节人的行为,提高其工作效率具有重要的意义。但是,他显然把人复杂的行为简单化了,把人看做是对外界刺激起反应的机械人,完全否定了内部经验和主观意识的作用。

(二)新行为主义理论

1930年起出现了以托尔曼、赫尔、斯金纳等为代表的新行为主义理论。新行为主义指出在个体所受刺激与行为反应之间存在着中间变量,这个中间变量是指个体当时的生理和心理状态,这是行为的实际决定因素。因此,人的行为模式可以由以下公式来表示:"S—O—R",O就是人本身的心理活动状况,或称为行为的内部机制,即外界刺激S输入人的感官后,经识别、分析和判断O从而作出决策行动R。

目的行为主义的创始人托尔曼(Edward C. Tolman)首先提出了"中介变量"的概念,试图用在刺激和反应之间的有机体内部发生的变化来解释刺激—反应公式所不能解释的事实。托尔曼认为,某些"内含的"目的(如认知)是任何行为所固有的,这些变量是客观的,起着决定行为的作用,是行为的最后的最直接的原因。这些变量是由环境刺激和一些初始状态所引起的。这些环境刺激和初始状态被称为行为的最终原因或初始原因,而这些行为所固有的变量就在初始原因和最后的结果中间起着中介的作用。

赫尔(Clork L. Hull)坚决主张人的一切适应性行为,从根本上说是物理的、非心理的。赫尔力图使心理学体系数量化,他将数学和物理的演绎系统作为模型来发展一种普遍的和形式化的行为系统,这就是他所倡导的"假设—演绎系统"。"假设—演绎系统"开始于假设,每个假设充分地圆满地与一个逻辑系统相结合,从中演绎出结论(定理)来。如果结论与经验事实相符合,假设就保留;否则,假设就得加以修改或排除。赫尔认为从直接观察到的先行条件(刺激变量)开始,通过中介变量,移向输出的一端(反应变量)。刺激变量包括如强化的次数、诱因的剥夺、刺激的强度、奖赏的分量等客观因素。刺激变量需要通过三个层次的中介变量,才达到输出的一端。中介变量的第一层次有习惯强度,它是强化次数的函数;内驱力,它是驱动状态(如诱因剥夺)的函数;刺激强度动力机制,它是刺激强度的函数以及诱因强化,它是奖赏分量的函数。第二层次有反应势能,它是第一层次变量的联合函数;概括化的反应势能,它是泛化的习惯强度的函数以及总的抑制势能,它是反应抑制和条件抑制的函数。第三层次有净余反应势能,它是振荡度和反应阈限的函数。最后,作为输出一端的反应变量包括行为反应的一些可计量的特征,比如反应潜伏期、反应幅度、反应出现的概率等。

斯金纳(B. F. Skinner)作为新行为主义学派的重要代表人物之一,受实证主义哲学的影响,认为研究意识现象没有意义。他主张心理学应描述环境和有机体行为之间的关系。他研究的目标在于预测和控制人的行为而不去推测人的内部心理过程和状态。在他看来,有机体内部所发生的事件,不管是称为中介变量,还是称为生理过程,其本身都是行为的一部分。有机体外部和内部的事件具有同样的物理维度,因而无须假定那些内部事件具有任何特殊性质,或者必须用任何特殊方法去认识。他提出了一种"操作条件反射"理论,认为人或动物为了达到某种目的会采取一定的行为作用于环境。当这种行为的后果对其有利时,这种行为就会在以后重复出现;不利时,这种行为就会减弱或消失。人们可以用这种正强化或负强化的办法来影响行为的后果,从而修正其行为,这就是强化理论,也叫做行为修正理论。

(三) 卢因的行为理论

卢因(K. Lewin)否定了刺激—反应的公式,认为行为可表示为人和环境的函数,人的行为可以因时、因地、因所处环境和内部状态的不同而具有不同的表现形式,所以行为应是个人与环境相互作用以后的某种特定的反应,用公式表示为:"$B=f(P \cdot E)$",即人的行为是个人的内部特征与环境特征的函数,其中 B(behavior)表示人的行为,P(person)

表示个人的内部特性,E(environment)表示环境特征。其中 P 和 E 不是孤立的两个因素,而是密切相关、相互作用的。这两者被卢因统一称为"生活空间"(life space),他认为个体在群体中生活,其行为不仅取决于个人的生活空间,而且也受群体心理动力场(如人际关系、群体决策、舆论、气氛等)的制约。

第二节　价值观与个体行为

一、价值观的概念与类型

(一) 价值观的概念

价值观是一个人对周围的客观事物、行为的意义与重要性的总评价和总看法,是一个人基本的信念和判断准则。这些准则是一个人判断自己行为是否合理以及调整与其他人关系的基础。一个人认为最有意义、最重要的客观事物,就是对他最有价值的东西。每个人对事物的看法、评价不尽相同,有人看重金钱,有人认为工作成就的满足感最重要,有的人把对国家的贡献看得最有价值。这种对诸事物的看法和评价在心目中的主次、轻重的排列次序就是价值观体系,它是个体对其所偏爱的许多行为方式或存在状态的信念排序组合。价值观和价值观体系是决定人的行为的核心因素。

价值观取决于人生观和世界观。一个人从出生开始,在社会和家庭环境的影响下,逐步形成自己的价值观。价值观一旦形成后,具有一定的稳定性和持久性。因此在特定的时间、地点、条件下,人们的追求以及对事物的喜好、评价是相对稳定的。但是,一个人的价值观也不是一成不变的。当所处的环境,如经济条件、社会地位等发生了变化或其他原因导致人生观和世界观发生了变化,价值观就会随之变化。例如,一个人在饥寒交迫时会看重金钱,但是如果在物质方面得到极大满足后,他的价值观就会发生相应变化,转而看重精神上的满足,可能会去追求社会地位。不同职业的人通常也具有不同的价值观。例如,商人最看重经济价值,艺术家最重视艺术价值,学者教授对理论最有兴趣,牧师则对宗教信仰最看重。

(二) 价值观的类型

因为各个人的人生观、世界观有差异,而人生观、世界观决定人的价值观,所以各个人的价值观也是有区别的,阿尔波特根据价值观的不同,将其归为以下六类:

(1) 理性价值观:它是以知识和真理为中心的价值观。具有理性价值的人把追求真理看得高于一切。

(2) 唯美价值观:它是以外形协调和匀称为中心的价值观,他们把美和协调看得比什么都重要。

(3) 政治性价值观:它是以权力、地位为中心的价值观,这一类型的人把权力和地位看得最有价值。

（4）社会性价值观：它是以群体和他人为中心的价值观，认为为群体、他人服务是最有价值的。

（5）经济性价值观：它是以有效和实惠为中心的价值观，认为世界上的一切，实惠的就是最有价值的。

（6）宗教性价值观：它是以信仰为中心的价值观，认为信仰是人生最有价值的。

没有一个人的价值观是绝对唯一属于哪一种类型的。一个人可能同时拥有多种类型的价值观，各种类型的价值观在每个人心中的主次、重视程度也是不尽相同的，这就形成了不同的价值观体系。

二、价值观对个体行为的影响

价值观和价值观体系是决定人们态度和行为的心理基础。在同样的客观条件下，对同一客观事物，由于每个人的价值观不同，就会产生不同的态度和行为，因此价值观影响人们的行为方式，对人的行为起指导作用。

在企业和组织中，价值观影响员工的行为，进而影响其经济效益，所以企业和组织作出决策时，应该考虑到组织中的人所持有的价值观。价值观会影响到：① 对其他个人及群体的看法，从而影响人与人之间的关系；② 个人对决策和解决问题方法的选择；③ 个人对其所面临形势和问题的看法；④ 对有关行为的道德标准的确定；⑤ 个人接受或抵制组织目标和组织压力的程度；⑥ 对个人及组织的成功和成就的看法；⑦ 对个人目标和组织目标的选择；⑧ 对管理和控制组织中人力资源的手段的选择。了解组织中人所持有的价值观，才能解释其行为，并作为制定决策、进行思想工作的依据。

当员工具有明确的价值观时，便容易建立对自己及别人的信心，从而改善提高工作的效率及与他人协作的效率。当企业树立了共同的价值观后，员工的工作就赋予了新的意义，易形成共同的事业目标与追求，企业目标的实现也就更有保证。卓越的企业都是通过价值观来实现其组织价值的。许多成功企业的经验之一，就是充分考虑员工中普遍存在的价值观，树立和培养明确的企业价值观，形成共同的信念，才能得到广大员工的充分认同并在工作中严守这些信念，通过坚持不懈的贯彻落实得以实现组织的价值。

第三节 态度与个体行为

一、态度的概念与类型

态度是指个体对具有社会性质的某一客观对象所持有的评价和行为倾向。这种对象通常包括人、物、事件、团体、制度以及代表具体事物的一些观念等。个体在对这些对象作出种种赞成或者反对、肯定或者否定、喜欢或者厌恶的评价的同时，还会表现出一种反应的倾向性，在心理学中称之为定势作用，即心理活动的准备状态。态度是个体对这些对象形成的某种特定的情感、思想和行为的倾向，是引导和指引个体行为的一个重要因素。一个人的态度改变，就会影响到他对事物的看法、想法等，进而影响他对其采取的做法，即行为方式。

态度由认知、情感和意向构成。认知是指个体对对象的评价，包括对对象的认识与理解以及赞成或反对。它是个体知觉和判断的参考，也是态度形成的基础。情感是指个体对对象肯定或否定的评价以及由此引发的情绪或情感，如同情、尊敬、喜欢，或是排斥、轻视、厌恶等，这是态度的核心。意向是指个体对外界的人或物所预备采取的反应或行动倾向，即采取行为的准备状态，这是态度的最终表现形式。个体对某事物产生态度，首先要对该事物有一定的认识，才能作出好恶的判断，对其持有自己的情感，最后据此产生对该事物的意向，即对该事物准备采取的反应或行动倾向。

与工作相关的态度主要有三种类型：工作满意度、工作认同度和组织认同度。

工作满意度是指个人对他所从事的工作的一般态度。

工作认同度又称工作参与度，是指一个人在心理上对他的工作的认同程度，是员工在工作中的深入程度、所花费的时间和精力的多少以及把工作视为整个生活的核心部分的程度。

组织认同又称组织承诺，是指员工对特定组织及其目标的认同，并且希望维持组织成员身份的一种状态。

二、态度的特征

（一）社会历史性

态度是人们在社会中生活，在周围环境的影响和与他人相互作用的过程中逐步形成，并不断修正和完善的。在不同的社会环境，不同的历史条件下，人评判事物的标准就会有所不同，就会影响对事物的态度。因此，态度具有社会历史性。

（二）具体性

任何态度都是相对于特定的事物而言，有与之相联系的相对应的具体对象。态度的对象可以是任何具体的客观事物，包括人、事、物、制度、观念等，不存在没有具体对象的态度。

（三）稳定性

态度的形成需要经过一个过程。态度一旦形成后就具有相对的稳定性。个体所处的外界各种环境没有改变，他对事物的态度会保持稳定、持久。但这是相对的，当个体所处的外界环境或他内在的需求、兴趣、价值观发生了变化时,其态度也会随之发生改变。在个体的态度体系中,有的态度容易随时间、环境等发生变化,如个体对饮食、穿着的态度就容易受到影响而发生变化;而有些态度就相对不容易发生变化,如个体对人生目标、感情、追求等的态度。这主要取决于态度对个体来说意义如何,如果是对个体来说意义重大、感情深厚的态度,将会很难改变;相反,对个体来说意义不是十分重大、关键的态度就会容易受到影响而发生改变。

（四）间接性

态度是一种内在的心理反应倾向,是一种具有综合性的心理过程,因此是不能直接观察到的,只有通过外露的信号,如动作姿态、表情、语言及行为来进行间接的分析与推测。

三、态度的形成

（一）态度形成的条件

态度不是天生的,而是个体后天在社会、生活环境的影响下通过自身社会化而逐渐形成的。美国社会心理学家G·W·奥尔波特认为,态度形成有四个条件:

(1) 经验的积累和整合:从各个零散的经验中形成相同类型的特殊反应的整合。

(2) 经验的分化:开始是笼统的、缺乏特殊性的,以后逐渐分化和个别化。

(3) 剧烈的、外伤性经验:有时仅仅一次的经验,就可以形成某种态度。

(4) 模仿与学习:对社会已有态度的模仿及语言的学习。

（二）态度形成的影响因素

在态度形成的过程中,会受到以下因素的影响:

(1) 个人欲望能否得到满足。实验证明,能够满足个人欲望或帮助个人达到目标的对象,会使人产生满意的态度。相反,不利于个人欲望的满足或阻碍个人达到目标的对象,会使人产生厌恶的态度。

(2) 获得对象信息的质量和信息源的性质。个体对对象态度的形成,受到他所拥有关于该对象的知识的影响。个体是依据对对象的认识来作出喜欢或厌恶、赞成或反对的判断,因此个体对对象的认识正确与否、完整与否都会使他对该对象产生不同的态度。

(3) 所处群体的影响。个体对对象的态度,通常会受到所在群体的影响,如家庭、学校、社会团体等,都会对个体的态度产生影响。这是因为,个体对群体的认同感使个体接受群体的规范,个体与群体其他成员接受相似的知识,因此群体中个体容易对对象产生相似的认知和评价对象好恶的准则。另外,个体无形中受到群体的压力,使其对对象的态度倾向于群体共有的态度。

(4) 个体的个性特征。群体中个体由于以上原因,对对象的态度具有某种相似性,但是由于个体之间的个性差异,对同一对象形成的态度也相应会存在差异。乐观性格的人会对人生充满激情,积极面对挫折;而悲观性格的人会对人生没有信心,以消极、避让的态度去面对挫折。

四、态度改变理论

态度形成后,具有相对稳定的特性,会比较持久地保持下去,但态度也不是一成不变的。广义的态度的变化是指由于内部因素或外部因素使某一时期内持续的、稳定的态度发生变化;狭义的态度的变化是指由于社会的影响,特别是由于说服性沟通使以前的态度向相反的方向发生变化。

西方的态度改变理论主要有以下几种。

(一)凯尔曼的态度转变与形成三阶段理论

凯尔曼(H. C. Kelmen)以满足人们需要和期望有利于态度的改变为基础,提出态度改变及形成需要经过三个阶段:服从、同化和内化。服从又称为顺从,是态度改变的第一阶段,这是个体在受到外部压力的情况下产生的,是为了赢得好感而从表面上改变原有的态度。同化是态度改变的第二阶段,比服从前进了一步,是个体自愿地接受他人的观点、信念、态度与行为,使自己的态度逐渐改变,与他人的态度相近。但这种改变还不是信念上和价值观上的,因而是不巩固的。内化是态度改变的第三阶段,是在同化基础上真正从内心深处相信和接受他人的新观点、新思想,自觉地把它纳入到自己的价值体系中,使之成为自己态度体系中的一个有机组成部分,从而彻底转变自己原有的态度。

(二)库尔特·卢因的参与改变理论

美国心理学家卢因提出,个体态度的改变同群体的规范和价值观密切相关。个体在群体中的活动性质能决定他的态度,也会改变他的态度。他认为,个体在群体中的活动可以分为主动型和被动型两大类。其中,主动型的人会自觉主动地加入群体的活动,参与政策的制订,权利的实施,自觉遵守群体的规范等。被动型的人被动地介入群体活动,服从权威,服从别人制订的政策,遵守群体的规范等。主动参与群体活动的人的态度转变非常显著,速度也比较快;而被动参与群体活动的人的态度往往难以转变。因此,个体态度的改变依赖于其参与群体活动的方式和程度。

(三)墨菲的沟通改变态度理论

沟通改变态度的理论起源于心理学家墨菲(G. Murphy)关于对待黑人的态度的研究。他选择了一批白人进行测试,用随机分组法分成两组,一为实验组,二为控制组。接着使用瑟斯顿(Thurstone)量表法对两组成员分别进行态度测量,证实他们对种族歧视的态度是基本相同的。然后开始实验,让实验组观看宣传黑人成就的电影、电视、画报,如放映黑人在世界运动会上取得成绩的宣传片,黑人在科学技术上取得成就的电影等,而不让控制组观看。结果发现,实验组对黑人的态度有显著的改变,而控制组对黑人的态度则没有变化。由此可见,沟通(宣传)工具对人的态度改变有很大作用。许多心理学家认为,沟通对态度改变的影响,主要依赖于以下三个因素:

(1) 沟通者。沟通者是信息的来源。有效的沟通者必须具有权威性和专门知识,具备优良的情感、意志和品德,必须具有沟通者的能力、社交的风度、可信任性和吸引力。

(2) 沟通过程。为保证效果,在沟通过程中要注意三个问题:① 沟通者及沟通信息要能吸引人注意,如沟通者的声音、仪表等要具有吸引力;② 信息的内容要以对象惯用的言语来传达,采用对象所喜闻乐见的形式;③ 沟通者要了解对象的需要和动机,特别要掌握对象不合理的信念,使传递出的信息能被对象所接受。

(3) 沟通对象。沟通对象是信息的接受者,影响沟通的因素主要在于他们是否了解信息,他们原有态度的稳定性,其个性特征是否能接受这些信息。

实质上,所谓沟通改变态度的理论就是采用宣传手段来影响和改变人的态度的理论。在"宣传心理学"的范畴内,有不少有关这方面的研究成果,证明宣传对人的态度的改变确有影响,具有参考和应用价值。

五、态度对个体行为的影响

一般的情况下,态度决定行为,行为是态度的外部表现。态度对个体的影响主要有以下几方面。

(一) 态度影响工作效率

关于满意度和绩效的早期观点,基本上可以概括成一句话"快乐的工人是生产率高的工人"。但工作态度与工作效率的关系非常复杂,研究发现:对工作感到满意,持积极态度的职工,其工作效率可能很高;而对工作不满意,持消极态度的职工,其工作效率也可能很高。显然,工作态度与工作效率之间即使相关的话,这种相关度也是极低的。其中的原因主要有两方面:一是对某些职工来说,提高工作效率并非是他们的直接目标,而是借以达到其他目标的手段,因此无论他们喜不喜欢工作,仍会以很高的效率完成工作;二是在群体压力的作用下,对工作满意、效率过高的职工会以降低工效来排除压力,而对工作不满意的人也会以提高工作效率来与群体大多数人保持一致。但无论如何,态度对工作效率还是有影响的,只是作为影响行为的众多因素中的一种,不是很显著而已。

(二) 态度影响学习

人们在接受某种新知识时,对其内容的吸收和记忆受个体态度的影响。如果所学知识与原来所持观点及兴趣一致,必然对之抱有好感,注意力集中,思维活跃,易于理解、吸收、记忆,学习效果会更好;相反,如果对所学知识抱有厌恶的态度,就会失去学习兴趣,学习效果相对会较差。

第二章　个体行为特征

（三）态度影响人对群体的适应能力

通过实验发现,个体对其所属群体的认同感和效忠心越强,其忍耐力就越强。例如,一个职工如果对所属企业充满信心,忠心耿耿,并且热爱自己的本职工作,他就会比别人更具吃苦耐劳的精神,更能承担艰苦繁重的工作。

态度与行为的相关性,大体表现为以下几种情形:

如果态度本身是强烈的、明确的,那么态度与行为的一致性就高;

如果在态度体系中,没有彼此矛盾的或冲突的态度存在,态度又很具体,态度与行为的一致性就高;

优势动机越强烈又没有冲突,两者的一致性就高;个体能力越强,自我实现抱负越高,行为与态度的一致性就越高;

强有力的群体舆论压力与个体已有的态度不一致时,将会较大程度地破坏态度和行为之间的一致性;

如果个体为表现某种态度所付出的代价高于行为目标的价值,那么态度和行为的一致性就比较低;

几种态度与一种特定的行为相联系,或者几种行为与一种特定的态度相联系,而在若干种态度之间或行为之间又有冲突的情况下,往往会发生态度与行为之间的不一致。

【案例 2-2】

阳贡公司员工为何对工作不满意

阳贡公司是一家中外合资的集开发、生产、销售于一体的高科技企业,其技术在国内同行业中居于领先水平,公司拥有员工 100 人左右,其中的技术、业务人员绝大部分为近几年毕业的大学生,其余为高中学历的操作人员。目前,公司员工当中普遍存在着对公司的不满情绪,辞职率也相当高。

员工对公司的不满始于公司筹建初期,当时公司曾派遣一批技术人员出国培训,这批技术人员在培训期间合法获得了出国人员的学习补助金,但在回国后公司领导要求他们将补助金交给公司所有。技术人员据理不交,双方僵持不下,公司领导便找这些人逐个反复谈话,言辞激烈,并采取一些行政制裁措施给他们施加压力,但这批人员当中没有一个人按领导的意图行事,这导致双方矛盾日趋激化。最后,公司领导不得不承认这些人已形成了一个非正式组织团体,他们由于共同的利益而在内部达成一致的意见:任何人都不得擅自单独将钱交回,他们中的每个人都严格遵守这一规定,再加上没有法律依据,公司只得作罢。因为这件事情造成公司内耗相当大,公司领导因为这批技术人员"不服从"上级而非常气恼,对他们有了一些成见,而这些技术人员也知道领导对他们的看法,估计将来还会受到上级的刁难，因此也都不再一心一意准备在公司长期干下去。于是，陆续有人开始寻找机会"跳槽"。一次，公司领导得知一家同行业的公司来"挖人"，公司内部也有不少技术人员前去应聘，为了准确地知道公司内部有哪些人去应聘，公司领导特意安排两个心腹装作应聘人员前去打探，并得到了应聘人员的名单。谁知这个秘密不胫而走，应聘人员都知道自己已经上了"黑名单"，估计如果继续留在公司也不会有好结果，于是在后来都相继辞职而去。

由于人员频繁离职，公司不得不从外面招聘以补足空缺。为了能吸引招聘人员，公司向求职人员许诺住房、高薪等一系列优惠条件，但被招人员进入公司后，却发现当初的许诺难以条条兑现，非常不满，不少人干了不久就"另谋高就"了。为了留住人才，公司购买了两栋商品房分给部分骨干员工，同时规定，生产用房不出售，员工离开公司需将住房退给公司。这一规定的本意是想借助住房留住人才，但却使大家觉得没有安全感，有可能即使在公司干了很多年，将来有一天被公司解雇时，还是"一无所有"，因此，这一制度并没有达到预期的效果，依然不断有人提出辞职。另外，公司强调住房只分给骨干人员，剩下将近一半的房子宁肯空着也不给那些急需住房的员工住，这极大地打击了其他员工的积极性，使他们感到在公司没有希望，既然没有更好的出路，因此工作起来情绪低落，甚至有消极怠工的现象。在工资奖金制度方面，公司也一再进行调整，工资和奖金的结构变得越来越复杂，但大多数员工的收入水平并没有多大变化，公司本想通过调整，使员工的工作绩效与收入挂起钩来，从而调动员工的积极性，但频繁的工资调整使大家越来越注重工资奖金收入，而每次的调整又没有明显的改善，于是大家产生了失望情绪。此外，大家发现在几次调整过程中，真正受益的只有领导和个别职能部门的人员，如人事部门。这样一来，原本希望公平的措施却产生了更不公平的效果，员工们怨气颇多，认为公司调整工资奖金，不过是为了使一些人得到好处，完全没有起到调动员工积极性的作用。

公司的技术、业务人员虽然素质较高，但关键职能部门，如人事部门的人员却普遍素质较低，其主管缺少人力资源管理知识的系统学习，却靠逢迎上级稳居这一职位。他制订的考勤制度只是针对一般员工，却给了与他同级或在他上级的人员以很大的自由度，如规定一般员工每天上下班必须打卡，迟到1分钟就要扣除全月奖金的30%，而主管以上人员上下班不需打卡，即使迟到也没有任何惩罚措施。于是，一些主管人员借机谋取私利，这样，就在公司内部造成一种极不公平的状况，普通员工对此十分不满，于是他们也想出了一些办法来对付这种严格的考勤制度，如不请假，找人代替打卡或有意制造加班机会等办法弥补损失。公司人员岗位的安排也存在一定的问题。这位人事主管虽然自己没有很高的学历，但却盲目推崇高学历，本可以由本、专科毕业生做的工作由硕士、博士来干，而有些本、专科生只能做由高中学历的人就能胜任的工作。这样，大家普遍觉得自己是大材小用，工作缺乏挑战性和成就感。员工们非常关心企业的经营与发展情况，特别是近来整个行业不景气,受经济形势的影响,企业连年亏损,大家更是关心企业的下一步发展和对策,但公司领导在这方面很少与员工沟通,更没有做鼓动人心的动员工作,使得大家看不到公司的希望,结果导致士气低下,人心涣散。

案例来源:http://www.mbaunion.org/Article/cjyw/200509/Article_911.html。

第四节　情绪情感与个体行为

一、情绪和情感的概念、功能与分类

（一）情绪和情感的概念

情绪和情感是由客观事物是否符合并满足人的需要而产生的,是对事物的态度和体验的一种反映。情绪和情感具有肯定和否定的性质,反映了客观事物与主体需要之间的关系:能够满足人的需要的事物,会使人产生肯定性质的内心体验,如快乐、满意等;不能满足需要的事物,会使人产生否定性质的内心体验,如愤怒、憎恨等;与需要无关的事物,会使人产生无所谓的情绪和情感。积极的情绪可以提高人的活动能力,而消极的情绪则会降低人的活动能力。

情绪和情感既有区别又有联系。它们的区别在于:首先,情绪是对生理性需要是否得到满足而产生的态度和体验;而情感则是对社会性需要是否得到满足而产生的态度和体验。这种由劳动、交往、参加社会活动等需要诱发的责任感、友谊感和义务感等体验,是人类所独有的。其次,情绪是不断变化的一种状态,带有情景性、易变性,一旦情景改变,情绪就会很快消失;而情感是对事物的一种相对稳定的态度,其稳定性与持久性一般不会因环境变化而改变。最后,情绪往往是由事物的表象所引起的,带有一种冲动性;而情感的产生是同对事物的深刻认识相联系的,很少具有冲动性。情绪和情感的联系在于:情绪是情感的外在具体表现,离开具体的情绪表现,人的感情就无从表达;情感的倾向性和深刻性制约着情绪的变化,那些与人的生理需要相联系的情绪,有时会因情感的社会内容而改变它的原始表现形式。情绪的实质是有机体特有的调节和监测生活过程与生命安危的一种信号系统,它具有自适应、动机性、组织性、交流性四种功能,并且具有放大作用,将内驱力的信息和能量加以放大,从而使实现目标的行动付诸实施。

（二）情绪和情感的功能

情绪和情感对人具有以下的功能:

(1) 适应功能:情绪情感是人适应生存、生活的精神支柱。

(2) 动机作用,即动力作用:情绪情感是驱使人行为产生的一个动力。

(3) 组织作用:情绪情感是人的心理活动的"组织者",情绪可影响的内容包括:促成

知觉选择;监视信息的移动;影响工作记忆;影响思维活动;影响人的行为表现。

（4）信号作用:表情反映出人的情绪,是人际交往时的重要的信号表达方式。

（三）情绪的分类

情绪可以从不同角度划分为六类:

（1）原始的基本情绪,往往具有高度的紧张性,如快乐、愤怒、恐惧、悲哀。

（2）与感觉刺激有关的情绪,如疼痛、厌恶、轻快感等。

（3）与自我评价有关的情绪,主要取决于一个人对于自己的行为与各种标准的关系的知觉,如成功感与失败感、骄傲与羞耻、内疚与悔恨等。

（4）与别人有关的情绪,常常会凝结成为持久的情绪倾向与态度,主要是爱与恨。

（5）与欣赏有关的情绪,如惊奇、敬畏、美感、幽默等。

（6）根据所处状态来划分的情绪,可分为心境、激情和应激三种基本状态。

二、情绪情感对个体行为的影响

情绪具有动机作用,情绪的好坏与人的工作积极性有密切的关系,并直接影响人的活动能力和工作效率。研究得出,不论人们从事手工操作或是智力操作,必须在一个适当的情绪激活水平下才可能顺利完成操作,但并不是情绪激活水平越高,工作效率就越高。一般来说,正面的情绪(如快乐、舒畅等)能够激发工作积极性,起到促进协调和组织的作用,有利于工作效率的提高。心理学家赫布(Hebb)研究指出,情绪水平很低,操作效率也极低或等于零;随着情绪水平的提高,操作效率也逐渐提高;情绪达到一定水平,操作效率达到最高,此后,工作效率会因为情绪水平的继续提高而下降。即在适当的正面情绪的作用下,人们能发挥最高的工作积极性,达到较优的工作效果。因而在管理工作中,应该利用适当的刺激,激活人的积极的、愉快的情绪状态,并将个体的兴趣与工作结合起来,为智力活动和创造性工作提供最佳的情绪背景。负面的情绪(如焦虑、挫折感等)也会对个体产生影响,负面的情绪其实是一份推动力。因为我们不满意带给我们这些情绪的情况,故此我们会有所行动,直到这些情绪不复出现。一般认为,当一个人在做一件工作时,只有在适度的紧张情绪状态下,才能表现出最佳的成绩,因此由负面情绪所产生的推动力并不是一直表现为降低工作效率的。焦虑是负面情绪的一种,是一种不愉快的情绪,当焦虑程度从很低的程度增加时,工作效率也是递增的,当焦虑程度增加到中等程度时可以使个体发挥最高的工作效率,此时焦虑程度继续增加的话,由于过于紧张,工作效率将随之下降。

企业的管理人员应想方设法掌握和控制员工的情绪,帮助员工将情绪维持在最适当的程度,避免因员工情绪低落导致的工作效率低下,同时也要注意防止员工的情绪过分高涨,超出中等水平,否则同样不能达到最优的工作效率。

第五节 知觉与个体行为

一、知觉的概念与特征

（一）知觉的概念

知觉是一种基本的心理过程。知觉是直接作用于感官的客观事物的整体在人脑中的反映，是个体选择、编排、存储和解释由感觉获得的信息的过程。由于个体之间存在着各种差异，如民族、教育、个性等对于同一知觉对象，个体在对感觉信息处理加工时，得到的解释是不同的。

（二）知觉的特性

（1）整体性。知觉作为人脑对客观事物的整体反映，不是支离破碎的、单个属性的认知。知觉具有把事物的各种属性、各个部分、某种关系整合为一个有机体，并对其产生完整的知觉的能力，这种属性称为知觉的整体性。

（2）恒常性。当知觉的条件在一定范围内改变时，知觉的映像保持相对稳定不变，这种特性称为知觉的恒常性。我们知觉的对象及其所在环境和条件并不是固定不变的，它们往往在大小、距离、角度、颜色等方面发生变化，但这并不影响人们全面地、正确地对特定客观事物进行知觉。在知觉的恒常性中，人们的知识经验起着重要作用。人在知觉时，总会利用过去的知识经验来解释新的感觉信息，使人能够在变化的条件下，获得近似于实际的知觉映像，以及物体所固有的特性，这样就保证了人能够根据物体的实际来适应环境。

（3）选择性。每时每刻作用于感官的事物是纷繁多样的。由于感官通道的限制，在一定时间内，人们不能接受外部的所有刺激或刺激的全部细节，只能选择某些刺激加以反映，对它们知觉得格外清晰，而对同时作用于感官的其余刺激则反映得模糊笼统。主体只对外界的一些对象知觉，而不对另一些对象知觉，这种特性称为知觉的选择性。

（4）理解性。知觉的理解性指人在知觉过程中用词语说明和解释知觉对象的特性。人在知觉对象时，并不是仅仅停留在感性的知觉映像阶段，而是用以往的经验对所获得的感觉信息提出假设、推断并作出最佳解释，然后用词语等概念的形式把它们标示出来，这是向更高层次的认识活动发展的环节之一。

二、知觉的影响因素

（一）客观因素

（1）知觉对象本身的特征。作用于人脑中的事物多种多样，人不可能全部清楚地感知到,也不可能对所有事物作出同样的反应。当客观世界本身具有一些明显的特征时,人会首先感觉到它们。一般来说,知觉的事物色彩鲜艳,能发出声音或反复出现,就容易引起人们的注意,被人们清晰地感知。例如,在商业街区,各个商铺都会想方设法地使自己的店铺具有不同的特色,以吸引消费者的注意,他们有的用色彩鲜艳夺目的门面装潢,有的用异域的风格装饰店面,有的播放悦耳的音乐,这些都是为了使自己的商店更容易得到顾客的感知,使其光顾自己的商店。

(2) 对象和背景的差别。对象与背景的差别越大,人们越容易从背景中把知觉的对象感知出来;反之,差别越小,区别对象和背景就越困难,从而人们越不容易对对象产生清晰的知觉。

(3) 对象的组合。知觉所反映的事物整体不一定只是一个对象,有时在一定条件下人们也能把若干事物组成一个整体,作为知觉对象。这些知觉对象可以按照有关原则加以组合。

知觉对象的组合服从如下原则:

接近原则:在空间上接近的对象容易被感知为一个整体;

相似原则:性质和形状相似的对象容易被组合成一个整体感知;

闭锁原则:当几个对象共同包围一个空间时,人们往往容易把它们组合成一个整体来知觉;

连续原则:若几个对象在空间或时间上连续存在着,则它们容易被组合成一个整体感知。

(二) 主观因素

除了知觉对象的客观特征及知觉的客观环境对知觉有影响外,由于主观因素的影响,不同的人,对同一事物也往往会产生不同的知觉。例如,一个上司对团队工作的评价,可能会被一些成员认为是鼓励而被另一些成员理解为表扬,这就是由于人们的主观状态不同而造成的。

(1) 需要和动机。凡是能够满足需要、符合动机的事物,容易被注意并成为知觉对象。那些与个人需要和动机无关的事物,则不容易引起人的注意而被忽略。例如,招聘广告更容易被一个失业的人感知到;一个渴望晋升的人,更容易发现上司的喜好及提升的途径。

(2) 兴趣和爱好。人们的兴趣各不相同,但兴趣的差异往往对知觉对象的选择有极大影响。人们很注意听感兴趣的消息,而不自觉地将不感兴趣的事情排出到知觉背景中去。例如,报纸、电视、网页中的计算机相关信息都会成为一个计算机爱好者的感知对象,而对计算机没兴趣的人不会注意这些信息,而只是将它们当成知觉背景。

(3) 个性特征。人们的个性特征不一样,也会影响知觉选择性,一个细心认真的人,一定要比粗心大意、不负责任的人在观察问题、了解情况等方面更深入且更接近于问题的本质。因此这样的两个人对同一事物知觉的程度就会有一定的差异。

（4）知识经验。个体过去通过认知积累的、与当前知觉有关的知识经验以信息的形式储存于大脑中，并形成信息系统。知识经验对知觉选择性的影响很明显，主要是使熟悉的对象易于从环境中分离出来，成为知觉对象。长期从事某种专门职业的人，往往对自己所熟悉的东西有选择的知觉。熟练工人很容易根据经验将次品从正品中挑选出来。医生拥有专业知识会更容易察觉出一个人健康与否。

知觉过程的选择性，是客观因素与主观因素共同作用的结果。知觉的选择性对员工的工作效率和工作成果会有影响。例如，企业的员工在寻找客户时会注意那些有规模或大型的公司，通常这样的公司会有更多的竞争者，而忽略了那些更可能与自己公司合作的小型公司。因此，管理人员应当一方面注意发挥员工的主观因素的积极作用；另一方面充分利用有关的客观因素，创造有利条件，以促进职工有效选择知觉。

三、社会知觉的偏差及对个体行为的影响

社会知觉是人对社会客体的感知和认识过程，与对自然客体的感知和认识过程相对应，包括对他人、对自己和对群体的知觉。社会知觉的概念是美国心理学家布鲁纳(J. Q. Bruner)于1947年在知觉研究中采用的，用来指知觉的社会决定性，即知觉不仅仅取决于客体本身，也取决于主体的目的、态度、价值观和过去经验。

社会知觉受到人员特征和情景等多方面因素的影响，因而存在着各种偏差。这些知觉偏差经常影响人们正确印象的形成。常见的社会偏差有以下五个方面。

（一）晕轮效应（又称"光环效应"）

人们在观察某个人时，由于对其某些品质或特征有清晰明显的知觉，这种知觉像光环一样笼罩着这个人，从而掩盖或影响了人们对这个人其他特征和品质的知觉。例如，对于一个成绩优异的学生，往往被认为他的其他方面包括品德、体育等也是可取的。而对一个因做错了一件事，产生坏印象的学生，不论其他事做得如何完满，也会被认为毫无可取之处。

晕轮效应实际是在一种信息不全的基础上对他人进行的知觉判断。了解和研究这一现象，有助于克服自己看待别人时的偏见，也有助于了解其他人产生这种偏见的根源。同时，晕轮效应也会影响到个人的发展。一个学生或员工被认为是表现差的，那他通常表现就可能会持续差下去；反之，如果他被认为是好的，他表现好的愿望就会增强，进而使他的表现持续好下去。因此，如果一个人的知觉由于晕轮效应的影响产生了偏差，他就可能创造一种自我应验的预言，或者说，他可以使对方认为的这种特征真正成为自己的特征。

（二）第一印象偏差（也称首因效应）

第一印象偏差是指人们在交往中的第一印象对他们的认识的影响。一般来说，人们在与陌生人打交道时，首因效应影响作用较大。在初次见面时给人留下的第一印象会决定人们对他以后的一系列的活动的评价。

第一印象主要来自亲眼所见、亲耳所闻，对对方外表与才华的观察，其中掺杂了大量的情感因素和联想因素，难免有表面性、片面性、冲动性和联想性，常常会出现偏差。例如，在招聘过程中，如果应聘者穿着鲜明、简洁、大方且举止优雅，给予招聘者很好的第一印象，这会使招聘方对其产生有个性、有学识与修养的知觉，而事实上，外貌、着装与个人的素质并不总是等价关系。

了解第一印象的作用有实际意义。一方面任何人在看待别人时，要尽量避免受第一印象的影响，而对人产生错误的看法；另一方面组织的领导者和管理者也应该注意在群众中留下良好的第一印象，在上任之初就应该努力地工作、体恤下属，树立良好形象，这有利于今后工作的开展。

（三）刻板效应

刻板效应是对社会上各类人所持有的简单、固定、笼统的看法，或者说是对人的概括化看法。不同群体内的人们具有某些相似性、共同点，人们极易对此产生概括化、类化型的看法，形成固定观点。例如，人们普遍认为商人大都精明强干；知识分子一般都文质彬彬；我国北方人一般都粗犷、豪放、热情，南方人一般都细腻、灵巧、精明。刻板效应就是将上述对某一类人的看法套在该类人中的某一个具体人身上，即看见一个文质彬彬的人就认定他是知识分子，看见一个豪放的人就认定他是北方人。

概括化使人在感知时方便快捷，这是它的优点。普遍认为，男性的体力和动手操作能力要强于女性，因此，如果一个企业要招聘机械工时，首先会考虑选择男性应征者，这能缩短挑选的时间。事实上，大多数男性在体力和动手操作能力方面会强于女性，更适合于这份工作，但是这并不是绝对的情况，我们并不能百分百地确定，某一特定的男性在体力和动手操作能力方面就一定强于某个特定女性。因此，虽然这种刻板印象会缩短决策时间、提高决策水平，但同时也可能对我们的决策有误导作用。

在社会或组织中，刻板效应非常普遍，它深藏在人们的意识之中，影响着对人的知觉。在管理中，我们要避免出现不切实际的刻板印象，注意个体差异性，否则会影响正常的人际交往，破坏团结，造成用人不当，挫伤人的积极性，给组织造成不必要的损失。

（四）投射效应

投射效应是指把自己所具有的某些特质强加到他人身上的心理倾向，即在人际交往中，认知者形成对别人的印象时总是假设他人与自己有相同的倾向、特征。投射效应的发生通常有两种情形：一是，当知觉主体的知觉对象的年龄、职业、社会背景、经历或社会地位与自己相同或类似时,个体对与自己相似的人比不相似的人以更为赞同的倾向作出知觉而产生的偏差。例如,上司容易对与自己相似的下级作出更高的绩效评价。二是,当知觉主体自身具有某些品质或特征时,他在知觉他人的过程中,就转移到他人身上,认为他人也具有这些品质或特性。比如,心地单纯善良的人往往会以为别人也都是善良的,一个经常算计别人的人会觉得别人也在算计自己。

由于人类有许多本质上的共同特性,因此投射效应有时能帮助人们相互理解。但过多受制于此,便会适得其反,成为正确知觉的障碍,导致知觉上的偏差和对别人人格的歪曲。这是由于知觉者在知觉他人时乐于从自己出发去假设别人,用自己的好恶来推断别人。观察者往往认为他人与自己是相同的,也就是将自己的需要、情感等投射到他人身上。所以观察者可能歪曲所得的信息,使观察对象更像自己。有时,投射效应是处于一个人自我防御的心理需要而发生的。自己有某些缺陷、毛病或不良品质,于是不自觉地会怀着一颗敏感的心,在别人身上搜寻有关的蛛丝马迹,在别人身上"发现"同样的毛病,进而对自己的毛病感到心安理得:人都是这样,我也不必过多自责和不安。克服这种心理倾向的关键是认清别人与自己的差异,避免以己之心度人之腹。另外,需要客观地认识自己,既要接受自己,又应不断完善自己。

(五)近因效应

与首因效应相反,近因效应是指在人际交往过程中新获得的信息往往起优势作用,换句话说,最近的印象对人的认知产生的影响更大。首因效应和近因效应看似矛盾,实际上并不矛盾。这两个心理活动的规律告诉我们一个很简单但很有价值的道理:在一般情况下,第一印象和最近印象对人际认知的影响比较大,所以,我们既要重视好的开始,也要重视好的结尾。心理学的研究还表明,在人与人的交往中,交往的初期,即在彼此还生疏阶段,首因效应的影响重要;而在交往的后期,就是在彼此已经相当熟悉的时期,近因效应的影响更为重要。

管理人员在工作中要尽可能做到:一方面预防第一印象效应和近因效应的消极影响,注意到最新印象偏差不利于客观、公正、全面地看待一个人,要尽量避免;另一方面在一定条件下发挥这两种效应的积极作用,如在布置任务时开始和最后都应该将任务的要点总结一下,加强员工对任务的认知。

第六节 个性心理特征与个体行为

一、个性的概念

个性一般是指一个事物区别于其他事物的特殊本质。而人的个性是在个体身上经常地、稳定地表现出来的各种心理特征和意识倾向的有机组合。这些特征决定着人的社会意义的活动和行为的方式，以及他可被认识的内在或外在的品质全貌。个性是在一个人的生理素质的基础上，在一定社会历史条件下，通过社会实践活动形成和发展的。

个性心理作为整体结构，可划分为既相互联系又有区别的两个系统。

（一）个性倾向性

个性倾向性是个性中的动力结构，是个性结构中最活跃的因素，是决定社会个体发展方向的潜在力量，是人们进行活动的基本动力，也是个性结构中的核心因素。它主要包括需要、动机、兴趣、理想、信念与世界观、自我意识等心理成分。在个性心理倾向中，需要是个性积极的源泉；信念、世界观居最高层次，决定着一个人总的思想倾向；自我意识对人的个性发展具有重要的调节作用。

（二）个性心理特征

个性心理特征是个性中的特征结构，是个体心理差异性的集中表征，它表明一个人的典型心理活动和行为，包括能力、气质和性格。

个性倾向性和个性心理特征相互联系、相互制约，从而构成一个有机的整体。个性对心理活动有积极的引导作用，使心理活动有目的、有选择地对客观现实进行反映。个性差异通常是指人们在个性倾向性和个性心理特征方面的差异。

二、个性的特征

（一）独特性

个性的独特性是指人与人之间的心理和行为是各不相同的。由于人的先天遗传素质的不同和后天的生活环境、社会实践及所受教育的不同，并且构成个性的各种因素在每个人身上的侧重点和组合方式是不同的，因此就形成了彼此之间在心理活动过程和表现方式上的个体差异，构成每个人的独特风格。在认识、情感、意志、能力、气质以及性格等方面都可能反映出每个人独特的一面，有的人知觉事物细致、全面，善于分析；有的人知觉事物较粗略，善于概括；有的人情感较丰富、细腻，而有的人情感较冷淡、麻木等。这如同世界上很难找到两片完全相同的叶子一样，也很难找到两个完全相同的人。

强调个性的独特性，并不排除个性的共同性。个性的共同性是指某一群体、某个阶级或某个民族在一定的群体环境、生活环境、自然环境中形成的共同的典型的心理特点。例如，不论是什么个性的人，当需要得到满足时，都会感到心情愉快；当遇到挫折时，都会感到情绪低落，但行为表现方式可能各不相同。正是个性具有的独特性和共同性才组成了一个人复杂的心理面貌。

（二）稳定性

个性的稳定性是指个体的人格特征具有跨时间和空间的一致性。在个体生活中暂时的偶然表现的心理特征,不能认为是一个人的个性特征。例如,一个人在某种场合偶然表现出对他人冷淡、缺乏关心,不能以此认为这个人具有自私、冷酷的个性特征。只有一贯的、在绝大多数情况下都得以表现的心理现象才是个性的反映。

个性的稳定只是相对的,并非绝对不变。一个人的个性形成以后是比较稳定的,但随着社会环境的变化,个人的发展以及人与人之间关系的改变,特别是遇到突发事件,个性也会有所变化。尤其是青年人的个性,具有很大的可塑性。

(三) 整体性

个性是一个统一的整体,也就是说人的各种心理现象和心理过程,都是有机地相互联系、相互制约并整体地从一个人身上表现出来,个性的各个侧面只有同个性的整体性联系起来,才有其确定的意义。

(四) 倾向性

个性的倾向性是指人们对现实事物所持有的一定的看法和态度,即内在的意识倾向性,它既体现出个体的需要、动机、信念、理想、兴趣和价值观等,又体现出每个人对事物都有自己的选择和特定的行为模式。

(五) 社会性

个性是在个体生活过程中逐渐形成的,受到社会文化、教育教养内容和方式的塑造。可以说,每个人的人格都打上了他所处的社会的烙印,即个体社会化结果。正如马克思所说:"特殊的人格的本质不是人的胡子、血液、抽象的肉体本性,而是人的社会特质。""人的本质并不是单个人所固有的抽象物,实际上,它是一切社会关系的总和。"

三、个性的形成

个性是在多种因素的相互作用下逐步形成与发展起来的。这些因素包括先天和后天,客观和主观等因素。

(一) 先天因素

个性与先天的遗传素质关系密切,遗传素质是个性形成与发展的物质前提。遗传素质是指个体和种族遗传过程中具有的某些解剖生理上的特点,特别是神经系统、感官系统和运动系统的特点。生物遗传学证明,有机体的某些行为性状和身体性状一样,是在先天因素和环境因素综合影响下发展起来的。但先天素质因素只是个性发展的必要条件,而不是决定条件。

(二) 后天因素

社会文化、自然环境、经济因素、政治因素、社会因素以及教育是个性发展的重要条件。初生的婴儿作为一个自然实体而存在,还谈不上有个性。婴儿只有在后天的生活环境中,经过个体社会化的过程,才能逐步实现由生物个体向社会个体的转化。通过这个转化过程,生物个体被文明化,形成了某些社会特征和特定类型的社会个性。

（三）客观因素和主观因素

从反映论来看,个性的形成与发展是客观现实在人脑中的反映,没有客观现实,人的心理活动不可能产生。因此,客观现实是人的心理活动内容的源泉,但是客观现实不会自动进入人的大脑,只有个体积极参与社会实践,积极发挥主观能动性,才能实现大脑对客观现实的反映过程。由此可见,人的个性的形成,既不是纯粹的客观过程,也不是单纯的主观过程,而是主客观统一的过程,是在个体与环境交互作用的过程中逐渐形成的。

根据影响个性形成与发展的诸因素及其相互关系的分析,组织首先要营造一个充满生机的充分体现组织发展观念的社会环境,通过有效的管理,使组织观念深入人心。同时,也要充分发挥员工的主观能动性,启发引导他们去形成并发展与社会和组织所需要的个性与行为方式。

四、个性对个体行为的影响

一个人的个性在如下方面影响着这个人的行为。

（一）自尊心

一个人对自己的价值、外表和能力怎么看,在某种程度上,是受环境影响的,如别人是否成功,他人的看法如何等。但是,自尊心大体上是相当稳定的。那些自尊心较强的人似乎更乐于选择冒险性大、非传统型的工作;反之,自尊心较弱的人比较谨慎,更易受他人影响。但是,判断一个人的自尊心强弱是不容易的,特别是在东方文化中更是如此。这是谦虚在东方文化中发挥的作用,人们不乐于炫耀他们的成功或能力。儒家学说也鼓励人们磨炼自己的能力。在中国,自尊心对性格也发挥重要的作用,这种作用有时是潜在的。

（二）控制的轨迹

具有高度的内在自我调控的人们相信他们能够对自己的生活进行控制,而那些受外在调控的人们感到需要被人左右;感觉自我调控的人比较喜欢追求更高的目标,因为他们感到自己要对成败负责。而受外在调控的人较少主动性,依赖被人指引,因为他们感到无论如何都需要指导。

（三）内向与外向

心理学家荣格(C. G. Jung)的"心理类型论",提出将个性分为内向和外向两种类型。实际上简单地把人划分成内向及外向,实在无法把人与人之间的差异完全包含在里面,因为典型的内向或外向的人很少,大多数是介于两者之间,是两者混合型。

英国的心理学家艾森克(H. Eysenck)认为内向、外向的个性类型对社会行为具有重要影响。他总结出典型的外向者的特点是善于社交、活跃、追求新奇、爱变动,感情容易流露,内向人的特点是沉静、内省、智慧、工作有条理、喜欢有少数亲密朋友,感情含蓄。这两种个性类型广泛分布于社会上。到底哪种个性类型适合管理者的角色呢？研究证明，外向型可能是管理成功的个性，因为管理人员需要经常和成员们商讨解决问题。当然，他也需要冷静思考问题和有条理的工作。内向型有智慧，有计划工作和方法，必要时也可能应付职业应酬，同样也可担当管理人员的角色。但是极端的内向型或极端的外向型个性都会妨碍管理工作的有效性。

五、个性心理特征与管理

个性心理特征，即心理过程的特征，主要包括性格、气质和能力。

(一) 性格

(1) 性格的概念。性格是个体表现在态度和行为方面的较稳定的心理特征。对现实的态度包括对祖国、对人民、对集体、对他人、对自己、对工作等等方面的态度。爱祖国、爱人民、爱集体、尊重他人、自尊自强都是优良性格的表现，而自私、骄傲、自卑等都是不良性格。习惯的行为方式如认真还是马虎，守时还是没有时间观念，勤奋还是懒惰等等，也属于性格。

性格是个性心理特征的核心部分。气质和能力都是中性的，而性格是带有倾向性的，性格统帅气质和能力，性格决定一个人的社会价值。

(2) 性格差异。性格类型极为复杂，不同的角度有不同的划分。按心理机能占主导来分可分为理智型、情绪型、意志型和中间型；按心理活动的倾向可分为外倾型和内倾型；按思想行为的独立性可分为顺从型和独立型；按生活价值可分为理性型、政治型、审美型、社会型、宗教型和经济型。

(3) 性格差异的应用。管理人员了解员工的性格，掌握不同员工的性格差异，可以在以下工作中得到应用：

思想教育：就思想教育的内容来说，基本在于改变个体的不良性格，帮助其形成优良性格。了解不同人的性格特点才能"对症下药"。在方法上也要注意对不同性格的人采取不同的方法，如对独立型的人绝不能采取对顺从型的人的方法。

人员选拔：对于某些岗位来说性格是十分重要的，如领导者需要德才兼备，德就是优良的性格。教师更是一个对性格有较高要求的职业。先进国家选择教师已不是看学位，而是测试性格。

行为预测：性格测验有行为预测的作用，这也是为什么人格测验可以成为招聘工作的一项重要内容。

人际关系：人际交往中，要尊重不同人的性格，才能与具有不同性格的人建立良好的人际关系。

(4) 性格差异的管理原则。管理工作中，对性格差异的应用要注意以下原则：

性格顺应原则：为了开展工作，顺应人员的某些性格特征，采取相应的措施，叫做性格顺应原则。人的性格是不容易改变的，当我们的工作很需要某人时，而他的某些性格特点虽然与众不同，但并无碍大局，在某些方面顺应他也不失原则时就该顺应。

性格互补原则：在人际关系中考虑人们的不同性格，尽量使他们之间能够互补，有利于人际关系的发展。这就是性格的互补原则。

（二）气质

（1）气质的概念。气质是人的个性心理特征之一，它是指在人的认识、情感、言语、行动中，心理活动发生时力量的强弱、变化的快慢和均衡程度等稳定的动力特征。它主要表现在情绪体验的快慢、强弱、表现的隐显以及动作的灵敏或迟钝方面，因而为人的全部心理活动表现染上了一层浓厚的色彩。气质影响人的活动效率和行动的特点，稳定性是气质的最大特点。

气质是在人的生理素质的基础上，通过生活实践，在后天条件影响下形成的，并受到人的世界观和性格等的控制。它的特点一般是通过人们处理问题、人与人之间的相互交往显示出来的，并表现出个人典型的、稳定的心理特点。

（2）气质差异。气质类型是指表现为心理特性的神经系统基本特性的典型结合。构成气质类型的各种心理特性，多数是某一种神经特性的表现，但有的也可能是两种神经特性的结合。例如，感受性是神经系统强度特性在心理上的表现，反应的速度是灵活性特征在心理上的体现，而情绪兴奋性既体现兴奋或抑制过程的强度，也体现两者的平衡性。由于人的心理反应可以从多方面表现出神经系统的基本特性，那么，在这些心理特性中就可以既从实验结果，又从生活指标来判定不同人的气质类型。

目前心理学还不能编拟出构成气质类型全部特性的完整方案，但根据已有的研究，可以列举出构成气质类型的几种特性：

感受性：这是人对外界影响产生感觉的能力。它是神经系统强度特性的表现，可以根据人们产生心理反应所需要的外界影响的最小强度来判断这种特性。

耐受性：这是人在经受外界事物的刺激作用在时间和强度上的耐受程度，它也是神经系统强度特性的反映。它表现在长时间从事某项活动时注意力的集中性；对强烈刺激（如疼痛、噪声、过强或过弱的光线）的耐受性，对长时间的思维活动而能保持优越效果的坚持性等方面。

反应的敏捷性：它可以分为两类特性：一类为不随意的反应性，各种刺激可以引起心理各方面的指向性，如不随意注意的指向性、不随意运动反应的指向性等；另一类指一般的心理反应和心理过程进行的速度，如说话的速度，记忆的速度，思考的敏捷程度，注意转移的灵活程度，一般动作的灵活、迅速等。反应的敏捷性主要是神经系统灵活性的表现。

可塑性：这是人根据外界事物变化的情况而改变自己适应性行为的可塑程度。表现在对外界环境或要求的变化,主体在顺应上的难易,产生情绪上的愉快或不愉快,采取行动的简捷或迟缓,态度上的果断或犹豫等方面。凡是顺应上容易的、情绪上不出现困难的行动果断的人表现为更大的可塑性,而在顺应上情绪出现纷扰、行动迟缓、态度犹豫的人表现有更大的刻板性或惰性。可塑性主要是神经系统灵活性的表现。

情绪兴奋性:它是神经系统特性在心理上表现的重要特性,既表现神经系统的强度特性,也表现平衡性。有的人情绪兴奋性很强,而情绪抑制力弱,这就不但表现神经过程的强度,而且明显地表现了兴奋和抑制不平衡的特点。情绪兴奋性还包括情绪向外表现的强烈程度。这一点可以有不同的组合,如有人可以具有强烈的兴奋和强烈的外部表现;而有人只有强烈的兴奋却无强烈的外部表现,体现为极度兴奋但又不外露的气质特征。

外倾性与内倾性:外倾性是兴奋性强的体现,内倾性则是抑制过程占优势的反映。外倾的人表现为心理活动、言语反应和动作反应倾向表现于外,内倾的人的表现则相反。

上述各种特性的不同结合,构成不同的气质类型。下面以四种传统的气质类型为例来分析一下各种特性的有规律的结合。

多血质:感受性低而耐受性较高,不随意的反应性强;具有可塑性和外倾性;情绪兴奋性高,外部表露明显,反应速度快而灵活。

胆汁质:感受性低而耐受性较高,不随意的反应性高,反应的不随意性占优势;外倾性明显,情绪兴奋性高,抑制能力差;反应速度快,但不灵活。

黏液质:感受性低而耐受性高,不随意的反应性和情绪兴奋性均低;内倾性明显,外部表现少;反应速度慢,具有稳定性。

抑郁质:感受性高而耐受性低,不随意的反应性低;严重内倾;情绪兴奋性高而体验深,反应速度慢;具有刻板性,不灵活。

应当指出,并不是所有的人都可按照四种传统气质类型来划分,只有少数人是四种气质类型的典型代表,多数人是介于各类型之间的中间类型。因此,在判断某个人的气质时,并非一定要把他划归为某种类型,主要是观察和测定构成他的气质类型的各种心理特性以及构成气质生理基础的高级神经活动的基本特性。

(3) 气质类型的应用。在企业的管理中,了解人的气质,对于培养员工的良好品德,扬其所长,避其所短,充分调动积极性,都有着重要的作用。因此,要注意根据人们不同的气质特点,选择适当的职业,取其所长,使其发挥自己的特点,与工作形成完美的结合。管理人员掌握员工的气质类型可以利于以下工作的开展:

人员选拔:某些职业或岗位对人员的气质要求非常高,必须具备某些气质特征,如航天员、外交官等。

人际关系:人际关系也是影响工作效率的,因此,管理人员应了解每一个人的气质,在人事安排上应该考虑不同气质人员的互补,以及在与他们交往时应该注意的人际技巧。

思想教育：在对工作人员进行批评教育时，要考虑因气质差异而运用不同的批评方式，同时鼓励不同气质类型的人努力克服自己的弱点，提高心理素质。

气质与工作匹配的理想模式一般如表 2-1 所示。

表 2-1

气质与工作匹配

气质类型	行 为 特 点	管理方法	适 合 职 业
多血质	情绪丰富，活动能力强，容易适应新的情况，坦白直爽，兴趣广泛，爱发牢骚，不拘小节，其言行有时易被人误解	表扬为主防微杜渐	社交性、多变性的工作，如销售、采购、后勤管理工作、服务工作、驾驶员、律师、运动员、警察、记者、外交人员、政治辅导员、行政人员等
胆汁质	反应迅速，兴奋速度快，耐受性强，能吃苦，办事有始有终，但缺乏灵活性，与领导意见不一致时不冷静，容易产生抗衡，求胜心切	经常鼓励多教方法	应急性、冒险性较大的工作，如抢险救护、导游、推销、节目主持人、新闻记者、外事接待员、监督员、演员、消防员、采购员等
黏液质	感情深刻，办事稳重、沉着坚定，善于自制，少言寡语，优柔寡断，任劳任怨，踏实细心，有时工作效率不高	少用指责多加鼓励	适合原则性强的工作，如人事、调查、保管、医生、法官、管理人员、会计、出纳员、播音员、翻译、档案管理、统计、打字员、印刷工、机床工、装配工等
抑郁质	谨慎小心，观察细致，不轻易发脾气，小心眼儿，遇到不顺心或涉及个人利益的事，往往患得患失，难以摆脱	多用疏导开阔胸怀	适合平静、刻板、按部就班的工作，如会计、统计、化验员、检验员、自然科学研究者、保管员、机要秘书、刺绣工、雕刻工、校对员、打字员等
胆汁质—多血质	反应快，聪明能干，过分自信，好出风头，爱发议论，听不进不同意见，虚荣心强	严格要求表扬谨慎	职业适应性强，适合所有胆汁质和多血质的所有职业。其他混合型气质的人，适合的职业也是如此

（4）气质差异的管理原则。管理人员在利用气质差异进行上述工作时，应遵循以下原则：

气质绝对原则：气质是人最稳定的心理特征，是很难改变的，因此一些专业工作要求人员具备某些气质特征。

气质互补原则：不同气质类型的人组成团体，可以产生互补作用。气质学家研究了气质对群体协同活动的影响，发现两个不同气质或相反气质类型的人的合作，往往会取得更好的成就。这种例子在现实生活中很多，我们的管理者要做有心人，在分配工作时要注意人的气质的协调与互补。

气质发展原则:气质虽然稳定,但并不是不可以改变和控制。气质在实践活动中是可以缓慢地发生变化。例如,加强学习,提高人的修养和自控能力,使气质消极的一面得到制约。同样管理者自己也要认识自己的气质特征,"扬长避短",使管理水平不断提高。

(三) 能力

(1) 能力的概念。能力是个人顺利完成某种活动所必备的心理特征,表现在掌握活动所必需的知识、技能的动力上的差别,可分为一般能力、特殊能力和创造力三种类型。一般能力是指为大多数活动所共同需要的能力;特殊能力是指完成某项专门活动所必须具备的能力;创造能力是指对已积累的知识进行科学加工,产生新概念、新知识、新思想、新产品的能力。

(2) 能力差异。能力是人最重要的个性特征,也最能体现一个人的实际价值,是管理者在实践中量才为用的根本依据。人的能力事实上存在着很大的差异,这种差异可以从量、质、发展三方面加以分析。量是指能力水平高低的差异,质是指能力类型的差异;发展是指能力表现在时间上的早晚。

能力发展水平差异是指同龄人之间在同等条件下,从事同类活动,有的人效果显著、成绩突出;有的人则效果不佳,成绩平平。前者称为能力超常,后者称为能力低下。能力超常者的特点是观察敏锐、全面细致、精确;注意力集中而又灵活,范围较广;记忆迅速、准确、持久;思维敏捷,有条理、有广度;分析力、概括力高,富有创造性;自信心强,求知欲旺,意志力坚强,做事情坚持到底。

能力的类型差异主要表现在认识过程中心理品质的不同。例如,在能力知觉的差异方面,知觉综合性的人,概括力较强,对事物的整体性感知较好,但对细节感知较差;知觉分析类型的人,分析力较强,对事物的细节感知清晰,但对整体性感知较差;知觉分析综合型的人,两者的特点兼而有之。在能力的记忆差异方面,又可分为视觉记忆型、听觉记忆型、运动记忆型和形象记忆型;在能力的思维差异方面,可分为抽象思维型、形象思维型、逻辑思维型等类型。另外,人们在思维的速度、灵活性、独立性等方面也存在着差异。

能力表现早晚差异是指人的能力可能在不同的时期表现出来,而不是在固定的年龄、时期表现出来。人的能力在未得到发挥或表现以前,只是一种潜能,有人在儿童时期就表现出这种能力,被称为"神童",而有人在生命后期才表现出来,称为"大器晚成"。

(3) 影响能力形成与发展的因素。当代心理学认为,遗传和环境是影响能力形成和发展的两大因素。能力是在这两种因素相互作用下形成和发展起来。在能力发展过程中,遗传因素和环境因素的作用是无法分离的,两者相互依存,彼此渗透,使能力得到发展。没有环境,遗传的作用无法体现出来;没有遗传作为最初的基础,环境无法产生影响。

遗传是父母的心状结构和性能特点传给子女的现象。心理学家一般都认可遗传因素在能力发展中的作用,但对能力发展中遗传因素和环境因素的相对作用的看法就不同了。一般认为:遗传因素的作用是重要的;环境因素的作用是存在的;素质是能力形成的自然基础。

一般地说,大多数儿童的素质是相差不大的,其能力发展之所以有差异,是由环境、教育和实践活动所造成的。在环境因素中,社会生产方式是最重要的因素。一定的社会生产力和生产关系对能力发展起着重要作用。营养是影响能力发展的一个重要因素,特别是幼儿营养直接关系到能力的发展。社会生活条件对能力发展的决定作用是通过教育来实现的,是一种有目的、有计划、有系统的影响。教育在能力发育中起主导作用。

人的能力是在实践活动中形成发展起来的。离开了实践活动,即使有良好的素质和环境,能力也得不到发展。一个人的能力水平与他所从事活动的积极性成正比。

(4)能力差异的应用原则。能力差异影响人的心理活动的形成和发展,也影响人们实践活动的效果。任何实践活动都需要相应的能力,因此管理者在安排人们的各项活动时,必须考虑工作对人的能力的要求,要"职能相称"。

能力差异的应用要遵守以下原则:

能力阈限原则:每一项工作所要求的最起码的能力水平,叫做能力阈限。在录用人的时候,必须坚持用人达到能力阈限,这就是能力阈限原则。

能力合理安排原则:在安排工作时不仅要坚持能力阈限原则,而且要考虑人的兴趣特长合理地安排工作,"用人所长"。用人所短不仅令人不快,更重要的是,使其工作感到困难,而且效果也差。

能力互补原则:在安排工作人员时考虑如何使他们的能力有可能互相补偿和促进,就是能力互补原则。

【案例 2-3】

谁当总经理更合适

某电子电器工业公司是一个由十几家小厂组成的专业公司。公司行政领导班子有一正三副四个成员组成。总经理由于年事已高即将退休,需要物色一个合适的新总经理。该公司的上级主管部门经过一段时间的考察研究,认为现任三位副总经理不宜提升,新的总经理需要从下面挑选。各方面的意见最后集中到李厂长和王厂长两个中选一个。下面是有关他们两人的资料。

李厂长,男,39岁,文化程度大学本科(电子专业),中共党员,原是该厂技术员,高级知识分子家庭出身。工作积极认真,善于把学到的知识用来指导工作,为本厂的产品开

第二章 个体行为特征

发、升级换代、质量提高以及科学检测手段的建立作出了重要贡献。他从技术科长提升为厂长以后,对厂里进行了一系列的改革,加强了科学管理,使工厂的面貌大为改观,大大提高了经济效益,年创利和人均创利都居本系统首位,职工收入也大幅度增加。全厂员工精神振奋,一派欣欣向荣的景象。

　　李厂长性格开朗,精力充沛。善言谈,好交际,活动能力很强,积极开展横向联系,在全国十几个省市开设了二百多个经销点,三十多个加工企业,效益都很显著。他认为要发展就要靠技术,因此千方百计,不惜重金引进人才,至今该厂已有十多位外来的高级工程师和工程师。他还很重视产品的广告,每年要花几十万广告费,电台、电视台、路边广告牌、电车、汽车以及铁路沿线都有该厂的广告推广,可谓"无孔不入"。他担任了市企管协会分会的理事,在协会中活动频繁,在各方面关系融洽,对厂里工作也有促进。李厂长事业心强,一心扑在工作上,早出晚归,南来北往,一年到头风尘仆仆,不辞劳苦。该厂曾被评为市企业管理先进单位,李厂长获市优秀厂长称号,该厂的产品也被评为市优质产品。但李厂长也有一个明显的缺点,这就是骄傲自满,自以为是,常常盛气凌人,有时性情急躁,弄不好还会暴跳如雷,不大把公司的领导放在眼里,经常顶撞他们,公司的"指令"常常被他顶回去,因此公司的领导对他这一点颇为不满。各科室也不愿意和他打交道,他同公司下属的其他几个兄弟厂关系也不融洽。这些厂的厂长们对他敬而远之,对上级表彰他颇有微词。他也不善于做思想工作,认为这是党支部的事。所以平时遇到思想问题,他都是作为"信息"告诉书记,要支部去做工作。他和几个副厂长关系处理得也不太好,领导几次协调也无济于事。

　　王厂长,男,37岁,文化程度大专(企管专业毕业),中共党员,有技术员职称,组建该厂时就担任了厂长,至今已有十年。他经历了该厂由衰到盛,几起几落的整个过程。对电子行业的特点非常熟悉,自己又有动手设计的能力。他最大的特点是精于企业管理,在学校学了计算机原理后,他率先把计算机运用到企业管理中。他对整个厂的机构设置、行政人员的配备、岗位责任以及各副厂长、科长、车间主任和各级管理人员的职责都有明确的规定,每年考核两次,奖罚分明。因此大家平时各司其职,他却显得很悠闲自在,常常上这个科室转转,到那个车间看看,以便了解情况,发现问题。公司及有关部门召开的会议,他从来不缺席。而有的厂长常常忙得脱不开身,相比之下,他似乎比别的厂长"超脱"得多。厂长们都很羡慕他。王厂长性格内向,沉稳,不喜欢大大咧咧地发表议论,对什么事情都要深思熟虑,三思而后行,人人说他"内秀"。他对自己今后五年的发展,有一个远景规划,听起来切实可行,也颇鼓舞人心。对一些出风头的社会活动,他不太喜欢参加,但对各种开阔思路的业务技术讲座却很感兴趣。他很善于做职工的思想工作,他认为企业职工的思想问题都是在生产过程中产生的,都和生产有关。一厂之长,要抓好生产怎么能不做思想工作呢。因此,对一些老大难问题,他从不推诿,都要亲自处理。他还要求各级行政干部做人的思想工作,并把它作为考核的内容。党支部、工会和他的关系都很好,积极支持他的工作。他待人谦和、彬彬有礼,和公司上下左右关系都不错,公司有什么事,只要打一声招呼,他就帮助解决了。因此,他的人缘很好,厂里进行民主测验,几乎异口同声称赞他。

和李厂长不同,他不喜欢花高价引进工程技术人员,他认为这些人中不乏见利忘义之徒,只能同甘,不能共苦。关键时刻还是要靠自己,宁愿多花些钱来培养自己厂里的技术人员。几年来,厂里也确实培养了一批技术骨干,有些人还很拔尖。他也不喜欢高价做广告。他说:"我们的产品质量自己有数。我不能干这边排队卖,那边排队修的事"。他把做广告的钱用来购买先进的技术设备,为提高质量服务。他说到质量经得起"吹"的时候再做广告。但实际上他们厂的产品质量还是不错的。开箱抽查,合格率达98%。该厂是市企业管理先进单位,区文明单位。工会是区"先进职工之家",团支部是区"先进团支部",他本人则荣获市优秀厂长和局优秀党员称号。但也有不少人认为,王厂长缺乏开拓精神,求稳怕变,按部就班,工作没有多大起色。按照厂里的基础实力,应该发展得更快些。可他们的效益却比不上李厂长他们厂。和李厂长相比,他就显得保守、过于谨慎、处事比较圆通、不得罪人。王厂长听了这些议论,不以为然,依旧我行我素。

李厂长和王厂长谁更适合当总经理,上级部门至今议而未决。

改编自:赵春雷,王亚玲.组织行为学[M].北京:电子工业出版社,2013.

思 考 题

1. 什么是个性?它有哪些特点?
2. 什么是态度?它有哪些形式?改变态度的方法有哪些?
3. 价值观对个体行为有何影响?
4. 情绪对个体行为有何影响?
5. 个性对个体行为有哪些影响?
6. 影响能力形成与发展的因素有哪些?

第三章 压 力

学习目标

1. 理解压力的概念
2. 了解压力源的类型
3. 了解压力对人的影响
4. 掌握如何进行压力的管理
5. 了解压力与动力的关系

第一节 压力及其影响因素

一、压力的概念

压力(stress)这一概念最早于1925年由坎农(Cannon)开始使用。他观察了在实验条件下暴露于寒冷、缺氧、失血中的个体表现出来的战斗—逃避反应(fight-flight reaction),认为此时个体处于压力之下。加拿大著名的生理心理学家汉斯·薛利(Hans Selye)率先系统地研究了压力过程,指出压力是内外环境中各种因素作用于有机体时所产生的非特异反应。所谓非特异反应是指各种因素,如冷热、缺氧、情绪冲突、水及电解质失去平衡等引起的同一反应。

个体在压力状态下会出现一系列生理反应,主要表现在自主神经系统、内分泌系统和免疫系统等方面。例如,导致心率加快、血压增高、呼吸急促、激素分泌增加、消化道蠕动和分泌减少、出汗等。薛利指出在压力状态下身体反应分成三个阶段:

第一阶段称为警觉反应,是为了唤起体内的防御能力,与坎农所说的战斗—逃避反应很相似。这一阶段中,由于刺激的突然出现而产生情绪的紧张和注意力提高,体温与血压下降,肾上腺分泌增加、进入应激状态,即准备战斗,或者准备逃跑。

第二阶段是适应或者抵抗阶段,如果压力继续存在,在产生警觉反应之后,机体就进入这一阶段,这个阶段以对应激源的适应为特征,机体对应激源抵抗程度增强,企图对身体上任何受损的部分加以维护复原,所以产生大量调节身体的激素。

第三阶段是衰竭阶段,如果继续处于有害刺激作用之下,即压力存在太久,或者有害刺激过于严重,应付压力的精力耗尽,身体各功能突然缓慢下来,适应能力丧失。此时,警觉反应阶段的症状可能再次出现。如果应激源不能消除,这些症状将称为不可逆的,甚至造成死亡,除非机体能重新取得适应技巧或找到对付这种应激性处境的新方法。

可见,压力下的生理反应可以调动机体的潜在能量,提高机体对外界刺激的感受和适应能力,从而使机体更有效地应付变化,但过久的压力会使人适应能力下降。

综上所述,压力也称应激状态,是个体面对具有威胁性刺激情境或某一没有足够能力应对的重要情境时,伴有躯体机能以及心理活动改变的一种身心紧张反应。第一,压力首先是指个体感知到的、体验到的情绪反应(如焦虑、忧愁)和生理反应(如血压升高、呼吸加快,见表3-1)。第二,压力是个体对某一不能较好地应付情境的反应。如果个体能够从容应对,则某一情境不会使人产生压力。第三,压力是个体对某一重要情境的反应。所谓重要是指如果处理不好,可能会给个体带来危害或使目标不能实现。例如,失业不仅会给人带来严重的情绪困扰,而且因涉及个体的生活安定与事业发展,会使人处于过度压力状态。对那些由于能力、学历、知识等问题而一时找不到工作的人来说,失业引起的压力反应将极为强烈。

表3-1

压力的典型症状

(1) 慢性忧虑	(6) 无力感
(2) 无力放松	(7) 情绪不稳定
(3) 抽烟过度或酗酒	(8) 消化问题
(4) 搁置问题	(9) 高血压
(5) 不合作态度	(10) 神经紧张

【案例3-1】

压 力 的 表 现

彼得·兰德尔(Peter randall)从一小镇到一大城市上班,他的上下班往返时间接近一个小时,他不喜欢城市噪音、交通堵塞以及拥挤的人群。他感觉上下班往返很浪费时间,工作的责任也比过去增加了。

几个月以后他就患了肠道疾病,医后检查表明,他的问题不是药理的原因,于是就让他去看一位心理咨询师,但问题还是没有多大改观。最后,他的咨询师与医生一起建议他去一个小城市工作。他的公司安排了他的工作变动,很快他的症状就消失了。

案例来源:http://www.gppp.cn/db/courses/hrclass/zzhxw/16/04.htm.

二、压力源

导致压力反应的情境、刺激、活动等称为压力源。我们生活中所遇到的压力源可能存在于自身,也可能存在于环境中。自身的压力源也称内因性压力源,包括痛苦、疾病、罪恶感、不良自我概念等;环境的压力源也称外因性压力源,包括热、冷、噪声、灾害等刺激情境。但是,人类最主要的压力源是人,人际关系是造成压力的最主要来源。心理学家在研究中,把造成压力的各种生活事件做了分析,提出了下面几种类型的压力源。

(一)生活压力源

美国著名精神病学家赫姆斯(Holmes)根据对5000多人的社会调查,列出了43种生活危机事件,并以生活变化单位(LCU)为指标对每一生活危机事件评分,编制了社会再适应评定量表(SRRS)。赫姆斯指出,如果一年内LCU不超过150分,来年一定健康无病;如果LCU在150~300分之间,来年患病的概率为50%;如果LCU超过300分,来年患病的概率达70%。生活压力源有以下几个方面:

(1)躯体性压力源。躯体性压力源是指通过对人的躯体直接发生刺激作用而造成身心紧张状态的刺激物,包括物理的、化学的、生物的刺激物,如过高或过低的温度、微生物、变质食物、酸碱刺激等,这一类刺激是引起生理压力和压力的生理反应的主要原因。

(2)心理性压力源。心理性压力源是指来自人们头脑中的紧张性信息,如心理冲突与挫折、不切实际的期望、不祥预感以及与工作责任有关的压力与紧张等。心理性压力源与其他类压力源的显著不同之处在于它直接来自人们的头脑中,反映了心理方面的困难。

(3)社会性压力源。社会性压力源主要是指造成个人生活方式上的变化,并要人们对其作出调整和适应的情景与事件。社会性压力源小到个人生活中的变化,大到社会生活中的重要事件。社会生活中的重要事件包括灾害、环境污染、政治动荡、经济衰退、过度拥挤、战争创伤等。拥挤、嘈杂的环境容易使人高度紧张,焦虑、烦躁、易怒,出现失眠、易怒、头痛、乏力、心悸等症状。此外,核泄漏事故、海湾战争、艾滋病威胁等社会事件也给人们造成巨大压力。不仅当事者有压力感,知情者也会产生压力。

(4)文化性压力源。文化性压力源最常见的是文化性迁移,即从一种语言环境或文化背景进入到另一种语言环境或文化背景中,使人面临全新的生活环境、陌生的风俗习惯、不同的生活方式，从而产生压力。若不改变原习惯适应新的变化常常会出现不良的心理反应，甚至积郁成疾。例如，出国留学如果缺乏对环境改变应有的心理准备，没有一定的外语水平，在异文化背景下就难以适应。

（二）工作压力源

工作对人产生的压力主要由以下因素引起：

（1）工作负担。有太多太多的任务需要完成被称作工作超载（work overload），它是导致压力产生的重要因素之一。如果再加上时间压力（time pressures），即没有足够的时间去完成工作，员工的工作压力将会更大。沉重的职责也是使人陷入工作压力的重要因素。一个管理人员的决策不仅关系到决策事件成败，还关系到企业其他人员的职业、命运，他就会感受到强大的压力。如果是没有足够的能力去完成任务，则叫角色超载（role overload），也是一个常见的压力源。另外，工作欠载（work underload），即无事可做的情况，让人产生厌倦、无聊，也可能成为压力源。

（2）恶劣的工作条件。恶劣的工作条件，如太热太冷、噪音过高、照明不足、放射、事故、空气污染、频繁出差、工作时间过长、上下班不便、经常倒班等都可以使人处于压力状态。操作人员比经理和专业人员更容易遇到不利于身体的、甚至危险的工作条件。

（3）角色冲突与模糊。不同的人对某一个体有各种不同的角色期待和要求导致角色冲突。角色冲突会使人感到无所适从或虽使出浑身解数仍无法令人满意。同样，当员工不明确工作目标或者不明确完成这一目标的方法时，就会产生角色模糊的问题，这会使人产生不安和困惑，因而感受到压力。

（4）人际关系不相容。"个性不和"是非常令人不愉快的，可能会产生显著的压力。当这种现象发生在组织内部时，有可能引起更多的压力。

首先，在组织外部，一个人常常能够选择拒绝和不喜欢的人交往。而在组织内部，人们一起工作时，这种选择常常是做不到的。

其次，人际关系不相容的压力能够在组织中蔓延。也就是说，人际关系不相容不仅其本身正在产生压力，而且能够通过影响工作绩效造成进一步的压力。下属与上司个性不和，可能会使上司给下属作出不好的绩效评定，只能加大下属的压力。同事间关系不和，经常互相抱怨，也会相互给对方造成压力。

（5）组织变革。当前，组织变革如购并、重组、裁员等是一种国际潮流。在这种潮流下，许多员工不得不重新考虑自己的事业发展，重新学习新的技能，重新适应新的角色，重新结识新的同事，这些都将引起很强的压力反应。

（6）侵犯行为。侵犯行为（aggressive behavior），如工作场所暴力（workplace violence）、性骚扰（sexual harassment）正在变成日益严重的压力问题。

(7) 工作与家庭冲突。据调查,有80%的美国员工工作时不得不花时间处理家庭问题。对于那些双事业的配偶来说,工作、事业与家庭的矛盾尤为突出,这更增大了工作压力。

(8) 价值观差异。员工个人的价值观与组织倡导的价值观的不同会使员工经历极强的心理冲突,尤其是当员工对本职工作比较满意时。

【案例 3-2】

小张怎么了

小张最近陪同来自不同国家的学员参加一个高级研修班,她负责录像、记录和事务性工作,一周下来,不但疲劳,而且常常要承受客户的冷言冷语。再加上,客户都是海外的大老板,她自己对比起来差距很大。这些使她的压力很大。研修班结业的最后一天,老板给她打了一个电话。老板只说了三句话:第一是问候,第二让她先回家休息,第三向她询问另一项工作的完成情况。另一项工作由她负责,而且到了最后期限。老板没有意料到,她大发牢骚,抱怨满天,说的都是过头的话。老板当时很惊讶,小张怎么了?

事后,老板思考这究竟为什么,平时这位员工不是这样,今天为何反常?答案就是因为压力太大。

第一,她承受客户的冷言冷语,压力已经够大了。

第二,而老板询问新的工作又等于向她施加了压力。人的忍耐总是有限的,在一定场合会爆发。

由此看来,一个企业不重视员工的情感或对处于超强度工作状态的员工不表示支持的话,那么,这个企业就一定要改变,否则,由此而来的副作用会积聚起来并寻找机会爆发。

案例来源:卢光莉.组织行为学[M].郑州:河南大学出版社 2013.

三、压力的个别差异

对于同样的压力源,每个人的反应是不同的,有的人感受到强大的压力,而有的人轻松应对,这是由个体各方面的情况决定的。也就是说,压力的产生存在个别差异。

(一) A 型行为

弗雷德曼和罗森门(Friedman & Rosenman)两位学者在对心脏病患者的研究中发现了一种称之为 A 型性格的行为方式。这是一种有冲劲、精力旺盛、竞争性强的性格,求胜心切,总想在最短时间内处理无数难以确定的事物。研究发现,具有 A 型行为(Type A behavior pattern)或 A 型人格(Type A personality)的人比 B 型行为的人更能承受压力。A 型行为的特征是:

(1) 过分的抱负和雄心壮志。
(2) 过重的工作要求,常对工作成就不满足。
(3) 情绪易波动。
(4) 有闯劲,表现为好斗、思维敏捷、有进取性。
(5) 过分竞争性与好胜性。
(6) 常见时间紧迫感与匆忙感。
(7) 变动不定的敌意。
(8) 习惯做艰苦紧张的工作,即便休息时也难以松弛下来。
(9) 不耐烦,言语与动作的节奏快。
(10) 常同时进行多种思维与动作。

相反,B 型行为的特征是性情温和、言语与动作节奏慢、缺少竞争性。

(二) 刚强人格

近年来,刚强人格(the hardy personality)与压力的关系得到了深入研究。所谓刚强人格是指一组人格特质,包括承诺感、把困难看做挑战与机会、感觉自己能控制自己的生活与命运等。具体来说,刚强人格包括三个基本成分:

(1) 承诺:是指个体对工作及其他生活事件的投入。
(2) 控制:是指相信自己能够对生活中的重大事件与结果施加影响。
(3) 挑战:是指把生活的变故当做成长的挑战和机会,而不当做是威胁。刚强人格的概念能够较好地解释个体对压力源反应的个别差异。比较刚强的人把很少的事件当作压力源,比较脆弱的人把许多事件看做压力源。刚强的人不会被困难与挫折所吓倒,相反,面对压力源,他们会努力找到解决途径。

(三) 乐观主义

乐观主义者对生活充满希望,总是看到生活中积极的一面,悲观主义者则正好相反。乐观主义者用建设性的方法处理各种压力,努力寻求各种意见与建议,从不放弃解决问题的努力。研究发现,较为乐观的工人对待失业的态度更积极向上。

(四) 自我吹毛求疵

自我吹毛求疵(self-criticism)是另一个与压力有关的人格特质。自我吹毛求疵者往往对自己要求过高,觉得自己应该取得更高绩效,应该把工作做得更好。

(五) 知觉控制水平

当员工感觉他们能够控制自己的工作活动而不是被动应付时,压力会明显减少。如果一个人自愿花长时间开发软件,他不会感到压力。而当他被强制分派到软件开发项目组中工作时,他会感到非常不满。

(六)紧张释放率

紧张释放率(tension discharge rate)是指个体能否把以前经历的紧张、困扰等迅速抛开与放飞。调查表明,紧张释放率高的人较少存在健康问题,这意味着尽快把烦恼抛于脑后应是明智的选择。

(七)过去经验

如果个体对某一压力源曾经面对多次,由于学习与适应,压力反应将会大大降低。

(八)社会支持

家人、朋友、同事等的鼓励、支持,会增加一个人战胜困难的信心与勇气,从而减轻压力。

四、压力的影响因素

压力是由刺激引起的。不良的刺激会引起压力,愉悦的刺激也会带来压力。生活中压力是自然的、不可避免的,但每个人感受到的压力是不同的,即使同样的刺激,不同的人压力感也不同。为了生存、成长和发展,我们必须学会有效地处理压力,以减轻过度压力给我们身心所带来的伤害。

不同的人压力感有很大差异的主要因素可以归结为以下几个方面。

(一)经验

当面对同一事件或情境时,经验影响人们对压力的感受。对两组跳伞者的压力状况进行调查发现,有过100次跳伞经验的人不但恐惧感小,而且会自觉地控制情绪;而无经验的人在整个跳伞过程中恐惧感强,并且越接近起跳越害怕。同样的道理,一帆风顺的人一旦遇到打击就会惊慌失措,不知如何应付;而人生坎坷的人,同样的打击却不会引起重大伤害。可见,增加经验能增强抵抗压力的能力。

(二)准备状态

对即将面临的压力事件是否有心理准备也会影响压力的感受。心理学家曾对两组接受手术的患者做实验。对其中一组在术前向他讲明手术的过程及后果,使患者对手术有了准备,对手术带来的痛苦视为正常现象并坦然接受;另一组不作特别介绍,患者对手术一无所知,对术后的痛苦过分担忧,对手术是否成功持怀疑态度。结果手术后有准备组比无准备组止痛药用得少,而且平均提前三天出院。因此,有应付压力的准备也是减轻伤害的重要因素。

(三)认知

认知评估在增加压力感和缓解压力中有着重要作用。同样的压力情境使有些人苦不堪言,而另一些人则平静地对待,这与认知因素有关。当一个人面对压力时,在没有任何实际的压力反应之前会先辨认压力和评价压力。如果把压力的威胁性估计过大,对自己应对压力的能力估计过低,那么压力反应也必然大。例如,你在安静的书房看书,忽然听到走廊里响起一串脚步声,如果认为是入室抢劫的坏人来了,就会惊慌恐惧;如果认为是朋友全家来拜访,就会轻松愉快。正如一位哲学家所说,"人类不是被问题本身所困扰,而是被他们对问题的看法所困扰"。

对压力的认知评估可以分为两个阶段:初步评估是评定压力来源的严重性,二级评估是评量处理压力的可能性。如果压力严重,又无可利用的应付压力的资源,必然产生一种持续性的紧张状态。

(四) 性格

不同性格特征的人对压力的感受不同。那些竞争意识强、工作努力奋斗、争强好胜、缺乏耐心、成就动机高、说话办事讲求效率、时间紧迫感强、成天忙忙碌碌的 A 型性格特征的人,在面对压力时,性格中的不利因素就会显现出来,而且 A 型性格与冠心病有密切的关系。研究发现,A 型性格者患心脏病的人数是 B 型性格者的 2~3 倍。B 型性格的特征是个性随和,生活悠闲,对工作要求不高,对成败得失看得淡薄。

(五) 环境

一个人的压力来源与他所处的小环境有直接关系,小环境主要指工作单位或学校及家庭。工作过度、角色不明、支持不足、沟通不良等都会使人产生压力感,家庭的压力常常来自于夫妻关系、子女教育、经济问题、家务劳动分配、邻里关系等。如果工作称心如意,家庭和睦美满,来自环境的压力必然小,则心情舒畅,身心健康。

【案例 3-3】

问题出在哪里?

飞腾软件股份有限公司是一家 1994 年成立的高新技术企业。王龙是该公司技术部的一位难得的人才,他有良好的创造性和创新性,掌握了扎实的理论知识和娴熟的软件操作技术。他经常利用业余时间,努力学习以拓展知识面,不仅掌握了本专业的业务知识,还掌握了相关领域的知识和技术。他具备抽象的系统思维和形象思维,具有独立工作的能力,从不需要他人监督,自觉加班加点,保持工作效率,保证工作效益,按照最高标准要求自己,能在压力和困难的情况下竞争,克服各种阻力取得成绩;不随波逐流,无从众心理,独立思考,不断学习,总结经验,不轻易否定。他到公司 7 年,始终及时跟踪国际计算机市场上的技术行情,自行独立研究开发了与美国大型计算机公司的产品不相上下的机型,为公司占领国内42%的市场份额。因此,公司任命他为技术部经理。他上任后,一方面继续钻研技术,另一方面尽力避免自己陷于复杂的人际关系中,尽力保持自己作为科研人员的相对独立性。但一段时间后,因为他沉迷于对技术的研究,对技术部的管理跟不上,导致员工不团结,一盘散沙。此外,技术部内部产生不少人际关系的矛盾与冲突,有些还牵扯到王龙本人。

改编自:赵春雷,王亚玲.组织行为学[M].北京:电子工业出版社,2013.

第二节 压 力 管 理

一、压力与工作效率理论

（一）互动理论

压力与业绩关系的理论化有它的根源,最早对工作压力与工作业绩之间的关系影响研究是 Yerkes 和 Dodson(1908)。在早期的研究工作中,他们对老鼠进行了试验,结果显示在刺激力与业绩(逃避学习的速度)之间存在着一种倒 U 形关系,这就是著名的 Yerkes-dodson 法则。这个模型认为有一种刺激力的最佳水平能够使业绩达到顶峰状态,对于处在一种充满压力的工作状态下,过小或过大的压力都会使工作效率降低。也就是说,压力较小时,工作缺乏挑战性,人处于松懈状态之中,效率自然不高。当压力逐渐增大时,压力成为一种动力,它会激励人们努力工作,效率将逐步提高。当压力等于人的最大承受能力时,人的效率达到最大值。但当压力超过了人的最大承受能力之后,压力就成为阻力,效率也就随之降低。

基于这一模型的互动理论认为,低水平的或温和的压力源对人的工作效率起一种激励和积极的作用,而过高的压力水平则是一种冲突的力量和消极因素。当压力变得特别大时,这种压力可能变得无法控制并直接干扰工作业绩。在刺激物水平高于和低于最佳水平时,业绩会产生恶化。两者关系的基本原理是当一个个体经历一种低水平的压力时,他或她没有被激发活力并且不能明显地改进其业绩;当个体经历过高水平的压力时,他或她可能会花费更多的时间和其他的智谋用于对付压力,并且投入较少的努力用于完成任务,从而导致业绩处于低水平状态;适度的压力在工作业绩中能激发个人的活力和投入最大的能量。因此,压力对工作效率的影响要一分为二地看待。我们应找到这个最佳点,并以此为标准,当压力较小时应适当增加压力,当压力较大时应缓解压力。

Anderson(1976)对大飓风的破坏造成的"感知压力"及其后的商业绩效的研究验证了工作压力与工作效率两者之间是一种倒 U 形关系的假说。他在试验中要求公司股东和管理人回忆自己在 8 个月前的一场给他们造成损失的洪水期间的压力水平情况,对业绩的评定标准是根据访谈对象自从洪水暴发以来作为结果的每一笔生意相关条件的主观的额定。测量的结果显示,两者之间确实存在着一种倒U形关系。但是这个研究有很严重的局限性,在这个研究中,他把分析对象确定在自我雇佣的、开办自己业务的个人,而对组织中的成员在压力下的业绩的发现所进行的概括是很少的。它运用的测量指标也缺乏效度,得出的不是压力而可能是一种"紧张"。而且,这个测量没有提出实际的应用办法,可验证性不强。

对于压力与业绩的倒U形关系问题,后来的研究者对其批评较多。Nataanen(1973)批评这种理论弹性太大,并且认为它们把压力与激励相混淆。King(1987)对工作压力倒U关系模型评价认为,压力和激励这两种不同的情绪状态对业绩的作用是对立的作用,压力产生简单的破坏影响而激励强化业绩。如果我们混淆了这两种情绪及方法,并且忽视任务的困难,那么我们可能得出一个介于某一事件与业绩之间的倒U形关系的结果。Neiss(1988,1990)通过对业绩与唤醒的文献回顾的结论否定了两者之间的倒U形关系的观点。他进一步通过集中地推断评价了来自这个领域研究的证据,认为那些对倒U形关系假说的支持是有欠缺的。

(二) 冲突理论

冲突理论认为工作压力是工作效率的预测器,而且工作压力与工作效率之间是相互冲击的,这种理论包括了压力与工作业绩的负线性关系和两者之间的零关系两种观点。

Miller(1960,1978)认为在一个系统中压力源可能引起信息的超负荷,由于相关信息的忽略、对不正确的信息的控制以及信息的逃逸,不适当的信息处理或为了避免压力的集中,忽略了潜在的相关信息,使得压力过度的雇员可能发生错误。对雇员的工作压力来说,有三个作为压力源的变量综合影响了工作效率,即业绩目标的价值或吸引力、导致目标实现的行动或努力的预期可能性以及激励力量。这些压力源的出现,干扰了准确信息的流动(Miller,1960),减少了行动或行动将导向的预期可能性(Lawler,1973),因此也就干扰了工作业绩过程。而如果一个人处于过高的压力状态下,往往引起注意力过分集中,从而导致判断力变弱,以致存在一种容易犯错误的倾向,难以区分工作的重要性与非重要性,无法提高工作效率。Janis和Mann(1981)发展了基于压力下的领域决策的研究模型。他们强调当任务是新奇的和压力引起情绪紧张的时候,作为结果的业绩可能比较差。Jamal(1984)认为在大多数情况下,压力可能对优秀业绩的预期制造阻力和相反的影响,他们从实验中发现,低预期对业绩有害(Eden,1982;Ravid,1982)。焦虑是与压力相关联的,Seipp(1991)通过对一系列关于焦虑与学术业绩关系的分析,从而发现焦虑与业绩呈现出一种相关度很高的负线性关系。M. Westman和D. Eden把工作业绩分为主观评估和客观评估两个部分,他们对以色列国防部军官学校学生的工作压力与工作效率之间的关系进行了实证研究,结果显示,工作压力与工作效率之间呈一种负线性相关。高水平的压力是与低工作绩效联系在一起的,过高的压力降低了工作效率。

为了检验工作压力与工作效率之间到底存在一种什么关系,J. Bramis 则从工作压力源的角度进行了研究。他把底特律地区的雇员作为研究样本,研究结论认为:那些能力超过需要或者能力达不到需要的人的表现干扰了他们的工作业绩,使他们的业绩比那些能力与需要相匹配的人更糟。而且,所有的压力源与业绩的关系都是消极的,从而得出工作压力源与工作业绩之间为零或者无关系的结论。而对于角色模糊和角色冲突这类压力源来说,不论这些压力源处于何种程度,都会对工作业绩产生不利的影响。为了避免把压力研究混淆,以便分清差别,他对工作压力源、紧张和工作绩效分别进行了界定。J. Abramis 对压力源的测定采用的时间单位是 1 周,而对更短时间(如 1 天或 1 个小时)的压力源和压力的测定,可能会出现不同的结果,这样一些急切的压力源可能对工作业绩产生积极的或倒 U 形的曲线形状的效果。与长期的压力源比较,如果人们更乐意调整短期存在的压力源,这种积极的或倒 U 形的效果是可能的。同样可能的是,短期存在的压力源能使人们更有活力、更有激发力,因此改进了工作业绩,而长期存在的压力源则干扰了业绩的表现。

从已有的研究看出,大多数研究者认为工作压力与工作效率是一种负线性关系。这种观点主要是从压力的负面影响的角度分析的。压力到底是不是一种消极的破坏力呢?对于这一问题不能简单地得出结论,应该根据实际情况进行分析。对于工业比较发达的国家来说,人们长期处于较高的工作压力状态下,压力的负面作用可能更大一些;对于一些工业化程度较低的发展中国家以及计划经济条件下的国家来说,工作压力可能呈现出另一种状态,而目前进行的跨文化、跨地域的研究较少,一味强调一面而忽略另一面有失偏颇。

(三) 激励理论

激励理论认为工作压力是工作效率和活力源(Scott,1966),是激励个人有良好的工作绩效的催化剂和推动力,也是激发个人创造良好业绩的一种挑战,因而工作压力与个人绩效是一种积极的关系。Scott 是这一理论的主要代表人物,他认为人的需求可能引起神经活跃,随之而来的是增加了人的警觉程度,从而对人们的工作业绩有着"激活"的特征,这种激活主要来源于外力对人的心理、生理的唤醒,激起更高的需要和动机,从而使人以更激昂的情绪进入到工作之中,为人的行动提供巨大的动力,诱发人们创造更多更好的业绩。因而,人们的工作效率得到了提高。他及其后来者的研究已经验证了工作压力(例如时间压力)的激励效果要大于其干扰的作用,从而得出工作压力和工作效率之间呈现出一种积极的关系(Hall 和 Lawler,1971;McGrath,1976;Welford,1973)。

压力对于个人的成长有着重要的作用,它可以加深人的意识,增强人的心理警觉,从而导致人的高级认知与行为表现(Selye,1974)。它是一种挑战,并激发了个人的成长和职业发展。他认为完全脱离压力就等于死亡。可以说,适度的压力水平可以使人提高工作效率(Hebb,1958)。要使一个人在工作中产生高效率,至少要有一些压力,因此,压力管理的目的不是彻底消除压力,而是要把压力水平控制在一个最佳的状态上。Hanin(1980)提出了一个工作压力最优功能区的概念,他认为每一个人有一个工作压力最优功能区,当压力处于这一区域时,他们的工作效率是最优的;而与之相反,只要压力水平在这一区域之外,工作效率就会受到干扰和破坏。这一观点考虑了不同的个体的压力水平和工作业绩的不同,提出了要找出个体的最优压力水平和最优的工作绩效。

二、工作压力管理

由于过度的工作压力不仅危害身心健康、削弱工作能力,而且会降低组织绩效。事实上职业压力与员工的缺勤率、离职率、事故率、工作满意度等息息相关,而且对企业的影响将是潜在的、长期的。所以不论是个体或是组织都应采取各种措施消除或控制压力的消极影响。

(一)压力管理的阶段

个体从面临压力到解决问题一般要经过三个不同的阶段。

(1) 冲击阶段。发生在压力来临之时。如果刺激过强过大,会使人感到眩晕、发懵、麻木、呆板、不知所措,常会出现"类休克状态"。比如,突然听到亲人过世,大多数人发愣、惊慌,甚至歇斯底里,只有少数人能保持镇定和冷静。

(2) 安定阶段。此时,当事人在经历了震惊、冲击之后,努力想恢复心理上的平衡,设法控制焦虑和情绪紊乱,恢复受到损害的认知功能,运用心理防卫机制或争取亲友的帮助。

(3) 解决阶段。当事人将自己的注意力转向产生压力的刺激,冷静地分析压力产生的原因,或逃避和远离产生压力的情境事件,或提高自己的应对能力,直接面对压力去解决问题。

人们一直生活在两种压力中:一是作用于躯体的物理压力,如大气压、地心吸引力、心脏压力等,这些压力维持生命形式;二是内在的精神压力,如生存竞争的压力、对危险与死亡的恐惧、人际压力、情绪与情感的压力等,这些压力保持人的警觉(清醒状态)和合适的行为模式。

(二)压力管理的原则

(1) 压力管理的首要原则是要对压力有所觉察。觉察压力有三个层次:稍微过多的压力引发纷乱的情绪;较大的压力带来躯体各种不适反应;过大的压力出现意识缩窄,对环境反应迟钝,心身处在崩溃的边缘。

(2) 压力管理的第二个原则是平衡。躯体压力大,精神压力也会慢慢增大,反之亦

第三章 压　力

然。通过放松来释放躯体压力,精神的压力也在释放。在我们集中心智工作太久,或者长期处在竞争的状态里,可通过机体的放松来释放内在的压力。而当我们懈怠太久,无所事事的时候,通过机体的运动来保持精神的活力。

（3）压力管理的第三个原则是处理压力的技术。所谓压力管理,可分成三部分:一是针对造成问题的外部压力源本身去处理,即减少或消除不适当的环境因素,即直接改变压力来源;二是处理压力所造成的反应,即情绪、行为及生理等方面症状的缓解和疏导,即调节自己,消解不良反应;三是改变个体自身的弱点,即改变不合理的信念、行为模式和生活方式等(见表 3-2)。

表 3-2

应对压力的策略

改变压力来源或改变个人与压力来源的关系:通过直接的行为反应或想方设法解决问题	攻击(破坏)
	逃避(使自己置身于威胁之外)
	寻找其他途径(商讨、交涉、妥协)
	预防未来压力(增加个人抗压力)
改变自己:通过使自己觉得较舒服的活动,调节情绪,但并未改变压力来源	以身体为主的活动(使用药物、放松等)
	以认知为主的活动(分散注意力等)
	歪曲现实的潜意识活动

无论是直接面对压力来源还是调节自我,都有许多方法可以采用。但这些方法有的效果是暂时的,有的效果是长远的;有的方法有助于成长,也有的方法会造成其他不良影响。

（4）压力管理的第四个原则是保持积极心态。良好心态可增加人们应对压力的能力,不良的心态本身就像一团乱麻,干扰人的内心。当然,更主要的是要对压力有正确的观念。压力并不可怕,可怕的是我们对压力有不恰当的观念反应。越怕压力就越生活在压力的恐惧中,喜欢压力的人在任何压力面前都会游刃有余。

【案例 3-4】

王 芳 的 烦 恼

王芳,今年 30 岁,毕业于某医科大学,第一份工作是在上海一家药业公司做销售代表。去年 8 月,由于丈夫工作调动,她随丈夫南下来到广州。通过应聘,成功进入了广州一家医药公司继续做销售代表。由于她在销售方面积累了较丰富的经验,很快成为了公司的销售精英。今年3月,公司将她提拔为区域销售经理,负责管理一个十多人的销售团队。王芳是一个责任心特别强的人,对下属的要求特别高。由于公司每月都要进行业绩考核,她绝不允许自己团队的业绩比别的团队差。因此每当她看到下属对工作不负责或者不能按时完成任务时,她就感到特别生气。为了完成销售任务,王芳常常加班加点,不能很好地照顾两岁多的儿子,对此,丈夫不时有一些抱怨。近两个月,王芳越来越觉得工作与家庭很难兼顾,感到压力越来越大。公司又不断地再提高销售任务,王芳更感到吃不消,工作的激情迅速地降温。她曾想辞掉工作,好好休整一下,但一想到儿子刚刚上幼儿园,家里积蓄不多,丈夫收入又不高,很快又打消了这个念头。王芳怀着非常忐忑不安的心情找到了职业顾问,希望知道如何化解来自工作、家庭的压力?

职业顾问通过与王芳深入的交谈,并结合人才测评的结果,发现王芳的语言表达能力、沟通能力很强,喜欢与人交往、乐于助人,并且有较强的社会责任感,性格活泼开朗、兴趣广泛、办事积极干脆,适合做一名销售员。但她的组织能力、决策能力和领导能力相对较弱。职业顾问认为:她的压力正是来源于她从职员升任为中层主管后,欠缺必要的管理技能所致。因为她可以很出色地完成自己的销售任务,但不能很好地领导团队,不能很好地协调团队成员之间的关系,再加上自己生性好强、喜欢追求完美,因而产生了很大的压力。

职业顾问根据王芳的实际情况,给她提出了几项参考建议,其中包括:如何消除压力源;如何提升管理能力;如何结合自己的优势,扬长避短等。通过与职业顾问的交谈,王芳感到豁然开朗,轻松了很多。她说:向职业顾问咨询的最大收获是,不但清楚了自己合适的职业定位,而且还得到了职业发展和心理健康的辅导。在咨询过程中可以畅所欲言,让压抑的心情得到最大限度地释放,非常有效地缓解了工作压力。

案例来源:http://xinli.59120.com/zcrs/xinli 25702.shtml.

(三)处理压力的途径

个体面对压力,处理的途径主要有以下几种:

(1)减轻过重压力感的方法:包括阅读5分钟漫画;听5分钟流行歌曲;小睡5分钟;策划周末游玩;和好友聊天5分钟;散步10分钟;在公园阅读小说10分钟;看VCD10分钟;打游戏机10分钟等等。

(2)适应工作变化:调动、下岗、失业、晋升、降职等工作变化是引起压力的重要来源,因此,应努力学习新的技能,培养新的兴趣,结识新的朋友,这样才能做到未雨绸缪。

(3)保持积极的工作态度:应培养乐观向上的工作、生活态度。要坚定信心,不要被困难吓倒。表3-3列举了一些用于管理压力的自我指导陈述。

表 3-3

自我指导陈述

为压力源做准备： (1) 应激源是什么？ (2) 制订一个战略或计划处理包。 (3) 感到有点紧张，没什么，这很正常。 (4) 我能做什么才能更好面对？ (5) 继续干，忧愁于事无补。
面对压力源： (6) 放松，事情在控制之中。 (7) 按计划进行，我能做好。 (8) 紧张没关系，使用我的处理技能。 (9) 寻找好的一面，我有哪些进步？
评价处理努力： (10) 是的，那并不坏。 (11) 我做得不错，我感到自豪。 (12) 它并不像我希望的那样。没事，再试一次。 (13) 我很高兴，事情控制住了。 (14) 很好，下次我将做得更好。

(4) 加强时间管理。由于时间不足是压力的关键来源之一，因此善于安排时间、利用时间是减少压力的一个有益途径。

时间管理的原则主要有：分清主次，最重要的任务必须首先安排时间完成；了解生物钟，找出自己效率最高的时间段，此时做最主要的工作；记住帕金森定律，帕金森定律认为工作会自动地占满所有的时间，所以不要为某些活动安排过于充足的时间；集中办理小事，每天留出一些固定的时间处理一些零碎小事。

(5) 处理好工作与生活的矛盾。既不要成为工作狂，也不要沉溺于吃喝玩乐、卿卿我我。工作时认认真真、踏踏实实，休闲时轻轻松松、快快乐乐。

(6) 加强锻炼，平衡饮食，注意休息。每天至少抽出 1 小时参加各种形式的体育锻炼，以增加抵抗疾病的能力。同时，注意饮食，加强营养，学会休息，以全面提高身体机能。必要时，学习一种放松技术并坚持训练。

三、压力与动力

压力并不完全是不好的。机体对压力往往有一种天生的吸收—缓冲机制,一般的生活压力会被身体转化成活力与激情。如果一个人生活在流动的、不停变化的压力丛中,他的机体不仅可以是健康的,也是有饱满能量的。有些良性的压力对健康和治疗是一种好的刺激。压力过小的生活让人消沉、昏昏欲睡、机体懈怠、思维变慢。关键并不是在有没有压力,而是在你如何学习面对压力,利用它来增进健康。我们的生活中都需要一点点紧张来平衡幸福,也需要一点点不如意来平衡如意。

思 考 题

1. 常见的压力源有哪些类型?
2. 论述压力与工作效率的关系。
3. 组织应如何管理员工的工作压力?

第四章 沟 通

学习目标

1. 了解沟通的概念、各种不同的沟通定义和沟通的重要意义
2. 熟悉沟通的过程模型,了解沟通主要的阶段、各阶段的含义
3. 了解可能导致信息失真的潜在因素
4. 了解信息沟通网络的概念,正式沟通网络和非正式沟通网络的形式
5. 掌握沟通分类的四种不同标准,以及各种沟通形式的含义和优缺点
6. 理解有效沟通的含义,有效沟通的特征

第一节 沟通过程

现实生活中,沟通是时时存在的。无论是和家人、朋友,还是和同事、上下级之间,沟通都起着重要的作用。人们之间融洽关系的获得、企业团结团队的形成以及良好公共关系的塑造等,都离不开有效的沟通。

一、沟通的概念

对于沟通,可以说是"仁者见仁,智者见智"。据统计,有关沟通的定义竟达100多种。《韦氏大词典》中认为,沟通是"文字、文句或消息之交流,思想或意见之交流"。《大英百科全书》中认为,沟通是"用任何方法,彼此交换信息,即一个人与另一个人之间用视觉、符号、电话、电报、收音机、电视或其他工具为媒介,所从事交换信息的方法"。

综合来看,沟通就是指将消息、思想或意见,通过一定媒介,在人与人之间传递的过

程。它包括了三方面的内容：

首先，沟通是在人与人之间的沟通。日常生活中的沟通是人与人之间的沟通，组织的沟通是角色与角色之间的信息交流。沟通过程中不能没有人，个人在这种信息传递过程中也是一种信息媒介，沟通真正要传递的是信息。

其次，信息不但要被传递到，而且要被充分理解。信息是一种无形的东西，在沟通过程中，先要对需要传递的信息进行处理，编码成一些符号，然后才能传递。传送者要把传送人的信息翻译成符号，接收者则要进行相反的译码过程。由于编码和译码的差异，对同一符号常常存在不同的理解。

再次，沟通是一种相互作用。沟通是一个双向、互动的反馈和理解的过程。沟通不是一个纯粹的单向活动。把自己所要表达的信息告诉对方并不代表对方已经知道我们所要表达的意思，沟通的目的不在过程而在结果。如果预期的结果没有产生，接收者没有作出反馈，那么沟通也就没有成功。沟通作为一种相互作用，包含三个重要的原理：第一，进行沟通的人连续地、同步地发出信息。第二，沟通事件有过去、现在和将来。第三，沟通的参与者扮演相应的角色。

进行沟通必须具备三个要素：发讯者（信息源），受讯者，所传递的信息内容。

发讯者：发讯者是沟通过程中信息发送的源头，没有发讯者，就无所谓受讯者，显然，发讯者是沟通中的重要要素之一。

受讯者：受讯者是对发讯者传递的信息进行解码并加以理解的人，他与发讯者相辅相成，相互制约。

信息：如果发讯者和受讯者是沟通中的主体的话，那么信息就是沟通传递的客体。受讯者并不能领悟发讯者内心的思想和观点，他只有通过接收发讯者传递的信息来理解对方真正的意图。可以说，信息是沟通者真正意图的异化。

二、沟通的意义

沟通通过信息的传递，将许多独立的个人、群体和组织联结为一个有机整体。有人估计，人们除了8小时的睡眠以外，约有70％（10～11小时）的时间，都是在进行着相互间的信息沟通。

良好的沟通对任何群体和组织都有十分重要的意义。美国未来学家奈斯比特（John Naisbitt）说："未来竞争是管理的竞争，竞争的焦点在于每个社会组织的内部成员之间及其外部组织的有效沟通。"亨利·明茨伯格（Henry Mintzberg）观察研究发现，企业内部主管人员在一整天的工作过程中，有78％的时间花费在与他人进行口头沟通，足见其重要性。沟通对于组织内部和谐以及有效决策是十分重要的。沟通对组织的作用主要有以下几种。

（一）沟通对于组织内部和谐以及有效决策是十分重要的

正确的决策是组织高效运作的关键。在决策过程中，无论是问题的提出、原因的分析，还是各种方案的选择比较，都必须以所掌握的有关组织内部、外界环境的信息为依据。决策的失误往往是由于信息的不完备所导致。而要获得完备的信息，就必须保证沟通的有效性。亨利·明茨伯格指出，"语言和书面的接触是经历的工作"，他认为：管理者必须尽早有效地进行沟通。他们必须对组织未来发展方向产生共识。如果他们不能在这些"计划"上统一步调，那么他们会向不同方向用力，团队（或组织）就会垮台。[①]

（二）沟通是有效的控制手段

一个组织若想保持长期的稳定发展和统一行动，实现预定的组织目标，至少要满足两个条件：一是组织的各项决策能够被执行部门和执行者贯彻执行；二是领导者能够随时纠正偏离行动，或根据不断变化的情况对不适应的部分进行调整。沟通可以将组织的目标和要求传达给员工，让员工明确要做什么，如何来做，以及没有达到标准如何改进等。同时，领导也可以通过反馈意见来调整自己的行为。只有这样，组织的活动才能始终保证朝向组织的目标，而不至于偏离预定的轨道。

（三）沟通有利于个体的情感表达

每个人都有表达情感的需要。沟通可以增进彼此之间的了解，同时个体也会因为情感得到表达而感到心情舒畅。从心理学的角度来看，人们都有归属感的需要，通过沟通，人相互倾诉喜怒哀乐。可以通过心理共鸣感到安慰，从而产生了亲密感和依赖感，双方都能获得满足。如果人长期缺乏信息的交流，就可能产生空虚、无聊、抑郁、不安的情绪，从而影响人的心理健康。

三、沟通的过程

沟通过程中，发讯者把所要传送的思想、意见、消息等信息通过编码转换成受讯者能理解的信号，然后通过媒介传送至受讯者，受讯者将收到的信息转译回来（解码），变成自己的信息，并反馈给发讯者。

（一）信息沟通过程模型

早在1960年，白罗（D. K. Berlo）即提出由信息透过通路而传至另一受讯者的沟通程序。其重点在于发讯者传出信息时，必须将信息转化为代码，其程序如图4-1所示。

---

① Henry Mintzberg. The Nature of Managerial Work[M]. New York: Harper and Row, 1973.

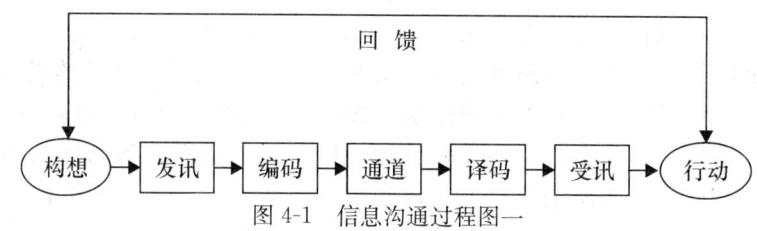

图 4-1　信息沟通过程图一

图 4-1 可以进一步整理,把整个过程按照发讯者、通道和受讯者分为三大阶段。发讯者把需要传递的信息整理,形成成熟的思想,然后编码发出,信息通过渠道传递至受讯者,受讯者首先接收,然后解码并予以理解,最后根据理解作出行动,向发讯者作出反馈。因此,整理后可以得到图 4-2。

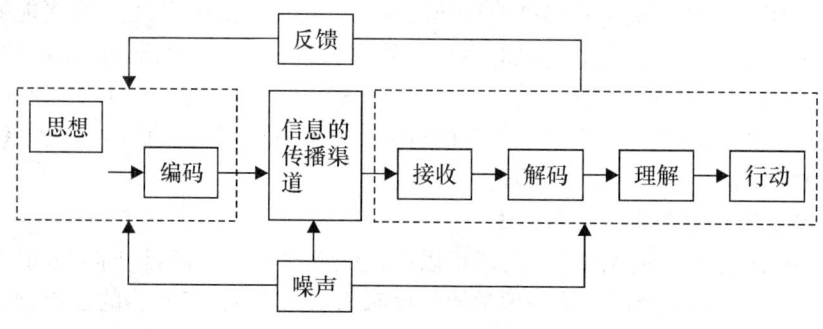

图 4-2　信息沟通过程图二

从该模型中,我们可以看出,沟通包括七部分:发讯者、编码、信息、渠道、解码、受讯者和反馈。

(二)信息沟通的构成阶段

从图 4-1 和图 4-2 中可以看出,信息沟通主要有以下几个阶段构成:

(1) 有意义信息的创造。首先,发讯者要通过认真思考形成某种想法,即要沟通的信息内容。信息必须是有价值的,否则沟通过程将失去意义。如果一个人把一些含混不清、毫无价值的信息、自己也不很明白的观点传递出去,那么,即使以后的环节都很畅通,沟通的结果也不会令人满意,甚至会给组织造成损失。

(2) 编码。有了某种"思想"或想法后,就要通过发讯者和接收者都能理解的方式进行信息编码。编码就是把要传递的信息变成适当的信息符号,如语言、文字、表情、模型、图片等。发讯者要确定信息传递的方式,从而确定编码的方式。

发讯者把头脑中的想法进行编码生成信息时,被编码的信息基本上受到四个方面的影响:技能、态度、知识和社会文化系统。一个良好的沟通不仅需要内部的良好逻辑推理和判断、概括的技能,而且还需要外部的听、说、读、写等各方面的技能;态度是一种心理的固定模式,它是来自于经历和认知造成的一种固定情感的或理智上的模式,会对沟通产生固定的认识模式;对一个问题预先拥有的相关知识背景,同样会影响编码效果,如不知道组织内专用的密码就无法编码;每一种社会文化系统都有一些固定的观念,而这些观念和见解就影响着沟通。

【案例 4-1】

美国商务代表团的困惑

一个到日本去谈判的美国商务代表团,常碰到这样一件尴尬的事:直到他们要打道回府前,才知道贸易业务遇到了障碍,没有了达成协议的希望。因为在谈判时,就价格的确定上,开始没有得到统一,谈到快要告一段落时,美方在价格上稍微做了点让步,这时,日本方面的回答是"Hi!(哈依)"。结束后,美方就如释重负地准备"打道回府"。但结果其实并非如此,因为日本人说"哈依"(日语的"是"),意味着"是,我理解你的意思(但我并不一定要认同你的意思)"。

案例来源:魏江.管理沟通[M].北京:科学出版社,2001:35.

(3) 传递。首先传讯者要选择信息传送渠道,渠道的选择直接关系到信息传递和反馈的效果。信息传播渠道可以是口头的、书面的、备忘录、计算机、电话等等。不同的信息内容要求不同的渠道。传讯者要尽量选择适当的渠道,采用适当的方法,保证沟通渠道畅通无阻,尽可能减少干扰或阻碍。例如,政府工作报告就不能通过口头形式,而应采用正式文件作为媒介。企业会议则有必要使用备忘录,但如果要求朋友吃饭就不需要备忘录。对于一些重要的事件,如员工的绩效评估,管理者可能希望运用多种信息通道,如在口头评估之后再发出一封总结信,这种方式减少了信息失真的潜在可能性,增强了信息传递的效果。

在各种方式中,影响力最大的,仍然是面对面的沟通方式。面对面沟通时,除了词语本身的信息外,还有沟通者整体心理状态的信息。这些信息使得发讯者和接收者可以发生情绪上的相互感染。所以,即使是在通讯技术高度发展的美国,在总统大选时,候选人也总是不辞辛苦地四处奔波去演讲。

但是,无论采用什么样的传递渠道,都可能带来信息的量的损失。渠道越长,损失量越大;环节越多,损失量也越大。所以,为保证信息传递的可靠性和准确性,要选择最短的媒介和最少的传递环节。

(4) 接受。该过程包括接收、译码和理解。这个环节十分重要,受讯者对信息接受的程度直接影响到沟通的效果。

信息发送者把信息按时送达到接收者手中,后者通过某种渠道接收了信息。这一环节主要涉及信息渠道和接收时的环境要素,它将影响接收者对信息的解释。在很多情况下,在环境变化时,沟通也发生变化。例如,你请一位朋友吃饭给他过生日,如果带他去一个座位舒服、灯光柔和有法式菜单的饭店,将传递给他一种信息;如果带他去一个只有塑料坐椅、荧光灯和菜单贴在墙上的地方,传递给他的则是另一种信息。除了说明自己的一些事情外,对饭店的选择也在说明你对你们之间关系的看法。环境还经常会影响权力关系。"去你的地方还是我的?"这样的问题暗示着一种平等的关系。然而,当大学的院长让某个老师去他的办公室,这显示院长比老师有更大的权利。

与编码者相同,接收者同样受到自身的技能、态度、知识和社会—文化系统的限制,信息源应该采用接收者所能理解的形式,并考虑接收者的因素,否则,即使编码再精确也不能保证接收者可以准确理解。另外,接收者的态度和文化背景也可能导致理解的差异,使所传递的信息失真。因此,管理者在进行信息沟通时,也要经常检查一下对方是否正确理解了信息。

(5) 反馈。受讯者对信息加以理解和判断后,会作出不同的反应。有的反应是内在的,有的反应是外在的;有的反应是即时的,有的反应是延续的。这些反应对于发讯者来说就是信息反馈;对于受讯者来说则是在发送又一个信息。为检验信息沟通的效果如何,接收者是否正确接收并理解了每一信息的状态,反馈是必不可少的。在没有得到反馈之前,我们无法确认信息是否已经得到有效的编码、传递和译码。如果反馈显示,接收者接收并理解了信息的内容,这样的反馈称之为正反馈;反之,则称之为负反馈。

面对面的发送,接收者有最大的反馈机会,特别是如果没有其他事物分神。在这种环境中,我们有机会知道他人是否理解并领会信息发送的意思。例如,辅导小孩的教师,能很容易地通过孩子的面部表情发现他是否疑惑不解,她也能通过他坐立不安和注意力分散察觉到他什么时候开始厌烦。然而,在一个报告厅中的演说者,是不能从听众那里发现这种反馈的,他能看到的听讲者可能显得注意力集中,但是后排的人可能在静静地打瞌睡。交流中包含的人越少,反馈的机会越大。

(6) 噪声。在整个过程中沟通还会受到噪音的影响,这里的噪音是指阻止理解和准确解释信息的障碍。噪音可以分为三种形式:外部噪音、内部噪音和语义噪音。

外部噪音来自于环境,它阻碍听到或理解信息。你与你同宿舍的人交谈时,可能会被一大群人的叫喊声、一架在头顶上飞过的直升机的轰鸣声,或窗外的电锯声所打断。外部噪声并不总是来自于声音,你可能在炽热的阳光下站着与人交谈,这使你感觉不舒服以至于不能集中精力。

内部噪音发生在发送—接收者的头脑中,这时他们的思想和情感集中在沟通以外的事情上,如一个学生正在考虑午饭的事而没有听课。内部噪声也可以来源于信念或偏见。例如,多戈不相信女人可以成为管理者,所以,当老板要求他做些事时,他经常不履行她的一些命令。

语义噪音是由人们对词语情感上的反应而引起的。许多人不听使用亵渎语言的演说,因为这些词语是对他们的冒犯。其他一些人对使用民族和性别言论的反应是否定的。语义上的噪音像外部噪音和内部噪音一样,能干扰全部或部分信息。

第二节 沟 通 形 式

组织沟通是组织设计的结果。依照组织分化的方法,组织沟通有多种类型,每种类型都有自己的特点,在组织中发挥着不同的功能。一般来说,可以从沟通的方向、渠道、媒介和是否有反馈对沟通进行分类。

一、按沟通方向划分

根据沟通时的信息流动方向,可以把沟通分为垂直和水平,其中垂直沟通又可以分为下行和上行两种。

(一)垂直沟通

(1)下行沟通。下行沟通即组织中的信息从较高层次流向较低层次的一种沟通。卡兹(Danniel Katz)和卡恩(Robert L. Kaln)研究表明,下行沟通有五个目的和作用:为有关工作下达指使;了解工作任务和其他任务的关系;给下属人员提供有关资料;向下属人员反馈其工作绩效;对职工阐明其组织目标,增强其任务感和责任心。通常是从组织的高层,以命令、指示或通报的形式,通过各中间层次下达到基层组织成员个人。例如,领导给下属制定工作目标、安排工作、告诉操作规定、指出需要注意的问题、反馈其工作绩效等,都是下行沟通。这种自上而下的沟通能够协调组织内各层级之间的关系,增强各层之间的联系。下行沟通是否顺利无障碍,直接关系到组织活动的效果,它是组织控制的重要手段,为所有组织成员的活动提供依据。同时,有效的下行沟通,还可以避免小道消息的不良影响,提高组织的控制能力。

为了使下行沟通成功实现,必须做好沟通的准备工作,建立好良好的沟通基础。

做好沟通前的准备工作。准备工作可以是详细的书面材料,也可以是沟通者成熟的构想、观点和意见。管理人员自己要充分了解情况,理解信息的含义。如果沟通者自己都不清楚要传递什么,那么沟通效果一定不会好。信息在下传的过程中,经常由于曲解、误解或搁置等因素,逐渐减少或歪曲。为了减少这种损失,各管理层都要在下传前充分理解信息。

培养信任感。在向下沟通过程中,如果接受者与沟通者之间不信任,则接受者就会失去接受信息的兴趣,沟通者也会失去沟通的动力。因此,两者之间的彼此信任相当重要。

培养积极的沟通态度。很多管理者之所以没有做好沟通,是因为在实际行动上不能认真谨慎地对待沟通,不能在适当的时候以适当的方式向下属传达适当的信息。积极正确的态度是根据下属的需要,提供有用的信息。

提高沟通者的沟通技巧。沟通者的沟通技巧直接影响到接收者的接受兴趣和效果,沟通者应该熟练掌握沟通技巧。

【案例 4-2】

领导就是关注对方的感受

什么样的领导能赢得部属的心?什么样的领导能让部属赴汤蹈火也在所不辞?

有一次,松下幸之助在一家餐厅招待客人,一行六个人都点了牛排。等六个人都吃完主餐,松下让助理去请烹调牛排的主厨过来,他还特别强调:"不要找经理,找主厨。"助理注意到,松下的牛排只吃了一半,心想一会的场面可能会很尴尬。

主厨来时很紧张,因为他知道请自己的客人来头很大。"是不是有什么问题?"主厨紧张地问。"烹调牛排,对你已不成问题,"松下说,"但是我只能吃一半。原因不在于厨艺,牛排真的很好吃,但我已80岁了,胃口大不如前。"

主厨与其他的五位用餐者困惑得面面相觑,大家过了好一会才明白怎么一回事。"我想当面和你谈,是因为我担心,你看到吃了一半的牛排送回厨房,心里会难过。"

如果你是那位主厨,听到松下先生的如此说明,会有什么感受?是不是觉得备受尊重?客人在旁听见松下如此说,更佩服松下的人格并更喜欢与他做生意。

又有一次,松下对一位部门经理说:"我个人要做很多决定,并要批准他人的很多决定。实际上只有40%的决策是我真正认同的,余下的60%是我有所保留的,或我觉得过得去的。"

经理觉得很惊讶,假使松下不同意的事,大可一口否决就行了。

"你不可以对任何事都说不,对于那些你认为算是过得去的计划,你大可在实行过程中指导他们,使他们重新回到你所预期的轨迹。我想一个领导人有时应该接受他不喜欢的事,因为任何人都不喜欢被否定。"

松下的领导风格以骂人出名,但是也以最会栽培人才而出名,这两个不同的形象,就是透过真诚与关怀而整合在一起的。

案例来源:杜慕群.管理沟通[M].北京:清华大学出版社,2009.

（2）上行沟通。上行沟通即组织中的信息从较低层次流向较高层次的一种沟通。通过上行沟通，管理者可以知道下级员工的需求和愿望，知道下行沟通的效果以及各种指示执行的结果，还可以知道许多有利于决策的建议、意见、观点等。下级向上级提交的工作报告、公司内部意见箱、总经理信箱、申诉程序、员工代表座谈会等，都属于上行沟通。

相对于下行沟通，上行沟通中存在的困难更大。第一，各级管理层过滤上行沟通信息。各级管理层在收到反映问题的信息时，都试图自己解决，从而延误了信息的流通。问题解决了，信息就停止流动，解决不了，信息也会被过滤或歪曲。由于害怕承担责任，管理层会"报喜不报忧"。第二，领导层的态度和反应产生影响。如果领导层自信自己了解各阶层的所有情况，不鼓励上行沟通，或者对于反馈上来的问题没有反应或者反应很慢，都会打击下级上行沟通的动力。第三，下层员工无动力进行上行沟通。由于上面两点，员工会认为向上沟通是徒劳的，或者还会给自己带来负面影响，员工就会拒绝向上沟通或者提供虚假信息。

因此，为了保证上行沟通的顺利进行，高层管理者应该鼓励上行沟通，采取合适的方式让员工进行越级沟通，并且对于传上来的信息作出快速的处理。组织的上行沟通图例如表4-1所示。

表4-1

组织的上行沟通图例

管理者	接收到的信息
董事长	管理和工资结构是非常出色的，希望新的福利计划和工作条件将会改善，我们非常喜欢这里的工作。
副董事长	我们非常喜欢这里的工资结构，希望新的鼓励计划和工作条件将会改善，我们非常喜欢这里的工作。
总经理	工资是好的，福利和工作条件还可以，明年还要进一步改善。
主管人	工资是好的，福利和工作条件勉强可以接受，我们认为应该更好一些。
领班 工人	我们感到工作条件不好，工作任务不明确，保险计划很糟糕，然而我们却是喜欢竞争性工作，我们认为公司有潜力解决这些问题。

资料来源：R·M·霍德盖茨.工作中的现代人际关系学[M].北京：中国人民大学出版社，1989：381.

【案例4-3】

摩托罗拉公司的有效沟通管理

摩托罗拉公司于1992年在天津经济开发区破土兴建它的第一家寻呼机、电池、基站等5个生产厂,成为摩托罗拉在其本土之外最大的生产基地,投资额比原来最初的投资增加了9倍,工人数从不到100人增加到了8000多人。年产值达28亿美元,这是一个在华投资成功的企业。

在摩托罗拉公司,每一个摩托罗拉的高级管理层都被要求与普通操作工形成介乎于同事和兄妹之间的关系——在人格上千方百计地保持平等。"对人保持不变的尊重"是公司的个性。最能表现摩托罗拉"对人保持不变尊重"的个性的是它的"Open Door"。我们所有管理者办公室的门都是绝对敞开的,任何职工在任何时候都可以直接推门进来,与任何级别的上司平等交流。每个季度第一个月的1日至21日中层干部都要同自己的手下和自己的主管进行一次关于职业发展的对话,回答"你在过去3个月里受到尊重了吗"之类的6个问题。这种对话是一对一和随时随地的。摩托罗拉的管理者们为每一个下层的被管理者们还预备出了11条这种"Open Door"式表达意见和发泄抑怨的途径:

I Recommend(我建议),以书面形式提出对公司各方面的意见和建议,"全面参与公司管理"。

Speak Out(畅所欲言),这是一种保密的双向沟通渠道,如果员工要对真实的问题进行评论或投诉,应诉人必须在3天之内对隐去姓名的投诉信给予答复,整理完毕后由第三者按投诉人要求的方式反馈给本人,全过程必须在9天内完成。

G. M. Dialogue(总经理座谈会),这是每周四召开的座谈会,大部分问题可以当场答复,7日内对有关问题的处理结果予以反馈。

Newspaper and Magazines(报纸与杂志),摩托罗拉给自己内部报纸起的名字叫《大家庭》,内部有线电视台叫《大家庭》电视台。

DBS(每日简报),它能方便快捷地使大家了解公司和部门的重要事件和通知。

Townhall Meeting(员工大会),由经理直接传达公司的重要信息,有问必答。

Education Day(教育日),每年重温公司文化、历史、理念和有关规定。

Notice Board(墙报)。

Hot Line(热线电话),当你遇到任何问题时都可以向这个电话反映,昼夜均有人值守。

ESC(职工委员会),职工委员会是员工与管理层直接沟通的另一个桥梁,委员会主席由员工关系部经理兼任。

589 Mail Box(589信箱),当员工的意见尝试以上渠道后仍无法得到充分、及时和公正解决时,可以直接写信给天津市589信箱,此信箱钥匙由中国区人力资源总监掌握。

资料来源:http://case.hr.com.cn/detail.php? id=10373.

第四章 沟 通

【案例 4-4】

走出与领导沟通的困境

小怡在 2002 年进入一家历史比较悠久的大型国企,有较稳定的组织架构和公司运作机制,员工年龄层次跨度大,员工晋升制度相对固化,员工根据工作表现按部就班地进行考核、轮岗、提拔等人事变动。公司竞争氛围不及外资企业激烈,同事间关系融洽。

小怡以外向开朗的性格和不怕苦、不怕累的工作劲头,很快获得同事认同。小怡很聪明,做事有想法,考虑问题很全面,非常注重细节,责任心很强,只要是交派给她负责的项目,她都会全身心地投入。在进入公司的第 4 年,虽然年资不长,但由于工作表现出色,不少领导很欣赏她,在一次提拔竞聘中,小怡被破格提拔为部门主管。

小怡很珍惜主管的岗位,工作更加努力。她在日常的沟通中,不因地位提升而自傲,而是跟下属进行更友好的互动,在跨部门工作沟通时不卑不亢,在与部门经理沟通时以工作成果说话,因此得到公司上下的认同。

一年后,小怡所在部门从外部空降了一位 30 多岁新的张姓女经理,张经理工作很有激情,但既往工作经历与现任部门的工作性质差异较大,张经理因此经常找主管小怡了解工作、布置任务。小怡发现张经理性子很急,很多事情都想尽快处理,但由于不太了解部门实际情况,设想的解决方案往往难以操作,经办人员工作量巨大,且容易导致成本浪费。小怡关注细节并且关心下属的执行难度,经常在讨论工作中罗列可能遇到的困难,但张经理依然坚持己见。小怡每次向张经理提出反对意见,都要经历反复沟通解释,耗费短则一小时,长则半天的时间,日常工作受到这种无效沟通的影响,她开始对自己的沟通能力产生怀疑。

小怡和张经理之间的沟通矛盾越发升级,小怡责任心很强,并且为了帮下属顶住不接难以完成的工作,一次又一次地在张经理的办公室据理力争。张经理认为小怡时常与自己意见相左,是觉得自己是空降而来的,经验和决策能力都一般,与其对抗是要显示她的能力很强。

在一次内部培训中,小怡参加了沟通艺术的学习,逐渐明白她和张经理之间的沟通问题是基于她的沟通方式停留在简单沟通的状态中,而冲突的原因是双方的信息掌握程度不同,导致决策方案不同。之后,在和张经理沟通前,她有意识地时不时地向张经理提供大量的信息资料,让她更深入地了解具体情况。张经理感觉到有更多的信息支持,觉察到还是小怡的工作做得比较到位,所以也主动找小怡询问一些自己不清楚的问题,两人的关系缓和了。

案例来源:杜慕群.管理沟通案例[M].北京:清华大学出版社,2013.

（二）水平沟通

水平沟通又叫横向沟通，是指处于同一层次的人们之间，或超出正式等级指挥系统之间的信息传递过程。水平沟通也可以分为两种：组织中同一部门、同一层次之间的沟通；组织中不同部门、同一层次之间的沟通。水平沟通主要用于信息交流、协商某些问题的解决等，促进相互间的合作与配合，一般可以看做是对上行和下行沟通的补充。例如，当人事部的经理打电话给财务部的经理，询问本部门的月支出情况时，就是不同部门、同一层次之间的横向沟通。

横向沟通具有很多优点：第一，它可以使办事程序、手续简化，节省时间，提高工作效率。第二，它可以使企业各个部门之间相互了解，有助于培养整体观念和合作精神，克服本位主义倾向。第三，它可以增加职工之间的互谅互让，培养员工之间的友谊，满足职工的社会需要，使职工提高工作兴趣，改善工作态度。因此，如果使用得当，水平沟通可以使相互协作的各个部门直接进行有效沟通，从而避免直线式的繁文缛节的沟通方式，可以提高组织的沟通效率。但是，水平沟通也有不利的一面，它可能对正式的命令系统产生破坏，影响统一指挥，因为他们跨越了不同的部门，离开了正式的指挥系统。例如，成员有意避开或越过他们的直接上级做事并作出决策，事后其直接上级可能会因为自己被蒙在鼓里而反对执行决策。为了使水平沟通充分发挥优势，避免不良影响，要保证两个基本前提：第一，在进行沟通之前，告知上级领导并得到他的允许；第二，把横向沟通的效果通报给直接领导者，以便使其继续支持任何形式的信息沟通。水平沟通需要上级的了解和支持，与上级的及时沟通有利于水平沟通的顺利进行。

二、按沟通渠道划分

按照沟通渠道的选择，可分为正式沟通与非正式沟通。

（一）正式沟通

正式沟通是指组织的信息按照明确的规章制度所规定的方式进行传递。所要传递的信息是正式和成文的，是以明确的方式表达出来的，同时各个传递环节也都有明文规定。例如，组织与组织之间的公函来往，组织内部的文件传达、召开会议，上下级之间定期的情报交换等；另外，团体所组织的参观访问、技术交流、市场调查等也在此列。沟通的方式是由组织规则、制度保证的。正式沟通的内容以及程序常是固定的。

正式沟通是信息传递的基本方式之一，它是按照规则建立起来的沟通形式，沟通过程中不允许掺杂任何情感因素。正式沟通的优点是：沟通效果好，比较严肃，约束力强，易于保密，可以使信息沟通保持权威性。重要的信息和文件的传达、组织的决策等，一般都采取这种方式。其缺点是：由于依靠组织系统层层的传递，所以较刻板，沟通速度慢，失真的可能性大。

第四章 沟 通

【案例 4-5】

泰朗的故事:"他们不具备我们要求的品质"

泰朗在中西部一家专门生产组装零件的制造工厂工作。他的个性沉稳静默,在厂内做组装零件已有8年之久。若干年前,公司为维持与原有厂商的业务关系,开始执行品质改进计划。泰朗参加多种课程及两项计划后,对品质管理的了解更为深入。

3个月前,泰朗的老板唐恩邀请他加入征选小组,为公司挑选一家供应商,提供制造组件所需的零件。泰朗加入小组后,负起搜集竞标厂商所需的零件的任务。能知己知彼,公司方能给客户提供高品质的零件,争取到好价钱。泰朗加入小组后,一直秉持着诚实公正的态度,但是他发觉可能得标的厂商是PD机械厂时,他开始犹豫了,因为他们公司与PD拥有多年业务关系。此外,唐恩与PD的老板私交甚笃。

泰朗逐一查明竞标厂商的品质计划后发现,与其余两家竞标厂相比较,PD并未用心改进品质。显然唐恩在幕后促成此事。泰朗明白,他有必要和唐恩谈谈。

泰朗决定,不论如何他都得速战速决。愈早向唐恩表明此事,愈早减轻唐恩对他产生的压力。他可以将自己对竞标厂商的分析呈报给唐恩,但他需要一点时间想好怎么说,以及他对唐恩习惯在下班后稍候片刻,处理未完的相关事宜处理未完的公务。因此他特意将交谈时间安排在交班之前。这是厂内剩下的员工不多,不易受到打扰。

泰朗先谢谢唐恩邀他加入征选小组,并补上一句:"我知道你和PD机械厂的人相识已久。正因为你们关系匪浅,我才想和你谈些你可能没有察觉的事情。"唐恩好奇地答道:"是吗?什么事呢?"

泰朗知道唐恩不喜欢长篇大论,因此他直接切入主题:"我将所有可能弄到手的PD品质管理资料都读过了,结论是他们远远落后于其他竞标厂。我认为他们无法稳定地供应我们所需的货,我会将这个看法转达给小组其他成员。在此我先告诉你一声,希望你能明白我这样做的原因。"

当泰朗停下来喘气时,唐恩突然插嘴,以略带反驳的口吻说:"这倒是件新鲜事,他们一向都做得很好,我想知道你为什么这么认为?"泰朗早知道唐恩会这么问,于是他递上了手上的资料夹。

唐恩将资料逐一看过,又问了许多问题,泰朗不仅尽其所能回答,话题也不敢稍离重点,以期唐恩能了解自己与他交谈的目的。他接着补充说:"如果和他们签约的话,我们将会失去客户,因为我们无法供货给客户们。说句老实话,我也很可能丢掉饭碗。这几个星期以来,我一直因为你支持PD竞标而倍感压力。但有一天我突然想到,或许你根本不知道他们和其他竞标厂的比较结果。这也就是我今天和你谈的理由。"

他们俩又讨论了许多,唐恩也问了一些相关的问题。最后他盯着泰朗说:"你分析得非常好。我必须承认,我看到这样的结果颇为失望,但你没有错,不管在哪一方面都很正确。我不知道 PD 有这样的问题,我也不爱听到这件事,但是我很感激你告诉我这么多,我觉得你提出的建议十分合理"。

案例来源:甘华鸣,李湘华. 沟通[M]. 北京:中国国际广播出版社,2001.

(二)非正式沟通

非正式沟通渠道指的是正式沟通渠道以外的信息交流和传递,它不受组织监督,自由选择沟通渠道,如团体成员私下交换看法,朋友聚会,传播谣言和小道消息等都属于非正式沟通。非正式沟通是正式沟通的有机补充。在许多组织中,决策时利用的情报大部分是由非正式信息系统传递的。同正式沟通相比,非正式沟通往往能更灵活迅速地适应事态的变化,省略许多繁琐的程序;并且常常能提供大量的通过正式沟通渠道难以获得的信息,真实地反映员工的思想、态度和动机,往往能够对管理决策起重要作用。

非正式沟通的优点是:沟通形式不拘,直接明了,速度很快,容易及时了解到正式沟通难以提供的"内幕新闻"。其缺点是:非正式沟通难以控制,传递的信息不确切,易于失真、曲解,而且,它可能导致小集团、小圈子,影响人心稳定和团体的凝聚力。

非正式沟通的主要表现形式是小道消息。通过对小道消息的研究,可以得出以下几个结论:

(1) 传递信息的不确定性。一般说来,小道消息传递的信息具有很大的不确定性,易失真。据一项研究分析报告,小道消息所传播的与组织相关的信息有 75% 是正确的,但剩下的 25% 的虚假往往会造成小道消息完全颠倒黑白。

(2) 传递和扩散的速度快。小道消息的传递是一个人向另一个人的单向式传递,但更可能的方式是由一个人听到消息后,同时又转告给另外三四个人,然后再由他们继续向外传播。因而传播速度迅速,范围广泛。

(3) 消息来源的模糊性。小道消息的传递往往都是非正式的,因而很难追查到信息的准确性来源。很多消息都是道听途说,得到消息的时间和地点都不固定,很多传播者说过以后自己也都忘记了,因而对消息的来龙去脉到最后谁都不清楚了。

(4) 消息传递的弹性较大。小道消息在传递过程中有很大的弹性,信息传递的前后往往不一致,因为小道信息多数是人际间传播的,每个人都有可能对听到的信息进行再加工,以致面目全非。

(5) 新闻性和现实性。小道消息之所以被传播与它自身的特点和内容有密切的关系。消息越新鲜,人们谈论的就越多;对人们工作有影响者,最容易招致人们谈论;最为人们所熟悉者,最多为人们谈论;在工作中有关系的人,往往容易被牵扯到同一传闻中去;在工作上接触多的人,最可能被牵扯到同一传闻中去。

现代管理理论提出了一个新概念,成为"高度的非正式沟通",它指的是利用各种场合,通过各种方式,排除各种干扰,来保持他们之间经常不断的信息交流,从而在一个团体、一个企业中形成一个巨大的、不拘形式的、开放的信息沟通系统。实践证明,高度的非正式沟通可以节省很多时间,避免正式场合的拘束感和谨慎感,使许多长年累月难以解决的问题在轻松的气氛下得到解决,减少了团体内人际关系的摩擦。

【案例 4-6】

宜家公司对非正式沟通的应用

宜家公司是瑞典最大的室内装修公司,总资产 50 亿美元,经营遍布世界 20 多个国家,是世界闻名的公司。宜家公司的创建人凯姆普莱德更倾向于通过人际网络而不是正规渠道进行交流。在他 30 年的管理生涯中,凯姆普莱德将人际交流的优先级提高到他所形容的"嘴巴对着耳朵"的地位。他为自己的企业引入了一批企业传播人,他们都是一些表现出管理才能而且能够接纳公司价值观的个人。在 20 世纪 80 年代,凯姆普莱德要对他们进行为期 1 周的有关企业历史、文化和观念的培训,然后将这些人分派到公司在世界各地的重要部门。到 90 年代时,公司遍布世界的 300 多名"文化大使"已经成为企业人际交流网络的节点,他们在收集和传输信息时能够避免正规交流渠道在所难免的信息扭曲。

案例来源:苏曼塔·侯沙尔,克里斯托弗·巴特利特.未来的总裁[M].成都:四川人民出版社,2000.

三、按沟通媒介划分

按沟通媒介划分,可以分为口头沟通、书面沟通和非语言沟通。

(一) 口头沟通

口头沟通是运用口头表达的方式来进行信息的传递和交流,包括开会、对话、演讲、电话、报告、非正式谈话、与任务有关的交流等各种方式。口头沟通的优点是:比较灵活、简单易行、速度快、有亲切感;双方可以互相交换意见,利于双向沟通;便于理解,可以借助身体语言进行表达。其缺点是:没有书面表达准备的充分,无信息交流的记录;人数众多的大群体无法直接对话。

(二) 书面沟通

当组织或管理者的信息必须广泛向他人传播或信息必须保留时,则须以报告、公文、备忘录、信函、通告等书面形式,这是口语形式所无法替代的。采用文字进行沟通的原则有以下几个方面:文字要简洁,尽可能采用简单的用语,删除不必要的用语和想法;如果文件较长,应在文件之前加目录或摘要;合理组织内容,一般最重要的信息要放在最前面;要有一个清楚明确的标题。书面表达的优点:具有准确性和权威性,不受时间和地点的限制;信息可以长期保存,便于查看和核对;可以减少在传递过程中的信息失真。缺点是:一旦形成文字不便于修改,有时文字冗长不便阅读;难以及时了解接收者的接受情况;形成文字也比较费时。

（三）非语言文字沟通

非语言文字沟通指的是用非语言系统进行的信息沟通。非语言文字的信息可以用多种方式表达,主要分为以下几类:

（1）利用举止进行沟通。人体及其各种举止可以传递许多信息,包括手势、表情动作、体态变化、眼神、眼色等。尤其是面部表情最具有代表性,面部表情可以分为六类:感兴趣—兴奋;高兴—喜欢;惊奇—恐怖;害羞—羞辱;轻蔑—厌恶;生气—愤怒。

（2）利用衣着沟通。沟通者的服饰往往也扮演着信息发送源的角色,因为衣着可明显影响人们对不同地位、不同身份、不同群体的认知。人们习惯认为,穿黑色衣服被视为是严肃、庄重的。如果一位领导穿着运动服训斥下属,那么他说话的权威性将大大下降,下属容易产生不认同感,或者偏向认为领导只是随便说说。

（3）利用空间和距离沟通。沟通双方所处位置的远近,会影响到沟通效果。常见的沟通距离有以下四种:

亲密区:与对方只有一臂之遥,适合进行较敏感的沟通。只有较亲密的人,才允许进入该区。如果陌生人进入,人们通常会感到不舒服,并设法拉开距离。如果在拥挤的公共汽车、地铁或电梯上,人们挤在一起,我们通过忽视对方的存在或不与对方目光接触来应付这种情况。

私人区:朋友之间交谈的距离保持在一臂之遥到距离身体4英尺左右。这个距离近到足以看清对方的反应,但远到足以不侵犯亲密距离。

社交区:延伸到4~12英尺远,适合于一般商务及社交上的来往。办公室里办公桌的摆设就是按照社交区分开摆放的。

公共区:更远至12英尺外,是人们关心不到,也是可以不理会的地方。

除人与人之间的距离远近外,沟通时是站着还是坐着,以及办公室的地点、设备和摆设等等,均会影响到沟通。在各种组织中,不同的地位和权力通常由空间的安排显示出来,高层管理者一般拥有宽敞、视野良好以及高品位摆设的办公室,而他们的秘书和辅助人员却在较小的空间里,通常是许多人共同使用。不同档次的宾馆及餐饮业也可以通过空间的信息表达出来。

四、按是否反馈划分

按照沟通是否进行反馈,可将沟通分为单向沟通和双向沟通。

(一) 单向沟通

发出信息的人只发出信息,接收者只接收信息不发出反馈信息的沟通称为单向沟通,如报告、演讲。单项沟通的优点是:信息传递速度快,易保持信息传出的权威性;缺点是:传递信息的准确性差,较难把握沟通的实际效果,接受者容易产生挫折、埋怨和抗拒。单向沟通比较适合下列几种情况:问题比较简单,但时间较紧;下属易于接受解决问题的方法;下属没有了解问题的足够信息;反馈不仅不易于澄清事实反而容易混淆视听;上级缺乏处理反馈的能力,容易感情用事。

(二) 双向沟通

双方互为发出信息的人和接收者,即双方在沟通中的地位不断变换,如会谈、讨论等。其优点是:信息传递有反馈,准确性较高,接收者参与感强,有助于意见沟通和建立双方感情,缺点是:信息发出者会产生一定的心理压力;信息传递速度慢。它比较适合下列几种情况:时间比较充裕,但是问题比较棘手;下属对解决问题提供有价值的信息和建议;下属对解决方案的接受程度至关重要;上级习惯于双向沟通,并且能够有建设性的处理反馈。

【案例 4-7】

他们是怎么进行沟通的

◆ 泰华土地开发公司敦促下属养成及时"回报"的习惯

关于"沟通",泰华土地开发公司总裁余世维用了一个很平常的词语"回报"来表述。余世维所言回报是"回头报告"的意思,具体说就是,甲对乙有要求,乙要对甲有反馈。管理不是单行道,而是双向的。所以,甲对乙一旦有要求,乙对甲要不断地回报。这样可以让上司放心你在做什么,万一有差错,来得及修正。余世维之所以能够成功管理企业,恰恰因为他在 20 多岁时就养成了回报的习惯。任何人对他有要求,他马上就对人家有回报。如果下属还没有养成这个习惯,余世维就一天到晚盯着他,让他养成这个习惯。

有一天,余世维问物料部的经理:"今天早上有没有事情向我回报。"对方愣了一下,余世维说:"昨天我交代你今早 10 点钟要向我回报的事情,你还记得吗?""对不起。""我不喜欢听'对不起',今后我的眼睛一看到你,你就要向我回报,这是公司的规定。"余世维认为,上面的人紧盯下面的人回报,一环扣一环,钩子才不会脱。总经理不必关心粽子里包的是什么馅,这是部门经理的事,但是要确保一根绳子拿起来,下面就得串着9个粽子。下属及时回报的习惯若没有养成,上司要随时紧盯,直到养成这个习惯为止。对自己的下属,余世维颇为满意。有一天早上,身在广州的余世维接到了3个电话,一个来自台湾,一个来自美国,一个来自上海。由此,他及时了解到了公司当天的全盘运作情况。

◆ 三星首席执行官巡视基层,直接讨论

三星电子CEO尹钟龙说:"我花了很多时间巡视公司在国内外的工作场所,从基层开始检查运营情况,听取面对面的报告,表扬他们取得的进展。这使我有机会随心所欲地与直接参与者讨论事务,从高级管理层到较低级别的职员我都能接触到。尽管许多人认为,数字技术的发展为打理全球企业业务提供了便利,但我仍认为没有任何革新能够取代通过直接讨论得到的信息真实。"

◆ 英特尔一对一面谈,员工必须善于沟通

英特尔采取开放的沟通模式,既有自上而下的,也有自下而上的。管理层通过网络,向全球员工介绍公司最新的业务发展,同时也会通过网上聊天,与员工进行互动的沟通,回答员工提出的各种问题。每个季度,公司都会定期出版员工简报,让员工及时了解公司最新情况。此外,公司还有一个"一对一面谈"制度,即公司与员工之间就工作期望与要求进行沟通。面谈通常通过员工会议的形式进行,要求员工来制订会议议程,由员工来决定会议议题。

有记者同一位英特尔员工谈到如何在英特尔获得更好的个人发展时,这位员工深有感触地说:"关键还是要善于沟通,不要处处都要老板来找你谈工作,而是随时和同事、老板保持一个非常顺畅的沟通关系。"在英特尔的用人之道里面有一个很重要的原则:评价员工工作业绩是以结果为导向的,不管你过程做得怎么辛苦,付出多大,老板只看结果。也正是因为这样的原因,在新员工进入英特尔之初,得到最多的告诫就是不要去做远远超出自己能力的事情,必须善于沟通,融入团队。

案例来源:中国能力建设网.2004年10月25日.

五、信息沟通网络

信息沟通网络是指人与人之间沟通时不同沟通路径所组成的结构形式。在信息传递中,发讯者直接把信息传递给接收者的情况很少,一般需要某些人作为中间环节进行转承,就形成了沟通网络。沟通的结构形式,会影响到沟通的效率,进而影响组织的活动效率。

(一)白尔森及史天纳的观点

白尔森(Berllson)和史天纳(Steiner)认为沟通可以分为五种形态,即轮式、Y式、链式、圈式和星式，以5人为例，如图4-3所示。

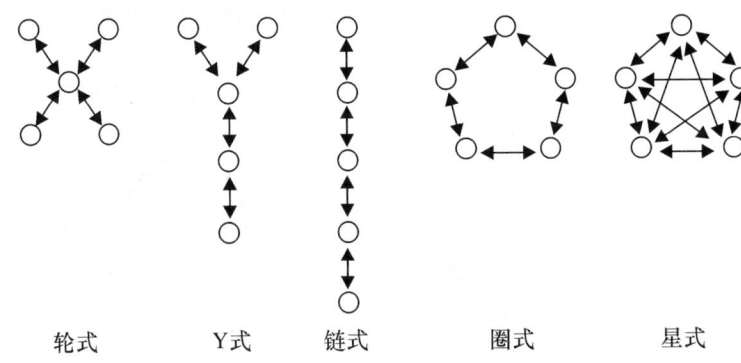

轮式　　　　Y式　　　　链式　　　　圈式　　　　星式

图4-3　五沟通网络

(1) 轮式沟通方式。正确性高,速度快,有确定的领导人,但士气低,适应工作慢。当解决一些简单问题时,轮式结构优于圆形结构。

(2) Y式沟通方式。兼有轮式和链式的优缺点,即沟通速度快,但由于信息通过"筛选"层,易导致信息失真,拉大上下级之间的距离,不利于提高士气,另外,易造成"秘书专政",而主管人员变为傀儡。

(3) 链式沟通方式。速度最快,但沟通面狭隘,内容分散,不易形成共同的意见和良好、和谐的组织气氛,士气低,难以培养群体的凝聚力。

(4) 圈式沟通方式。沟通各方地位平等,心情舒畅,便于鼓舞士气,但沟通精确性不够,且沟通速度慢,缺乏沟通中心,不利于信息集中。

(5) 星式沟通方式。它也称全通道式结构,表明团体的民主气氛很浓,人际关系融洽,能充分交流,通过协商解决问题。但沟通速度慢,不易集中控制。

沟通网络特性如表4-2所示。

表4-2

沟通网络特性表

基 本 特 征	轮式	Y式	链式	圈式	星式
1. 集权程度	很高	高	适度	低	很低
2. 沟通路线数目	很少	少	适度	适度	很多
3. 群体满足感	低	低	适度	适度	高
4. 个别员工满足	高	高	适度	高	很低
5. 领导者出现程度	很高	高	适度	低	很低

(二) 戴维斯的观点

就非正式沟通而言,戴维斯(K. Davis)认为有四种主要形态,如图 4-4 所示。

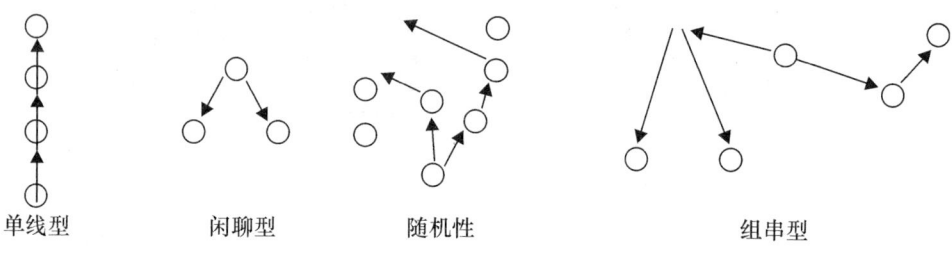

图 4-4 非正式沟通的方式

(1) 单线型。每一个传播者都只告诉另外一个人,即信息由一连串的人传至最后一个接受者。

(2) 闲聊型,也称为流言传播式。信息由一个人主动传给其他所有人。

(3) 随机型。其特点是为某个人因偶然的机会将信息随机传给一部分人,这些人又随机传给另一部分人。

(4) 组串型,又称葡萄型。其特点是某人将信息有选择地告诉其他人,这是一种最典型的传播方式。

第三节 有效沟通

一、有效沟通的含义与特征

沟通的有效性是指沟通的准确性、实时性和效率。准确性是指信息从发讯者到受讯者时保持原意不变的程度;实时性是指从发讯者到受讯者的及时程度;沟通的效率则是指单位时间传递信息量的多少。有效的沟通要做到不失真、充分和及时。

麦克尔·E·哈特斯利(Michael E. Hattersley)和林达·麦克詹妮特(Linda Mcjannet)指出有效沟通有如下四方面的特征。

(一) 准确

当接近你的听众时,隐含之意是在寻找信任。即使你的听众中只有一个发现了一个实际错误,你也会陷入困境。在企业中,不确定有以下典型形式:数据不足、资料解释错误、对关键因素的无知、没有意识到的偏见以及夸张,对他们保持警戒将提高你的可信度。

(二) 清晰

清晰是很难达到的。为有效地运作,一个组织需要准确和完全的信息、可理解的指令、能指导决策者的政策。模棱两可和混淆会浪费金钱并产生挫折感。为达到清晰，必须总结、理解和组织。实现清晰要求：

（1）逻辑清晰。如果你不能有逻辑地思考你的建议以及实现计划的行为和可能的结果，那么你就不能期望你的听众会遵循你的思路。大多数糟糕的文章和讲话是糟糕的推理和草率准备的结果。

（2）表达清晰。十几年来，包括通用汽车公司在内的许多公司都通过大而昂贵的项目来培训其管理人员正确用英语写作和发言。符合语法标准是有效沟通的基线。拼写和句子错误使人对你管理信息的能力提出质疑。但对大多数沟通者来讲，正确并不能满足要求。尽管这确保在日常指令和报告声明、演讲中的清晰，在你的语言清晰地阐述你的含意前，你可能不得不删除某些句子。如果你的分析不能清晰地与人沟通，那么你必须再检查一下你思维的逻辑。

（三）简洁

良好的沟通者追求简洁，追求以极少的字传递大量的信息。每个人的时间都是有限的，没有人喜欢不必要的繁琐的沟通。简洁并不意味着绝对地采用短句子或省略重要的信息，它是指字字有力。

（四）活力

活力意味着生动和易记。人们在组织中有许多责任，并且每天进行许多沟通。明茨伯格指出，管理者通常对某个念头或信念只能集中很短一段时间，打扰、分神和竞争责任都是管理工作的特征，生动的风格有助于你处于鹤立鸡群的地位。

二、有效沟通的障碍

在沟通的过程中，各个环节都可以给所有交流的信息带来歪曲和失真，从而影响组织沟通的效果。按照信息沟通的阶段可以把沟通的障碍分为四个方面：发讯者在表达和编码中的障碍，信息传递中的障碍，受讯者在接受过程中的障碍，以及受讯者在反馈过程中的障碍。

（一）编码阶段

（1）语言的选择。信息沟通所使用的主要信号是语言和文字。语言不是客观事物的实体，而是通过人的思维反映客观事物的符号，它与事物之间只存在间接的关系。选择语言恰当与否会影响沟通的质量。语言的抽象性，会造成歪曲和误解；相同的语言在不同的背景下理解有差别；语句的多义性会造成理解的偏差；方言、俚语和行话会造成曲解。

（2）发讯者的表达能力。表达能力是发讯者通过语言表达自己的思想、情感和消息的能力。发讯者表达能力不佳、词不达意、口齿不清，或字体模糊，都会使人难以了解发讯者的意图。

(3) 知识、经验水平的差距。在信息沟通中，当发讯者把自己的观念翻译成信息时，他只是在自己的知识和经验范围内进行编码；同样，受讯者也只能在他们自己的知识和经验内进行译码和理解对方传送来的信息的含义。如果双方经验水平和知识水平差距过大，就会产生沟通障碍。此外，个体经验差异对信息沟通也有影响。在现实生活中，人们往往会凭经验办事。一个经验丰富的人往往会对信息沟通做通盘考虑，谨慎细心；而一个初出茅庐者往往会不知所措。

【案例 4-8】

阿维安卡 51 航班的悲剧

1990 年 1 月 25 日。那一天，由于阿维安卡 51 航班（Avianca Flight 51）飞行员与纽约肯尼迪机场航空交通管理员之间的沟通障碍，导致了一场空难事故，机上 73 名人员全部遇难。

1 月 25 日晚 7 点 40 分，阿维安卡 51 航班飞行在南新泽西海岸上空 11 277.7 米的高空。机上的油量可以维持近 2 个小时的航程，在正常情况下飞机降落至纽约肯尼迪机场仅需不到半小时的时间，这一缓冲保护措施可以说十分安全。然而，此后发生了一系列耽搁。首先，晚 8 点整，肯尼迪机场管理人员通知阿维安卡 51 航班由于严重的交通问题他们必须在机场上空盘旋待命。晚 8 点 45 分，阿维安卡 51 航班的副驾驶员向肯尼迪机场报告他们的"燃料快用完了"。管理员收到了这一信息，但在晚 9 点 24 分之前，没有批准飞机降落。在此之间，阿维安卡 51 航班机组成员再也没有向肯尼迪机场传递任何情况十分危急的信息，但飞机座舱中的机组成员却相互紧张地通知他们的燃料供给出现了危机。

晚 9 点 24 分，阿维安卡 51 航班第一次试降失败。由于飞机高度太低以及能见度太差，因而无法保证安全着陆。当肯尼迪机场指示阿维安卡 51 航班进行第二次试降时，机组成员再次提到他们的燃料将要用尽，但飞行员却告诉管理员新分配的飞行跑道"可行"。晚 9 点 32 分，飞机的两个引擎失灵，1 分钟后，另两个也停止了工作，耗尽燃料的飞机于晚 9 点 34 分坠毁于长岛。

当调查人员考察了飞机座舱中的磁带并与当事的管理员交谈之后，他们发现导致这场悲剧的原因是沟通的障碍。为什么一个简单的信息既未被清楚地传递又未被充分地接受呢？下面我们针对这一事件作进一步的分析。

首先，飞行员一直说他们"燃料不足"，交通管理员告诉调查者这是飞行员们经常使用的一句话。当被延误时，管理员认为每架飞机都存在燃料问题。但是，如果飞行员发出"燃料危急"的呼声，管理员有义务优先为其导航，并尽可能迅速地允许其着陆。一位管理员指出,如果飞行员"表明情况十分危急",那么所有的规则程度都可以不顾,我们会尽可能以最快的速度引导其降落的。遗憾的是,阿维安卡51航班的飞行员从未说过"情况紧急",所以肯尼迪机场的管理员一直未能理解到飞行员所面临的真正困境。

其次,阿维安卡51航班飞行员的语调也并未向管理员传递燃料紧急的严重信息。许多管理员接受过专门训练,可以在这种情景下捕捉到飞行员声音中极细微的语调变化。尽管阿维安卡51航班的机组成员相互之间表现出对燃料问题的极大忧虑,但他们向肯尼迪机场传达信息的语调却是冷静而职业化的。

最后,飞行员的文化和传统以及机场的职权也使阿维安卡51航班的飞行员不愿声明情况紧急。正式报告紧急情况之后,飞行员需要写出大量的书面汇报。另外,如果发现飞行员在计算飞行过程需要多少油量方面疏忽大意,联邦飞行管理局就会吊销其驾驶执照。这些消极强化物极大阻碍了飞行员发出紧急呼救。在这种情况下,飞行员的专业技能和荣誉感可以变成赌注。

案例来源:甘华鸣,李湘华.沟通[M].北京:中国国际广播出版社,2001.

(二) 传递阶段

在信息传递过程中,也会出现种种障碍。

(1) 过长的沟通渠道。沟通渠道过长环节过多,造成信息失真、漏传和错传。譬如,组织层次过多,信息从最高层逐级向下传递到最底层,或从最底层逐级向上传递到最高层,每经过一个层次,都可能出现失真,过程越长,影响越大。研究表明,信息从最基层向最高层沟通时,许多细节都会被除掉,而信息从最高层向最底层传递时,又会逐级增加许多细节。

(2) 时机。信息传送的时机会增加或降低信息沟通的价值,不合时机发送的信息,不易被接受者理解。时间上的耽搁和拖延,会使信息过时而无用。

(3) 多种传送形式。当信息用几种形式传送时,如果互相之间不能协调就难以使对方理解传送的内容,如面带笑容的训斥,阴阳怪气的表扬,都让人难以理解。

(4) 干扰。传递信息时,如果受到客观干扰就会影响信息的正确传递。如果通讯设备性能不良,噪声干扰大,都会造成信息丢失。

(5) 组织结构设计不当,沟通渠道不畅。组织结构设计没有充分考虑信息有效沟通的问题,沟通渠道不明确,要求不合理,如有些岗位的管理者有明确的职责和任务,但不明确自己需要哪些信息和得到信息的渠道,这会使信息交流处于自发、无组织低效率状态。

组织气氛也会影响信息沟通,与相互提防、猜疑的组织相比,关系融洽、开诚布公、相互信赖的组织,信息沟通的有效性要强得多。

(三) 接受阶段

受讯者接受到信息符号之后,进行译码,变成对信息的理解。在这一过程中经常出现的障碍有以下几点。

（1）知觉的选择性。由于种种原因，人们总是习惯接收部分信息，而摒弃另一部分信息，这就是知觉的选择性。知觉选择性所造成的障碍既有客观方面的因素，又有主观方面的因素。客观因素如组成信息的各个部分的强度不同，对受讯人的价值大小不相同，都会致使一部分信息容易引人注意而为人接受，另一部分则被忽视。信息接收者或者出于个人愿望，或者出于眼前利益，总是有意无意地强调信息的某一方面，而忽略另一个方面，或者强调某一个信息而忽略另外的信息。符合自己需求的就会高度注意，并完全接受；如果认为不符合，就会忽视排除。关于人们为什么会出现这种选择和偏好，心理学家作出了这样的解释：第一，人们一般都不重视与原有的看法、期望和价值不一致的信息；第二，人们一般更注重从一个不太可靠的来源得到的比原来期望要好的坏消息；第三，如果从这个来源得到的信息与过去期望相比一样，他对这个来源就不太重视；第四，如果这个信息比原来期望的还要坏，他对这个来源就更不重视。

（2）不信任。有效的信息沟通要以相互信任为前提，如果发送者在接受者心目中形象不好，信誉不佳，那么接收者就会对沟通者不信任，对其传递的信息存有成见，不予重视，甚至会产生抵制。

（3）信息过量。信息占有量大、信息质量高对组织沟通起很大作用，但也并非信息量越大越好。过多的信息不但无助于组织的沟通，反而会妨碍正常的组织沟通。信息过量是指大量信息和信息沟通蜂拥而来，使组织活动陷于繁忙的沟通之中，从而影响了正常的组织工作。

信息过量对组织往往产生两方面的不良后果。第一，如果信息量超过了受讯者的处理能力，受讯者就会对信息进行选择性接受，把注意力集中到他认为重要的部分上，从而可能错过重要的信息。第二，接受者花费大量时间在信息沟通上，影响了其他工作的正常进行。组织沟通的目的是为了更好地实现组织目标，如果由于信息量过大而使处理信息的工作变成工作的目标，势必会影响组织目标的完成。

（四）反馈阶段

在许多沟通情景下，有两个主要的因素阻碍了向下和向上反馈。

（1）对坏消息的抵制。没有人喜欢听到坏消息，任何上级都希望听到别人说自己办了一件好事。一个人很容易通过语言或非语言形式表明他不想被批评，结果导致其下属、同事、上级可能都不愿意和他共享有助于他中心界定目标和修正沟通的战略。

（2）阶层制组织的阻碍。人们习惯命令而不是商讨，直接的下级很容易适应这种风格。结果，习惯或制度逐渐形成，它阻碍上级获得所需的信息或阻碍身边人员所关心的问题，这经常会在士气和生产率方面导致巨大的损失。

管理者喜欢藏匿信息，因为这给他们权利感，一些额外信息会使其在同事中尽显风光或是对下属形成额外的权威。在大多数情况下,成功的管理者会广泛地共享信息,因为如果其他人知道为了做好工作需要何种信息时,管理者也会受益。大量研究表明,在大型组织中,中层管理者的信息藏匿是阻碍生产率的最大因素之一。

每个人都倾向于向老板报告好消息。

倾听花费时间。世界上最优秀的繁忙的管理者经常错过从其下属那里获取宝贵信息的机会。这可表现为:不经意地流露出你太忙、不想被打扰的信息,对暗示没有反应,或仅是对常规反馈机会缺乏规划。大多数组织调查显示,管理者感到他们的上级并不真正在意他们的意见,高层管理者经常对此表示惊讶。

三、改进沟通的方法

要改善沟通的效果,必须从信息的发送、传递、接收、反馈等各个环节有效地克服沟通障碍,提高沟通者的沟通水平。

(一)先确定沟通目标,明确主题和概念

发送者在沟通前确定自己的目标有两大益处。首先,如果没有明确的目的,就没有必要浪费时间去交谈或撰写,确定目的可以使发送者更有针对性,从而更有效率。其次,将使发送者更加有效益,因为确切构想出目标将有助于明确自己的沟通目标,并对他们从一般到具体地仔细琢磨。

(二)选择合适的沟通方式

一旦确定了沟通目标,就需要选择合适的沟通方式达到该目的。

选择协作、演讲、说话:当需要接收者向发送者学习时,使用这些形式中的一种,发送者是叙述或解释;沟通的结果是要听众理解一些内容。同时,还可能是劝说对方改变他们目前的做法。在这三种形式下,沟通者应该:有足够的信息;不需要听他人的意见、想法或补充。

选择交谈、听话、阅读:当需要向接收者学习时,就使用这三种形式。交谈和听话含有一定的合作性,而阅读则更具有合作性。在这三种形式下,沟通者可能:没有充分的信息;需要听他人的意见、想法或补充;需要或想要接收者的全心投入并由他们提供信息内容。

(三)提高沟通技巧

一个好的沟通者应该具有较好的表达能力,能将自己的意思完整地表达出来。信息越简单,就越容易被正确地理解和执行。如果是文字信息,应该简明扼要,具有一定的可读性。如果是语言沟通,要说清楚,培养一种"见什么人说什么话"的能力。

(四)提高信任度

沟通双方的信任程度,对改善沟通有重要的影响。国外研究表明,有五大因素会影响到一个人的可信度:身份、地位;良好意愿;专业知识;外表形象;共同价值。沟通双方可以从这几方面努力,提高对方对自己的信任。

在自上而下的沟通中,上级必须诚心诚意地听取下属意见,才可能了解下属的真实想法,提高沟通效率。对管理者来说,要有民主作风,豁达大度,兼收并蓄不同意见,深入实际和基层,和下属在感情上建立联系,这都是管理者应有的雅量。

【案例4-9】

<h1 style="text-align:center">知 心 厂 长</h1>

某量具刃具厂严重亏损,到了倒闭的边缘。这时,来了一位新厂长,两年光阴,工厂扭亏为盈,发生了很大的变化。这位厂长的诀窍是什么呢?他说,我治厂的诀窍是相信职工,依靠职工,与职工交知心朋友。他一上任,就泡在工人中,同职工沟通思想,发动群众讲情况,提建议,求兴厂之策。干部、职工见厂长以诚待人,真心治厂,便投桃报李,以心换心,纷纷献策。由于厂长与职工的关系水乳相融,亲密无间,他的治厂决策实施得很顺利。他认为,企业要练好内功,而上下一心、团结兴厂是最大的内功。

案例来源:吴俊卿.有效决策要诀与案例[M].北京:中国审计出版社,1994.

(5) 拓展渠道,缩短传递链。缩短信息传递链,拓展信息渠道,保证信息的畅通无阻和完整性,特别是要减少机构的重叠。多重上报和多重的指令下达,都是对沟通有较大负面影响的。特别是要开辟高层人员和低层人员的沟通渠道,而且要采取一些正式沟通与非正式沟通相结合的手段。

(6) 避免环境干扰。环境不仅可以从客观上,而且可以从主观上影响接收者接受的效果。因此,沟通时要考虑一切环境情况,包括沟通问题的背景、社会环境以及过去沟通的情况等等。为避免环境对沟通的干扰,要选择合适的场所和恰当的时间进行交流。

(7) 换位思考,充分为接收者考虑。沟通者应随时顾及对方的立场,设身处地地为对方着想。要根据听众的知识水平、工作背景和需要等来确定好表达方式。同样的内容,对不同的人应该有不同的表达和编码方法,使用不同的语言。

(8) 提倡直接沟通、双向沟通、口头沟通。企业与员工的立场难免有不能相容之处,只有善用沟通的力量,及时调整双方利益,才能够使双方更好地发展,互为推动。在国内许多企业,沟通只是单向的,即只是领导向下传达命令,下属只是象征性地反馈意见,这样的沟通不仅无助于决策层的监督与管理,时间一长,必然挫伤员工的积极性及归属感。所以,单向的沟通必须变为双向的沟通。

双向沟通的方式有许多种,其中的关键是领导层尊重下属员工的意见表达,切忌公开批评,即使员工所提建议不能被采纳,也要肯定其主动性。如果建议可行,则要公开表扬,以示鼓励。

（9）改善组织的制度以利于沟通。设计固定的沟通渠道，形成沟通常规。例如，召开定期会议、报告、相互交换信息的内容、定期出小报等等，既可以缩短管理者与员工的沟通距离，又可以使不同群体成员的信息得到及时沟通。领导者也要直接深入基层听取职工的意见，只有这样才能把握全局，使组织健康有效地发展。

（10）在信息加工处理过程中也需要信息反馈，这是确保信息准确性的一条可靠途径。这种反馈要求是双向的，即下级主管部门经常给上级领导提供信息，同时接受上级领导的信息查询；上级领导也要经常向下级提供信息，同时对下级提供的信息进行反馈，从而形成一种信息环流。

思 考 题

1. 沟通过程包括多少环节？各环节哪些因素可能引起影响沟通的效果？
2. 沟通包括哪几个部分？
3. 沟通一般如何分类？举出每种分类形式的例子。
4. 为什么会存在沟通障碍？如何有效改进沟通效果？
5. 举出你知道的一个企业中存在的沟通障碍的例子，并给出改善建议。

第五章 激　　励

学习目标

1. 了解需要、动机和行为的概念,以及三者之间的关系,知道行为和动机关系的复杂性
2. 了解激励的概念、分类和三种激励过程模型
3. 掌握内容型激励理论、过程型激励理论、行为改造型激励理论所包含理论的内容、对管理的启示及其运用,知道各种理论的异同
4. 了解各激励理论的优缺点,能够将所学的激励理论灵活运用,解决实际生活中组织遇到的激励问题

第一节　激励过程模式

一、需要、动机与行为

组织目标是否可以实现,最终取决于组织成员的个人努力。如何调动个体的积极性是组织管理中最重要的问题,是激励理论的核心。激励是要通过激发个体的工作动机,调动其积极性,从而实现组织的目标。为此,必须研究人的行为动机,探求个人的心理和行为规律。由于人的一切活动都是为了满足自己的需要,需要就成了人们行为的出发点。因此,研究需要、动机与行为的关系是激励理论的基础。

（一）需要

需要是个体在某种重要而有用或必不可少的事物匮乏、丧失或被剥夺时内心的一种主观感受。它是有机体对客观事物需要的反映。人为了自身和社会的生存,对客观世界中的某些东西产生了需求,如衣、食、住、行、安全和归属感等等。这种需求反映在个人的

头脑中就形成了他的需要。从需要的定义可以看出,形成需要要有两个条件:第一,个体要有短缺感觉,即感到自己缺乏某些东西;第二,个体有求足欲,即想追求满足,弥补不满足。两者必须同时具备,缺少任何一个都无法形成需要。

每种需要又都包含两种成分:一种是定性的、方向性的成分,反映了对特定目标的指向性,这目标又称为诱导因素,它是能使需要获得满足的外在事物或条件;另一种是定量的、活力性的成分,代表了指向该目标的意愿的强烈程度。

除了极少部分是先天性的,大部分需要是后天产生的。需要可以按照不同的标准进行分类。按需要产生的根源,可以分为初生性、次生性和一般性需要;按需要获得满足的来源,可以将需求分为外在性和内在性需要,内在性需要又可以分为过程导向性需要与结果导向性需要。

(二)动机

动机就是激励人们去行动,以达到一定目的的欲望、愿望、信念等心理因素。动机是推动人们去行动的内动力。人的一切活动总是从一定的动机出发,指向一定的目标。所以,人的动机和目标总是密切联系的。

有某种动机不一定就会引发某种行动。在实际生活中,一个人往往同时存在着各种各样的动机,这些动机之间不仅有强弱之分,而且会有矛盾和斗争,这些动机以一定的相互关系构成了动机体系(或叫动机系统)。动机体系中,各个动机的强度不同,在同一个人身上所占的地位和所起的作用也不同。有的动机比较强烈而稳定,而另一些动机比较微弱而不稳定,那种最强烈而又稳定的动机,叫优势动机,其他动机叫辅助动机。一般来说,只有优势动机可以引发行为。

(三)需要、动机与行为的关系

需要是动机的基础和始发点,但是有某种需要不一定就会产生某种动机。需要只有与某种具体目标相结合,才能转化为动机,并在适当的外部条件下呈现为外在的可见行为。一般来说,在人的需要处于萌芽状态时,它只是不明显地反应在人的意识之中,产生某种不安,这时只是意向。当需要增加到一定的强度,意识中的不安也逐渐变得强烈,于是便开始考虑应该通过什么手段来满足需要,这时,意向便转化为意愿。当人的心理活动进入意愿阶段之后,如果外界一旦有满足需要的对象出现时,意愿就会立即转化为人的活动动机。因此,需要转变为动机要具备两个条件:一是需要达到一定的强度,产生满足需要的愿望;二是需要目标的确定。

人的行为是由动机所推动,人的动机是由需要所引起。内在动力大的人积极性高,内在动力小的人积极性低,甚至没有积极性。当人产生某种需要而未得到满足时,会产生一种不安和紧张的心理状态。可以把行为看做是为消除这种紧张和不舒服达到目标的一种手段。当目标达到之后原有的需要与动机也就消失了,这时产生新的需要和动机,为满足这新的需要又会产生新的行为,如此循环不断,如图 5-1 所示。

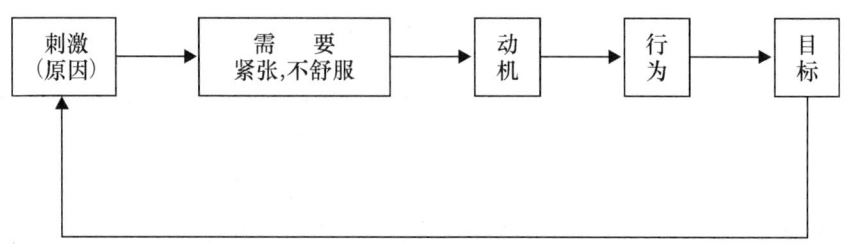

图 5-1 动机型行为的基本过程

动机和行为之间并不是简单的一一对应关系。由于人的行为还受到环境的影响,对同一个人、相同的动机,不同的环境会导致不同的行为。动机和行为的复杂关系具体表现如下:

(1) 不同的动机可能导致同样的行为。例如,两个在大学里勤奋学习的同学,其动机可能完全不同,一个是为了国家和人民的利益,准备为国家建设作出一番贡献而发愤图强;另一个完全是出于个人的利益,为了以后找到一份好工作,获得高收入而努力学习。因此,要了解一个人的行为实质,首先要揭示他追求目的的主要动机。

(2) 相同的动机可能导致不同的行为。同是为了获得较高收入,在不同的人身上就会有不同的行为表现。有些人是通过努力工作,通过加薪和多得奖金增加收入;有些人是利用职权,通过私吞企业的财产或国家的财产来增加自己的收入;另一些人可能会通过偷盗、抢劫或走私等铤而走险的方式获得大笔金钱。因此,同样的目的由于采用的手段不同而导致了截然不同的行为结果。

(3) 一种行为可能是多种动机推动的结果。一个人努力工作的动机中,可能包含想升职的动机,多拿奖金的动机,还有多为社会作贡献的动机。

(4) 好的动机可能引起不好的行为;不好的动机可能被好的行为所掩盖。

二、激励

(一) 激励的概念

"激励"一词来源于英文单词"motivation",有激发、激励的意思。现有的激励的定义有很多种,很多行为学者从不同的角度,对激励的概念进行了严谨、学术化的描述,给了激励各种定义。

斯蒂芬·P·罗宾斯认为,激励是"通过高水平的努力实现组织目标的意愿,而这种努力以能够满足个体的某些需要为条件"。①

郭毅、阎海峰和傅永刚等认为,激励就是"通过精神或物质的某些刺激,促使人有一股内在的工作动机和工作干劲,朝着所期望的目标前进的心理活动过程。"②

吴秉恩认为,激励即指"各种驱力之组合,其可藉著直接激发,而使行为持续,完成目标。"③

程国平认为,激励"就是激发鼓励之意,指激发人的动机,使人有一股内在的动力,朝着所期望的目标前进的心理活动过程"。④

张德认为,激励就是"利用某种有效手段或方法调动人的积极性的过程"。⑤ 人的积极性是一种能激发人在思想、行动上努力进取的心理动力。

综合来看,激励就是采用一定的手段或方式,激起个体的积极性,使其更加努力实现组织目标的过程。

(二)激励的内容

激励一般涉及以下内容:

(1)激励客体的行为是怎样发生,怎样被赋予活力而激发的。

(2)行为是怎样被引向一定方向,又是怎样终止的。

(3)行为的幅度是如何控制的,行为是如何持续的。

哈佛大学教授威廉·詹姆士(William James)发现,按时计酬的员工一般仅需发挥其自身能力的 20%～30%,就可以保住职位而不被解雇。如果对员工进行充分的激励,则员工可以发挥其能力的 80%～90%来进行组织的工作,其中 50%～60%的差距都是激励的作用所导致的。这一定量分析反映了激励的重要作用。即使员工有很强的工作能力,但如果没有受到充分的激励,他所发挥的能力也可能很低。因此,当生产绩效不能令人满意时,不能只关注于技术的改进和设备的更新,还要考虑增加人力资源方面的投入,人力资源方面的投入所带来的收益可能会远高于在设备上相同的投入所带来的收益。

可以用一个数学公式来表示工作绩效、能力和激励之间的关系。

$$工作绩效 = F(能力 \times 激励)$$

该公式表明,一个人的工作绩效取决于他的工作能力水平和受到的激励水平。要想

---

① 斯蒂芬·P·罗宾斯.组织行为学[M].7 版.孙建敏,李原,等,译.北京:中国人民大学出版社,1997.

② 郭毅,阎海峰,傅永刚.组织行为学[M].北京:高等教育出版社,2000.

③ 吴秉恩.组织行为学[M].台湾华泰书局,1986.

④ 程国平.经营者激励:理论、方案与机制[M].北京:经济管理出版社,2002.

⑤ 张德.组织行为学[M].北京:高等教育出版社,1999.

提高组织的绩效,既要关注成员的能力,也要关注激励水平。忽视任何一方面都不能取得良好的工作绩效。

(三)激励过程模式

在心理学上,激励可以有三个方面的理解。

从诱因和强化的观点来看,激励就是将外部适当的刺激转化为内在心理动力,从而强化(增强或减弱)人的行为。

从内部状态来看,激励即指人的动机系统被激发出来,处在一种激活状态,对行为有强大的推动力量。

从心理和行为过程来看,激励主要指由一定的刺激激发人的动机,使人有一股内在的动力,向所期望的目标前进的心理和行为过程。未满足的需要是激励过程的起点,由此而引起个人内心的激奋,导致个人从事满足需要的某种目标行动,达到了目标,需要得到满足,激励过程也就宣告完成。

根据上述三种理解,激励过程由以下三种基本模式。

(1) 激励过程模式之一的基本组成部分是:刺激(内外诱因)、个体需要、动机、行为、目标、反馈等,如图5-2所示。

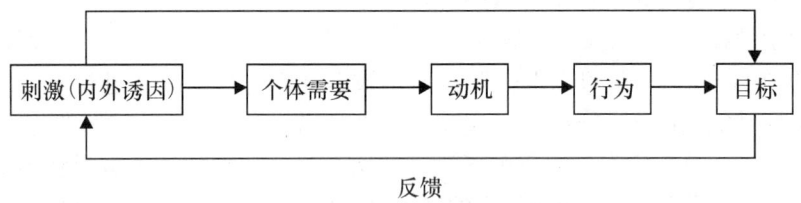

图5-2 激励过程模式之一

(2) 激励过程模式之二的基本组成部分是:需要(愿望、动机、动力)、行为、目标、反馈等,如图5-3所示。

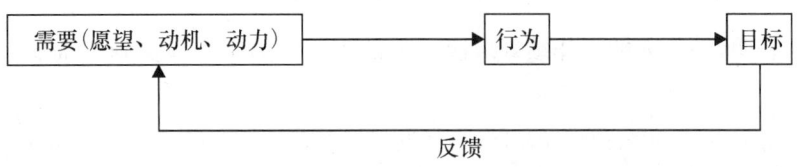

图5-3 激励过程模式之二

(3) 激励过程模式之三的基本组成部分是:未满足的需要、心理紧张(愿望、驱动力)、动机、目标导向、目标行为、需要满足紧张消除、产生新的需要、反馈等,如图5-4所示。

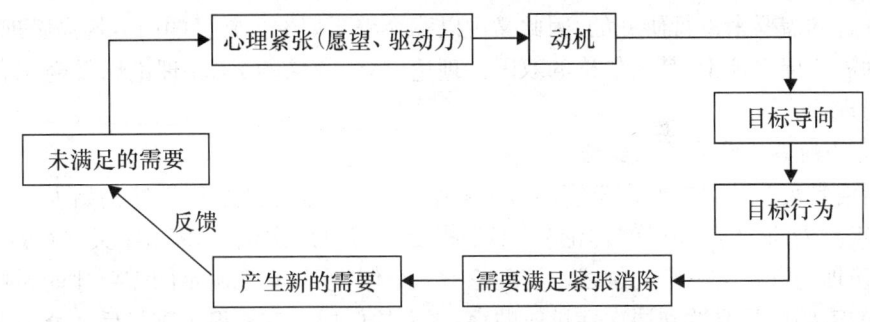

图 5-4　激励过程模式之三

以上三种基本模式虽有不同之处,但激励过程的主要组成部分是基本相同的。都是从识别需求开始,到实现目标和满足需要告终的。

(四)激励的分类

激励按其来源可以分为内在性激励和外在性激励。内在激励是指一个人在工作时,从工作本身得到满足,如对工作的爱好、兴趣、责任感、成就感等。这种满足会使员工努力工作,积极进取。外在激励则是指在动机激励过程中,以完成工作目标所带来的附加利益作为行为激励的手段。外在激励可以使员工更好地完成本职工作,享受到一些对他们来说具有"诱因"价值的项目。

内在性激励由受激励者自己控制和支配。从这种意义上说,内在性激励才是真正的工作激励,它不像外在性激励那样由组织控制的诱激物所牵引,而是由工作中的内在力量所推动。外在性激励在外在诱激物消失时也随之消失;内在性激励不随环境变化而变化,仅由工作本身决定。

内在性激励按其激励因素的性质,又可分为过程导向性激励和结果导向性激励。前者是指,通过工作活动本身引发的激励来满足受激励者的内在需要。后者是指通过完成工作任务而引发的激励来满足受激励者的内在需求。

第二节　激　励　理　论

激励是组织行为学中的一个重要课题。许多学者经过大量的实证研究,提出了各自的激励理论,这些理论大致上可以划分为内容型激励理论、过程型激励理论和行为改造型激励理论。

一、内容型激励理论

内容型激励理论集中于研究到底是什么因素激励人们的行为。该类理论实际上是围绕人们的各种需要来进行研究的,因此又可以称为需要理论。常见的内容性激励理论有:马斯洛的需要层次理论、赫茨伯格的双因素理论、奥尔德佛的ERG理论以及麦克利兰的激励需要理论。

（一）马斯洛的需要层次理论

马斯洛是美国著名的心理学家和行为科学家,是人本主义心理学的创始人之一。他在1943年发表的《人类动机的理论》一书中提出了需要层次论。1954年又在《激励与个性》中对该理论进行进一步的阐述。该理论有三个假设:只有未满足的需要才能影响人的行为;人的需要按重要性和层次性排成顺序;当人的低层次需要得到满足后才会追求高一层次的需要。

（1）基本内容。马斯洛认为,人类有五种基本的需求,如图5-5所示。

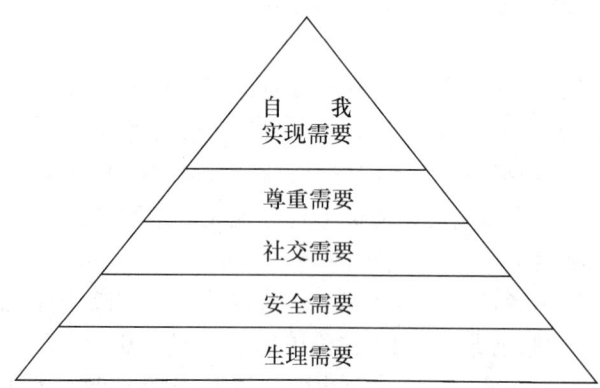

图5-5　马斯洛的需求层次理论

生理需要。由于生理原因产生的某些需要,是人类最基本的需要。这一需要得不到满足,就谈不上其他需要。这一需要人和动物是相同的,人们为了能够继续生存,首先必须满足基本的生活需要,如衣、食、住、行等。马斯洛认为,生理需要在所有的需要中是最优先的。一个同时缺乏食物、安全和尊重的人,很可能对食物的渴望比别的东西更加强烈。

安全需要。当生理需求得到满足以后,就产生了第二层次的需要,是对安全、稳定、依赖的需要,包括得到安全保障、避免失业和财产丧失的威胁等。整个有机体是一个追求安全的机制,安全需求可以调动有机体的一切能量去工作。追求安全感的表现有:偏爱稳定的工作、要求有积蓄和各种保险、要求有良好的退休制度等。

社交需要。社交需要是指人们对于友谊、爱情和归属的需要。马斯洛认为,人是一种社会动物,人们的生活和工作都不是独立地进行的。人都需要伙伴之间、同事之间的融洽关系或保持友谊和忠诚,希望得到爱情,人人都希望爱别人,也渴望接受别人的爱;人都有一种要求归属于一个群体的感情,希望成为群体中的一员并相互关心和照顾。

尊重需要。这包括自尊和受人尊重。人们都有取得成就、受人尊敬的需要。自尊包括获得信心、能力、本领、成就、独立和自由等愿望;来自他人的尊重包括这样一些概念:威望、承认、接受、关心、地位、名誉和赏识等。马斯洛认为,尊重需要得到满足,能使人对自己充满信心,对社会满腔热情,体验到自己生活在世界上的用处和价值。尊重需要一旦受到挫折,就会使人产生自卑感、软弱感、无能感,会失去生活的信心。

自我实现需要。这是人类最高层次的需要,指通过自己的努力,实现自己对生活的期望,从而对生活和工作真正感到很有意义。自我实现需要的产生,有赖于前面的生理需要、安全需要、爱的需要以及尊重的需要的满足。这类需要是最难满足的。为满足自我实现需要所采取的途径是因人而异的。有人希望成为一位明星,有人希望成为一个理想的父亲,还有人希望成为一个伟大的政治家。

(2) 主要观点。五种需要是按次序逐级上升的;需要的层次越低,它的力量越强,潜力越大;只有在低级需要得到满足或部分满足之后,高级需要才可能出现;当低一层次的需要基本得到满足之后,高一层次的需要就成为主导需要,那些基本获得满足的需要不再具有动机作用;需要的强弱程度取决于这种需要的相对重要性,即某一需要被剥夺得越多,越缺乏,这个需要就越强烈。

(3) 对管理的启示。马斯洛认为在某一阶段上人的需求是多种情况并存的,但只有一种需求是处于主导地位的。经理人必须能找到企业员工的主导需求,针对主导需求制订的组织激励政策才能充分调动员工的积极性。

同时,还要注意需求变化。在不同的时期,人的需求结构也在发生变化,总体来说是从低向高、从外部向内部得到满足。简单来说,如果一个人的温饱还成问题,管理者就不能让他去追求自我实现。企业管理人一定要仔细地调查研究,员工真正的需求到底是什么,而不能只凭想象。激励政策要随着员工需求结构的变化而变化才能保证激励的有效性。

(二) 赫茨伯格的双因素理论

赫茨伯格是美国著名的心理学家、行为科学家。他在1959年出版的专著《工作的激励基因》中提出了"激励—保健理论"。20世纪50年代末期,赫茨伯格和他的助手们在美国匹兹堡地区对200名工程师、会计师进行了调查访问,设计了很多问题,但主要围绕两个问题:在工作中,哪些事项是让他们感到满意的,并估计这种积极情绪持续多长时间;又有哪些事项是让他们感到不满意的,并估计这种消极情绪持续多长时间。赫茨伯格以对这些问题的回答为材料,从中得出了许多有关影响员工对工作感情的因素。

(1) 基本内容。赫茨伯格将激励的因素分为两类:保健因素与激励因素。这是两种不同的类型需要,彼此是独立的,但能够以不同的方式影响人们的行为。

激励因素是以工作为核心的,是促使人们产生工作满意感的因素,包括工作本身,对工作成就的承认、提升和信任等。这些因素的改善,往往能给员工带来责任感、荣誉感和自信心,增进员工的满足感,提高人们工作的努力度和积极性。激励因素是在员工进行工作时发生的。

保健因素是促使人们产生不满的因素,主要指外界的工作环境,包括企业政策、工资水平、工作环境、劳动保护等。这些因素处理得好,只会使员工没有不满意,只能保持人的积极性和维持工作现状,不会对员工产生积极的激励作用;处理不好就会产生不满意。只有靠激励因素来调动员工的工作积极性才能提高生产率。

与传统的观点不同,赫茨伯格认为满意的对立面是没有满意,而不是不满意;不满意的对立面是没有不满意,而不是满意。一个人可以同时既感到满意又感到不满意。双因素模型与传统模型的比较如图5-6所示。

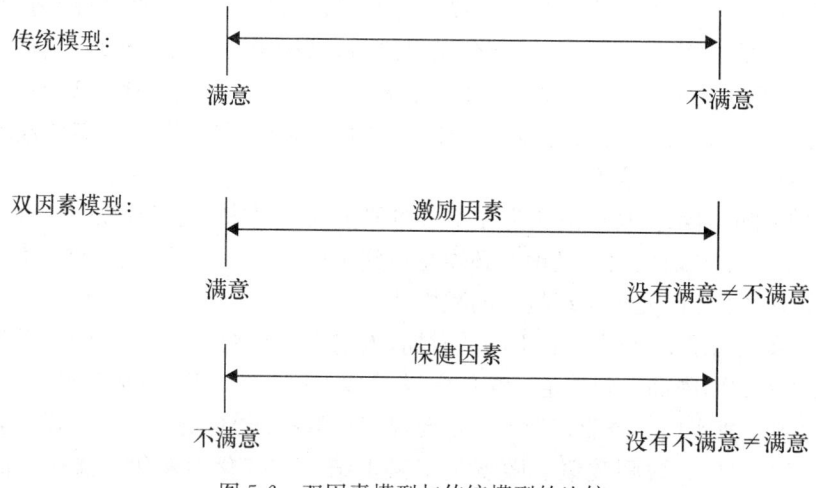

图5-6　双因素模型与传统模型的比较

(2) 对管理的启示。管理者不要期望只通过外在奖励(来自保健因素)就能激励员工,必须重视内在奖励(来自激励因素)。第一,充分了解员工的兴趣爱好,尽量将员工安排在其喜欢的工作岗位上。在现代社会,随着各种物质生活水平的提高,人们将越来越看重工作本身对自己生活和生命的意义。工作如何成为生活的一部分越来越成为现代人和组织行为家关注的问题。第二,改进员工的工作内容,进行工作任务的再设计,实行工作丰富化,增加趣味性和挑战性,使员工能从工作中获得成就感、责任感和自我的成长。第三,注意对人进行精神鼓励,给予表扬和认可,注意给人以成长、发展、晋升的机会。

正确处理保健因素和激励因素的关系。首先,不能过分重视保健因素也不能忽视保健因素。满足员工的保健因素,可以避免不满意的产生,但不能构成激励。而且,物质报酬过量后还会适得其反。其次,要善于把保健因素转化成激励因素。两者并不是一成不变不可以转化的。例如,工资、奖金和工作绩效挂钩就会产生激励作用,变成激励因素。这样就可以将企业有限的物质资源充分利用,创造更多的财富。

【案例 5-1】

对员工短缺的反应:尼桑汽车公司和美国卡车公司

尼桑(Nissan)汽车公司面临一个问题:它在日本的工厂招不到足够的工人。

日本的青年人抵制装配线工作。他们认为这种工作单调乏味、节奏太快、令人厌倦。他们宁愿从事工作环境清洁和安全的服务工作。甚至在那些想尝试汽车业工作的青年人中,也有30%在第一年辞职。

劳工短缺意味着工作大量超时,许多员工每天工作12个小时,周六也工作。不仅员工不喜欢太长的工作时间,管理层也因为时间太长带来的高成本和雇佣临时工而受到挫折。

尼桑公司的管理层能做到些什么呢?不论提出什么解释方法,他们都认识到这不是一个短期问题。日本人口日趋老龄化。低人口出生率意味着18岁的年轻人会从现在的200万人急速下降到10年后的150万人。而且,汽车制造商被日本政府强迫缩短平均工作时间,以便和其他工业化国家更一致。

美国卡车公司(USA Truck)面临着与尼桑公司相似的问题。阿肯色(Arkansans)的长途货运公司为固特异(Goodyear)、通用汽车等公司运输轮胎纤维和汽车部件。由于高流动率也面临卡车司机短缺的问题。当新的管理层在1989年接管公司时,他们决定勇敢地面对这个问题。他们直接去找他们的600名司机,征求他们对降低流动率的建议。这成为公司管理层和自身司机之间固定的季度性会议的第一次。

美国卡车公司的新管理层从司机那儿得到大量信息。当工资高时(通常是每年50 000美元或更多),司机抱怨工作时间长——每周70个小时是很正常的——每次都要在路上花费2~4周。司机要求反锁刹车和气动装置时,公司安装了。当公司在阿肯色州的西孟菲斯市终点站建造了司机住宅区,员工建议每家配置私人浴室而不是公共浴室,公司也照办了。司机要求在漫长和横跨全国的长途运输中能有更多的时间回家,于是,公司增加了司机在路上的时间,把出差时间从每星期6次减为2次。

美国卡车公司的这种变革极大地提高了员工地士气,也降低了司机的流动率。但工作依然是很艰苦的。管理层要求按时送货,因为不像大多数运输公司,美国卡车公司对运货的承诺是准确到小时而不是到天。所以在管理层表现出对员工的尊重日益增加的同时,并没有减少对司机的期望。例如,一年内迟到两次的司机会失去工作。

案例来源:斯蒂芬·P·罗宾斯.组织行为学[M].7版.孙建敏,李原,等,译.北京:中国人民大学出版社,1997.

(三) 奥尔德佛的 ERG 理论

ERG 理论是美国组织行为学家奥尔德佛(C. P. Alderfer)于 1969 年提出的一种与马斯洛需要层次理论密切相关又不完全相同的理论。

(1) 基本内容。奥尔德佛把人的需要归纳为三种,即生存需要、关系需要和成长需要。

生存需要(E):这类需要关系到个体的存在或生存,相当于马斯洛需要层次理论中的生理需要和安全需要,包括衣、食、住以及工作组织为使其得到这些因素而提供的手段,如报酬、福利、安全条件等。

关系需要(R):关系需要是指人际关系(社会交往)方面的需要,相当于马斯洛需要层次理论中的交往需要和一部分尊重需要,包括安全感、归属感、友情、受人尊重等方面的需要。这种需要通过工作或工作以外与其他人的接触和交往得到满足。

成长需要(G):这是个人自我发展和自我完善的需要,使自己在事业、能力上有所成就和提高,相当于马斯洛需要层次理论中的自我实现的需要和自尊需要。这种需要通过发展个人的潜力和才能而得到满足。

这三种需求的内在联系如图 5-7 所示。

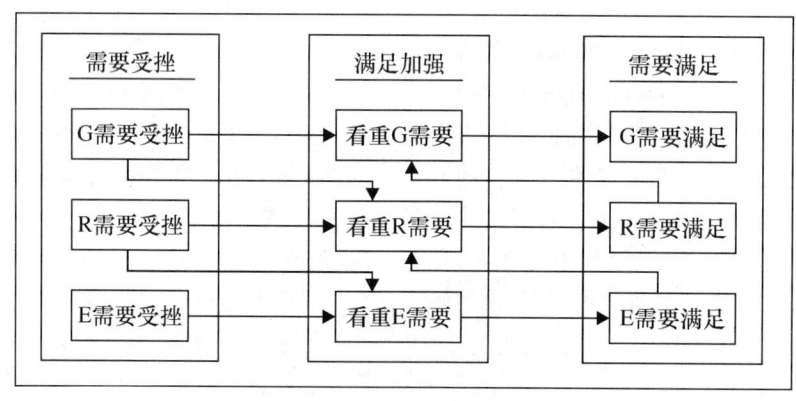

图 5-7 生存、关系、成长三种需要的内在联系

(2) ERG 理论与马斯洛需要层次理论的区别。ERG 理论并不强调需要层次的顺序。多种需要可以同时并存;由低到高的顺序不一定那么严格,也可以越级上升。不一定低层次的需要得到满足后才能进入高层次的需要。在生存和相互关系需要没有得到满足的情

况下,一个人也可为成长需要而工作,或三种需要同时起作用。

ERG 理论认为存在高级需要向低级需要的倒退现象。当高级的需要受到挫折时,会产生倒退现象,转而追求较低层次的需求,而不是像马斯洛所说的那样,继续努力去追求受挫折需要的满足。

ERG 理论认为需要得到满足后,其强度不一定减弱。某种需要在得到基本满足后,其强烈程度不仅不会减弱,还可能会增强,这就与马斯洛的观点不一致了。

(3) 对管理的启示。ERG 理论并不强调需要层次的顺序,各种需要可以同时具有激励作用。因此,组织可以同时采用多种激励方式,来满足员工不同层次上的需求。

当某种需求满足后,可能上升为更高级的需求,也有可能不上升。如果高层次需要得不到满足,就会出现倒退现象,对满足低层次需要的欲望就会加强;当关系需要和成长需要得到满足后,其强烈程度不仅不会减弱,反而更加强烈。ERG 理论的变通性有助于说明文化、个体和环境的差异。可以认为 ERG 理论比马斯洛更切合实际。

(四) 麦克利兰的成就需要理论

美国哈佛大学教授戴维·麦克利兰(David C. McClelland)是当代研究动机的权威心理学家。他从 20 世纪 40~50 年代开始对人的需要和动机进行研究,提出了著名的"三种需要理论",并得出了一系列重要的研究结论。他认为成就需要具有挑战性,引发人的快感,增加奋斗精神,对行为起主要影响作用。

(1) 基本内容。麦克利兰认为人除了生理需要外,还有三种高级需要,即权力需要、合群需要和成就需要。这三种需求不仅可以并存,而且可以同时发挥激励作用,只不过在不同的人身上会有不同的强度组合,从而形成每个人独特的需求结构。

权力需要。权力需要指影响别人和控制别人的愿望。不同人对权力的渴望程度也有所不同。权力需要较高的人喜欢支配、影响他人,喜欢对别人"发号施令",注重争取地位和影响力。他们喜欢具有竞争性和能体现较高地位的场合或情境,他们也会追求出色的成绩。他们往往十分健谈、好争辩、头脑冷静、善于提出问题、喜欢演讲和教训别人。权力需要是管理成功的基本要素之一。

【案例 5-2】

校长该怎么办?

冯阳生是个让领导头疼的人物,对他真是宠不得又横不得。冯老师的教学业务水平高、工作能力极强,地区、省里都有名气。学校交给他的工作都能按质按量完成,学生信任、家长放心。但他那股直冲冲的傲气让领导不舒服。

学校该实习了,王校长按惯例担任领导小组组长、副校长、教务主任依次排列,最后考虑到要有个能干的组员,于是请到了冯老师。冯老师爽快地答应了,并讲到了自己对实习的设计,听得王校长一个劲地点头。最后冯老师提出条件:要我干,我一定干好,但要给我一定的权力。如果你是校长会如何做,并分析其原因?

案例来源:http://www.ahtvu.ah.cn/jxc1/home/cai/24xxgl/anli.htm。

合群需要。合群需要指追求人与人之间的友谊和密切关系的愿望。合群需要高的人,喜欢合作环境胜于竞争环境,希望彼此之间的沟通与理解。他们通常从友爱中获得快乐,并设法避免因被某个团体拒之门外带来的痛苦。他们对环境中的人际关系更为敏感,在处理冲突时往往倾向调和或折中。亲和需要是保持社会交往和人际关系和谐的重要条件。

成就需要。成就需要指一个人完成自己所设置的目标的愿望。他们不喜欢成功的可能性非常低的工作,这种工作碰运气的成分非常大,其带有偶然性的成功机会无法满足他们的成就需要;同样,他们也不喜欢成功的可能性很高的工作,因为这种轻而易举就取得的成功对于他们的自身能力不具有挑战性。对他们而言,当成败可能性均等时,才是一种能从自身的奋斗中体验成功的喜悦与满足的最佳机会。

(2)主要观点。不同的人对权力需要、合群需要和成就需要这三种基本需要的排列层次和所占比重是不同的。个人行为主要决定于被环境激励的那些需要。

决定成就需要的两个因素,即直接所处环境和个性,成就需要是两者的函数。

具有高成就需要的人对于事业、对于国家都有重要作用。一个企业如果有很多成就需要者,企业就会很快发展,就可以取得很好的经济效益;一个国家如果有很多这样的企业,整个国家的经济发展速度就会高出世界平均水平。

通过教育和培训可造就高成就需要的人才。他认为,高成就需要可以通过教育训练获得,为此他开发出培训成就需要的一些方法。

(3)对管理的启示。成就需要理论对于把握管理人员的高层次需要具有积极的参考意义。对于具有高成就的管理者,可以分配给他们具有挑战性和一定风险的工作任务,以满足他们的成就需要。对于低成就需要的管理者,组织可以分配给他们一些理性的工作任务。

由于培训可以造就高成就需要的人,组织应尽量创造有利条件,将员工培养和训练为具有高成就需要的人。

各方面需要的人对组织都是有用的,组织要善于搭配。合群需要强的人有利于组织建立良好融洽的人际关系;少数权利需求强的人可以有效地组织、协调、领导和施加影响,保证大家朝着共同的组织目标前进;成就需要强的人可以有效地完成组织分派的任务,有利于组织绩效的提高。

二、过程型激励理论

过程型偏重于研究激励的认识过程以及这种认为过程是如何与积极的行为相关联的。过程型激励理论主要包括公平理论、期望理论和目标设置理论。

(一)公平理论

公平理论是美国心理学家亚当斯(J. S. Adams)于20世纪60年代提出的。

(1) 基本观点。公平理论的基本观点是:当一个人作出了成绩并取得了报酬以后,他不仅关心自己所得报酬的绝对量,而且关心与社会或历史相比自己所得报酬的相对量。因此,他要进行种种比较来确定自己所获报酬是否合理,比较的结果将直接影响今后工作的积极性。每个人都把个人的报酬与贡献的比率同他人的比率作比较,如果比率相等,则认为公平合理而感到满意,从而心情舒畅,努力工作,否则就会感到不公平不合理而影响工作情绪。如下式所示:

$$O_p/I_p = O_c/I_c$$

其中:O_p 表示自己对所获报酬的感觉;O_c 表示自己对他人所获报酬的感觉;I_p 表示自己对个人所作投入的感觉;I_c 表示自己对他人所作投入的感觉。

当上式为不等式时,可能出现以下两种情况:

$$O_p/I_p < O_c/I_c$$

在这种情况下,他可能要求增加自己的收入或减小自己今后的努力程度,以便使左方增大,趋于相等;第二种办法是他可能要求组织减少比较对象的收入或者让其今后增大努力程度以便使右方减小,趋于相等。此外,他还可能另外找人作为比较对象,以便达到心理上的平衡。

$$O_p/I_p > O_c/I_c$$

在这种情况下,他可能要求减少自己的报酬或在开始时自动多做些工作,但久而久之,他会重新估计自己的技术和工作情况,终于觉得他确实应当得到那么高的待遇,于是产量便又会回到原来的水平了。

值得指出的是,只有相等时才是平衡稳定状态,报酬过高或过低都会使人感到心理上的紧张不安,就会采取行动以消除引起这种紧张不安的差异。

除了横向比较之外,人们也经常作纵向比较,即把自己目前投入的努力与目前所获得报酬的比值,同自己过去投入的努力与过去所获报酬的比值进行比较。只有相等时他才认为公平。如下式所示:

$$O_p/I_p = O_h/I_h$$

其中：O_p 表示自己对现在所获报酬的感觉；O_h 表示自己对过去所获报酬的感觉；I_p 表示自己对个人现在投入的感觉；I_h 表示自己对个人过去投入的感觉。

当上式为不等式时，也可能出现以下两种情况：

$$O_p/I_p < O_h/I_h$$

当出现这种情况时，人也会有不公平的感觉，这可能导致工作积极性下降。

$$O_p/I_p > O_h/I_h$$

当出现这种情况时，人不会因此产生不公平的感觉，但也不会觉得自己多拿了报偿，从而主动多做些工作。

总的来说，当员工感到公平时，他们会设法保持这种状态。当员工感到不公平时，他们可能会采取以下几种做法：

① 通过自我解释，主观上造成一种公平的假象，进行自我安慰。

② 选择另一种比较基准（如另一个员工或自己历史上的另一个时期）进行比较，以便获得主观上的公平感。

③ 采取行动改变别的员工的收支比率，如要求领导把别人的报酬降下来或增加别人的劳动投入等。

④ 采取行动改变自己的收支比率，如要求领导给自己增加报酬或减少劳动收入等。

⑤ 发牢骚，消极怠工，制造矛盾或另谋高就。

【案例 5-3】

报酬高低对运动员行为表现的影响

哈德（Harder,1992）调查了过高的工资和过低的工资对篮球运动员与垒球运动员的影响。他认为垒球基本属于个体化的运动，对大多数垒球运动员来说，他们的绩效获得了过高的报酬。但这些感到报酬过高的人绩效也高。而篮球是团队性的运动，其报酬的影响就不同。那些感到报酬过高的人表现出与团队中队友的高水平合作，而那些报酬过低的队员，则是为他们自己打球，而不是与队友合作打球。从这一观察中可以预测，那些感到报酬过低的人会增加个人的远距离投篮，但这样做的得分机会较少。换句话说，他们只想到增加自己得分的机会，而忽视其他队友正站在有利位置，应把球传给他们。

案例来源：孙优萍,谢军波.组织行为学[M].浙江大学出版社,2013.

(2) 对管理的启示。影响激励效果的不仅有报酬的绝对值,还有报酬的相对值,要重视员工的公平感。

建立公平公正的人力资源政策和制度,激励时力求客观公正。贯彻效益优先、兼顾公平、按劳分配、多劳多得、奖勤罚懒。员工的不公平感有时的确是因为组织没有合情合理的奖励员工。组织只有消除不合理的现象,建立赏罚分明的制度,才能让员工真正感到公平。

在组织推行职位分析,确定每一职位的职责、职权,再进行职位评价,根据职位评价的结果建立薪酬管理制度。实行量化管理,增加透明度。

加强教育培训,让员工正确客观地评价自己与他人的"投入"与"收入"的比例。有些不公平是由于员工自己的不合理评估造成的,及时地沟通,可以将由员工的不公平感造成的负面影响降到最低。

【案例 5-4】

小朱为何辞职

家电公司生产部的小朱最近有点郁闷。来公司五年了,工资和奖金制度还在执行五年前的标准,眼见物价不断上涨,可小朱的薪酬却没有多大变化。这几年家电行业竞争十分激烈,为了降低人工成本,除非岗位特别需要,公司尽量不从外部招聘人员。小朱明显感觉工作上的事情越来越多,本来他只负责制定车间的生产进度计划,现在主管把原材料消耗成本统计核算的工作也交给他来做,有时,他还要完成主管交办的其他事项。小朱感觉工作压力越来越大,有时还要加班到晚上,属于自己的时间越来越少,工作似乎成了生命的主要部分。

工作成了沉重的负担,可所得与投入明显不成正比,小朱逐渐对公司和主管心生不满。让小朱更加难以忍受的是,与身边的几名同事比起来,他明显感到了差别待遇。个别同事能力平平,工作上敷衍了事,有时本来要大家一起合作完成的事,这些人却耍小聪明,偷奸耍滑搭便车,工资和奖金可不少拿。有的人因为与领导关系好,或比小朱早进公司两年,收入反而比他高一级。这样的事情时有发生,让小朱心里很不是滋味。想想自己对待工作认真,能力很强,工作任务完成得也好,可主管似乎视而不见,有时还说,年轻人多干些有好处。在小朱看来,领导是在放空炮,玩管理艺术,薪酬不涨,不见提拔,哪来的好处?

一次同学聚会后,小朱失眠了。做几乎一样的工作,多数同学的薪酬都比他高出一大截,有的同学还得到了提升机会。同学会上,有人跟他说,你来我们公司吧,我们公司薪酬高,外出培训的机会多,保证比你公司强。

第二天,小朱的辞职报告出现在了部门主管的办公桌上。

案例来源:赵春蕾,王亚玲.组织行为学[M].北京:电子工业出版社,2013.

(二) 期望理论

维克托·佛隆(V. Vroom)是美国著名的心理学家和行为科学家。1964 年,他在《工作和激励》一书中提出了他的工作激励的期望理论。它是一种通过考察人们的努力行为与其所获得的最终奖酬之间的因果关系,来说明激励过程并以选择合适的行为达到最终的奖酬目的的理论。

期望理论的基础是:人之所以能够从事某项工作并达成目标,是因为这些工作和组织目标会帮助他们达成自己的目标,满足自己某方面的需要。人们只有在预期其行为有助于达到某种目标的情况下,激励才会被充分调动起来,从而产生真正的行为。佛隆认为,某一活动对某人的激励力量取决于他所能得到结果的全部预期价值乘以他认为达成该结果的期望概率。用公式可以表示为:

$$M = V \times E$$

其中:M 表示激励力量,这是指调动一个人的积极性,激发出人的潜力的强度。V 表示目标效价,指达到目标后对于满足个人需要其价值的大小。效价可以是正值,也可以是负值,取决于结果所造成的影响如何,以及个人对这一结果的感受。当个人越强烈期待出现预期效果时,效价就越高;反之,则越低。只有在效价大于零时,个体才会有一定的动力。E 表示期望值,这是指根据以往的经验进行的主观判断,达到目标并能导致某种结果的概率。期望是一种主观概率,它的数值在 0～1 之间。主观的 0 概率是指个人绝对肯定某种行为将不会得到结果;主观的 1 概率则肯定这一行动一定会得到结果。概率越接近1,则对人的激励水平也越高。

期望激励模型如图 5-8 所示。

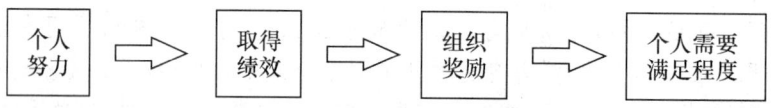

图 5-8 期望激励模型

从图 5-8 中可以看出,当一个人认为某种目标或某种结果对他有重要的价值,而且估计通过自己的努力有很大把握达到这个目标时,他的积极性就会受到激发,就会努力去实现这个目标。如果效价和期望值只有一个很高,另一个很低,也不能进行有效的激励。因此,要想取得良好的激励效果,必须处理好这三者的关系。这些也是调动人们工作积极性的三个条件。

(1) 努力与绩效的关系。人们总是希望通过一定的努力达到预期的目标,如果个人

第五章 激 励

主观认为达到目标的概率很高,就会有信心,并会激发出很强的工作力量;反之,认为达到目标的概率太低,通过努力也不会有很好绩效时,就失去了内在的动力,导致工作消极。

(2) 绩效与奖励的关系。人总是希望取得成绩后能够得到奖励,当然这个奖励也是综合的,既包括物质上的,也包括精神上的。如果他认为取得绩效后能得到合理的奖励,就可能产生工作热情,否则就可能没有积极性。

(3) 奖励与满足个人需要的关系。人总是希望自己所获得的奖励能满足自己某方面的需要。然而由于人们在年龄、性别、资历、社会地位和经济条件等方面都存在着差异,他们对各种需要要求得到满足的程度就不同。因此,对于不同的人,采用同一种奖励办法能满足的需要程度不同,能激发出的工作动力也就不同。

总之,期望理论的关键是了解个人目标以及努力与绩效、绩效与奖励、奖励与个人目标满足之间的关系。作为一个权变模型,期望理论认识到,不存在一种普遍的原则能够解释所有人的激励机制。

【案例 5-5】

揭榜的积极性有多高?

厂里正式张榜招贤,宣布谁能解决三车间工艺上那个老大难的技术问题,就发给奖金 8 000 元,绝不食言。小吴看了,在心里捉摸开了:这问题正巧是他在大学里写毕业论文时选的题目,来厂后自己对它又很感兴趣,私下收集了一些数据,查过一些参考文献,对解决它有了一些朦胧的设想。当然把握并不太大,别人已干了好几年没解决,人家就是"废物"?所以只能说有一半把握吧!可是,就算我解决了又怎么样呢?不错,既然出了告示,这 8 000 元奖金大概跑不了,可是自己并不缺钱用,不稀罕这奖金。当然解决了它是对国家建设的一个贡献,但跟他的抱负比,只能算小事一件罢了。去钻研这问题,要费一番脑筋,倒是有点吸引力的,还能接受锻炼、长知识。不过,估计这方面的收获也不会太大……对了,最要紧的是这事的成功与否,对他跟组里同事的关系会有什么影响,对这一点小吴是十分关心的。啊呀,真要搞成了,那人家会不会说我"好出风头"、"财迷心窍"?坏了,多半会有人妒忌我、讥讽我、暗自给我一下子,那就得不偿失了。不过,我真攻下了这一关,全厂闻名,广播站也会报道。但这又有啥了不起呢?切不可图虚名而招实祸呵!何况,若失败了,多么丢脸,人家会笑话我"不自量力"的……他反复推敲斟酌,拿不定主意:去揭榜,还是不揭?

现在根据他这一番考虑,用期望论模型的术语和概念来加以表达,归纳如表 5-1 所示。

表 5-1

归 纳 表

奖 酬 R	取值范围	给国家建设作贡献	工作本身兴趣与挑战	荣 誉	与同事关系	奖 金
绩效期望 E_1	0~1	0.5				
奖酬期望 E_{2i}	0~1	0.2	0.3	0.5	0.8	1
奖酬效价 V_i	−1~+1	0.8	0.5	0.2	−1	0.2

$M = E_1 \times \sum_{i=1}^{5} E_{2i} V_i = 0.5 \times [0.2 \times 0.8 + 0.3 \times 0.5 + 0.5 \times 0.2 + (-0.8 \times 1) + 1 \times 0.2] = -0.095$

　　一番计较的结果，激励水平是一个负值，说明小吴不会主动去接这课题。原因主要是，他太重视跟同事的关系，又估计干成之后多半（八成）会把他所珍视的同事关系搞坏。

　　案例来源：http://211.91.254.218/teacher/zzwxkj/alfx2.html.

　　波特（L. W. Porter）和劳勒（E. E. Lawler）发展了佛隆的期望模型，提出了一个综合的激励模型。此模型如图 5-9 所示。

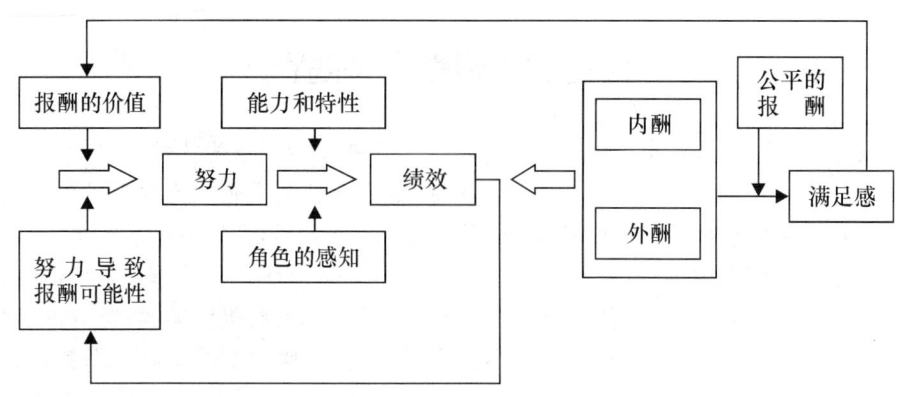

图 5-9　波特—劳勒的激励模型

这个模式的特点是：

　　要是员工取得较好的成绩，首先要有激励，就是利用物质和精神上获得的满足来激发人们的行为动机。"激励"导致一个人是否努力及其努力的程度。

　　工作的实际绩效取决于能力的大小、努力程度以及对所需完成任务理解的深度，具体地讲，"角色概念"就是一个人对自己扮演的角色认识是否明确，是否将自己的努力指向正确的方向，是否抓住了自己的主要职责或任务。责任明确，努力就会有正确的方向和目标，因而可以取得较好的绩效。

　　奖励要以绩效为前提，不是先有奖励后有绩效，而是必须先完成组织任务才能获得精神的或物质的奖励。当职工看到他们的奖励与成绩关联性很差时,奖励将不能成为提高绩效的刺激物。

奖惩措施是否会产生满意,取决于被激励者认为获得的报偿是否公正。如果他认为符合公平原则,当然会感到满意,否则就会感到不满。满意将导致进一步的努力。

期望理论的应用主要体现在激励方面,这启示管理者不要泛泛地采用一般的激励措施,而应当采用多数组织成员认为效价最大的激励措施,而且在设置某一激励目标时应尽可能加大其效价的综合值,加大组织期望行为与非期望行为之间的效价差值。

在激励过程中,还要适当控制期望概率和实际概率,加强期望心理的疏导。期望概率过大,容易产生挫折,期望概率过小,又会减少激励力量;而实际概率应使大多数人受益,最好实际概率大于平均的个人期望概率,并与效价相适应。

奖励和惩罚要公平合理,要使员工感到自己的得失与自己的工作绩效成正比。

(三) 目标设置理论

目标设置理论是由美国心理学家洛克(Edwin Locke)在1967年提出的。他认为人的任何行为都是受到某种目标的趋势。因此,通过给员工合适地设置目标,可以激励员工。

目标和行为相互结合,便形成了目标导向行为和目标完成行为。目标导向行为是指为了达到目标所表现出的行为;目标完成行为是指直接满足需要的行为。目标导向与目标完成是螺旋上升的。由于目标导向行为与目标完成行为对需要强度有着不同的影响力,需要强度会因目标行为的进展而加强,而当目标完成行为开始时,需要强度则有减弱、下降的趋向。此时,要使需要强度经常保持在较高水平上,有效的办法是循环交替地运用目标导向行为和目标完成行为,就是说当一个目标达到时,马上提出更高的新目标,并进入新的目标导向过程。

管理者要善于给员工设置目标。一方面,目标要有一定的满意度,这样可使员工完成任务后有一定的成就感;另一方面,目标又是可以经过努力实现的,不能太难。

给员工定目标一定要有具体数字指标,并落实到具体的人。

给员工及时的工作绩效考核和反馈。这是指不断地对员工的工作进行阶段性考核。从而向员工指出其接近目标的程度,及时对其进行行为调整。管理者可以通过对员工提供目标达成程度的回馈信息,来使目标成为一个有效的激励因子。

【案例 5-6】

德尔塔—达拉斯职介公司的独特发展经验

德尔塔—达拉斯职介公司有一段迅速崛起的成功经验。执行总裁兼总经理林达·克劳福德管理着一家有30名员工的公司。他们轮流为委托公司提供300多名临时工。德尔塔—达拉斯公司利用制定目标的会议，针对每位员工确定发展目标和措施。据克劳福德说，员工们为自己确定目标。每名员工都"被要求通过回答诸如'什么激励你达到最高效率？'和'你认为自己来年会担任什么职务？'之类的问题，写出他们每年的最佳战略"。

除去编写自己计划之外，职员们还要分别同主管人员商议和制定公司的分目标和总目标。这样做能够为员工提供参与制订公司计划的机会，而且有助于把个人目标同单位目标统一起来。

德尔塔—达拉斯公司让职员们制订目标的做法反映了克劳福德"我作为领导者的目标就是要帮助其他人确定他们的目标"的信念。

案例来源：亚历山大·希亚姆.激励员工：鼓舞士气之道[M].王予和，王舒娟，译.上海：上海世纪出版集团，2000.

三、行为改造型激励理论

行为改造型激励理论主要研究如何改造和修正人的行为，变消极为积极的一种理论。这类研究的代表理论主要有强化理论和归因理论等。

（一）强化理论

强化理论也称为行为修正理论，是美国的心理学家斯金纳(B. F. Skinner)提出的，是以学习的强化原则为基础的关于理解和修正人的行为的一种学说。强化理论认为强化塑造行为。

（1）基本内容。所谓强化，是指对一种行为给予肯定或否定的结果（奖励或惩罚），从而在一定程度上可以影响、控制该行为是否重复再现。引起强化的刺激物称为强化物。斯金纳认为，无论是人还是动物，为了达到某种目的，都会采取一定的行为，这种行为将作用于环境，当行为的结果对他或她有利时，这种行为就会重复出现。当行为的结果不利时，这种行为就会减弱或消失，这就是环境对行为强化的结果。人的行为只是对外部环境刺激所作出的反应，只要改变外部环境的刺激因素，就可以达到预期的效果。

强化过程的三要素。一是刺激，即工作环境。二是反应，即工作中表现出来的行为和绩效。三是后果，即奖惩等强化物。

（2）强化方式。在管理中，应用强化理论改造行为一般有以下四种方式。

正强化：正强化就是指给予被强化者某种有吸引力的结果，借以肯定某种行为，从而加强这种行为。奖励那些组织上需要的行为，不能仅仅理解为给奖金，对成绩的认可、表扬、改善工作条件和人际关系、提升、安排担任挑战性工作、给予学习和成长的机会等等，都能起到正强化的作用。

负强化：负强化就是预告人们采取某种不符合要求的行为可能引起的不良后果，以使其采取符合要求的行为或回避不符合要求的行为,从而避免或消除不良后果。通过这种强化方式能从反面促使人们重复符合要求的行为,达到与正强化同样的目的。

自然消退:这是指对个体的某种行为不予理睬,以表示对该种行为的某种程度的否定,从而减少这种行为的发生。如果公司不希望员工加班,那么对于加班的员工不予表扬也不增加奖金,久而久之,加班的现象就会消失。

惩罚:惩罚指以某种带有强制性和威胁性的结果来创造一种令人不愉快甚至痛苦的环境,以表示对某些不符合要求行为的否定,从而消除这种行为重复发生的可能性。惩罚的办法也有很多,如批评、处分、降级等。

根据强化的方式还可以把强化分为连续强化和间隙强化。连续强化是对每一个组织需要的行为都给予强化;间隙强化则是经过一段间隔才强化一次。间隙强化还可按强化时间间隔的稳定性分为固定时间间隔强化和变动时间间隔强化,前者如职工每月定期发放工资或学生定期考试,后者如职工不定期升级和学生不定期的抽查考试。间隙强化按反应比例又可分为固定比例强化和变动比例强化。前者如计件工资,后者如按销售货物的难易对销售人员进行的奖励。

不同的强化形式所起的效果是不一样的。有的只要给予强化刺激,反应很快,立竿见影,但刺激消失,行动马上消失,如连续强化和固定比例强化。有的虽然不如前者反应快,但刺激消失行为却不会马上消失,如变动时间间隔和变动比例强化。虽然每种强化方式所引起的效果不是绝对的,但却说明我们在进行强化时,不仅要注意强化的刺激内容,也要注意强化的方式。

(3)对管理的启发。强化理论较多地强调外部因素或环境刺激对行为的影响,忽略人的内在因素和主观能动性对环境的反作用,具有机械论的色彩。但是强化理论的一些具体做法对我们是有用的。强化理论的应用原则可以归纳为下面几条:

依照强化对象的不同需要采用不同的强化措施。人们的年龄、性别、职业和文化不同,需要就不同,强化方式也应不一样。

小步子前进,分阶段设立目标。在鼓励人前进时,不仅要设立一个鼓舞人心而又切实可行的总目标,而且要将总目标分成许多小目标、小步子。完成每个小目标都及时给予强化,不仅易于目标的实现,而且通过不断地激励可以增强信心。

及时反馈。所谓及时反馈就是通过某种形式和途径,及时将工作结果告诉行动者。无论结果好与坏,对行为都具有强化的作用,好的结果能鼓舞信心,继续努力,坏的结果能促使其分析原因,及时纠正。

强化理论告诉我们,奖励(正强化)和惩罚(负强化)都有激励作用,但应以正激励为主,负激励为辅,才会收到更好的效果。员工最愿意接受的方式是正强化,最不愿接受的方式是惩罚。当企业不得已要使用惩罚的方式时,一定要说明事情的原因和真相。

(二) 归因理论

奥地利社会心理学家海德(F. Heifer)在其1958年出版的《人际关系心理学》中首先提出归因理论。归因理论侧重于研究个人用以解释其行为失败与成功原因的认知依据。

(1) 基本内容。人一般会把一个行为的成败结果归为内部原因和外部原因。在现实生活中，人们常常考虑自己行为造成的结果，究竟是受内因控制，还是受外因控制。当人们感到主要受内因控制，他们觉得可以通过自己努力、能力或技巧来影响行为的结果；当人们感到主要是受外因控制，他们觉得行为结果非自己所能控制，而是受外力摆布。归因结果，不仅会影响自己的情绪和行为，也会影响对别人的知觉，如对人喜欢或厌恶、接近或回避、尊敬或鄙视，很多是归因的结果。

韦纳(Weider)认为追求成功和逃避失败的人有其特定的、对成功或失败的解释方式，正是他们归因方式之间的差异造成了他们动机的本质不同。一般来讲，追求成功的人通常将其失败归因为内部原因，主要为努力的缺乏，将其成功归因为自己超群能力和努力的共同作用。相反的，逃避失败的人认为失败是缺乏能力的表现，而不认为是自己努力的不够；另外，即使他们成功了，他们也将其归因为外部因素，比如运气好或是受到他人的帮助。显然，追求成功的人的归因方式是正面的、富有建设性意义的。因为他们坚信自己能够成功，当失败出现时也会认为是自己的忽视或解决方法错误导致的，这样，失败在他们眼里不再是有损自我价值的结果，也就不会那么恐惧失败了。

韦纳认为，人们对自己的成功和失败归结于四个方面的因素：努力、能力、任务难度和机遇。这四种因素又可以按照内外因、稳定性和可控制性作进一步分类。从内外因来看，努力和能力属于内部原因，任务难度和机遇属于外部原因；从稳定性来看，能力和任务难度属于稳定因素，努力与机遇则属于不稳定因素；从可控制性来看，努力是可以控制的因素，而任务难度和机遇则超出个人控制的范围。韦纳的归因模式概括如表5-2所示。

表5-2

韦纳的归因模式

项目	努力	能力	任务难度	机遇
内外因	内在因素	内在因素	外在因素	外在因素
稳定性	不稳定因素	稳定因素	稳定因素	不稳定因素
可控性	可控制因素	—	非控制因素	非控制因素

(2) 对管理的启示。对行为的因果关系的分析推论，直接影响和决定以后行为，成就的获得又赖于过去工作是成功和失败的不同归因。因此，人们把成功和失败归因于何种因素对于以后的工作积极性有很大影响。

把成功归结于内部因素，会使人感到满意和自豪；把成功归结于外部原因，会使人产生惊奇和感激的心情。把失败归于内因,会使人产生内疚和无助感;归于外因,会使人产生气愤和敌意。

把成功归结于稳定因素,会提高以后的工作积极性;把成功归结于不稳定因素,以后的工作积极性可能提高也可能降低。把失败归结于稳定因素,会降低以后的工作积极性;而归结于不稳定因素,则可能提高以后的工作积极性。

管理人员了解员工的归因倾向,将更有效地指导和训练员工,更充分、有效地调动员工的积极性。

【案例 5-7】

阿里巴巴持 1 756 股＝百万富翁

阿里巴巴集团今年 9 月 19 日在美 IPO 之时,该公司股票的发行价已经高达 68 美元。高价发行,意味着持股员工市值也将水涨船高。按照开盘价 92.7 美元,阿里员工要想成为百万(人民币)富翁,只需持股超过 1 756 股。

由于阿里员工普遍持股,可谓"遍地"百万富翁。据阿里内部员工介绍,持股超过 2 000 股的员工非常多。

阿里巴巴 IPO 后,董事长马云持股占比为 7.8%,是为数不多的、未将大额股权握在手中的科技公司创始人。不过,千亿市值的电商巨无霸也足以使其成为中国首富。

马云及"阿里系"公司对外宣称崇尚"财散人聚"式的股权分享方式。

需要关注的一点是,阿里股票在高价位登陆资本市场,未来成长空间尚不可知。部分阿里巴巴员工抢在 IPO 前将持股内部转让,即是考虑到了股票涨势前景的不确定性。

案例来源:http://www.cssn.cn/zx/shwx/shhnew/201410/t20141009_1354660_1.shtml.

思 考 题

1. 需要、动机和行为之间有什么关系?
2. 赫茨伯格的双因素理论与传统激励理论有什么不同?
3. 什么是"ERG"理论?"ERG"理论和马斯洛的需要层次理论有什么异同?"ERG"理论对我们有何启发?
4. 期望理论的基本内容是什么?实施激励时如何应用佛隆的期望理论?
5. 公平理论有哪些实际意义?

6. 强化理论的主要内容是什么？如何应用强化理论？
7. 一个人对自己行为结果的归因会对其产生什么样的影响？
8. 试用"内容型激励理论"分析、论述以下管理方法之所以产生这样效果的原因。

新校长说：教师们的辛勤劳动和创造不能成为过眼烟云，教师的劳动不可能像工人那样量化记酬、也不能像农民那样个体承包，要克服干好干坏都一样的弊端，就必须把教师的功绩记录在案。业务档案具有权威性，可以为今后教师晋升、提工资、奖励提供翔实客观的依据，也是学校的财富。业务档案只记功不记过。建立业务档案后，出现了教师自发向上，大家比贡献的局面，老教师焕发了青春，想改行的年轻教师当年就发表多篇论文。

第三篇

群体行为分析

第六章 群体行为特征

学习目标

1. 了解群体的概念及群体的类别
2. 了解非正式群体对组织的意义及对其所应采取的态度
3. 了解群体凝聚力及群体士气对工作效率的影响
4. 了解竞争与合作对群体工作效率的意义

第一节 群 体

人只有在与他人发生的联系中才能表现他的存在,现实中的个体都为避免孤独而聚合为群体。群体中的个体行为大于单个人行为的总和,而群体中个体的行为往往会受到群体心理气氛、价值观念、行为规范等的影响。因此,研究群体行为的特征,对解释组织行为具有重要意义。

一、群体的概念

(一) 群体的含义

群体是指为了实现某个特定的目标,由两个或更多的相互影响、相互作用、相互依赖的个体组成的人群集合体。个体、组织、群体是不可分割的整体。群体介于个人与组织之间,管理部门所面临的群体不是散漫的个体。作为群体的一个显著标志是群体内成员在心理上有一定的联系,有共同的需要和共同的目标,而不是个体的简单集合。

(二) 群体的组成要素

美国心理学家霍曼斯(G. G. Homars)对群体进行研究,发现任何一个群体中都存在着相互联系的三个组成要素：活动、相互作用和思想情绪。

(1) 活动。活动是人们所进行的工作，它可以被人们所察觉，如操作、行走、谈话、学习等。在企业组织中生产率常被用作衡量活动成效的重要标志。

(2) 相互作用。相互作用是指人们在活动中所发生的语言与非语言相互之间的信息沟通与接触。通过相互作用，人与人之间的行为相互影响，共同完成任务活动。

(3) 思想情绪。思想情绪是个人情绪和内心思想的过程，主要包括态度、感受、意见和信念。它不能被直接看到，但可以通过人们在活动和相互作用中的表现被察觉。群体的规模、情绪的强烈程度影响着群体的工作绩效。

二、群体的特征

(一) 群体的基本特点

群体作为个体普遍存在的形式，会表现出以下基本特点：

(1) 群体拥有一定的行为规范，群体成员要遵守这些行为规范，在行为上互相制约。群体规范的内容将影响到成员的工作效率。关于群体规范，本章将在后面详细介绍。

(2) 群体成员间相互联系，相互依赖，直接接触，相互影响，相互作用，形成一个整体，具有群体意识和归属感，意识到自己是群体中的一员。

(3) 群体成员在群体内具有一定的层次和地位，扮演一定的角色，为完成共同的目标而分工协作，具有组织性。

(4) 群体中有人扮演领导角色，对群体成员产生一定的影响，对群体决策能否成功起到重要作用。一个良好的领导者需要有眼界，有创造性，有清晰的目标，有好的沟通能力，他能够获得在变革中创造、考虑、启动为实现共同目标而开展行动的认同感。

由单个个体组成起来的群体具有不同于个体的心理和行为特征，会形成群体的心理效应和行为趋向。

(二) 群体的心理效应

群体成员间的相互影响会产生以下三个方面的心理效应：

(1) 群体价值观。群体成员在长期的活动中会逐步形成共同的价值趋向，即以共有的价值评价为基础看待组织中的人和事。这种群体价值观一经形成，将对群体成员产生无形的巨大的影响，群体成员受群体价值观的制约和指导。

(2) 群体凝聚力。群体一经形成，将对群体成员产生一种吸引力，也就是群体成员对群体的向心力，它是群体价值观和行为准则一致的反映，是群体得以存在和发展的必要条件。这种凝聚力来自于群体成员的归属感(群体成员彼此体会到同属某一群体，一致对外，为共同的荣誉而高兴，同共同的敌人作斗争)、群体认同感(即群体成员对一些重大原则问题所保持的共同的认识和评价)、群体角色感(群体内某一成员因长期担任某种角色而逐步形成的特有的心理习惯,其言谈、举止、思想和方法打上"角色"烙印)、群体力量感(群体对其成员行为的正强化使其正确行为得到鼓励而产生力量感)。

(3) 群体责任感。群体成员在实现群体目标中逐步形成的对群体生存和发展的责任观念和所担任角色的明确认识,在行动上表现为认真履行职责、关心群体,为群体发展贡献力量。

(三) 群体的趋向作用

从行为趋向看,群体对群体成员行为方式产生四个方面的作用:

(1) 社会助长作用。即生活在群体中的个体在与其他成员交往过程中有助于消除单调、沉闷的心理状态,有利于激发积极的工作及活动动机,提高工作和活动效率。

(2) 社会致弱作用。即个体在大众面前感到不自在,感到拘谨,有所顾虑,从而影响了行为效果。例如,刚走上工作岗位的人,日常工作中完全能够胜任,但是如果他工作时有人在一旁监督,他可能会因为担心出错被指出而影响到工作效率或效果。这点也是因人而异的,如果是一个经验老到并且表现欲强的人,他可能会因为有人监督,而希望有突出表现,反而会有更高的工作效率。

(3) 行为趋向作用。即生活在群体中的个体在个体差异方面逐步变小,受群体规范的影响,其行为逐步趋向于同一标准。

(4) 行为遵从作用。即个体按照社会要求、团体规范或别人的意志而作出的行为。这种遵从行为来自外来两个方面情况的影响:一是在一定的有组织的团体规范影响下的遵从;二是对权威人物的遵从。

三、群体的功能

群体之所以产生和存在,是因为它所具有的特殊的社会功能。群体的主要功能有以下几个方面。

(一) 把个体力量汇合成新的力量

群体的功能之一是使个体有机的组合成为一种新的力量。群体还能把不同工种、不同行业、不同学科的人组合起来,完成个人力量或单一工种、单一学科的力量所无法完成的任务。

(二) 完成组织所赋予的任务

群体的功能主要是完成组织上分配下来的任务和执行所规定的职责。一个庞大的组织要想有效地达到其目标,必须通过群体间的合理分工和密切合作,把任务逐层分配给较小的单位、部门去执行。群体对组织来说,主要就是承担、执行和完成组织所分配的任务,以保证组织目标的实现。

（三）满足群体成员的需求

群体对个人的主要功能是能满足其心理的需要，而这也正体现了个人加入群体的动机。群体成员的需求是多种多样的，主要包括：自我实现的需要，安全需要，归属感，信心力量感，自尊的需要等，其中有的可以通过工作得到满足，而有的则需要以群体内人际之间的相互作用、相互依存、相互交流而得到满足。例如，个体通过加入一个群体可减少独处时的不安全感，免于孤独、恐惧，会感到自己更有力量从而满足心理上的安全需要；通过在群体内的表现，得到其他成员的认可，满足其尊重需要；个体通过对群体目标的实现作出贡献，使其觉得自己活得有价值，从而满足自我实现需要，等等。

（四）协调人际关系

由于人们长期在一起生活和工作，难免会因为各种原因而产生矛盾。群体在整合个体力量的同时，如果能以共同的目标和利益作诱导，就能较好地解决矛盾、协调群体内部人际关系，令群体成员劲往一处使，进而更好地完成组织所赋予的任务。

在群体里，人们可以利用各种正式和非正式渠道，互通信息，沟通与各方面的联系，另外群体在一定程度上能制约个体的行为。

四、群体发展阶段

群体发展的一个模型认为，群体自建立到最后走向成熟的过程中，一般要经历四个阶段：彼此接受，沟通和决策制订，激励与生产率，控制与组织。事实上，各阶段活动之间总会有重叠，所以也不能绝对地将它们分开。

（一）彼此接受

在群体形成的早期，成员通常不愿意彼此沟通。此时，各成员通过交流各自的信息而相互认识，他们还可以经常通过讨论与工作无关的一些问题（如天气、政治事件等）来增进互相了解。由于彼此间不是很熟悉，通常他们不会谈论得很深入，且不愿意表达自己的观点、态度和信念。如果成员们在以前就很熟悉，这个阶段就会相对较短。

（二）沟通与决策制订

在群体达到了彼此接受的情况下，成员开始开诚地相互沟通。这种沟通将导致群体内的相互信任和更多的相互作用。讨论的问题也开始集中于如何解决任务中出现的问题，以及如何发展多种战略来完成任务。尽管在此阶段，群体有可能出现沟通障碍，但有效的群体会度过此阶段，在群体建立过程中使成员彼此间建立强有力的关系。

（三）激励与生产率

群体发展到此阶段，成员的努力就会集中于达成群体的目标。群体成为一个合作的集体，而不是竞争性的单位的集合。当成员在一起工作的机会增多，群体的决策和行动的效率也增加，这样反过来对形成有益于群体的态度起到了正强化作用。

（四）控制与组织

在这个阶段，群体为完成目标有效地开展工作。成员对群体的依赖受到重视，成员受到群体的规范约束，群体目标优先于个体目标，成员与群体规范保持一致，否则会受到制裁。对成员的最大制裁就是把与群体目标或规范不能保持一致的成员开除出群体。

并不是所有的群体都会经历所有这四个阶段，有些群体在到达最后一个阶段前就解散了，还有一些群体会解散得更早。

管理人员必须了解群体发展的规律，因为不同的群体行为是由不同的阶段来决定的。只有这样，才能更好地管理好一个群体。

五、群体的分类

由于群体的复杂性，可以按照不同的标准将群体分类。

（一）按群体规模的大小分类

按照群体规模的大小，可以把群体划分为小型群体和大型群体。

（1）小型群体，凡是群体成员之间有直接的、个人间的、面对面的接触和联系的，规模较小的群体，就是小型群体。小型群体的成员容易在感情上和心理上接近。

（2）大型群体，是指成员之间是以间接的方式（通过群体的目标，各层组织机构等）联系在一起的规模较大的群体。这类群体的成员关系比较松散，成员间接触较少。这种划分具有相对性，车间相对于工厂是小群体，而相对于班组是大群体。一般地，大群体包含许多小群体。

（二）按群体构成的原则和方式分类

按照群体构成的原则和方式，可以把群体划分为正式群体和非正式群体。

（1）正式群体，是指有明文规定的、由一定社会组织认可和组织结构确定的、职务分配很明确的群体。正式群体还可以分成两类，即：

命令型群体：由组织结构规定，由直接向某个主管人员报告工作的下属同其主管之间组成的群体。例如，工厂的厂长与各部门负责人之间、车间主任与所属各班组长之间、班组长与工人之间都是命令型群体。

任务型群体：指为完成一项工作任务而在一起工作的人所组成的群体。它也是由组织结构决定的，由来自组织各个部门、各个层次的人员组成。例如，公司接到工程会分别从技术、管理等部门抽调人员组成临时小组来完成这个工程，这个小组就是任务型群体。

（2）非正式群体，即没有正式结构，也不是由组织确定，以个人之间的好感，喜爱或共同兴趣为基础而构成的群体。非正式群体大致也可以分为两类，即：

利益型群体：为了实现一个共同关心的特定目标而走到一起来的人们所组成的群体。例如，公司中有些员工为了修改休假日程，或为了帮助一个被解雇的伙伴，或为了增加福利,而结合在一起,组成一个群体,以实现他们的共同利益。

友谊型群体:基于成员的共同特点而形成的群体。这种群体往往是在工作之外形成的,他们所赖以形成的共同特点可能是年龄相近,有相同的爱好,同一所大学毕业,政治观点相同等。

(三)按联系的紧密程度及发展的水平分类

按照联系的紧密程度及发展的水平划分,可以把群体分为松散群体、联合群体和集体(集合体)。

(1)松散群体是指人们仅在空间和时间上结成的群体,其成员之间并没有活动的共同内容、目的和意义。例如,同一病房里的病人,同一车厢的乘客以及刚刚建立的班级等都可以看做是松散群体。

(2)联合群体是松散群体的进一步发展。联合群体的特点在于参加这种群体的成员有共同的活动目的和内容,但活动结果只具有个人意义。群体活动的成功或失败都直接与个人利益密切相关。例如,工厂中每个人的工资和奖金,依赖于共同努力的生产班组;一个篮球队员技术的充分发挥要依靠队友的密切配合等。

(3)集体是群体发展的最高水平。集体是有组织的和团结的群体,具有明确的社会目的,如团支部、党小组等组织称为集体。集体的目的与社会要求的根本利益一致,对社会对人类都有积极有益的作用。集体的活动具有广泛的社会意义,真正的集体应该兼顾个人、集体和国家三者的利益。因此,集体具有组织性和心理上的团结一致的特点。

(四)按群体的开放程度分类

按照群体的开放程度,可以把群体划分为开放型群体和封闭型群体。

(1)开放型群体,即成员变动频繁,来去自由,成员间的权力与地位不稳定,与外界联系较密切,内部联系相对松散。

(2)封闭型群体,即成员相对稳定,变动较少,内部权力与地位明确,成员等级关系严格。

(五)按群体在社会上发挥作用的大小分类

按照群体在社会上发挥作用的大小,可以把群体划分为参照群体和一般群体。

(1)参照群体又称标准群体或示范群体。这种群体的标准、目标和规范可以成为人们行为的指南,成为人们努力追求达到的标准和学习的榜样。例如,有的公交车组被命名为青年文明号等,这样的群体起着无形的典型示范作用,人们会把自己的行为与这些群体的标准进行对照,如果不符合这些标准,就改正自己的行为。

(2)一般群体是相对于参照群体来说的,它指那些大量存在于社会上的众多的不足以成为人们行为楷模的普通群体。

(六) 按群体的实际存在分类

按照群体是否实际存在,可以把群体划分为假设群体和实际群体。

(1) 假设群体是指实际并不存在,只是为研究、分析问题的需要而假设的群体,又被称为统计群体。年龄、职业、性别、民族、学历等都可以作为划分假设群体的标准。例如,需要统计公司中各年龄段员工的工作情况,就可以按照年龄作为标准,将员工分为不同的假设群体。

(2) 实际群体是指客观存在的群体,群体成员之间彼此能够意识到对方的存在,相互之间有着直接或间接的联系,由共同的目标和活动而结合在一起,如一个公司的员工,一个班级的学生。

六、正式群体与非正式群体

把群体划分为正式群体和非正式群体,对研究组织行为更具有特殊的意义。

(一) 正式群体

正式群体是一个具有明确的共同目标、专门分工和部门分工,并在有意识地协调体系和固定结构的形态下,由相互作用和相互依赖的人员组成的群体。正式群体具有目标的明确性、组织结构的严密性、权力的强制性、工作的高效性、步调的一致性、人员的替代性等特点。其构成要素包括职位、部门等。

正式群体有以下几个系统:第一,有一个职能化系统,人们有可能实行专业分工;第二,有一个有效的激励系统,引导成员自觉地作出贡献;第三,有一个权力(权威)系统,导致群体成员去接受管理者的决定;第四,有一个决策系统,为组织的发展指引方向。

(二) 非正式群体

非正式群体是一种未经官方规定的自然形成的无形群体,其成员之间也有一定相互关联的结构和准则,不过,它不是由外部力量规定的,而是由群体内在因素约定的。成员的行为受群体内部自然形成的常规约束。该群体的形成可能是由于在一定时期内,某些人有某种共同的利益、共同的观点、相同的社会背景、有类似的生活经历或生活在邻近的地区,也可能是由于有相同的爱好和兴趣,等等。非正式群体具有形成的自发性、活动的自觉性、相互关系的自由性特点。这种群体一般有不成文的群体规范,影响着群体成员的行为;有自然形成的领袖人物,在成员中享有影响和威望;有有效的奖惩办法,违反者会受到群体的冷落、蔑视和排斥;有一条灵敏的迅速传播信息的渠道;有较牢固的感情纽带,有明显的情绪色彩;有自卫性和排他性;有相对的不稳定性。

在任何一个组织里,在正式的法定关系下存在着大量非正式群体,从而构成更为复杂的社会关系体系。非正式群体对于生产效率、工作满意度都具有强大的影响。无论是正式的还是非正式的群体,对于一个团体的活动都是不可或缺的。非正式群体的存在是客观的。从其性质和作用来看,既有积极的,也有消极的甚至破坏性的。

从积极的方面看,非正式群体有以下作用:

安定的作用:成员在情绪上得到满足,感到愉快;在遇到挫折时得到心理支持,保持情绪上的稳定。

加强意见沟通:非正式关系中的成员意见沟通畅通而快速,对正式沟通起到拾遗补阙的作用。

舆论的作用:一切舆论都源于非正式群体,其中的舆论对个人的约束力特别大。

解决困难:成员之间交往密切,了解情况细致,能及时发现问题,愿意互相帮助,并且能集思广益,无论是工作上的还是生活上的困难,一般都能帮助解决。

教育作用:成员之间感情融洽,沟通中没有心理障碍,来自非正式群体中的说服往往事半功倍。

从消极的方面看,非正式群体会对组织有如下影响:

抵触作用:如果非正式群体和正式群体的目标是矛盾的,那么非正式群体就起到抵制正式群体目标的作用,成员会表现出对工作任务持消极甚至拒绝的态度和行为。

影响工作效率:如果安排不当,成员热衷于非正式群体的活动,上班时间打牌、聊天,影响工作。

传播谣言:谣言通常是在非正式群体里传播的,而且谣言也经常源于非正式群体。

组织领导要像重视正式群体一样重视非正式群体。既不能回避、拒绝,让非正式群体自生自灭,也不能简单地将其禁止、取缔,而是要分清不同情况,对积极的非正式群体,支持、提倡、鼓励;对中间的非正式群体,注意引导;对消极的,密切注视,采取措施,防止质变、恶化;对破坏性的非正式群体,要打击重要成员,教育他人。对非正式群体中的领袖人物,要善于运用其长处,通过诱导、创造条件,使非正式群体的目标与组织目标相一致。时间证明,如果正式群体的领导人同时也是非正式群体的领导人,往往会收到良好的效果。

【案例 6-1】

关系密切的"小团伙"

某校3位青年教师同时进校任教,同住一间集体宿舍,业余时间关系密切,引起学校一些人的议论。一次,学校定于晚上召开全校职工大会,3位青年教师为看一场难得的音乐会,分别请假。这件事使学校领导产生了不同意见。一种认为:学校要形成良好的教师集体,就要制止这种"小团伙"的发展,严肃处理这次音乐会事件。另一种认为:他们的交往不算反常,不能扣"小团伙"的帽子。支部应通过适当方式对他们进行帮助教育。你认为哪种观点正确?

案例来源:http://post.baidu.com/f? kz=195367740.

第二节 群体行为

一、群体行为与角色

(一)群体行为概念

所谓群体行为,就是指在群体中个人行为统一于组织目标所产生并组织起来的行为,其行为效率的高低直接影响着目标的实现。

影响群体行为的因素是很多的,如群体成员的个人特点、成员之间的人际关系、领导作风、群体规范、群体压力、群体的内聚力和群体的冲突等。群体行为是以上各个因素的函数,这个函数关系用公式可以表示如下:

$$群体行为 = f(M,T,O,L,\cdots,E)$$

其中:M 表示群体中各成员的态度、知识、技能和能力等;T 表示群体中所负担的主要任务的各种特征;O 表示群体的层次结构和内部控制;L 表示群体领导人的能力和特征;E 表示群体与其他群体及外界社会的关系。

(二)角色的概念

角色的概念对理解群体行为是一个关键。角色(role)是指个体在一个组织内部的一个特定的岗位上有一组预定的行为模式。角色包括态度、价值观以及特定的行为类型。一个人的角色反映了他在群体中的地位,以及相应的权利和义务、权力和责任。

角色知觉(role perception)是指人们通过人际交往、社会活动和业务活动,不断产生对自己及他人各种角色的知觉,并借助于思维活动,掌握各种角色的行为标准,形成角色意识。管理者和员工的行为都受自己角色知觉的指引,也就是说,他们认为自己及其他人应该如何按照自己的角色采取行动。由于管理者扮演许多不同的角色,他们必须具有高度的适应性(角色灵活性)以便迅速进行角色转换。对一个特定的角色相关的行为,不同的个体可能有不同的知觉。在群体中,对角色的正确知觉可能对工作业绩产生明确的影响。

角色认同(role identity)即个人的态度及行为与个人当时应扮演的角色一致。

角色期望(role expectation)即他人对某人在特定场合中,期望其应有的行为或表现。

几乎所有人都在扮演多重角色(multiple role);我们在很多组织中(家庭、单位、社组织等)占据不同的位置。在这些组织中,我们占据和执行特定的角色。我们可能同时扮演着子女、管理者和社会志愿者等角色。每一个位置涉及不同的角色关系。角色冲突(role conflict)即个人面对多种角色期望时,可能扮演好某一种角色,但却无法同时扮演好另一角色,因而造成角色冲突。

二、群体行为的特征

群体行为表现出以下的特征。

(一) 心理相容性

心理相容性是群体成员之间的心理现象,是群体成员的特性协调而和谐的结合。心理相容性对形成和谐的气氛有重要作用,有助于群体成员间的互助与合作,有助于排解群体的矛盾和纠纷。

(二) 从众现象

当一个人在群体中与多数人的意见和行为不一致时,个人放弃自己的意见和行为,表现出与群体中多数人相一致的意见和行为方式,心理学家把这种行为称为"顺从"或"从众"。

人们为什么会从众呢?人们从众是因为当个体与群体中多数人意见和行为不一致时,感到来自两方面的压力:一种是信息的压力,即人们一般都有一种多数人的意见可能是正确的信念,当自己的意见和多数人不一样时,感到紧张,怀疑自己的看法,于是容易接受外界影响;另一种是规范的压力,多数人的意见成为规范,不遵从规范就会受到排斥,因此个人有不愿"越轨"的心理,于是,采取与多数人一致的意见或行为。

虽然在群体的压力下,有些人可能会产生顺从的行为,但是这些人的情况是各不相同的,要区别顺从行为的表面反应和内心反应,这两方面并不一定是一致的。大致可分为如下情况:

(1) 表面顺从,内心也顺从。这是一种口服心服的状态。不但表面赞成大家的意见,内心也认为大家的意见是正确的,没有理由反对。当个人处于这种状态时,内心里没有任何冲突,这是个体与群体最理想的关系。当组织的目标与个体的期待相一致时,个体愿意成为群体的一员。

(2) 表面顺从,内心不顺从。这是一种口服心不服的状态,这种情况下,最初内心并不赞成,只是为了工作的方便,表面敷衍,但是时间久了,也会随波逐流,习以为常。在心里也不会感到有什么不妥当了。

(3) 表面不顺从,内心却顺从。这是指在公开的场合并不赞成群体的要求或行为,但是在内心里或私下里却表示赞同。

(4) 表面不顺从,内心也不顺从。这种表里一致、固执己见的行为常常构成与群体的不妥协状态。

（三）相近相悦性

相近是时间和空间关系所造成的频繁交往的机会；相悦是在交往中，肯定、发展并表达出对对方的观点和行为采取接纳或是赞许的一种行为方式。人人都有相互接近和亲近的愿望，但是交往只能在一定的时间和空间进行。如同事、同学、邻里常常见面，容易建立较亲密的关系。但是，这只是必要条件，不能说是充分条件。因为，交往的时空条件未必能够保证产生友谊。彼此印象良好，才是将人与人之间关系拉近的重要原因。

（四）相似相辅性

相似，就个人方面而言，年龄、学历、性别、兴趣、爱好、容貌等条件相似的人，彼此乐意交往；就社会方面而言，种族、民族、阶级、党派、社团、职业、地位相似的人，彼此乐意交往。相辅，也是构成人际关系的重要因素之一，相辅，在原则上是不相似，如刚与柔、支配与顺从等因素的结合就是如此。相似和相辅，都有助于群体成员的相互交往。

三、群体规范

（一）群体规范的概念

群体规范是由群体为达到共同目标，在一定时期内成员相互作用而形成的、每个成员必须遵守的行为准则，或是指群体对其成员适当行为的共同期望。它有正式规范和非正式规范之分。前者是由正式文件明文规定的，如各种规章制度和守则等；后者是群体自发形成的、不成文的、群体成员共同默许的行为规范。群体规范起着约束成员行为的作用。作为群体的一员，都被期望着遵循大家提出的规范，任何违背规范的行为都将受到群体的惩罚。

非正式群体规范是无意识地通过习惯的力量形成，它们起源于群体成员对工作性质的构想和信念，起源于由经理人员向群体成员传递的有关群体成员是否负责的一种隐含的期待，起源于群体成员工作的实际条件以及其他许多类似的因素。

违反正式群体规范的成员，会受到制度和守则所规定的相应惩罚，而一般群体对违反非正式群体规范的成员首先会采取规劝的方式使其回到集体的怀抱。但是如果没有效果，那么群体将会拒绝该成员，其他成员对其不加理睬，从心理上冷淡他，借以惩罚他对群体规范的背叛。因此群体的成员会尽力做到符合其所在群体的规范，以避免受到制度的惩罚或被群体成员排斥。这意味着，群体规范是控制人们行为的有效方法。

（二）群体规范的功能

群体规范具有四种功能：

（1）群体支柱功能，即维持、巩固和发展群体的功能。如果没有群体规范，群体就会像一盘散沙，失去整体性，成员就不能协同起来达到共同目标。

(2) 评价标准的功能,即群体成员以规范作为评价他人和自己言行是非的标准。

(3) 行为导向和约束功能,即规范告诉成员什么情境下应该怎样行为,不应该怎样行为,成员应按照规范行为。

(4) 惰性功能,即群体规范有保守的功能。群体规范有制约成员行为,使成员言行标准化,划一整齐,因此对一切偏离规范的行为都要限制,并且将其重新规范进来。这种作用体现为多数成员对偏离规范的成员采取排斥的态度。但是群体规范代表的是多数人的意见,反映的是中等水平,因此,特别先进或特别落后都被视为异端,受到排斥,这就出现了群体中打击先进的现象。因此,这是一种惰性功能,保守的功能。

四、群体的凝聚力

(一) 群体凝聚力的概念

群体凝聚力指的是群体对个体成员的吸引力,或使群体成员愿意留在群体内的力量,也指成员之间的吸引力,它表现为成员对群体的认同感、归属感和力量感。如果这种吸引力达到一定强度,而且成员赋予群体成员资格以一定价值时,这个群体就具有较高的凝聚力,相反,成员互不信任,对群体不认同,也无信心,散沙一盘,甚至人心涣散,那就是表明群体的凝聚力很低。

群体凝聚力的表现形式可分为以下几种:

(1) 自然凝聚力。一般来说,人们都有归属的需要,如果他单个人生活,就会萌生一种怅然若失的感觉,而回到群体中,就会充满信心和力量。这说明群体自然而然对个人产生了一种吸引力,人生活在一定的社会关系网络中,他就必然与社会发生各种各样的相互关系,他需要交际,需要友谊和爱。

(2) 工作凝聚力。每个人都有希望获得良好工作的愿望,都希望在工作中发挥自己的特长。同时,在现阶段,劳动还是作为人们谋生的一种手段,人们必须依赖工作而求得生存、发展。因此,群体所承担的任务和通过工作所要达到的目标,对群体成员都会产生强烈的吸引力。

(3) 领导凝聚力。成功而有名望的领导本身就是一种吸引力,在一个群体中,领导经常和群体成员发生着各种各样的关系。群体所承担的任务,需要领导去组织、指挥,需要成员来执行、完成。因此,领导者的行为直接影响群体的凝聚力。

(4) 情感凝聚力。一个群体的成员长期在一起工作学习,朝夕相处,群体内各成员之间,成员与领导之间,领导与领导之间彼此了解,就可能建立融洽的人际关系,群体就有一种吸引力。这种吸引力是以感情为基础产生的,属情感凝聚力。

(二) 群体凝聚力与生产效率

一般情况下,群体凝聚力高的群体比凝聚力低的群体更有效。但研究表明,群体凝聚力与工作效率之间存在两种相反的关系,也就是说,凝聚力并不是在任何条件下都对工作效率有积极的影响,有时也会有消极的影响,决定的因素是对凝聚力的方向性的引导。对凝聚力高的群体,加以正确的引导,才会对组织目标的实现产生积极的影响。

研究证明,群体凝聚力越高,其成员就越遵循群体的规范和目标。因此,群体规范也是决定群体凝聚力与生产率关系的重要因素。

(三) 影响群体凝聚力的因素

群体凝聚力主要受以下因素的影响:

(1) 成员的共同性。群体的成员若是具有相同的背景、共同的爱好和兴趣、共同的利益等,凝聚力就大。其中,共同的利益和共同的目标是最为关键的因素,一个好的群体需要有一个众志一致的明确目标与利害关系。

(2) 群体规模的大小。群体之所以能存在,其必要条件之一是群体成员要相互交往和相互作用。群体规模小,则彼此作用与交往的机会多,互相吸引的可能性就大,容易凝聚。随着群体规模的增大,群体成员之间的互动变得更困难,群体保持共同目标的能力也相应减弱。一个非常大的群体成员之间彼此若不了解,这个群体就不大可能有很强的凝聚力。因此,在通常情况下,群体的规模大小与凝聚力成反比关系,即群体规模越大,群体的凝聚力就越小。

(3) 群体与外部的关系。一个与外界相对比较隔离的群体,它的凝聚力较好。另外,群体存在外部压力或受到外部攻击时其凝聚力会增强。因为外来的威胁会增强群体成员相互合作的需要。

(4) 成员对群体的依赖。个人参加一个群体是因为他觉得群体是一个有助于满足其经济和社会心理需要的集体。一个群体对个体需求的满足能力越高,其对个体的吸引力越大。

(5) 群体的地位与声望。在一个组织中各个群体往往可排列出等级地位。一般来说,群体在各个群体中所处的等级地位越高,在组织中声望越高,其群体凝聚力越强。

(6) 群体的目标及实现。如果群体存在一个共同目标,该目标的实现对所有成员的个人目标和切身利益都有利,这样为了共同目标的实现,会加强成员之间的合作,增强群体凝聚力。另外,群体目标的实现情况会对其成员产生影响。群体在完成任务中达到所期望的高效率,会提高其成员的身份,成员会因为他是该群体中的一员而感到自豪。成功地达到目标与凝聚力是相互关联的,达到目标会增强凝聚力,而高度的凝聚力对于达成群体目标是有力的保证。但是,如前所述,群体的目标与组织的目标不一致时,需要对其进行引导,才能对群体目标的实现作出有利的影响,否则凝聚力强反而会产生有害的作用。

(7) 信息的沟通。一个凝聚力高的群体,信息一定相互畅通。群体内信息畅通,沟通机会多,成员之间就能相互理解和支持,从而凝聚力高;反之,成员不能顺畅地交流,不能促进相互的理解、合作,凝聚力就会低。

(8) 领导的要求与压力和领导方式。领导对群体的凝聚力也有很重要的影响。当领导强制群体成员遵守组织规定时,群体成员会加强团结。一个原来凝聚力不高的群体,如果公司领导的一项规定被职员看做是对他们的威胁时,这个群体就会增强凝聚力。另外,如果群体的领导有个人魅力并尊重员工,愿意与员工沟通,成员就会对领导有一种向心力,凝聚力就高。

除了以上因素之外,群体的凝聚力还与加入群体的难度、群体成员的性别构成以及以前的成功经验有关。加入一个群体越困难,这个群体的凝聚力就可能越强。一般来说,女性的凝聚力量高于男性。如果群体一贯有成功的表现,它就容易建立起群体合作精神来吸引和团结群体成员。

【案例 6-2】

建造"大家庭"

企业家们常常号召职工"以厂为家"、"以公司为家",试图以此来增强企业的凝聚力,为企业创造更好的效益。但真正能让职工感到企业是自己的"家",却没有那么容易。这要求企业家真正在企业营造出"大家庭"的环境。

香港新鸿基证券有限公司,1969 年由冯景禧所创办,该公司在日成交数亿港元的香港证券市场上,占有 30%的份额,公司年盈利额达数千万元,冯景禧的个人财产达数亿美元。他成了称雄一方的"证券大王"。

"新鸿基"之所以能创造出世界证券业少有的佳绩,主要得益于冯景禧的"大家庭"式的经营管理哲学。

"新鸿基"执行董事谭宝信介绍说:"在冯景禧的掌管下,公司形成了一股难以形容的奇妙力量。这样的气氛能激发员工的创造性。在这里工作,成就肯定比别的机构大。"

实际情况正如谭宝信所说,冯景禧的"大家庭"式的经济哲学,不但使本国职工感到和谐,而且也使外籍职工感到"大家庭"的温暖。这样,一种奇妙的力量就自然形成。这种力量之大是难以形容的。

为了实施"大家庭"式的经营哲学,在管理方式上,他十分重视人的作用,强调发挥人的创造性。他曾声明:服务行业的资产就要靠管理,而管理是靠人去实行的。

新鸿基集团不以拥有巨额资产为荣,而以拥有一大批有知识、有能力、有胆量、善于运用大好时机、敢于接受挑战的人才队伍为骄傲。

冯景禧的管理哲学和用人艺术,既有西方人的科学求实精神,又有东方人和谐情趣的气氛;既有美国现代化管理原则,又有日本人的以感情为核心的人际关系,融东西方优点于一炉。

在管理原则上,他十分强调团结的力量,注重全公司上上下下的团结一致。他在经营业务的大政方针决定之前,总是广开言路,尤其是重视反面意见,然后加以集中,再向全体员工解释宣传,使大家齐心协力。

他在实施公司的决策时俨然像一位"铁血将军",而在体谅下属时又俨然是一个宽厚的长者。如果有哪个职工向他辞职,他首先会询问是否有亏待过他的地方,如有,就诚恳道歉、改正,并全力挽留。因为他知道,失去一个人容易,但培养一个人难。

在管理作风上,他注重以身作则,平易近人。为了使员工心情愉快,他还刻意创造一种"大家庭"式的生活气氛,如组织业余球赛,在周末用公司的游艇观赏海景,亲自参加员工们的"国语"学习,等等。

许多企业的职工对企业不负责任,"大家庭"式的管理,不失为医治这种病症的良方。

案例来源:中央广播电视大学 2002~2003 学年第一学期"开放1本科"期末考试组织行为学试题。

五、群体的士气

(一) 群体士气的概念

"士气"原是一种军事术语,用以表示作战时的团体精神。在这里,士气是指群体在完成工作任务时的工作精神。高昂的士气就是群体成员普遍表现出态度积极和情绪高涨。美国心理学家史密斯(C. R. Smith)认为"士气"就是对某个群体或组织感到满足,乐意成为该群体的一员,并协助达成群体目标的一种态度。因此"士气"不仅代表个人需要满足的状态,而且还包括认为这个满足得之于群体,因而愿意为实现群体目标而努力的情绪。

美国心理学家克瑞奇(D. Krech)等人则认为,一个士气高昂的战斗群体应具有以下七种特征:

(1) 群体的团结来自内部的凝聚力,而非起于外部的压力。
(2) 群体的成员没有分裂为互相敌对的小团体的倾向。
(3) 群体本身具有适应外部变化的能力以及处理内部冲突的能力。
(4) 群体成员之间具有强烈的认同感和归属感。
(5) 群体中每个成员都明确地意识到群体的目标。
(6) 群体成员对群体的目标及领导者抱肯定和支持的态度。
(7) 群体成员承认群体的存在价值,并具有维护其群体存在和发展的意向。

经常进行群体士气的调查,可以及时地了解职工对组织、领导、环境和管理工作的态度,从而为改进组织管理提供必要的信息。此外,通过群体士气的调查,还可以成为下情上达、上下沟通的重要手段,从而提高职工对管理工作的信赖感,以加强上下级的合作与谅解。因此,西方企业的管理人员大都十分重视对职工士气的调查,他们采用的方法通常有:态度量表法、问卷法和自陈法等。

(二)群体士气与生产效率

在组织管理中,人们通常认为,士气与生产效率的关系是非常密切的,并且渴望职工不仅具有高昂的士气,同时也能保持较高的生产率,然而,这种理想的状态一般是很难实现的。研究表明,士气的高低与生产效率之间不是简单的直线对应关系。也就是说,士气对工作效率有影响,但工作效率不完全决定于士气,因为影响工作效率的因素很多。我们可以用一句话简单地概括:群体士气是高工作效率的必要条件,但不是充足条件。就是说,士气低落不可能有高的工作效率,而高的士气也不是必然带来高的工作效率,但低的士气绝不会有高的工作效率。要提高生产率,除了提高士气以外,还需要具备其他许多条件,如机械设备、原材料供应、职工的素质、人员的调配等。

1962年,美国心理学家戴维斯(K. Davis)首先用图示的方法将士气与生产率的关系作了如下的说明,如图6-1所示。

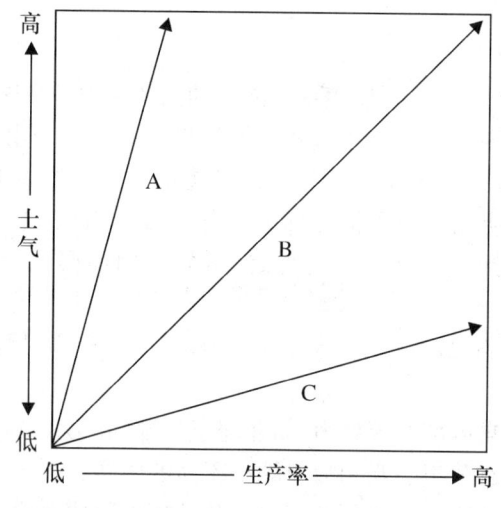

图6-1 士气与生产率的关系图

戴维斯认为,士气和生产率的关系可能出现三种情况,即:

(1) 高士气,低生产率(A线所示)。

(2) 高士气,高生产率(B线所示)。

(3) 低士气,高生产率(C线所示)。

第六章 群体行为特征

实际上许多研究者认为,士气与生产率之间存在着四种关系,即:
(1) 士气高,生产率也高。
(2) 士气高,生产率低。
(3) 士气低,生产率高。
(4) 士气低,生产率也低。

研究者认为:士气高,生产率也高,是由于职工在群体里即获得了满足感,又体会到组织目标与个人的需求相一致,正式组织与非正式组织的利益相协调,使职工无所顾忌地去实现组织目标。士气高,生产率低,是由于职工在群体里虽然获得了满足感,但是组织目标却不能与个人的需求相联系,于是出现所谓"和和气气地怠工",而缺乏紧张工作气氛的现象。如果出现高士气的群体与组织目标相抵触,则可能构成生产的障碍。士气低,生产率也低,是由于职工在群体里得不到满足感,而且组织目标与个人的需求也不能发生联系,职工对生产没有兴趣,于是出现"当一天和尚撞一天钟"的现象,即所谓"磨洋工"。士气低,生产率高,是由于管理者过分地强调物质条件和金钱刺激,使职工暂时获得了某些物质的需要,而达到较高的生产率。由于忽略了职工的心理需求,生产率高的情况只能是暂时的。

我国自古以来就十分重视对士气的研究,因为士气是一支军队、一个群体或一个单位精神面貌的象征,是直接关系到战斗的胜负和工作成败的重要因素。古时有所谓"夫用兵之道,在于人和"、"上下同心,其利断金"的说法,都说明将帅同心、士卒奋勇是决定战争胜负的基本因素。

(三) 影响士气的因素

在组织管理中,要想提高工作和生产的效率,保持高昂的士气是不可缺少的必要条件。如果职工的士气低落,要想长期地维持很高的生产水平,将是难以想象的。因此,管理者无不关心提高职工士气的问题。一般地说,影响职工士气的因素有以下几种:

(1) 对组织目标的赞同。从某种意义上来说,士气就是群体成员的一种群体意识,它代表一种个人成败与群体成就休戚相关的心理,这种心理只有在个人目标与群体目标协调一致时(即个人赞同组织目标时)才会发生。

(2) 合理的经济报酬。金钱虽然不是人们追求的唯一目标,但是金钱可以满足人们的许多需求。有时,它还代表一个人在组织中的成就和贡献以及在社会中的地位,所以经济报酬和奖励一定要公平合理。否则,不合理的工资和奖金制度,将会挫伤职工的积极性,引起不满,降低士气。

(3) 对工作的满足感。所谓对工作的满足感,就是指工作本身能够令人满意。这种满足感主要包括工作本身合乎个人的兴趣,适合个人的能力,具有挑战性,有利于施展个人的抱负。所以,安排工作要激发职工的士气,就必须尽可能地考虑到职工的智力水平、

141

文化程度、兴趣爱好、专业特长和个人抱负等,这样,才能使个体具有施展才能和实现抱负的机会。

(4) 管理者良好的品质和风格。领导者和管理人员的品质和风格,对其下属的工作精神影响很大。近代心理学研究表明,凡是士气高昂的战斗性群体,其领导大都比较民主,乐于采纳大家的意见,体谅下属,关心职工的疾苦。

(5) 同事间的和谐与合作。一个士气高昂的群体,必然具有很高的凝聚力,成员之间有强烈的认同感、一致性和合作精神,彼此之间很少发生冲突和敌对现象。心理学认为这种合作、体谅别人的群体容易发展成有效群体,故称为合作性群体;相反,则可能发展成竞争性群体。从群体动力学的观点出发,领导者实施管理,奖励职工,最好采取集体奖励,以促进合作精神,提高士气。

(6) 良好的意见沟通。在群体中,人与人之间的交互作用,不仅靠意见沟通来实现,同时也受意见沟通的影响。研究者认为,上下级之间、同事之间如果沟通受阻,则可能引起职工的不满而使士气低落。莱维特通过实验指出:单向沟通的意见接受者,因无机会核对其意见的正确性,容易陷于情绪不安的状态之中。这种情况通常表现为命令式的管理,职工没有反映意见的机会,日子久了则容易使职工产生抗拒心理,降低士气。改善上下级之间的沟通关系,采用双向沟通的办法,经常让职工参与决策和群体讨论,则可以提高职工的工作精神。

(7) 良好的工作环境。适宜的工作环境对人们的身心健康具有重大的影响,人们也只有具备了健康的身体和良好的心情,才能提高工作效率。近年来,工业心理学、医学心理学等对于环境与健康、工作与疲劳进行了大量的研究,认为不良的工作环境容易使职工产生生理上或心理上的疲劳,甚至引起某些慢性疾病,从而降低工作效率。为了有利于职工士气的提高,管理者应该致力于建立良好的工作物理环境和心理环境,使职工在工作时身心都感到舒服,减少心理疲劳、焦虑不安,从而使职工在自尊、自信的社会关系中愉快地工作。

第三节 群际关系及冲突

一、群际关系

群际关系是指群体与群体之间的关系。它是连接两个不同组织群体的桥梁。群际关系的效果和质量会显著影响到一方甚至双方的群体工作绩效以及成员的工作满意度。因此,我们不仅要研究群体内部的关系与冲突,而且要研究群际关系。

(一) 影响群际关系的因素

影响群际关系的因素很多,找到这些因素,就可以对症下药,改善和优化群际关系,解决群际冲突，提高组织内部的整体实力。影响群际关系的因素主要包括：

（1）目标。"目标"是指所希望达到的最终状态，它表示了决策人的相对倾向性。不同群体的目标对群际关系产生不同的影响。每一个群体或部门都有自己的目标和目标系，而这些目标都只是为了实现组织所规定的更大目标的子目标或辅助目标，每个群体或部门要实现自己的目标，需要其他一个或几个部门或群体的协作。比如，市场营销部门要实现营销目标，必须得到生产部门、财务部门、人事部门、研究与开发部门的配合和支持。如果某一群体或部门同整个组织目标、同其他部门或群体的目标完全一致，那么各方就会通力合作，互相关心，互相帮助，这种情况对各方都有利。但事情往往并非如此，目标之间会存在冲突或暂时不一致的情况。比如，市场营销部门的目标是吸引顾客，培养顾客忠诚，这就要求生产部门生产出质优价廉的商品，而生产部门的目标是降低成本，减少开支，以尽可能少的资源生产尽可能多的商品，而这就不能保证产品质量。这样，生产部门同市场营销部门之间就产生了目标冲突。

（2）相互依赖性。群体之间具有关联性，每一个部门或群体都是同其他部门或群体相互依赖的。在一个组织内部没有完全不依赖于其他部门的群体或部门，只是依赖的程度不同而已。这种相互依赖性要求群体、部门之间相互协作、相互体谅，相互支持，否则就会产生冲突。比如，生产部门希望采购部门尽可能地多备存货，以便在生产需要时能及时获得所需的原材料，而采购部门希望尽可能减少存货，以降低仓储费用。

（3）资源。在一个组织内部，群体和部门不可能都去配备每种资源，而会共用一些公共资源，这样可以减少开支，提高公共财力的使用效率，但在使用公共资源时会出现各部门争抢资源的情况。每个部门都会觉得自己的工作最重要，最有理由使用公共资源，大家都不相让的话，就会产生冲突。因此，应处理好公共资源的配备及使用问题，否则会影响群际关系。

（二）管理群际关系的方法

群际关系分为纵向群际关系和横向（平行）群际关系。纵向群际关系指管理当局同员工群体之间，即上下级群体间的关系。平行群际关系是指两个或两个以上相互依存、相互影响，但不是上下级关系的群体之间的关系。

对于纵向群体的管理方法，主要有选举工会代表通过工会反映与交涉、工人自治、设立行政主管接待日、实行共同协商和集体协商制度等。

平行群际关系的管理方法主要有：

（1）制订规则、计划。处理群际关系大量涉及规范化、程序化的问题，对于这类问题的处理，依据的是事先制订的各种规则，按既定程序操作，这是一种减少不确定性与费用开支和提高处理效率的简便方法。这种方法无法应付非规范、非程序化条件下发生的突发性的、意外的问题。例如，在公司规定中，要求打字室在处理各部门的文档时，优先处理客户部的文件,但是如果生产部有紧急任务需要打印文件的话,这两个部门的关系同样不能光靠制度规定来解决。同样,制订计划可以通过制订各群体、部门的工作目标,实现工作目标的步骤,进行有组织的系统的反馈,按既定步骤、办法执行计划,实施决策。由于在制订计划时就会考虑到可能出现的群体之间的摩擦,所以只要群体按照工作计划,按既定方针、决策操作,就可以减少群际摩擦,保持工作的衔接、连贯和一体化。但如果工作团体目标不清晰,或群体间密切联系在一起,或者不确定性增加时,仅靠计划也不能避免群体间的摩擦。

(2) 层级管理。这种方法是指通过共同的上级、更高层次的主管协调两个或两个以上群体之间的关系。如果制度规定、计划不能解决群体之间的冲突时,就可以将问题向上级主管汇报,由分管领导进行协调、干预和处理。这种方法处理问题效率高,但是如果类似的问题过多的话,管理人员花费在处理问题上的时间就会过多,而影响其他事务的处理,这就要求主管人员提高处理问题、协调关系的能力和艺术水平。

(3) 设立工作组。这种工作组是指当出现关系到两个及两个以上群体的工作或问题,由这些相互依存的群体推出代表组成的一个特别的临时性群体。工作组解决涉及几个部门的综合性问题,当问题得到解决后,工作组即解散,工作组成员回到各自的工作岗位。这些工作组成员在一起交流和传递信息,提出解决问题的意见,并共同作出决策。由于工作组成员来自各个部门,代表各部门的利益,因此,作出的决策能够有效解决群际冲突。工作组方式有利于解决涉及面广的、复杂的、需要集中解决的、综合性的问题。

(4) 设立协调员或协调部门。协调员是一种特殊的专门化的角色,其主要职责是促成两个或两个以上相互依存的群体之间的交往和问题解决。设立协调员可以当成一种克服层级管理和计划管理弱点的促进一体化的增长机制,它有利于同时了解两个部门的状况,运用两个群体的语言,站在公正客观的立场上作出让两个部门都比较满意的决定。这种协调机制的最大挑战是对协调员的个人能力要求很高,他必须在交流信息、协调关系、作出决策等方面都很出色。如果群体间的关系过于复杂,或遇到了一些经常出现的、处理需要的时间长、沟通涉及的范围广的大问题,单凭协调员个人不能处理时,就需要设立综合协调部门作为常设机构,以处理群体冲突,分配稀缺资源,应付突发事件。这种部门费用较高,通常只用于庞大且群体较多的组织,或是针对某些特殊的棘手问题。

二、冲突及冲突管理

(一) 群体冲突的概念

冲突是由于这样或那样的原因,组织中的群体之间常常会在目标、利益、认识上互不相容,或互相排斥,产生意见分歧,从而导致抵触、争执或攻击的对立状态。

传统的冲突观点,认为冲突总是对组织有害的,会导致管理人员分心,影响员工士气,造成压力、困扰、紧张和破坏性后果,给组织造成不利影响。

冲突的人际关系观点,认为冲突是任何组织无法避免的自然现象,不一定给组织带来不利的影响,而且有可能成为有利于组织工作的积极动力。凡是有利于达成组织目标的冲突,是建设性冲突;凡是对达成组织目标起阻碍作用的冲突,是破坏性冲突。

新近产生的冲突的互动作用观点,强调管理者要鼓励有益的冲突,认为融洽、和平、安宁、合作的组织容易对变革和革新的需要表现为静止、冷漠和迟钝,一定水平的有益冲突会使组织保持旺盛的生命力,善于自我批评和不断革新。

(二)群体冲突的分类

从冲突发生的范围看,可以划分为三类:个人的心理冲突、群体中个人之间的冲突和群体与群体之间的冲突。

(1) 个人的心理冲突:表现为当一个人面临两种互不相容的目标时,所体验到的一种左右为难的心理感觉。

(2) 群体中个人之间的冲突:是指群体内两人或两人以上的分歧状态。群体内个人之间的冲突形成的原因大致有以下几种:

不同的认识可能引起冲突。群体成员在知识、水平、经验、经历等方面都存在着差别,对同一问题的认识不一致是常有的。比如,对工作任务的分配、目标的设计意见不一致都会造成冲突。

群体成员的价值观不同可能引起冲突。价值观是人们对周围事物的是非、好坏、善恶的评价。在同一群体内,有的成员注重荣誉地位、有的注重自我实现、有的注重物质利益,这会导致他们在看待和处理同一问题时产生冲突。

信息来源不同引起的冲突。由于信息来源不同,掌握信息的多少、信息的正确性以及对信息理解的差异,使各个成员对事物的看法及做法产生不同见解,引起冲突。

思想意识不同可能引起冲突。群体成员由于思想观念、生活方式、自身地位和职责、兴趣的不同而产生意见分歧,进而导致冲突。

心理行为习惯的不同引起冲突。人的心理习惯是多种多样的,每个群体成员都有独特的心理习惯,有的内向爱静,有的外向好动,有的性格急躁,有的性格沉稳,他们在一起共事,难免会产生摩擦,引起冲突。

(3) 群体与群体之间产生的矛盾是群体与群体的冲突:各部门、各群体由于任务不清、职责不明、奖惩不公等原因,常常引起互相牵制、埋怨和扯皮,会导致群体之间的冲突。

造成群体间冲突的原因主要有:

工作原因:主要包括两个相互关联的群体在前后相继、上下相连的工作环节上,一方的工作不当会造成另一方工作的不便、延滞;或者一方的工作质量影响到另一方的工作质量和绩效;或者由于职责不明造成职责出现缺位,出现谁也不负责的真空,造成互相推诿甚至敌视；或者双方因工作目标、对时间的看法和人际关系等方面的差异造成群体难以有效合作，甚至造成意见分歧和冲突。

资源原因：组织在分配资源时不会平均使用力量，总是按各部门的工作性质、岗位职责、在组织中的地位以及组织目标等因素分配资金、人力、设备、时间等资源，不会绝对公平，部门之间在资源的分配如预算分配、人力资源分配等方面会产生分歧和矛盾。

奖励原因：奖励是为了调动部门和群体的工作积极性，但当奖励机制与每一个群体的工作业绩有关，而不是与整个组织的总体业绩有关时，群体之间的冲突就很容易发生。当一个群体为分配奖励负主要责任时，潜在的冲突就会更加激烈。群体在分配有利益的结果时可能对它的成员存在强烈的偏向，而在分配消极性的结果时就会偏向其他群体成员，这就可能造成冲突的形成。

沟通原因：群体之间目标、观念、时间和利用资源等方面的差异是客观存在的，如果沟通不够，或沟通不成功，会加剧隔阂和误解，造成群体间的对立和矛盾加深。

（三）冲突的管理与解决

领导者应随时密切关注组织内部潜在的或已发生了的冲突，努力找出冲突的发生根源，采取适当措施加以处理。对于可能带来不利影响的破坏性冲突，更应予以密切关注和重视。当发现冲突存在时，首先要分清冲突的性质。

对于建设性冲突，由于双方目标一致，都希望寻求实现目标的最佳途径，都愿意取长补短，因而对这类冲突应因势利导，使之成为推动工作的动力。

对于破坏性冲突，解决方法是多种多样的：

（1）协商解决法：即经过冲突双方或多方协商，以求达成一致的意见。

（2）仲裁解决法：在双方争执不下时，由领导或权威机构经过调查研究，判断孰是孰非。

（3）权威解决法：有时对冲突双方很难立即作出对错的判断，但又亟须解决冲突，这时就需要由权威人士（机构）作出并不代表对错的裁决，但裁决者应负起必要的责任。

（4）调整政策法：如果是在工作或分配上确有不合理之处，就需要调整政策，使之合理，这样才能使冲突得到良好解决。

（5）另寻出路法：冲突双方各有某些道理，但又都有明显不足，这时就要考虑寻找别的途径。

（6）暂缓解决法：有些问题双方存在冲突，但一时又难以断定是非，如果不是亟须解决的问题，不妨先放起来"冷却"一下，暂缓解决。

（7）求同存异法：这一方法尤其对于解决"鸡毛蒜皮"一类的冲突有必要，就是对解决重大问题的冲突，也有积极作用。冲突不应只是对立，还应相互启发，相互谅解和让步。

对于带有一定破坏性的组织冲突，处理办法最关键的是防患于未然，即预防为主，及早预测,及早发现,及早解决,不使之加剧、升级、恶化,造成大的损失。这就需要灵敏的信息、深刻的观察、正确的判断、恰当的方法,那种麻木不仁、推诿扯皮、官僚主义的作风是十分有害的。

一般说来,冲突预后有两种可能性,即或者激化,或者解决。具体地说,冲突的结局可能有以下几种情况:

(1) 一方克服另一方,或一方服从另一方:冲突双方经过斗争(谈判、裁决、投票表决等),一方被证明(或裁决)为正确(或可取),则居主导地位;而另一方则服从之。

(2) 双方僵持不下,继续维持现状:冲突的双方,或势均力敌,或分歧太大,或互不相让,一时解决不了,就有可能僵持下去,另寻时机解决。

(3) 双方意见各有道理,不易统一,也不宜统一,可各自保留意见,随着时间的推移在实践中解决:时间和实践或许证明,双方的意见并不互不相容,都是可行的。

实质上,冲突的出路只有一条,那就是解决问题。因为,矛盾激化的最后,还得解决;双方僵持不下,坚持下去,也不是长久之计,最终还要找出解决的方法。所以,冲突一经发生,就要想方设法予以解决。至于用什么办法为佳,那要看领导者的水平与艺术以及有关条件;至于什么时候能解决问题,那就要看时机了。

另外,如果发现人员流动率低,缺乏新思想、缺乏竞争意识,对改革进行阻挠等情况时,管理人员需要挑起冲突,包括委任态度开明的管理者,摒除高压专制,允许反对意见;鼓励竞争,对个人和集体增加工资和奖金;重新编组,调动人事,改变沟通路线,对原有陈规陋习提出挑战,形成新的价值观和思维方式。

第四节 竞争与合作

一、竞争与合作的概念

(一) 竞争

所谓竞争是个体或群体对于一个共同目标的争夺,促使某种只有利于自己的结果获得实现的行为或意向。从广泛意义上说,竞争包括一切生物间的生存竞争,这是生物进化的普遍规律。狭义的竞争,是指社会生活中最常见的、最普遍的一种社会现象,如同一种商品的厂家对于同一销售市场的争夺。人与人之间之所以发生竞争,一方面是因为人们有各种各样的物质和精神需要;另一方面则是因为社会上的物质和荣誉不能完全满足人们的需要,同时又不能平均分配,因此就只有通过竞争来分配数量有限的物质和利益。

竞争的发生必须具备三个基本条件:其一,必须有一个共同争夺的目标,这个目标既可以是物质的,也可以是精神的;其二,双方必须为同一对象争夺,如果双方争夺的不是同一对象,那么竞争就不会发生;其三,竞争的结果必须是一方获胜,如果双方同时成功或失败也不是竞争。当然这里的成功与失败是相对争夺目标而言的。因此,竞争不仅有对抗性,而且有排他性。

为了在竞争中获胜,人们往往会采取各种各样的方法。归纳起来,可以划分成两大类:一类是积极的竞争办法;另一类是消极的竞争方法。积极的方法是通过扬长避短或改革创新等手段来使自己的实力增强,从而使自己处于竞争优势。这种竞争不仅有利于胜者,也有利于社会。消极的方法是通过破坏对方或打击贬低对方等手段使自己得到相对提高,从而使对方处于劣势,这种竞争只是暂时有利于胜者,但不利于社会。

商业交易、学习、游戏等活动,既可以相互合作,也可以相互竞争,但是现实生活和大量的研究表明:与合作相比较,人们更倾向于优先选择竞争,而不愿意合作。更多的人试图通过社会比较来确定自我价值,喜欢采用竞争和超越别人的方式与他人发生关系。

心理学家多伊奇等人(Deutsch,1960)曾做过一个经典的实验,该实验要求两两成对,两人分别充当两家运输公司的经理,任务都是使自己的车辆以最快的速度从起点到达终点,如果速度越快,则赚钱越多,要求尽可能多赚钱。每人都有两条路线可选,一条是个人专用线;另一条是两人共同的近道线,但道近路窄,一次只能通行一辆车,因此使用这条近而窄的道路只有一种办法:双方合作交替使用。研究的设计明确告诉被试,即使交替使用单行线,也必须要有一点等待时间,但走单行道远比启用个人专线经济、有效。实验最后以被试起点至终点的运营速度记分,分数越高越好。实验的结果表明,双方都不愿意合作,狭路相逢,僵持不下的情况时有发生,虽然在实验中也会偶有合作,但大多数都是竞争的结果。当实验者要求被试阐明宁可投入竞争也不愿选择合作的理由时,大多数实验者表示自己希望战胜其他竞争者,他们并不重视自己在实验中的得分多少,即使得分少也宁可去竞争,胜过他人,实现自我价值。这一实验证实了人们心理上倾向竞争的论断。

研究还表明个体之间的竞争与群体之间的竞争有很大区别。在群体竞争的条件下,群体内成员的工作是相互支持的,共同活动的目的指向性很强,彼此交流及时,相互理解和友好,提高单位时间内的效率。在个人竞争的条件下,多数人只关心自己的工作,相互不够支持。

竞争作为一种外部刺激,对个体产生一系列的心理效应:激发动机,发挥潜力;增强自我意识;肌肉产生紧张感,精力更加充沛;阻碍人与人之间友好关系的发展,不利于自己的身心健康等等。

(二) 合作

所谓合作是个体或群体为了共同的目标而协同活动,相互配合以实现同一目标的行为或意向。同竞争一样,合作也是人类一种普遍的社会现象,更是人类生存和发展的重要条件。合作必须具备这样三种条件:一是有两个以上的合作者,而且合作者具备与合作项目有关的知识和技能;二是有共同的目的和利益;三是行动上相互依存,相互配合。

多伊奇(1968)指出,合作有三种心理上的意义:第一种是相互帮助,就是指参与合作的所有成员的行为可以互相替代,如果某个成员从事某项行为,其他成员就不必重复这一行为;如果一个成员无法完成某种行为,其他成员就可以替代完成,表现为相互帮助。第二种是相互鼓励,成员们为完成任务而发出肯定的情绪。第三种是相互支持。多伊奇认为,在竞争的条件下,上述心理上的意义正好相反,表现为相互对立、不友好、不支持。总而言之,在合作条件下,人们彼此之间表现为亲密友好的关系。

二、竞争、合作与工作效率

在现实的社会生活中,由于工作性质不同,有些工作可能适合于竞争,有些工作可能适合于合作;由于个人的人格特征不同,有些人倾向于竞争,有些人则容易合作。

(一)群体内的竞争与合作

群体内的工作有的适于竞争,而有的必须合作才能完成。在一个群体内,竞争与合作的优劣大致有四种情况:

(1)若工作比较简单,而且群体中每个成员都能独立完成全部工作程序,则竞争优于合作。

(2)若工作比较复杂,而且成员中有些人不能独立地完成全部工作,则合作优于竞争。

(3)若群体成员的态度与情感是属于群体定向,而且又有明确的群体目标,则群体合作的工作成绩优于个人竞争的成绩。

(4)若群体成员的态度与情感是属于自我定向,而且工作本身又缺乏内在兴趣,则个人竞争的工作成绩优于群体合作的成绩。

(二)群体间的竞争

群体之间的竞争是日常生活中常见的。同行业的公司或企业之间产品质量的评比,工厂中不同班组之间工作绩效的评比,这些都是群体之间的竞争。群体间的竞争成果取决于群体内成员是否合作,是否一致。如果群体中成员之间通力合作,就会增强同其他群体的竞争力,如果群体内成员间竞争激烈而不合作,就会在同其他群体的竞争中遭受挫折。

因此,应该主张在群体间开展竞争,在群体内提倡合作,这样,既能促进生产,又能培养职工的集体主义精神。而个人之间的竞争,往往会造成许多矛盾和纠纷,引起群体内人际关系紧张,涣散集体的力量,从而影响整个群体的生产效率。因此,在企业管理中应注意培养群体成员间的合作精神,营造和谐的群体内部人际关系,把个人目标与群体目标统一起来,共同实现群体目标,从而增强群体的竞争能力。

当今,世界企业界倡导新型的企业市场竞争关系,市场竞争是各个企业理性或团体理性下的非零和博弈,企业的竞争与合作关系是非零和博弈的体现。它强调竞争者积极争取多层次、跨领域的战略合作,共享资源,集成要素优势,实现双赢或共赢的市场策略。

三、影响竞争与合作的因素

(一)影响因素

影响群体内竞争与合作的因素有以下几点:

(1)奖励。心理学家盖洛(P. S. Gallo,1966)使用不同的奖励,来考察多伊奇卡车游戏实验中被试的行为倾向,当奖励从得分转变为奖给现金时,被试进行理性合作的人数明显增多。弗洛兰德(N. Frieland,1974)进一步研究发现,奖励对合作和竞争倾向的影响是极为复杂的。在一定情况下,增加报酬对合作影响不大,但减少报酬使人们倾向于竞争。研究者还发现,以共同取得的成绩为奖励基础,被试的活动便倾向于合作;若是以个人取得的成绩作为奖励基础,被试者会倾向于竞争。

(2)信息沟通。如果双方能够实现良好的沟通,互陈利害,彼此逐渐相互理解,消除误会,相互信任,不断探讨合作的方式,就可减少竞争,增加合作。多伊奇在卡车游戏实验中设计了三种不同的操作:不许沟通、可以沟通、必须沟通,结果表明,沟通导致了合作率的明显提高,沟通水平越高,合作比率也越高。

(3)个性品质。具有多疑、不信任别人和贪婪性格的人,常以小人之心度君子之腹,很难与别人合作,相反,那些性情温和、豁达、宽厚、善良的人则容易与别人合作。

(4)文化背景和年龄。不同的文化传统和背景,造成人们不同的竞争与合作倾向的强度。一次关于合作与竞争的囚犯游戏实验,在美国无论是大学生、高中学生,还是女工参与实验,都倾向于竞争。而一些学者在中国的台湾和香港等地做实验,证明中国人更倾向于合作,而且随着年龄的增大,合作的倾向越强烈。

(二)发展建议

结合影响竞争与合作倾向的因素,对竞争与合作趋向良性发展给出一些建议:

(1)发展经济,丰富社会物质和精神财富,尽量满足人们的需要才是使人们减少竞争、增加合作的根本途径。因为产品的匮乏,基本需要得不到满足将会导致人们之间激烈的竞争。

(2)加强教育,提倡通过正当途径进行良性竞争;另外还可通过制订竞争法、反不当竞争法来约束规范人们进行正当竞争。

(3)不仅以个人成绩,也可以用群体成绩作为成绩评定、奖惩的基础,经常开展群体间的竞争,都可以使人们倾向于合作,减少竞争。

(4)增加人们之间的信息沟通和情感沟通,不断探讨更科学的合作方式,使人们在竞

第六章 群体行为特征

争的同时也合作。

（5）不能取消竞争。适度的竞争对群体和个人的发展都是有利的，取消竞争只能导致人们工作积极性和效率的降低，产生社会惰性化现象。

【案例6-3】

张校长该怎么做

张校长上任后，大张旗鼓地强调竞争。他说没有竞争就没有活力，学校就不能前进。于是在管理活动中开展各种名目的竞争。一开始，学校人心振奋，但时间一长，问题也就出来了。许多教师为提高教学成效，争占学生的时间；一部分教师热情减退；甚至还有少部分教师为争先进，扯皮揭短。该校的王老师是一位优秀教师，提倡竞争以来，积极性很高，所教学生本学科分数上升。但其他教师都来找张校长，不愿与王老师同教一个班。以上的问题使张校长陷入了思考：该不该鼓励竞争呢？

案例来源：http://post.baidu.com/f? kz=195367740.

思 考 题

1. 什么是群体？影响群体行为的因素有哪些？
2. 非正式群体的主要特征是什么？在管理实践中，应如何加强对非正式群体的引导和利用？
3. 群体规范的功能有哪些？
4. 引起冲突的原因有哪些？
5. 群体冲突有哪些类型？
6. 影响群体内竞争与合作的因素有哪些？

第七章 群体决策

学习目标

1. 了解决策的定义及一个理性决策的过程
2. 了解群体决策的形式和程序
3. 理解影响群体决策的因素
4. 了解群体决策的效果

第一节 决策的原则

许多组织决策是由群体而不是个人作出的。组织行为学通过对群体决策的研究，可以使我们进行的群体决策更富于理性。

一、决策的含义

所谓决策，是指组织或个人为了实现某种目标而对未来一定时期内有关活动的方向、内容及方式的选择或调整过程。一般而言，决策的内容可以简化为以下两个方面的选择。

（一）目标选择

首先，目标的确定要具体，不能含混不清；其次，目标的确定要力求恰当，防止目标偏高或偏低；再次，目标的确定应有可检验性。

（二）方案选择

人们习惯上把只有一个方案可供选择、没有其他选择余地的选择称为"霍布森选择"。管理上有一条重要的格言："当看上去只有一条路可走时，这条路往往是错误的。"毫无疑问，只有一种备选方案就无所谓择优，没有了择优，决策也就失去了意义。

第七章 群体决策

决策一般具有下列特征或属性:

(1) 目标性。任何决策都是为了实现组织的活动目标。目标是组织在未来特定时限内完成任务程度的标志。没有目标,人们就难以拟订未来的活动方案,评价和比较这些方案就没有了标准,对未来活动效果的检查也就失去了依据。

(2) 选择性。决策的实质是选择。为了实现相同的目标,组织总是可以从事多种不同的活动。这些活动在资源要求、可能结果以及风险程度等方面均有所不同,同时每种活动的实行都可以拟出多种方案供选择,这就要求在各种活动以及方案中作出最佳选择。

(3) 满意性。选择活动方案的原则是满意原则,而非最优原则。最优决策往往只是理论上的幻想,因为它要求决策者了解与组织活动有关的全部信息;能正确地辨识全部信息的有用性,了解其价值,并能据此制订出没有疏漏的行动方案;能够准确地计算每个方案在未来的执行结果。但是,这些条件是很难达到的。首先,外部存在的一切对组织的目前或未来均会产生或多或少、或者直接或者间接的影响,组织很难收集到全部的信息;其次,对于收集到的有限信息,决策者的利用能力也是有限的,这种双重有限性决定了企业只能制订有限数量的行动方案;另外,任何方案都需要在未来实施,而人们对未来的认识能力和影响能力是有限的,当未来的状况与预测的状况并不相同时,原来制订的方案就不一定适用了。因此,根据目前的认识确定未来的行动总是有一定风险的,也就是说,各行动方案在未来的实施结果通常是不确定的。在方案数量有限、执行结果不确定的条件下,人们难以作出最优选择,只能根据已知的全部条件,加上人们的主观判断,作出相对满意的选择。

(4) 可行性。决策的目的是为了指导组织未来的活动,使其能够达到预期的活动目标。如果决策在理论上非常完善,但是组织所拥有的人力、物力和技术条件等无法达到决策方案的要求,仍然不能达到组织的目标。因此,在拟订和选择决策方案时,不仅要考察采取某种行动的必要性,而且要注意实施条件的限制。

(5) 过程性。决策是一个过程,而非瞬间行动,因为人们对行动方案的确定并不是突然作出的。首先,组织决策不是一项决策,而是一系列决策的综合。通过决策,组织不仅要选择业务活动的内容和方向,决定如何组织业务活动的具体展开,同时还要决定资源如何筹措,结构如何调整,人事如何安排。只有当这一系列的具体决策已经制订,相互协调,并与组织目标相一致时,才能认为组织的决策已经形成。其次,这一系列的决策,从活动目标的确定,到活动方案的拟订、评价和选择,这本身就是一个包含了许多工作、由众多人员参与的过程。

(6) 动态性。决策的动态性与过程性相联系。决策不仅是一个过程,而且是一个不断循环的过程。作为过程,决策是动态的,没有真正的起点,也没有真正的终点。决策的目的之一是使组织活动的内容适应外部环境的要求。然而我们知道,外部环境是不断发生变化的,决策者必须观察并研究这些变化,从中找到可以利用的机会,据此调整组织的活动,实现组织与环境的动态平衡。

二、决策的分类

从不同的角度,决策可以有不同的分类。

(一)开关式决策与旋钮式决策

根据供选择方案的数量,可以将决策分为开关式决策与旋钮式决策。开关式决策即在两种可选方案中,两者择其一;旋钮式决策就是在多种可选方案(三者或三者以上)中进行选择。

(二)程序性决策与非程序性决策

根据决策问题的重复程度不同划分,可将决策分为程序性决策与非程序性决策。程序性决策亦称例行决策、常规决策、定型化决策或重复性决策。一些经常重复出现、性质非常相近的例行性问题必然会显现出规律性解决的办法,可以按其规律,编制一个例行的程序化步骤和常规性的方法,对其进行处理。非程序性决策又称例外决策、非常规性决策,它通常要处理的是那些偶然发生的、无先例可循的、非常规性问题,在这种情况下,决策者难以照章行事,需要有创造性思维。

例行问题和例外问题有时候很难明确区分,管理者大量遇到的是例行问题,如产品质量、设备故障、资金短缺、供货单位为按时履行合同等方面的问题,但是不少主管人员总把这些问题当做例外问题来处理,对这些问题单独进行决策,从而浪费了相当的精力和时间。这是因为众多管理问题本身所具有的某些特点,使得仅根据是否具有重复性这一简单特征还不容易判明哪些问题属于例行问题,同时在复杂问题中包含有例行性成分,这些都需要在实践中认真区分。

(三)战略决策与战术决策

根据决策目标的影响程度不同,可以将决策划分为战略决策与战术决策。战略决策是具有宏观性、全局性、方向性和原则性等特征的一种决策,其影响深远,意义重大。战术决策是具有微观性、局部性、区域性和阶段性特征的一种决策,其目标具体,问题单一。它们的区别主要表现在以下几个方面:

(1)从调整对象上看,战略决策调整组织的活动方向和内容,战术决策调整在既定方向和内容下的活动方式。战略决策解决的是"干什么"的问题,战术决策解决的是"如何干"的问题,前者是根本性决策,后者是执行性决策。

(2)从涉及的时空范围来看,战略决策面对的是组织整体在未来较长一段时期内的活动,战术决策需要解决的是组织的某个或某些具体部门在未来各个较短时期内的行动方案,组织整体的长期活动目标需要靠具体部门在各阶段的作业中去实现。因此,战略决策是战术决策的依据,战术决策是战略决策的落实,是在战略决策的指导下制订的。

(3) 从作用和影响上来看,战略决策的实施是组织活动能力的形成与创造过程,战术决策的实施则是对已经形成的能力的应用,因此,战略决策的实施效果影响组织的效益与发展,战术决策的实施效果则主要影响组织的效率与生存。

(四) 单目标决策与多目标决策

根据决策目标的多寡,可将决策划分为单目标决策与多目标决策。单目标决策就是解决单一问题所进行的较简单的决策,多目标决策就是解决多项问题进行的比较复杂的决策。

(五) 确定型决策、风险型决策与非确定型决策

根据决策者掌握信息的不同情况及决策的可控程度,决策可划分为确定型决策、风险型决策与非确定型决策。确定型决策是指决策者对未来所掌握的信息都是肯定的,没有不确定因素在内,每种方案都有一个确定的结果,它面临的是一种比较确定的自然状态,可选方案的预期结果是相对明确的,因而方案之间的比较和择优是不难做到的。风险型决策面临的是多种可能的自然状态,可选方案在不同自然状态下的结果不同,未来会出现哪一种自然状态,事前虽难以肯定,但却可以预测其出现的概率。非确定型决策与风险型决策条件基本相似,不同的只是不能预测未来自然状态出现的概率,因而不定因素更多,决策风险更大,这就要求领导者慎重行事,不可鲁莽。

一般来说,决策者面临的大多为不确定型决策,这就需要决策者自己加以判断得出各种结果出现的可能性,当然这个概率带有浓厚的主观色彩,因而决策者或多或少都要承担决策带来的风险或损失,不同的只是风险的大小不同。决策者不能因为决策存在风险就一味回避,甚至因噎废食,而不实施决策。作为决策者,首先对可供选择的决策方案进行分析比较,充分权衡决策方案的利弊大小,如果决策是利大于弊的,即使冒一点风险也是值得的。其次在实施具体决策前,应充分估计决策带来的风险和损失,并判断自己的承受能力,尽可能采取一定措施以减少决策的负面影响,使决策的风险降低到最低程度。

(六) 个人决策与群体决策

根据决策权限的制度安排即决策主体的不同,可将决策划分为个人决策与群体决策。个人决策是决策权集中于个人的决策,受个人知识、经验、心理、能力、价值观等个人因素的影响较大,决策过程带有强烈的个性色彩。群体决策是决策权由集体共同掌握的决策,虽然受个人因素的影响较小,但受群体结构的影响较大。所以,对个人决策与群体决策的优劣要进行客观的分析。

(七) 激进型决策与保守型决策

根据后来决策与先前决策的一致性程度来划分,决策可分为激进型决策与保守型决

策。激进型决策是对先前决策目标、手段有突破性改变和创新性作为的决策,它要求决策者敢于变革,勇于进取。保守型决策是对前决策或维护保持或进行微调的决策,它要求决策者保持承诺,渐进变革。

（八）原始决策与追踪决策

根据决策所要解决的问题性质划分,决策可分为原始决策与追踪决策。原始决策是指根据决策目标对行动方案进行初始选择的决策。而追踪决策则是指当原始决策的实施结果严重威胁决策目标的实现时,对原始决策目标及其执行方案进行根本性修正的二次决策。

此外,根据决策影响的时间长短,决策可以分为长期决策、中期决策和短期决策;根据决策者在管理系统中所处的层级不同,决策可以分为高层决策、中层决策和基层决策;根据决策思维的方法不同,决策可以分为直觉决策、经验决策和推理决策;根据决策活动的阶段性特征,决策可以分为初始决策和反馈决策;根据政治活动的不同方式,决策可以分为权力型决策、妥协型决策与博弈型决策（竞争型决策）;根据立法与执法的不同工作性质,决策可以分为国家决策和政府决策;根据经济决策与政治决策的性质差异,决策可以分为经济领域的决策与政治领域的决策等等。

三、决策的基本原则

决策中的原则是指决策活动中具有相对普遍适应性的,一般被公认为具有指导意义的各种规则,原则是重要的,但并不是说决策时必须死守这些原则,而应结合实际情况,选择是否那样去做。不是遵循原则就能保证百战百胜,而是如做下去也许对你有帮助。这些原则,不是某些既定性的先赋规则,而更多的是人们经常这样做并获得了成功的思路。

（一）信息原则

信息原则是决策的基础。决策前必须充分调查研究采集信息,掌握数据和事实。毛泽东同志曾强调"没有调查就没有发言权",只有熟悉情况,了解问题,才能提出具有针对性的决策。

（二）预测性原则

预测性原则是决策的前提和依据。科学的决策不应该是"短视"的行为,应该是可以预测的,在对未来事物发展的基本趋势进行预见时常常是有规律可循的。

（三）择优性原则

决策行为,从本质上来说是一种选择行为,是对"为何去做"和"如何去做"的选择,是关于目标和实现目标的途径的选择。任何选择,当然都是在评估时从多个方案中本着择优精神,权衡利弊,公平对比,最后择优确定。

（四）系统原则

系统性原则又称为全局性原则，它是决策的灵魂。任何决策都应是综合的整体的考虑，全局的考虑，不能只关注某个局部目标，而忽视其他的对组织整体来说更为重要的目标，否则就不能协调、持续发展。有时局部的盲目发展反而拖了全局的后腿。

（五）可行性原则

可行性原则是决策正确性的要求。正确的决策首先是可行的，应侧重于从客观可能条件出发，即依据客观环境条件和主体条件，选择确保能够实现目标的思路。决策是否可行，取决于主观客观许多因素，要认真分析比较，从人力、物力、时间、技术各方面都得到保证。超出现实条件，片面追求高指标高速度，再好的决策也只是空中楼阁，高不可攀，所以决策必须对未来保证能在实施过程中达到目标。

（六）规范性原则

规范性原则，包括两层含义：第一是确保决策在社会关系含义上的规范性；第二是决策在技术上的规范性。对于前者，又有两种情况：一是公共决策的规范性；二是非公共决策的规范性。在现代管理中公共决策和非公共决策的规范性的重要共同点是法制性，即必须遵守国家的法律法规，执行现代社会生活中的法制原则。

第二节 群体决策模式

一、群体决策的概念与特点

（一）群体决策的概念

群体决策是面对所要决定的问题，群体成员共同参与作出决策的过程。群体决策是实现群体目标的有效手段。群体决策与群体问题解决有不可分割的联系，两者的区别仅在于前者强调从一些备选方案中选择一个方案的过程，重视选择，后者强调从已知条件求未知答案的过程。在企业管理中面临许多决策抉择的要求，要解决做什么、谁去做、何时何地去做和如何去做等问题。企业处理重大的管理问题，要作出大范围的群体决策，而具体工作中的问题常需要小范围的决策。

（二）群体决策的特点

（1）群体决策的优越性。群体为决策制订过程的许多步骤提供了出色的工具，它使所收集的信息在广度和深度上有很大的优势。与个人决策相比较，在以下几方面表现出优越性：

更完全的信息和知识。群体成员来自于不同背景，可以通过不同的渠道获得更丰富的信息。通过综合多个个体的资源，可以在决策过程中投入更多的信息，保证决策的质量。

增加观点的多样性。由于群体各成员的价值观念、文化程度、道德修养等差异,造成各成员对问题的看待方法、思维过程各不相同,这就为多种方法和多种方案的提出与讨论提供了可能性。

提高了决策的可接受性。许多决策在作出之后,因为不被人接受而夭折。但是,如果那些会受到决策影响的人和将要执行决策的人能够参与到决策过程中去,他们的意愿能在决策时得到反映和考虑,那么他们就更愿意接受决策,并鼓励别人也接受决策。这样,决策就能够在更多的支持下,获得顺利的实施。

增加合法性。群体决策过程与民主理想是一致的。如果一个人在进行决策之前没有征求其他人的意见,决策者的权力可能被看成是独断专行。因此,群体决策被认为比个体决策更合乎法律要求。

(2) 群体决策的缺点。群体决策也存在着决策成本高、公众压力大、少数人控制等缺点。

决策成本较高。群体决策在组织决策群体开展决策过程中,耗费时间多,直接或间接的人工成本和办公费用较高。组织一个群体既需要时间又需要费用,效率也往往不尽如人意。决策群体成员都有权陈述自己的观点,让群体讨论和询问,即使是一些微不足道的观点,也必须经过会议讨论、记录,然后对各种观点分析、评价、综合,最后形成一种集体的观点,这是一个很长的过程,需要花费许多时间以及费用。

公众压力。群体中存在社会压力,群体成员希望被群体接受和重视的愿望可能会导致不同意见被压制,在决策时使群体成员表面上追求观点的统一。在真正执行时,那些有不同意见的成员就不会发挥其积极性和主动性,从而造成决策效果不佳。

少数人控制。群体讨论可能会被一两个人所控制,如果这种控制是由低水平的成员掌握,群体的运行效率就会受到不利影响。

折中性方案。群体决策时,由于各个成员常常对某些问题有着不同的见解,为了取得集体一致的解决问题的办法和协议,经常需要采用某种妥协或折中性方案来使各方认可并执行,这是从最佳或最合理决策退到一种"退而求其次"的折中性决策。

责任不清。群体决策常常是集体讨论、集体决定,群体成员对于决策的结果共同承担责任。责任分散,个人责任不够明晰的决策则往往导致"有人拍板,无人负责"的后果。

(三) 群体决策与个人决策的抉择

不一定在任何情况下都取群体决策,而是取决于你衡量决策效果的标准,主要从以下几个方面来考察:

(1) 决策的正确性和速度。群体决策有许多成员参加,因此群体知识面较广,能够产生较多的可供选择的方案,另外群体决策过程中通过成员之间相互作用,可以更正判断的误差,形成校正错误的机制,因而群体决策比较正确。但群体决策比个人决策花费时间多,限制了管理人员在必要时作出反应的能力。当决策的正确性比决策速度重要时,群体决策较为优越。

(2)决策的创造性。个人决策通常比群体决策具有较大的创造性,个人能产生较多的主意,而群体决策由于受到不同意见和论点的约束,以及害怕被人认为愚蠢等心理制约,不容易使决策具有较大的创造性。个人决策适合于工作结构不明确,需要创新的工作;而群体决策过程适合于任务结构明确,有一定执行程序的工作。

(3)决策的风险性。许多企业管理人员认为,群体决策可以抑制冒进的行为,在选择较多或较少风险性的两种行动时,将趋向于保守。然而,许多组织行为学家的研究却提出了相反的结论,认为群体决策具有更大的风险性。因为个人在群体中容易隐蔽自己的意见而附和众议,而且,群体决策由群体承担责任,其成员容易产生不负责任的倾向。也有一些研究表明,在群体决策过程中会发生保守冒险两个极端的倾向,即群体决策的极端化现象,这主要取决于占优势的群体气氛。如果群体成员大多数都比较保守,群体决策也将比个人决策更保守;如果群体成员大多数都冒险,则群体会作出更有风险的决策。

因此,在决定是否采用群体决策形式时,应权衡一下群体决策在决策效果上的优势能否超过它在效率上的损失。

二、群体决策的原则

为使群体决策更有效,应区别对待以下几种原则,这些原则各有利弊。

(一)独裁原则

独裁原则的决策只需很短时间。在这种情况下,领导的决策就是群体的决策。这种决策有好处也有坏处,主要决定于领导者是否全面地掌握制订最佳决策所需的信息和技巧。另外,作出的决策能否被成员接受还要看领导者的权力及与成员的关系好坏等;任务复杂与否对此也有影响,若任务复杂,成员意见必多,领导者的决策就难以被接受。

(二)少数原则

少数原则也就是"强行通过"原则。它需要少量时间,效果与独裁原则相似。它是依赖群体中的少数人来制订的决策。如果这些人掌握所有有关信息,并与其他成员关系较好,则这种决策比较有效。但往往情况不是这样,有些成员可能会感到是被迫的,认为这种决策代表了决策少数人的利益,没有体现他们的利益,所以不愿接受这种所谓的"群体"决策。这种决策通常在实施时比较困难。

(三)多数原则

多数原则比较民主。在这种情况下,解决问题的方案一一提出,经过讨论,最后民主投票决定何种方案中选。如此产生的最终决策比较少数原则来说,能被大多数人所接受并主动执行。但这一方式也有缺点。因为意见没有得到支持的少数人可能会因为自己明确反对的方案中选而不服,导致他们在执行决策时不会尽心尽力,影响决策的执行效果。因此,虽然多数原则在复杂情形中能得到好的决策,但也要看最后的决策是否是经过充分的讨论后得出的。另外,这种方式需要花费一定的时间。

(四) 完全一致原则

在完全一致决策中,所有人都认为某一方案最佳,而没有异议。当然,依照这种原则得出的决策可接受性程度很高,由于被所有人支持,因此实施起来也容易。但是,要达成完全一致的意见,必须经过无数次的讨论,哪怕在简单问题上也需要花费很多时间,甚至有时根本就无法达成一致的意见。即使群体意识存在,很快能达成一致,但这种一致只是表面虚假的附和,成员口头上同意,事实上有所保留。在决策实施时,保留意见的成员就不会尽心尽力地为决策的实施服务。这种基于群体压力等原因而迅速达成的一致意见,是需要管理者特别注意的。因为这不仅不能为完善决策起到任何作用,反而在决策实施时起到负面的影响。

(五) 基本一致原则

为避免群体意识,可采用基本一致决策。它有些方面类似多数原则,有些方面类似完全一致决策。在这种情况下,虽然有少数人的意见没有被采纳,但他们也会对最后的决策心服口服,愿意在决策实施时尽自己的努力。在复杂情形中,基本一致决策可能是最佳的选择,因为完全一致决策花费时间太多。事实上,基本一致决策也花费较多时间,但从决策的质量和可接受性程度来看是值得的。

三、群体决策的模式与方法

(一) 群体决策的模式

莫列斯(W. C. Morris)和萨谢金(M. Sashkin)提出了一种有用的群体决策方面的模式,各级管理人员和群体可以遵循这种模式。

(1) 确定问题。人们往往认为他们了解问题的情况,实际上他们常常错误地估计了情况,或者只是看到问题的表面现象或是问题的局部。所以,首先应鼓励群体下工夫把情况搞清楚,明确问题的实现。

(2) 产生解决问题的方案。人们有时只是注意解决问题的愿望和想法,而不注意解决问题是否适应形势。这个阶段就是用来延长酝酿产生方案的过程,从而防止作出不成熟的决策。研究表明,通过尽可能多的可供挑选的方案,可以大大改善所作的决定,人们考虑的主意越多,那么最后所作的决定就会考虑得越周全、越好。

(3) 针对各种活动的设想,从而得到一个解决问题的方案。虽然一种设想也许不能孤立地起作用,但它可以成为有用方案的一个组成部分。群体可以花费一定时间来综合各种设想好的成分,不要轻易否定某种不太好的可供选择的方案,因为这样不仅会使提出那个方案的人产生一种维护自己方案的阻力,而且每个被淘汰的方案之中还隐藏着可利用的价值。正确的做法是:在集中各种可供选择的方案的有益部分的基础上,提出经过反复讨论的每个人都赞成的一个或两个最优方案。

(4) 实施解决问题方案的行动计划。如果群体把所需要的各种活动进行精心的安排,如预先列出行动步骤,并确定每一步的负责人,制订协调计划等等,会使方案的实施更加顺利。

(5) 对解决问题方案的评价计划。绝大多数的群体在第(4)步就停止了,从而丧失了从实际经验总结学习的机会。我们应当吸取正反两个方面的经验,成功的方案要总结经验,为以后的决策提供较成熟的方法;失败的方案也要找出失败的原因,避免以后再犯同类的错误。当然,这种总结不应建立在猜测、试验、出错的基础上,而应建立在收集实施效果的准确信息的基础上。因此,此阶段为群体学习如何解决问题提供了极大的帮助。评价计划应安排好需要评价哪类信息,由谁来收集这些信息,以及确定什么时候需要这些信息等项目。

(6) 评价并汇总数据。对生产成果和生产过程进行评价,汇总决策行动效果和群体解决问题过程的效益的评价性数据。当群体已经收集了评价决策方案实施结果好坏的足够信息后,就应召开一次群体评议会议。群体能了解工作成果和问题是否已经解决,如果问题或问题的某些方面还未解决,那么,群体可以通过所观察的信息再循环一次作决策的全过程,也许能产生更为成熟的方案。

很明显,群体决策的程序很少是整齐划一的过程,解决问题的群体往往是跳开某些步骤的。因而,如果遵循莫列斯和萨谢金的模式,是可以大大提高群体决策效益的。

(二) 群体决策的方法

(1) 头脑风暴法(brainstorming)。在群体决策中,由于群体成员心理相互作用影响,易屈服于权威或大多数人的意见,形成所谓的"群体思维"。群体思维削弱了群体的批判精神和创造力,损害了决策的质量。为了保证群体决策的创造性,提高决策质量,管理上发展了一系列改善群体决策的方法,头脑风暴法是较为典型的一个。

头脑风暴法又称集体思考法或智力激励法,由奥斯本在1939年首先提出,并在1953年将此方法丰富和理论化。头脑风暴法是指采用会议的形式,如召集专家开座谈会征询他们的意见,把专家对过去历史资料的解释以及对未来的分析,有条理地组织起来,最终由策划者作出统一的结论,在这个基础上,找出各种问题的症结所在,提出针对具体项目的策划创意。

这种策划方法在进行会议时,策划人要充分地说明策划的主题,提供必要的相关信息,创造一个自由的空间,让各位专家充分表达自己的想法。为此,参加会议的专家的地位应当相当,以免产生权威效应,从而影响另一部分专家创造性思维的发挥。专家人数不应过多,尽量适中,一般5~12人比较合适。人数过多,策划成本会相应增大,再者会议的时间也应当适中,一般以20~60分钟效果最佳。

时间过长,容易偏离策划案的主题,时间太短,策划者很难获取充分的信息,这种策划方法要求策划者具备很强的组织能力、民主作风与指导艺术,能够抓住策划的主题,调节讨论气氛,调动专家的兴奋点,从而更好地挖掘专家潜在的智慧。

这种策划方法的优点是:获取广泛的信息、创意,互相启发,集思广益。不足之处:首先,邀请的专家人数受到一定的限制,挑选不恰当,容易导致策划的失败。其次,由于专家的地位及名誉的影响,有些专家不敢或不愿当众说出与人相异的观点。

(2) 名义群体法。名义群体法是指在决策过程中对群体成员的讨论或人际沟通加以限制,这就是"名义"一词的含义。和召开传统会议一样,群体成员都出席会议,但群体成员首先进行个体决策。具体方法是,在问题提出之后,采取以下几个步骤:

群体成员(一般以7~10人为宜)聚在一起,但在进行讨论前,群体的每个成员各自写下自己对解决这个问题的看法或观点。

在这个安静阶段之后,每个群体成员都要向群体其他人说明自己的一种观点,依次进行,每次表达一种观点,直到所有表达的观点都被记录下来,通常使用记录板或记录纸,然后再进行讨论。

接着每个群体成员独立对这些观点进行排序。最终决策结果是排序最靠前、选择最集中的那个观点。

名义群体法的优点是:更为强调各种不同意见的提出,加强对每一种意见的注意力,群体成员具有均等的机会参与决策,并表达自己的意见。某些研究成果指出,名义群体法在通过人们认识所存在的问题,愿意交流这些问题来履行工作任务时,它也许不一定优越于相互作用的群体。

(3) 德尔斐法。德尔斐法又被称为专家群体决策法,是一种更为复杂、更费时间的群体决策方法。除了不需要群体成员见面这一点之外,它与名义群体法相似。其步骤是:

在问题明确之后,要求群体成员通过填写精心设计的问卷,来提出可能解决问题的方案。

群体成员匿名并独立完成第一份问卷。

把第一次问卷调查的结果在另一个中心地点整理出来。

把整理和调整的结果分发给每个人。

在群体成员看完整理结果之后,要求他们再次提出解决问题的方案,结果通常是启发出新的解决办法,或使原有方案得到改善。

和名义群体法一样,德尔斐法能够保证群体成员免于他人的不利影响或干扰,它不需要群体成员互相见面,因此可以使地理位置分散的群体成员参与到同一个决策中。当然,德尔斐法也有其不足。因为要占用大量时间,如果需要快速作出决策,它就不适用了。群体成员相互讨论而激发创见的热烈场面,在使用德尔斐法的时候,也是不会出现的。

（4）电子会议法。电子会议法是名义群体法与计算机技术的结合,只要技术条件具备,操作就很简单了。50人左右围坐在马蹄形的桌子旁,面前除了一台计算机终端以外,一无所有。问题通过大屏幕呈现给参与者,要求他们把自己的意见输入计算机终端屏幕上,个人的意见和投票都显示在会议室中的投影屏幕上。

电子会议法的主要优势是：匿名、可靠、迅速。与会者可以采取匿名形式把自己任何想法表达出来而不用担心受到惩罚。参与者一旦把自己的想法输入计算机,所有的人都可以在屏幕上看到。而且这种方法决策迅速,因为没有闲聊,讨论不会离开主题,大家在同一时间可以互不妨碍地相互"交谈",而不会打断别人。

专家认为,电子会议法比传统的面对面的会议快55％。但这种方法也有缺点：那些打字速度快的人,与口才好但打字速度慢的人相比,能够更好地表达自己的观点；而且这种方法得到的信息不如面对面的沟通所能得到的信息丰富。虽然这种方法正处于幼年阶段,但未来的群体决策很可能会广泛地采用电子会议法。

（5）其他方法。在美国的企业中,除了上述的决策方法外,还采用培养"闯将"法和"静心思考"法等其他决策方法。前者就是培养一些"闯将",鼓励他们敢于独立思考,以他们为榜样,要人们向他们学习,敢于独立思考。"静心思考"法是指专门组织一些人员,使他们离开原来的环境,摆脱事务的干扰,到一个地方专门去研究讨论一些新的主张。事实证明,这些方法有利于集思广益,拓宽群体成员的思路。

四、群体决策的效率

群体决策的效率取决于三方面的因素：群体成员在决策中所作努力的总和；群体成员在相互作用时所产生的"集合效应"；群体活动中固有的"过程损失"。集合效应是正效应,是"过程获得",是群体决策的积极作用。过程损失是群体决策中的负向因素,包括群体决策时所耗费的附加时间以及在决策过程中某些成员不负责任的态度。提高群体决策的效能就必须提高集合效应,减少过程损失。

群体决策是实现群体目标的有效手段,很好地运用群体决策,将有助于提高群体的效率,决策的效率在很大程度上取决于决策任务的复杂程度。决策要考虑时间和代价两个方面,群体决策常常比较费时间,但代价比个人决策低。从长远看,群体决策的效率高于个人决策。

运用积极的群体决策可以提高工作效益。群体决策能够使群体成员充分参与群体活动,对共同的计划和目标形成较高的责任感和义务感；群体决策可以增强积极的价值观念,提高成员的自尊心和自信心;在认知方面,群体成员参与决策,加强了各种信息的纵向和横向交流;在工作动机方面,群体决策增加了成员的相互了解和信任,使他们更愿意承担所决定的任务和所需要的变革。

五、群体决策的两种心理现象

（一）风险转移现象

一般认为,群体决策能做到集思广益,博采众长,比个人决策更为合理,更为有效。但研究结果证明,群体决策与个人决策相比,往往更倾向于冒险,风险转移现象是相当普遍的。

在群体决策中为什么会存在风险转移现象？各国学者提出了不同的解释,主要有以下几种：

（1）风险分摊。每一种有风险的决策都与一定的责任相联系,风险越大,失败的概率也越高,决策者肩负的责任就越大。责任往往引起决策人的情绪紧张、焦虑不安,不敢贸然采取有较高风险的决策。而群体之所以采取有更大风险的决策,是因为决策后果的责任可由群体分摊,每个人都有责任,这样就减轻了个人的心理负担。

（2）领袖影响。群体中的领袖人物在群体活动中往往起着特殊的作用,他们为了显示自己的才能与胆略,往往会采取冒险水平较高的大胆决策。由于在群体中有较大的影响力,在决策中有较大的发言权,他们会采用各种方式证明决策是有根据的,因而他们的决策会被群体所接受,变成群体的决策。

（3）社会比较作用。在许多群体中,提出有根据的冒险决策会得到好评。因此,群体中的个人在提出自己的决策意见时,往往要与别人的意见进行比较。如果个人意见的冒险水平低于其他成员的平均水平,则他会担心群体可能对他有不良的印象。基于这种考虑,个人在参加群体决策时所提出意见的冒险水平要高于单独作决策时的冒险水平,也就是群体内各成员的相互比较可能产生风险转移现象。

（4）效用改变假设。假设是用效用理论的术语来解释群体决策的风险转移现象。假设认为,在群体中通过讨论彼此交换意见,会影响到个人选择方案效用的改变,同时也会改变冒险的效用,发生趋同现象。这种假设不能全面解释风险转移现象,不能解释为什么冒险效用会增加,而不是减少。

（5）"文化放大"效应。群体决策反映了社会主导文化的价值观。例如,美国人崇尚冒险,所以其群体决策较具进取性;反之,在社会价值观倡导慎重、中庸、较趋保守时,群体决策比平均的个人决策可能反而慎重些,所以这种现象又被称为两极化趋势。

（二）"小集团思想"

有时会看到这样的现象：由一些经验丰富、知识渊博的专家组成的群体,会作出一般人凭常识也不会作出的荒谬的决策。

"小集团思想"是美国心理学家杰尼斯提出的,他分析了各种军事和政治决策,发现了这一现象。所谓"小集团思想"是"参与一个统一群体中的人们的一种思想作风,在这个群体中,认为追求思想一致比现实地评价各种可能行动方案更为重要"。这一群体的成员认为保持群体统一、创造和谐的气氛有特殊的意义。由于把这一目的摆在首位,往往不能理智地分析各种可能的备选方案,使决策质量受到影响。

在具有小集团思想的群体里,如果某一群体成员不接受领袖人物或多数人的意见,会受到孤立、嘲笑或排斥,在这种条件下即使群体成员对决策有怀疑也不敢公开发表意见,这样会造成一批俯首帖耳的顺从者;其成员往往会封锁、怀疑群体决策正确性的消息,而严重影响群体决策的质量;这种群体有时会过高估计成功的概率,过低估计失败的概率,认为本群体的决策一定能成功,或过高估计自己群体所拥有的物质手段、自己组织的专长,而对外部条件、敌方力量估计过低。总之,"小集团思想"一方面会提高群体的内聚力和群体成员的自我满意感;另一方面却会降低决策的质量,使群体决策的效果比个人决策的效果更差。

"小集团思想"的现象确实在某些决策群体中出现,在管理中要注意这种现象,并采取适当措施克服和防止不利影响。

六、影响群体决策的因素

群体决策受到以下因素的影响。

(一) 成员特点

成员的年龄构成会对决策的结果有所影响,韦伯对此作了以下研究:

使用四组人进行决策方面的调查研究:

(1) 高级经理人员(平均 47 岁)。

(2) 中级经理人员(平均 40 岁)。

(3) 年轻经理人员(平均 32 岁)。

(4) 工商管理硕士(平均 25 岁)和管理专业本科生(平均 20 岁)。

根据韦伯的研究,结果显示:年龄影响决策,一般来讲,年龄低的组使用群体决策效果好;年龄增长,群体决策与优秀选择的差距加大;不同类型人的群体决策得分接近。

(二) 群体规模

一些有关群体规模与决策关系的研究得到了有益的结果。例如:5~11 人最有效,能得出较正确的结论;2~5 人,能得到相对比较一致的意见;规模大的群体意见可能增加,但与人数不成正增长,这可能是产生相关的小群体造成的;4~5 人的群体易感满意。若以意见一致为重点,2~5 人合适;若以质量一致为重点,5~11 人合适,人数再多可能双方的意见差距就会显现出来。

（三）决策程序

决策中,群体成员如果平等排列,不突出组长,则决策质量高,时间短,容易达成一致意见。

（四）人际关系

团队成员彼此间过去有没有成见、偏见,或相互干扰的人际因素,这些也会影响到群体决策的效果。

（五）会议环境

群体决策在会议中产生,会议环境的好坏对群体决策的质量有影响。当会议环境安静、舒适,座位安排利于与会者之间的交流,将会使决策会议过程顺利进行,气氛热烈,结果会产生更多的思想火花,使得决策质量提高。

（六）时间

有人把决策类型划分为时间敏感决策和知识敏感决策。前者指那些必须迅速而尽量准确的决策,而后者对时间的要求不是非常严格,其执行效果主要取决于质量,而非速度,制订这类决策时,要求人们充分利用知识,作出尽可能正确的选择。

思 考 题

1. 何谓决策？决策的一般特征是什么？
2. 决策的基本原则有哪些？
3. 影响群体决策效率的因素有哪些？
4. 群体决策的主要方法有哪些？
5. 影响群体决策的因素有哪些？

第八章 团队与团队管理

学习目标

1. 了解团队产生的背景,掌握团队的概念,正确区分团队与群体的区别与联系
2. 描述团队的形成过程,并能识别不同的团队类型
3. 理解团队构建的动因,学会如何构建一个团队,以及在构建团队时考虑的因素
4. 理解团队管理的目标,熟记高效团队的特征,理解并能建设团队精神
5. 了解提高团队效能的方法,熟悉团队冲突管理的内容,并掌握减少团队冲突的措施

第一节 团队概述

一、团队的概念

随着经济全球化进程的不断加快,现代企业经营环境发生了重大变化,其主要特征表现为复杂性、动态性和不确定性。传统的严格等级制的组织模式和个人决策式的管理方式已远远不能适应瞬息万变的市场环境的要求,必须依靠新型的组织机构和管理方式进行管理和决策。团队在组织中的出现,就是组织适应这种快速变化环境要求的结果,即"团队是高效组织应付环境变化的最好方法之一"。

20世纪70年代末,当沃尔沃、丰田、通用汽车等公司把团队引入它们的生产过程中时,曾在世界轰动一时。据调查表明,80年代以来,团队在美国企业中大量出现,70%以

上的组织拥有一个以上的团队,而像 IBM、GE、AT&T、惠普公司等世界五百强的大公司中,所拥有的团队均达百个之多,团队已经成为企业的基本商业运作模式。同时,为了适应环境不断变化的要求,许多企业开始走向合作,在企业之间出现一些跨组织的团队,如波音公司在开发777客机过程中,先后组建了235个团队。

团队在现代企业经营管理中如此重要,那么到底什么是团队?又应该如何定义团队呢?

(一) 学术界对团队概念的不同的理解

团队是一个开放性的系统,它能与外部环境不断地进行物质、能量和信息的交换。当团队内部或外部环境发生变化时,在内部动力机制的作用下,团队能够产生出适应新环境的新结构和相应的演化模式。

团队是一个由少数成员组成的小组,小组成员具备相辅相成的技术和技能,有共同的目标,有共同的评估和做事方法,他们共同承担最终的结果和责任。

团队是成员自觉努力,相互取长补短,整体绩效大于个体绩效之和的群体。

团队是指在工作中紧密协作并相互负责的一小群人,他们拥有共同的目的、绩效目标以及工作方法,并自我约束。

以上几种观点,是不同学者对团队内涵的不同界定。管理学大师德鲁克指出,团队是应组织某项或某系列任务的需求而组成,其成员必须相互依赖与合作,才能完成任务。即团队是为了特定的任务所产生,团队成员的相互依赖程度很高,每一位成员自身无法单独运作,一定要其他成员配合,团队讲求合作,以共同的努力来谋求团队目标的达成。

英国著名的组织文化和社会心理学家尼克·海伊斯(Nicky Hayes)认为:并非任意的群体都可称作团队,团队是一个使人想到了运动员在接力赛中的形象,想到了足球队在球场踢球的形象。

罗宾斯认为:工作团队通过其成员的共同努力能够产生积极协同作用,其团队成员努力的结果使团队的绩效水平远大于个体成员绩效的总和。

工作团队则是一种为了实现某一目标而由相互协作的个体组成的正式群体。

(二) 团队的定义

综合以上各种学术界的观点,结合现实情况,我们对团队这一概念作出如下定义:团队是一个为了实现共同目标而彼此协调、信任、共同承担责任,并充分发挥各自才能的一个充满生命力和活力并能适应环境变化的群体。

二、团队与群体的区别和联系

我们必须明确,群体和团队肯定不是同一个概念。在早期日本企业中,群体起了很大的作用,但是现在随着环境不断变化,团队越来越受到关注。

(一)团队与群体的联系

团队与群体之间是包含与被包含的关系,群体包含了团队,群体的范围大得多,也广泛得多,团队只是群体的一部分,团队是建立在群体之上的,以群体为依托的。任何形式的团队都可以看做是一个群体,但是团队是个更高要求、更高水平的群体。群体要成为真正意义上的团队,则需要具备一定的条件。

(二)团队与群体的区别

(1) 从目标的角度分析:群体不强调目标,而团队强调要具有明确的目标,并且团队成员参与目标的制订,团队整体的目标与团队成员的个人目标是高度相关的。

(2) 从协同作用和绩效的角度分析:群体中的成员不一定要参与到需要共同努力的集体工作中,因此,群体的绩效,仅仅是每个群体成员个人贡献的总和。在群体中,不存在一种积极的协同作用,能够使群体的总体绩效水平大于个人绩效之和。团队则不同,它通过团队的积极协同作用,提高组织绩效,其团队成员努力的结果使团队的绩效水平远大于个体成员绩效的总和。

(3) 从成员技能的角度分析:群体成员有相似的或相同的技能,并且群体成员有很大的替代性。在团队中,团队成员的技能是互补的,每个人的技能都有差异,不同的人拥有不同的技能,担任不同的角色。

(4) 从对成员素质要求的角度分析:群体成员素质要求较低,而团队队员素质要求较高。

(5) 从人际关系的角度分析:群体中的人们更多的是以工作关系或人际关系结合在一起,比如在同一个部门工作,年龄相似或兴趣爱好相同等。而团队成员之间的人际关系较好、较融洽,团队队员之间能建立充分信任,并能充分分享信息。

(6) 从分享责任的角度分析:群体是由一群相互依赖、相互影响的人组成的,但他们各自承担独立的责任,努力的重点在于取得个人成就,并且群体中领导的责任大。而在团队中人人都有责任,团队成员为团队的成功承担共同的责任。

(7) 从适应性的角度分析:群体中个人较独立,很难接受新事物,即使接受了新事物也很难达成共识。而团队易于接受新观念和新的工作方式,团队具有较大的适应性。

三、团队的形成过程与类型

(一)团队的形成过程

团队的形成过程可分为以下五个阶段:

(1) 初创期。团队在初创期的主要任务是确立团队目标、选拔团队的成员、明确团队成员的岗位以及职责、制订信息输入输出的渠道及标准,并且让团队成员之间进行初步接触。在初创期团队成员感觉十分新奇、茫然,并且内心充满着矛盾和恐惧,他们往往是被动的,只有不断地适应环境来保护自己。

(2) 磨合期。在磨合期,团队成员之间相互了解、提供支持,逐步建立彼此之间的信任和依赖关系,团队成员喜欢相互沟通,并且经常进行讨论,在讨论过程中,不可避免就会产生争论和冲突,然而团队成员就是在这种争论或冲突过程中达成共识,加深彼此之间的了解和信任。

(3) 发展期。团队成员对自己在团队中担任的角色和共同解决问题的方法达成共识,他们都能以愉快的心情努力工作、完成任务并主动解决工作中的矛盾和冲突,在发展期,团队成员配合比较默契,并且团队成员之间能相互体谅各自的困难。

(4) 成熟期。在成熟期,团队属于高效运作阶段。团队成员之间相互关心、相互支持,身为团队成员有强烈的自豪感。团队成员努力高效地工作,并有效圆满地解决问题、完成任务,团队形成良好的沟通,并且内部达到高度统一。

(5) 维持期。在维持期,要对团队成员进行培养和培训,不断增加团队成员自身的价值,企业要提供一个良好的团队学习的环境,让团队成员获取更多新的技能,团队成员自身素质提高了,才能为企业创造更多的价值,并能更好地适应环境的变化。

(二) 团队的类型

团队的类型有很多种,既有正式的也有非正式的,每种团队都有与其相适应的特定工作。团队领导需弄清团队工作的目标、团队的工作和任务,并以最适合的团队工作方式来组建团队。

团队的类型主要包括以下几种:

(1) 质量圈(QC)。质量圈是小型的雇员群体,他们聚集在一起,以解决与质量有关的问题,如质量控制、成本降低、生产计划,甚至产品设计。质量圈的成员们都受过技术方面的培训,他们一周大约有一次在公司上班的时间聚到一起,把那些超出其控制范围的问题报告给管理层。

(2) 解决问题型团队。解决问题型团队是为了解决某个或若干个问题而组织起来的团队。一般由5~12个人员组成,经常对如何提高产品质量、生产效率、如何改进工作程序、工作方法以及如何改善工作环境等问题互相交换看法或提供建议。

(3) 自我管理型团队。自我管理型团队(又被称为自治性的工作群体)通常由10~15人组成。这种团队是真正独立自主的团队,不仅注意问题的解决,而且执行解决问题的方案,并对工作结果承担全部责任。目前,在美国,包括施乐、通用汽车、百事可乐、惠普等著名大公司在内,大约1/5的公司采用了自我管理形式。自我管理型团队在许多著名公司里起到了明显节约成本、提高生产率和员工满意度的作用,并能充分调动员工参与决策过程的积极性。

(4) 跨职能团队。跨职能团队由代表公司内多种职能(如制造、工程、财务、营销和销售)的成员所组成,团队的成立是为了在产品开发、过程改进和资源分配等领域中的职能之间的协调。跨职能团队能更好地连接上游和下游的组织活动,把决策推给那些具有实际专业知识的人,并且加快协调。跨职能团队是一种有效的方式,它能使组织内(甚至组织之间)不同领域员工之间交换信息,并激发出新的观点,从而解决面临的问题,协调各种复杂的项目。但是团队成员们经常需要学习时间,以学会如何把他们的不同观点集合在一起。

(5) 项目团队。企业为了完成一项重大项目而建立起来的团队,是在一个项目实施期间组织起来的一组成员,来共同负责这个项目。项目团队依赖于队员之间的相互理解和组织良好的工作习惯,并且要求大量的子团队、子任务以及详细计划和严格的训练。例如,IBM公司、通用汽车公司、丰田公司、摩托罗拉公司等大型公司在完成重大项目时都采用项目团队的组织形式。

(6) 高层管理团队。一个由首席执行官领导的多功能团队,按职责来选择团队成员,并对公司重大事件进行决策。

(7) 职能型团队。职能型团队又称职能部门工作团队,是一种以职能部门成员为主而建立起来的团队。

(8) 业务团队。业务团队是指在公司中负责实施一个长期项目的一组人员。为使团队工作有效率,领导者发挥着重要作用,但领导者通常要接受严密的监督。

(9) 决策型团队。决策型团队作出决定以后使人们能够接受并在认同的基础上实行,如管理执行委员会、管理董事会、监督董事会、大学学术委员会,或在诊所中会诊的医生等。

(10) 正式支援团队。正式支援团队主要承担着沉重的日常工作,依赖于操作程序,负责对各部门提供支持和服务,如财务、信息系统、行政和人事等团队。

(11) 工作型团队。工作型团队,如医院手术室、警察局SWAT团队、NASA空间组和其他的生产单元,必须协调他们每天持续的努力成果。

(12) 应变团队。应变团队是一组专为应付变化而组织起来的专家,他们的价值在于集体的力量。通过运用新的方式来影响公司文化,以获得根本性的提高。

(13) 热点小组。该小组专注于诸如开发新市场、创造新产品计划等的任务,由适应性强、独立、成效高的人员组成,他们会就设想而提问并迅速找到可能的答案。

(14) 临时任务小组。一支短期团队,为研究或解决某个专门问题或事件并向管理部门汇报而建立的,如建立新信息技术系统,解决生产瓶颈,或其他类似问题,大多是时间限制较为紧凑的任务。

(15) 跨国性的团队。跨国性的团队由来自不同国家的人组成。随着组织运作的全球性,包括合资公司团队在内的跨国性团队的数目也在相应地增长。国籍能影响个体们的认知方式、价值、非语言的行为和语言,所有这些都影响团队的行为。

第二节　团　队　构　建

一、团队构建的动因

管理学大师德鲁克在《哈佛企管学报》上宣称:"工作团队(work team)"将逐渐取代组织中传统形态的部门,成为完成工作的中心。组织营运的成败,有赖于团队运作的顺畅。

今天,工作团队已经成为世界上许多著名公司的一种重要运作方式,有的公司甚至以团队方式来进行组织重构。事实表明,如果某种工作任务需要多种技能、经验,那么由团队来完成效果通常优于个人。工作团队既有助于个体才能的发挥,又有助于组织运行效率的提高,并且有助于更好地利用员工的技能,在复杂多变的环境中,团队比传统的部门结构或其他固定的群体更灵活、反映更迅速,因此,团队更能适应当今环境的快速变化。

团队构建的动因可以从以下几方面来进行分析。

(一) 效率的提高

团队打破了传统的严格等级制的组织模式和个人决策式的管理方式,最大限度地发挥企业管理者、员工的智慧和潜能,进行集成式的民主管理与民主决策,不仅提高了组织的局部效率,而且从根本上改变了组织的构造和运作方式,提高了组织的整体运作效率、经济效益以及组织的生产率,进而提高企业的持续竞争能力,并创造企业持续发展的环境。

(二) 人力资源的充分利用及成本的降低

组建团队时可以根据企业中人力资源的状况选拔人才,使得企业中的每个人都能充分发挥自己的才能与智慧,提高企业中人力资源的利用效率;团队有助于企业更好地发挥员工的能力,激励员工,促进员工参与决策;团队管理更加强调员工在团队中的价值,强调员工对管理工作的参与性,最大限度地满足个人发展的需求,从而调动员工的积极性,使员工产生越来越强烈的参与感,并使他们乐于奉献;同时团队成员相互之间的帮助和支持,以团队方式开展工作,促进了成员之间的合作并提高了员工的士气和动力。团队不仅鼓励其成员追求卓越的工作表现,还创造了一种增加工作满意度的良好氛围,良好的工作氛围更能激发员工的工作潜能,创造更大的价值,从而使得人力资源得以充分利用。

随着现代经济的发展,人力资源的成本在所有成本中的比例越来越高,在工业革命的早期,人力资源的成本只占所有成本的5%~10%了。而现在,在发达的工业国家,人力资源成本已经占到所有成本的 60% 左右,某些企业已经高达 80% 以上,在中国,目前企业人力资源的成本占所有成本的 20%~40%。随着中国社会市场经济的发展,这一比例的上升是肯定的。团队使员工各尽其才,技能互补,极少有浪费人力资源的现象发生,从而降低了企业成本。

（三）战略规划

采用团队形式,尤其是自我管理工作团队的形式,使管理者可以有更多的时间去作战略规划,进行战略思考。

（四）决策制订

把一些决策权下放给团队,一方面加快了决策速度,使组织在作出决策方面更具有灵活性;另一方面提高了决策质量,团队成员有不同背景、经历,风格各异的个体组成的团队作出决策,要比单个个体的决策更有创意,决策的质量也更高。

（五）企业文化

团队建设与团队管理促进了优秀的企业文化,而优秀的企业文化也有利于团队的生存和成长。企业文化决定了企业未来发展的方向和潜力。

二、团队构建的过程

创建团队的基本原理,就是要把团队的创建看成是一个系统的、有计划的过程,而并不仅仅是一个事件。团队创建的过程就是以开放坦诚的沟通以及共同参与的问题解决方式,促进团队成员的心理成长与人际技巧的提高,从而进一步提升团队合作的品质。

团队可以产生更强的竞争力、更快的决策、更少层次的管理层次、更高的承诺和质量以及更高的员工满意度,但是团队难以管理、支持和评估。创建团队要求在培训和组织设计方面进行投资,这就意味着要在已有的组织系统和团队所处的组织文化方面进行改变,在习惯、价值观和信念方面作出根本性变革。所以任何一个组织在考虑构建团队时,要看自己的企业是否适合构建团队,除非潜在的优势超过成本,否则不要急于构建团队。

在构建团队之前,首先应该分析企业是否具备以下条件:

(1) 企业是否处于竞争环境中。
(2) 企业现在的管理模式是否适合构建团队。
(3) 企业的技术状况是否适合构建团队。
(4) 企业的资源是否适合构建团队。
(5) 企业是否有足够的时间组织和构建团队。
(6) 企业的组织文化是否支持构建团队。

如何构建一个团队？团队的构建过程分为以下步骤。

（一）团队目标的制定

团队目标的制定过程中首先要对目标进行分析，制定目标要明确、具体、定量与定性相互结合，并且可实现，工作目标是全体成员共同参与讨论达成共识的。利用动力，具有上进心、挑战性的目标比那些小的、具体的目标更能产生工作动力。团队在创建过程中要考虑短期目标与长期目标，避免短期行为发生，长远目标给全体成员指明了努力的方向，一切工作都向它靠近，一切任务都服从这个目标。同时也可以进行目标管理，团队成员自己制订自己的目标、完成自己制订的目标、并检验自己的目标是否实现，让成员感受到自尊、自强、自信和主人翁责任感，这样工作起来自觉、积极、效率高。

（二）团队规模的确定

把团队成员人数控制在12人以内，否则难以形成凝聚力、忠诚感和相互信赖感。

（三）团队成员的选择

一个优秀的团队至少应该具备以下三种技能的人才：第一，具有技术专长；第二，具有解决问题和决策技能；第三，若干具有善于聆听、反馈、解决冲突及协调人际关系技能。同时，团队成员还应该具有自我管理能力以及要有强烈的责任感，团队成员要能与团队同担风险、共命运。因此，在选择团队成员的过程中，要充分考虑团队成员的能力，对候选人进行能力的评估，从而为团队选择合适的成员。

（四）团队领导的选择

团队领导者要发挥管理中感情因素的作用，努力创造融洽和谐的人际关系和心情舒畅的心理环境，形成团队的整体凝聚力和竞争力，同时重视成员个人需求的多样性，尊重个人。

（五）团队制度的制定

制订出团队管理过程中的各种制度，使得管理规范化，如团队成员工作职责、薪酬、业绩评估、奖励等制度，团队所有成员要共同努力，使团队工作达到最佳状态，并使他们能在为团队作出最好的贡献前提下，提高自己的工作能力。赋予团队成员全部工作职责，保证他们的最佳业绩，并对业绩进行评估，制订评估方案并贯彻执行，给予业绩表现突出的适当奖励。

（六）团队资源的配备

团队建设必须以充足的资源作为物质前提和基本保障，包括信息、资金、设备、原材料、技术和销售等。

（七）反馈系统的建立

团队在工作进程中，必须及时得到工作反馈，以便对工作中出现的新问题和新情况作出适当调整。

（八）支持系统的建立

虽然在成功的团队中，一定程度的独立自主是必要的，但事实上很少有团队能够完全独立，在公司内部培养良好的相互支持的关系网，可以满足团队的需要和公司的要求。应提供基本支持，并建立和管理人员的联系。

（九）特色化的团队文化，个性化的团队精神的建立

团队文化是通过符号、故事和仪式传播关于团队和团队工作的价值观。团队要强调合作，相互责任和信息交换的团队文化。团队建设强调文化要素在管理系统中的主导作用，强调在精神激励和物质刺激的关系中，把精神激励放在首位。团队文化的精髓是提倡群体为本，引导成员乐于奉献，以团队利益为重。团队成员要富于创造精神，团队建设要不断有新思路、新办法、新途径，出新成果。这要求团队成员在工作中不断摆脱旧的思维方式、价值观念和束缚，解放思想，转变观念。

团队在构建过程要不断地根据企业的实际情况进行步骤调整，并且不断地进行完善和补充。

【案例 8-1】

西南航空公司——发展最快的航空公司

西南航空公司由于在可靠性、安全性和客户满意度方面都有着最好的记录，所以成为20世纪90年代发展最快的航空公司。

根据吉特尔所言，西南航空公司战略依靠的是迅速的往返时间，与普通航班平均43分钟相比，西南航空公司从降落、卸载、服务、重新装载到起飞平均只需要17分钟。在这个战略的背后，是因为拥有从飞行员到机舱清洁工10个不同的职能小组相互协作而形成的多功能团队。西南航空公司没有在不同职能小组之间增加昂贵的缓冲措施，也没有建立更深的等级制度，而是给予一线的雇员更多的决策责任。这些不同职能的工人相互交流，共同提高他们合作的能力，而不是把失败责任推卸给别人。团队成员互通其他地区机场的相关情况和天气消息，而且在飞机降落时参与快速的决策。这样，内部管理和边界管理都得到了顺利进展。这种相互依赖性的培养是靠项目管理者实现的：即通过各职能部门共同承担责任，平均分享组织文化、共享金钱报酬、团队工作技能的培训和挑选以及柔性化的工作章程。正如吉特尔所言："这一系列行为的组合，为雇员在各职能部门之间传递信息提供了中介，激励他们按照这样去做，同时也为加强他们之间潜在关系提供了一种媒介。"

案例来源：http://www.ce.cn/books/jhsz/szlz/wwyk/wwyk/200503/04/t20050304_3232887.btk.

三、团队的构造

（一）团队的结构

任何团队都是由团队的领导者与团队的成员构成。团队的领导者要根据任务仔细配备团队成员的技能,并进行角色的分配;团队的领导者要发现适合的新成员,善于发现每个成员的才华,了解每个成员的个性,善于激励每个成员,提高团队合作精神;同时作为团队的领导者还必须整合团队的凝聚力,把团队成员整合在一起,共同为团队目标的实现作出贡献;团队领导者的主要任务和职责是实现团队的目标。团队的领导者应该努力营造一个积极的氛围,将刻板和嫉妒排除在外,从而使人们在这种积极氛围中相互竞争。领导者还应该耐心地倾听每个成员的见解,然后再为整个团队作出决策。一个真正的领导者应当起促进、激励和实施的作用,而不是进行控制。

要解决团队中的冲突问题,团队领导者至关重要,而所有的团队领导者都必须有鲜明的个人特点以显示其影响力和能力。这些品质有内在的素质和外在表现,如图8-1所示。

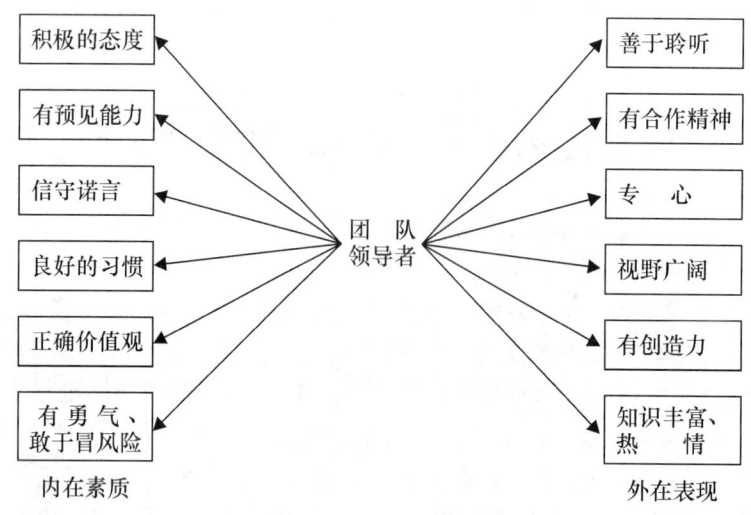

图8-1　团队领导者的个人品质

R. Meredith Belbin 在其所著的《团队管理:他们为什么成功或失败》一书中,将团队成员划分为八个类型:实现者、合作者、塑造者、高智商者、协调者、监控执行者、团队的建造者、完美主义者。还有的把团队成员的角色定义为提建议者、评论者、执行者、协调者、联络者、督促者等。不管如何定义团队成员的角色,团队成员都应该要充满热情和主动精神,发挥自己的特色、专长和技能,去配合团队领导者的工作,为实现团队的目标而共同努力。

(二)团队的支持系统

团队的支持系统如图 8-2 所示。

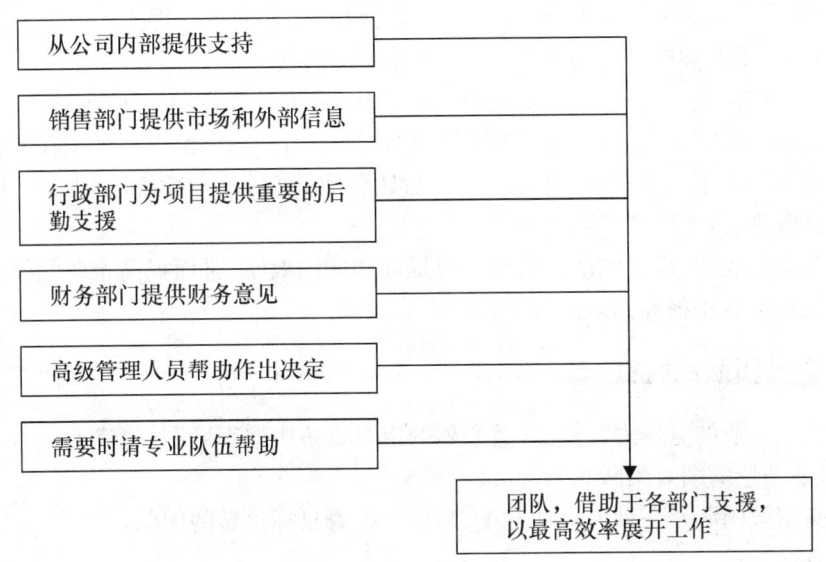

图 8-2　团队支持系统图示

第三节　团　队　管　理

一、团队管理的目标

团队管理是基于团队的智慧和能力进行管理和决策的一种管理方式,成为当今企业管理的主流模式。

美国《财富》杂志把团队管理称作"90 年代生产力的突破"。环境要求企业有一个更加具有活力、适应性和创造力的体制。事实上,美国五百强企业中有一半以上的企业都采用团队管理形式,北美 90% 的企业都会采用某种形式的团队管理。

案例研究表明,许多公司都在成功地实行团队管理,通用汽车公司分公司把团队视做在其职责范围内不受任何干扰而完成任务的小单位,每个单位自己布置任务、计划工作、维修设备、作记录、寻求货源、自行选拔人,团队领导在团队成员间经常轮换。

柯达公司的成功在一定程度上归功于该公司的斑马团队(一个生产胶卷的部门)。为了提高工序效率,该团队鼓励员工献计献策,管理部门支持并采取积极措施对高效、良策和解决问题献计进行奖励,这一氛围促使产品质量不断提高。

得克萨斯仪器公司为提高生产效率也采用了团队管理。在实行团队管理的6个月里,该公司取得了意想不到的效果,生产周期缩短了一半,废料减少了60%,生产率提高了30%。除了塞特恩和克莱斯勒这类公司外,还没有哪家公司像得克萨斯仪器公司这类公司这样,能在如此短的时间内将生产率提高到如此水平。

国际上一些大企业,如宝洁公司实行团队管理后,生产成本降低了30%~50%;美国快递公司实行团队管理后,1年内服务质量问题减少了13%;电话电报公司在实行团队管理后业务处理量翻了一番;通用电器公司实行团队管理后,生产率提高到250%;施乐公司实行团队管理后,生产率提高了30%。

以上数据都表明,良好的团队管理可以提高团队的效率,进而提高企业的效率。进行团队管理的目标就是提高团队的效率。

二、高效团队的特征

为了增加企业的竞争力,并在日益激烈的市场竞争中取得胜利,现代企业不仅要组建团队,而且要塑造高绩效团队。

所谓高绩效团队是一种能自动变革、高效率朝着目标运转的团队,其特征主要表现在以下几个方面。

(一)清晰的目标、共同的愿景

高效团队对所要达到的目标有清楚的了解,团队每个成员共同努力,为了共同愿景而奋斗。

(二)团队成员的素质高

高绩效的团队是由一群有能力、高素质的成员组成的,他们具备实现目标所必需的技术能力,而且相互之间有能够进行协调与合作的个性品质,为实现目标准备了基础。

(三)一致的承诺

高绩效团队的成员对团队表现出高度的忠诚和承诺,为了团队获得成功,他们愿意去付出任何努力,对团队有强烈的认同感,对团队目标有奉献精神,并为实现目标调动和发挥自己的最大潜能,我们把这种忠诚和奉献称为一致的承诺。

(四)团队成员之间的充分信任

充分的信任为高绩效团队良好运作扫除了障碍。

(五)团队成员之间良好的沟通

沟通渠道畅通,信息反馈系统的建立,帮助管理者指导团队成员的行动,并消除误解。

(六)良好的团队支持系统

内部支持即组织结构合理,如良好的工作条件、合理的报酬系统、绩效评估系统、人力资源系统等和外部支持即完成工作所必需的各种资源。

第八章　团队与团队管理

（七）高效的领导者

高效的领导者能够向成员阐明变革的可能性，鼓舞团队成员的自信心，帮助他们更充分地了解自己的潜力。

（八）良好的团队管理

高绩效的团队取决于良好的团队运作与团队管理，团队运作的方法决定了一个团队的行为效率，团队的特性在于如何最大限度发挥团队资源的作用，而其中最重要的是人力资源管理，包括团队的组成与调配、团队职位与角色的分析与评估、团队绩效与个人绩效的考核评价，以及与此相适应的薪酬体系的设计与实施。高绩效团队具有良好的团队价值评价体系和价值分配体系，价值评价体系是对团队运作和团队绩效的一种牵引，价值分配体系则是对团队运作和团队绩效的激励与回报。

三、团队精神的打造——有效协作的内在动力

共同的价值观是解决团队中矛盾、争论和冲突的关键。当然，团队的价值观必须建立在企业的核心价值观的基础上。没有共同的价值观，一个团队很难凝聚为一个整体，因而也就失去了运作的基础。团队价值中最重要的就是团队精神。

如何发挥团队整体的高效能，如何建立良好的团队绩效，如何达成团队的永续经营？最佳答案就是建设团队精神。

在像 P&G 公司、摩托罗拉公司、波音飞机制造公司等这样的成功企业中，团队精神已成为企业文化的重要部分，甚至已成为其竞争优势的有力源泉。同时，团队精神已成为企业对 MBA 培养的主要内容之一。

（一）团队精神的引出

有这样一个经典故事：一个和尚挑水吃，两个和尚抬水吃，三个和尚没水吃。它告诉我们：中国人的群体较多会出现整体的绩效小于个人绩效总和的情况，即出现 1+1<2，甚至 1+1=0 的情况。"一个中国人是条龙，三个中国人是条虫"，这句话也同样暗示中国人一旦聚合起来，其整体绩效往往是剧减的。中国人的群体是不是缺乏团队精神？

（二）团队精神的概念

团队精神是团队成员为了团队的共同利益和共同目标而彼此间相互协作的一种习惯。团队精神包含了两个方面：一是在团队与其成员之间的关系方面，团队精神表现为成员对团队的强烈归属感和自豪感。团队成员对团队忠诚、对待工作认真负责、全心投入，强调自愿自主的奉献。二是在团队成员之间的关系上，团队精神表现为成员间的相互协作与信任。团队成员彼此间相互尊重、相互谦让、相互信任、相互帮助、相互学习，并在不断的学习与沟通中加强彼此的信任和合作的默契。

团队精神的特征主要表现为:实施参与管理、认同团队目标、沟通无障碍、创意能力发挥、合作与竞争、成员之间的相互凝聚。

(三)团队精神的建设

团队精神的建设可从以下几个方面考虑:

(1)培养团队文化。团队文化的精髓在于培养团队成员的价值观。科茨和波恩纳在他们的畅销书《挑战领导》中写道:"价值观包含的是那些对我们来说最重要的东西。价值观是那些深深根植于内部的、最基础的、几乎影响到我们生活中各个方面的标准。例如:我们对事物的判断标准、对他人所持有的态度、对个人和组织目标的责任等等。价值观每天都在为组织各个层次的决策提供方向性指导。"团队成员的价值观构成了团队文化的基础。

(2)建立共同愿景。共同愿景就是团队目标的感性化,它能产生一种强大的感召力与驱动力,并且孕育无限创造力,从而激发团队成员的热情与激情,引导团队成员去实现自我价值。

(3)增强团队凝聚力。在日常工作中要保持和增强团队的凝聚力,沟通是一个重要环节,畅通的沟通渠道、频繁的信息交流,使团队的每个成员之间能更快更好地获得信息,这样使得工作更有效果,目标更能顺利实现。当个人的目标和团队目标一致的时候,员工就容易产生对公司的信任,士气会提高,凝聚力能更深刻地体现出来。

(4)培养团队的工作氛围。团队要具有开放、良好的工作氛围。只有在良好的工作氛围中,团队成员才能表现出较强的事业心和责任感,对团队的业绩表现出一种荣誉感和骄傲,并且乐意积极承担团队的任务。

(5)帮助团队成员发展。帮助成员寻找合适的位置,帮助成员进行生涯规划,创造平等参与的机会,激励成员充分发挥才能,鼓励成员不断充电,不断提升,共同提高。

总之,建立团队精神,有利于明确团队的使命,完善团队的管理方法,提高团队的效能,发挥团队的潜能。

【案例 8-2】

ACCA大中华区事务总监叶慧俐

叶慧俐给人的感觉是人如其名:智慧、伶俐。说到团队管理,这位在台湾出生、香港长大、曾留学英国的女性身上,多少带有"港派老板"自信、实在、变通的管理风格。她向记者坦言,中国市场很大,ACCA大中华区的员工却仅有52人。由于ACCA不是盈利机构,ACCA员工的薪水来自会员的会费等,因此ACCA对人员的聘用要尽量控制成本。有时因为工作需要,一个人恨不得掰成两个人使用。因此,如何利用仅有的人力发挥出更大的工作效率,常常是管理者要思考的问题。

尽管仅是一个拥有52名员工的团队,但由于ACCA刚开始提出大力开拓中国内地市场时,面对的一切都是新的:新市场、新员工、新管理,因此作为ACCA英国总部直接任命的大中华区的"头",叶慧俐承认管理工作并不轻松。谈及12年的ACCA大中华区事务总监工作的体会,叶慧俐轻轻一句:"我适合,我胜任,所以我快乐。"

时刻相信1+1>2

叶慧俐说,我们面对的是一个群体社会,因此团队精神对一个团队发展来说是很重要的。特别是在香港,ACCA经常要举办大型活动,如何利用有限的人手办好大型活动,就要发挥团队精神。"作为管理层,我很重视团队的合作精神,并会努力营造一种团队的共同合作精神,一定要确保大家为了共同的目标共进退。"叶慧俐说:"我常说开会时大家可以有不同意见,但要永远记得我们是一个团队,要相信1+1要比2大得多。我也经常跟我们4个办事处的负责人强调团队精神。要确保大家一条心,有共同理想:如何把ACCA做得更好,如何服务我们的会员? 要允许下属提一些不同的意见,不要让他们害怕发出不同声音。"

案例来源:http://www.chinahrd.net/zhi_sk/article.asp? article ID=44743.

四、提高团队效能的方法

尽管对于如何提高团队效能没有普遍赞同的方法,各个团队也有各自不同的风格。然而许多成功的团队还是有着共同途径的,最成功、最有影响力的提高团队效能的办法是一些很多人认为最最基本的东西,提高团队效能的方法有以下几种。

(一)把握决策时机

决策是指在两个或多个可供选择的方案中作出判断和选择,团队中的每个成员每天都要作出许多决策,而每项决策都涉及一系列其他的决定,尤其是会涉及要决定何时解决问题、谁参与决策过程,以及有什么替代方案可供考虑。这些相关的决定做对了,才能制订正确的行动步骤。然而在作决策的过程中,时机的把握非常重要,在正确的时候作出正确的决策才是最有效率的。

(二)设定明确目标

目标是制定计划之本,无论是作长期、中期计划,还是作短期计划,均如此。设定有弹性、周到而又可行的子目标,有助于团队取得最终目标。

制定目标要明确、具体,定量与定性相互结合,并且可实现,工作目标由全体成员共同参与讨论达成共识,目标由成员自己制定、自己完成、自己验收。要让团队所有成员相信团队的目标紧迫且有价值,让成员了解团队对他们的期望。

(三) 利用积极反馈、赞赏、报酬的影响

对团队成员所作工作的积极反馈，有利于团队成员及时地掌握信息，提高工作效能，并且经常性地对团队成员的努力工作进行公开的赞赏，这种真诚的态度可以鼓励人们不断地作出贡献。同时公平、公正、公开奖励，奖励优秀业绩可采取不同的形式：加薪、发奖金、分红，以及给予休假或奖品等褒奖。奖励制度的目的就是为了激励团队和个人更好地工作。作为一个团队的领导，我们应承认，团队成员有资格分享他们创造的财富和荣誉，并且团队成员能够共享的这种满足感成为对团队成员最珍贵的奖励。

五、团队的冲突管理

卡兹伯克、史密斯在《聪明的团队》(The Wisdom of Team)中指出："冲突……在团队工作中必不可少。我们几乎没有看到哪怕一个团队，能够毫无矛盾地具有独特经验、价值观、期望值等特征的个体，融合为具有共同目标、共同行为标准的团队。围绕冲突，最大的挑战是如何发挥其积极作用，而非单纯地容忍其存在。"

(一) 团队中的冲突

(1) 目标冲突。目标冲突包括团队目标与成员目标冲突，成员之间目标冲突等问题。团队产生目标冲突的根本原因就是团队中缺乏组织共同目标的导向性。

(2) 成员冲突。团队成员之间由于信息、沟通、个性不同等问题，往往存在悬而未决的矛盾与争端，从而影响了团队工作氛围和合作意愿。团队成员往往个人主义至上，缺乏集体精神。团队成员不了解、不关心，也不支持其他成员的工作。由于团队成员自我保护意识的存在，他们害怕其他成员会超过自己，从而使自己丧失竞争优势，因而他们往往专注于个人的专业知识和技能水平，只注重个人发展，而忽视团队知识和能力的提高。

(3) 行为冲突。由一些没有事实依据的通过非正式沟通渠道产生的流言飞语，会引起行为冲突问题；由于信息传递过程中的错误而引起的人与人之间的误解也会引起冲突问题；由一方成员导致的错误行为也会引起行为冲突问题。

行为冲突主要表现在：

信息流不畅问题：由于受到获得信息的渠道、获得信息的方式的限制，使得团队中信息的获取成本高。团队成员不喜欢参加频繁的团队会议而获得信息，但是他们又需要获得大量信息，这种矛盾造成他们工作缺乏效率。

沟通问题：团队过于松散，互动沟通不够充分，导致团队成员之间相互独立且工作脱节，整个团队无法连贯一致，并且团队成员感到孤立无援，复杂的工作将无法通过团队成员的共同协作来完成，从而没有达到组建团队的目的。

(4) 团队管理的冲突。团队内部缺乏足够的约束力，也就是说团队的运作氛围既无

法支持团队成员之间的有效沟通,也没有可靠到足以使成员差异显性化。

团队管理中的信任问题:信任是任何团队有效运作的基础,由于信任往往是脆弱的,并且建立信任需要很长的时间,而破坏信任只需极短时间。并且信任可以带来信任,而不信任可以带来不信任,这样就造成了团队中的信任危机。

团队管理中的缺乏生气问题:团队经过一段时间的运作后,有可能产生一种惰性,团队会缺乏生气,久而久之,团队的优势会完全失去。

(二)冲突管理的措施

管理团队若存在内部冲突,团队建设者首先要评估团队内部冲突,确定冲突类型,最后将确定的冲突状况公布于众,使原来潜在或隐藏的冲突表面化。

(1)解决目标冲突。首先应该让团队的每个成员对团队的目标和自己的个人目标有个清晰的认识,并且通过目标管理对目标进行分析,从而建立共同愿景,使得团队目标和团队成员个人目标趋于一致,使团队成员在实现团队目标的同时也能实现个人目标。

(2)解决成员冲突。尊重团队成员及其选择,并关注和理解团队成员的言论和意见。在团队中进行角色界定,重点是明确界定团队成员的角色及其对承担角色的期望。通过这种信息交流与反馈,使成员能够意识到自我行为对其他成员的影响以及其他成员对自己的要求。通过角色界定,团队成员会反思自己的行为方式,并且力图调整自己的方式,从而使整个团队能够更有效地运作,而不是只关注自己个人的发展。

(3)解决行为冲突。团队内部信息共享:要充分利用已有信息,建立各种信息系统,降低信息获得成本和使用的成本。将信息公开化,而不是将信息束之高阁。进行有效沟通:通过运用各种沟通方式和沟通渠道,进行双向沟通,如面对面的交谈、团队会议、电子邮件、互动式电脑软件和语音信箱等双向沟通,从而使成员之间敞开心扉,促进他们的情感交流(避免故步自封)。首先,要营造一种令团队成员轻松愉快交流的氛围和环境。成员间可以先以结成对子的方式开始第一轮交流,交换彼此的感受和看法,这样会形成一种团队的互动沟通模式。在这种模式下,沟通的意图和效果受到尊重与理解。然后进行循环沟通,使团队成员再结成新对子,进行新一轮的互动沟通,多次重复,以加强团队成员的信息反馈能力。其次,将团队的重心放在加强成员间的协调沟通并通过沟通使内部差异与冲突显性化,从而减少冲突。同时要进行跨部门对话,团队中担任不同角色的成员与外部客户展开对话,通过对话,成员意识到依靠个人力量无法满足顾客需求,需要在各个领域内相互协作,保持团队成员之间的可替代性。

(4)解决团队管理的冲突。创造一种安定、和谐的环境:安定、和谐的环境可以使团队成员在一个轻松、欢快的环境下工作并进行有效沟通,增强团队的凝聚力,并使团队成员产生一种积极的工作态度。

增强团队成员间的相互信任：当团队以诚信、公开直接的交流和履行承诺作为团队的价值标准时,整个团队便会产生一个共同的愿景(团队的目标和价值观),这会令每一个团队成员都相信其能够实现,并且愿意努力去实现它,从而提升了团队信任度。成功团队最重要的一个特征就是信任。团队因相互信任而繁荣,因此在团队建立之初就应当树立信任。通过公开交流、自由交换意见来推进彼此之间的信任。

　　通过各种方式使团队充满生气：首先分析团队动力,通过调查研究,列出团队管理缺乏生气的原因。其次采取有效措施:一要提高标准、提高质量、提高产量、降低成本、改进服务、提高效率;二要进行有效沟通;三要激活团队关系网:内外部关系网;四要吸收外部信息:参观先进团队与组织,学习讨论形势与环境的压力,邀请成功人士座谈;五要提倡创造性思维:提倡创造性地"犯错误",组织各种类型的头脑风暴法,奖励创造性的行为与成果。

【案例8-3】

福特：团队价值管理

　　团队价值管理(team value management,简称 TVM),是福特公司2003年开始大规模推广的一套流程管理系统。这一系统的主要内容,是将工程、采购、生产、财务等部门集合起来,与供应商一起讨论如何提高产品价值,优化产品质量。

　　团队价值管理系统最先由福特在它的欧洲地区业务部门试行,从2003年开始,在北美地区开始大规模推广。到2003年4月份,福特已成功组建了59个TVM小组投入营运。

　　福特为什么要在全球范围内大力推行这么一个系统?在回答这一问题之前,我们不妨回顾一下企业提高效率的历程。

　　从效率的角度看,在20世纪的100年中,经营企业发生了两次革命。第一次革命是企业内部分工导致的专业化。福特通过对操作流程分工协作,建立了流水线的工作方式,从而大大提高了规模效率,光是T型车,福特就生产了1500万辆。第二次革命是产业链分工导致的专业化。市场中出现了一批像耐克那样的公司,只专注于做产业链的一环,精而专。像微软、英特尔,甚至沃尔玛这样一批新兴世界级公司的出现,都是这一革命性事件的产物。

　　但凡事都有代价,这两次革命虽然创造出极大的生产力,但也付出了极大的代价。这就是效率上去了,但客户意识却下来了。

　　在第一次革命中,企业的部门和员工由于内部分工的原因,他们只对标准与流程负责,并不对客户价值负责。流水线上的工人只要生产的产品符合下道工序就好,至于是不是符合客户价值,是不是能够卖出好价钱,就不是工人要管的了。

在第二次革命中,企业之间也由于分工的原因,承担供应的企业也只要对合同与标准负责就好了,我的产品只要符合你提供给我的要求与标准,就是合格品,至于是不是符合客户需要,那是你生产商的事。

这些代价无疑造成了巨大的浪费。可以说,管理上几乎所有的努力都与消除这些代价有关。无论是目标管理还是流程再造,无论是学习型组织还是六西格玛管理,目的都只有一个,就是消除工人之间、部门之间、企业之间由于各自为政所产生的成本。

可是,百多年的努力也证明了这是不得不付出的成本,因为我们无法做到所有的企业、所有的部门、所有的员工都能直接对客户负责,沟通的成本太高了。

但是,近20年发生的信息革命使情况发生了根本的变化。由于有了计算机网络为基础的信息系统,使得沟通的物质成本大大降低。

这一技术革命直接导致了经营企业的第三次革命:消除内部分工专业化导致的部门壁垒或员工壁垒,使所有部门与员工不是对规则和程序负责,而是对终端客户负责。消除产业链分工专业化导致的企业壁垒,使企业之间不再是对标准与合同负责,而是对终端客户负责。

这就是福特 TVM 的真正含义。按福特自己的说法,TVM,就是消除一切浪费(Ford TVM Attacks Waste Everywhere)。由此,我们也不难发现福特 TVM 背后的思想,基本上可以归结为一句话:我们只有一个客户,那就是终端客户。只有在最终客户这儿才制造效益,其他所有环节制造的都是成本。

在这种思想下,所有的操作流程就要重新审视了。过去,供应商提供的产品只要符合福特采购标准,就算万事大吉。但现在最终用户不满意,即便再符合标准,产品也是不合格的。福特组建 TVM 小组,就是针对最终客户的需求,调整一切不符合客户价值的流程与标准,在产业链内实现客户价值的无缝连接。

同样,过去部门之间是互为客户,只要提供的服务符合要求,也就万事大吉。但现在所有部门的工作都要针对最终客户的要求来进行,TVM 小组的目的,就是要在各个相关部门与客户之间实现"亲密接触"。

理解了这一点,我们就不难懂得福特为什么要导入这一套系统。福特的目的很清楚,就是通过这种对客户价值的战略性把握,在流程设计上控制成本,而不是在制造阶段控制成本。按福特的说法,有了这种工作方式,我们就能缩短与行业标杆的差距,围绕客户满意度提高品质!事实也的确如此,在导入这一系统之后,欧洲福特光是制动系统每年节省的成本就接近2亿美金。

案例来源:http://case.hr.com.cn,《经典案例:团队领导》。

组织行为学

思 考 题

1. 团队与群体的区别和联系是什么?
2. 团队构建的动因是什么?如何进行团队构建?
3. 团队冲突的主要形式有哪些?
4. 团队冲突管理的措施主要有哪些?
5. 如何进行团队管理?
6. 如何打造团队精神?

第九章 领导行为

学习目标

1. 理解领导的概念,区分领导和领导行为
2. 了解领导的特征,熟悉掌握领导行为理论,卢因的三种领导方式理论、利克特的四种管理方式理论、领导四分图理论、管理方格理论、坦南鲍姆领导连续统一体理论,以及最新的交换型和变革型领导行为理论
3. 了解影响领导行为的因素,并重点掌握领导者自身的因素
4. 熟悉领导行为中的决策行为、激励行为和创新行为,并对本书中所列出的十种领导艺术有所了解

第一节 领导与领导行为

一、领导

一个组织的成功与失败,受到许多因素的影响,其中,领导与领导行为这两个因素起着至关重要的作用。领导者要充分利用组织资源(包括有形的资源即人力、物力、财力和无形的资源即技术、品牌、商标、声誉、人际关系等),调动一切积极因素,努力实现组织目标。领导者要使领导行为更加有效,就必须掌握一些领导与领导行为的基本理论。

(一)学术界对领导概念的不同理解

"领导"(leadership)在现代汉语词典中有率领、引导之意。关于领导的定义,学术界可谓众说纷纭。

美国权威的《领导手册》(1990)对"领导"下的定义为:领导是一个群体内2名或2名以上成员的相互作用。常常涉及情景的建造或再建造以及成员的感觉和期望。

表 9-1 是不同学者对"领导"概念给出的不同定义。

表 9-1

关于领导的不同定义

学　　　者	对　领　导　的　定　义
孔茨 (Harald Koontz)	领导是一种影响力,是一种对人们施加影响的艺术和过程,从而使人们心甘情愿地为组织目标努力
斯多基尔 (Ralph M. Stodgill)	领导是对组织内团体和个人施加影响的活动过程
施考特 (W. C. Gscott)	领导是一项程序,使人们在选择及达到目标上,接受指挥导向及影响
泰瑞(G. R. Terry)	领导是影响人们自动地为组织目标努力的一种行为
菲尔德曼 (Daniel C. Feldman)	领导是一个影响过程,包括影响他人的一切活动
戴维斯(Davies)	领导是一种说服他人热心于一定目标的能力
乔·凯利(Joe Kelly)	领导是为了帮助团队达到一定目标
斯托格迪尔 (R. M. Stogdill)	领导是期望和相互作用的启动和结构的维持
亨普希尔和孔斯 (Hemphill & Coons)	领导是指导团体的活动朝向一个共同的目标方向时的一种个体行为
伯鲁(Berlew)	领导是与其他人分享远景的渐进过程,创造有价值的良机,建立实现这个共同的价值观和机会的信心
伯恩思(Burns)	领导是领导者说服跟随者为代表领导者和跟随者的价值观和动机的明确目标的行动
霍斯金(Hosking)	领导是那些一贯对社会秩序作重大贡献的人,而他们正是被期望和被发现为社会秩序作贡献的人
雅各布斯和雅克 (Jacobs & Jaques)	领导是指给集体努力指定目标(有意义的指导)的过程,并使其付出努力而达到目标
阿斯廷(Astin)	领导是被授权的团队成员向一个共同目标或远景一起协同工作的过程。这个过程将会创造变化和改变惯例,并因此改善生活的质量。领导者是一种催化力量或者通过机会和地位的效能授权给其他人朝着完成这个目标或远景共同行动的推进者

综合各种不同的观点,在本书中,我们给领导的概念作出如下界定:领导是指在一个组织中,通过影响组织内部或组织外部的他人为实现组织目标而努力奋斗的一种行为过程。

(二)领导的特征与功能

有效的领导具有以下特征:

(1)能制订灵活的计划。
(2)能明确组织的目标。
(3)能准确地作出决策。
(4)能有效地平衡组织中存在的矛盾和冲突。

作为一位有效的领导者,要学会运用领导的特征来取得四个方面的效果:财务效果、组织和雇员效果、客户效果以及股东效果,只有在这四个方面取得良好的效果时,才能说获得了和领导的成功。

领导效果公式:领导特性×业务效果⟶有效领导,如表9-2所示。

表9-2

有效领导的效果

领 导 特 性	业 务 效 果
您的: ✓ 价值观 ✓ 动机 ✓ 特性 ✓ 性格	组织和雇员效果: ✓ 组织文化和战略相一致 ✓ 能保持战略集中度 ✓ 领导和管理的人 ✓ 个人和组织的能力得到发展
您具备的: ✓ 能力、技巧 ✓ 技术和专业知识 ✓ 业务知识	客户效果(内部和外部): ✓ 理解您的客户基础 ✓ 能符合客户的要求 ✓ 建立起长期的关系
您做的: ✓ 领导行为 ✓ 竞争能力 ✓ 领导风格	股东效果(外部投资者和内部资助者): ✓ 适应组织所处的环境 ✓ 获得数量上的增加 ✓ 管理好财务资本

戴维·乌尔里克在其畅销书《业绩导向领导》(Results-based Leadership)中设计了以下的"平衡模型"(图 9-1),帮助我们实现四个方面的效果。

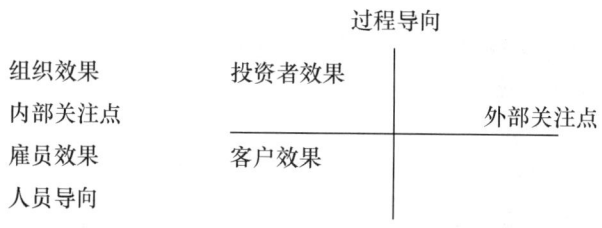

图 9-1　平衡模型

二、领导行为理论

随着周围环境和时代的不断变化,领导行为也相应地发生了改变。领导行为的改变主要表现在领导者角色的转变:由组织制订的合法权即法定权力转变为以人格魅力为主的典范权力,并由权力+影响力转变为教练+适应力,后来又从教练的角色逐渐退出,转变为领导者的旁观与指引。而所谓领导行为是指一个动态的、反映领导者、被领导者和环境之间相互作用的一个行为过程,其目的是实现组织目标。

领导行为理论集中研究领导的工作作风和行为对领导有效性的影响,主要研究成果包括:卢因(Kurt Lewin)的三种领导方式理论、利克特(R. Likert)的四种管理方式理论、领导四分图理论、管理方格理论、坦南鲍姆(Robert Tannenbaum)领导连续统一体理论,以及最新的交换型和变革型领导行为理论,下面就分别对这些理论加以阐述。

（一）卢因三种基本典型的领导风格（方式）

在各种领导行为中,美国社会心理学家卢因经过长期研究、实验,总结出三种基本典型的领导风格(方式):

(1) 专制式领导。领导的权力定位于领导者个人手中。专制式领导者在作决策时不与他人协商,通常自作主张,在决策制订后再通知下属,并且要求下属必须按照他的指示贯彻执行。

(2) 民主式领导。领导的权力定位于群体。民主式的领导者鼓励下属参与决策。例如,民主式的销售经理往往允许销售员参与制订销售指标,而专制式的销售经理仅仅向各销售员分配指标。

(3) 放任式领导。领导的权力定位于下属手中。放任式领导主张无为而治,让下属来做绝大部分的决策,领导者则只作最低限度的监控。

在现代企业管理中,领导者采取何种管理方式,应该视具体情况而定。领导者在紧急状态下必须十分果断,如消防队长指挥灭火,很难想象他会用民主协商方式,费很多时间在灭火现场和队员商量灭火的最佳方法。在企业管理中,当领导用民主的方式和下属共同磋商时,不仅能让下属积极地提出意见和建议,而且能充分调动下属的积极性与热情,让下属更好地参与到工作中,提高了工作效率。因此,领导的行为方式应是权变的。

（二）利克特的四种领导风格

在企业管理中,一个明智的领导者既要运用权力和制度组织员工完成任务(称为"完成任务为中心"的领导方式),又要关心人的心理需要与感情(称为"以人为中心"的领导方式)。为此,美国密执安大学伦西斯·利克特教授和他的同事对领导人员和经理人员的领导类型和作风作了长达30年之久的研究,并进行了大量的实验,总结和发展了一种领导理论,提出了领导者的四种管理方式。

（1）专制—权威式。采用这种方式的领导者非常专制,权力完全集中于最高一层,下属无任何发言权。领导者对下属不信任,领导行为是在一种不信任的氛围中进行的,决策与组织目标的制订基本均由领导者作出,然后下达一系列命令,必要时并以威胁及强制方式执行命令,偶尔兼用奖赏来激励下属。上下级之间交往接触的机会很少,采取自上而下的沟通方式。下属往往被恐惧和不信任所笼罩,不能满足其生理上、安全上的低层次需要。

（2）开明—权威式。采用这种方式的领导者对下属稍微有点信任。虽然权力控制在最高一级,但授予中下属部分权力。领导者以家长式的恩赐态度对待下属,双方的信任程度呈主仆间的依赖关系。决策由上级制订,但下属在执行中有不同程度的自由和灵活性,有时也允许下属参与决策,并根据任务完成情况给予奖惩。开明—权威式的领导允许一定程度的自下而上的沟通,上级偶尔会向下属征求一些想法和意见,授予下属一定的决策权,但领导者牢牢掌握政策性控制。

（3）协商式领导。采用这种方式的领导者对下属有相当程度的信任(但并非完全信任),上下级之间存在双向的信息沟通,采取奖惩进行激励,某种程度上也让下属参与制订计划。但重要问题的决策权仍在最高一级,中下层在次要问题上也有决策权。在最高层制订主要政策和总体决策的同时,允许低层部门作出具体问题决策,并在某些情况下进行协商。

（4）参与式管理。采用这种方式的领导者让员工参与管理,上下级处于平等地位,领导者对下级有完全的信任,共同协商解决问题。决策是以各部门广泛参与的形式进行,由最高领导作最后决策。参与式管理在沟通过程中,不仅有上下级之间的双向沟通,还有平行沟通。让员工参与确定目标、评估目标的进展、改进管理办法等。

总之,利克特发现参与式管理在公司制订目标和实现目标方面是最有效率的,也是最富有成果的,并且采用参与式管理方式的领导者往往都是取得重大成就的领导者。

利克特的研究实验发现：

领导者在管理工作中如果以员工为中心，不仅关心员工的工作，更关心员工的需要和愿望等，则该部门的生产率较高；如以工作为中心，主要关心员工的工作，而较少考虑员工的需要和愿望，则该部门的生产率较低。

领导者与员工接触的时间越多，则生产率越高；与员工接触的时间越少，则生产率越低。

领导者向下属授权，听取下属意见，并让其参与决策，则该部门的生产率就高；反之，越是专权独裁，生产率就越低。从这个意义上看，关于领导的行为方式的研究，确实有相当重要的现实意义，对于加强我国企业管理无疑具有一定的参考价值。

（三）领导行为四分图理论

俄亥俄大学在1945年提出领导四象限理论。行为科学家斯托格第等人认为，组织中的领导行为主要包含以下两个因素：即主动结构和体谅。他们把领导的行为归并为两个方面：一为主动的结构——以工作为中心；二为体谅的结构——以人际关系为中心。领导者对这两面的侧重点也许不同，有的侧重于以工作为中心，而有的则侧重于以人际关系为中心，但是这两种因素并不是互相排斥的，应该把两者结合起来。斯托格第等人首创用两根轴线的图示法来表示领导行为，画出了表示主动结构同体谅这两个因素多种结合情况的四分图（见图9-2）。

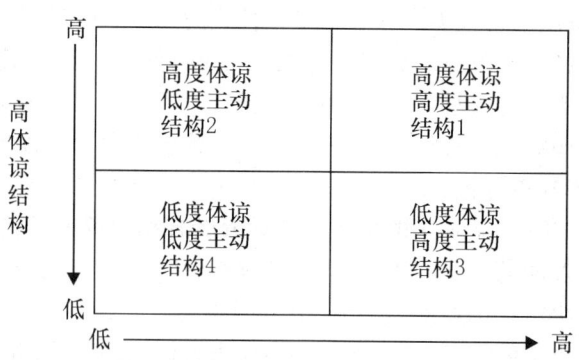

图9-2　领导行为的四象限

在第一象限，领导者对两者均关心。

在第二象限，领导者最关心的是领导与下属之间的关系，强调彼此之间的互相尊重，而对工作的关心程度略低。

在第三象限，领导者最关心工作，对工作高度主动，而忽视对人的关心。

在第四象限，领导者对人和对工作都比较漠视。

领导行为的四象限理论可以使得我们能同时兼顾领导行为的两个方面。哪一种比较好则应该视具体情况而定。

（四）管理方格法

二维领导模式作为领导行为理论的重要组成部分，是行为科学家不断研究和探索得出的一种管理思想。二维领导模式中的维度主要指领导者对人的关心程度和对工作的关心程度。要关心人，处理好人际关系，维持企业这个群体的良好状态；要关心生产，抓好组织，以达到物质生产和物质服务的目标。

1955年美国的一项调查表明：在生产部门，效率和抓组织之间存在着正比关系，而和"关心人"成反比；在非生产部门，情况却正好相反。

如图9-3所示，横坐标表示领导者对生产的关心程度，纵坐标表示领导者对人的关心程度。自下而上，对人员关心的程度由低而高；自左而右，对生产关心的程度由低而高。图中共有81个小方格，代表着81种"对生产的关心"和"对人的关心"。这两个基本因素以不同的比例相结合形成不同的领导方式。

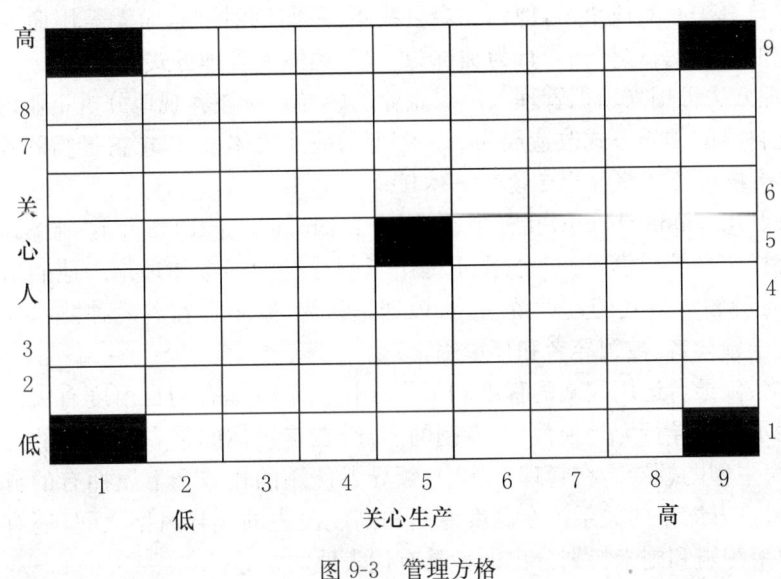

图9-3 管理方格

在"9·1"管理方式中，领导者重点放在对工作和作业的要求上，只关心企业目标的实现和经营，不太注意人的因素，领导者作风非常专制，他们的权力很大，负责计划、指挥和控制下属的活动，以便实现企业的生产目标。这种领导行为被称为"任务型管理方式"。

在"1·1"管理方式中，领导者对人和对生产两个因素都很少关心，实质上他们已放弃自己的工作职责，只是无所事事或者只充当将最上级信息向下属传布的信使，因而必然导致失败。这是很少见的一种极端情况。这种领导行为被称为"贫乏型管理方式"。

在"1·9"管理方式中,领导者强调的是满足人的需要,他们创造一种愉悦的环境,认为只要员工心情舒畅,就一定能搞好生产,而对指挥监督控制、规章制度等不够重视。这种领导行为被称为"乡村俱乐部型管理方式"。

在"5·5"管理方式中,承认管理人员在计划、指挥和控制上的职责,但它主要是通过引导、鼓励下属而不是通过命令下属来实现的。这种管理方式既不过于偏重人的因素,又不过于偏重生产的因素,但这种管理方式并不是卓越的,他们缺乏革新精神,员工的创造性得不到充分发挥,在激烈的竞争中难免会失败。这种领导行为被称为"中间型管理方式"。

"9·9"管理方式说明在"对生产的关心"和"对人的关心"这两个因素之间并没有必然的冲突。领导者在行为过程中,不论是对人还是对生产都显示出最大的关心,他们是真正的"团队主管",这种管理方式能够把企业的生产需要同个人的需要紧密地联系在一起。这种管理方式要求员工了解工作的目的,并关心工作的成果。只有当员工充分了解了组织的目的,并认真关心其成果时,他们才会自我指挥和自我控制,而无需用命令形式对他们进行指挥和控制了。这种领导行为被称为"战斗集体型管理方式"。

这种管理方法可用来培训管理人员。企业的领导者应该客观地分析企业内外的各种情况,努力把自己的领导方式改造成为"9·9"型的战斗集体型,以求得最高的效率。

(五)坦南鲍姆的领导行为连续统一体理论

坦南鲍姆(R. Tannenbaum)和施米特(W. H. Schmidt)于1958年在《哈佛商业评论》上发表了《怎样选择领导模式》一文,文中提出了领导行为连续体理论。他们指出领导行为是包含了各种领导方式的连续统一体,该理论认为,并不存在着一种"最好的"领导方式,一切取决于领导者、被领导者和环境因素。

领导风格、领导者运用权威的程度和下属在作决策时享有的自由度有关。在连续体的最左端,表示的领导行为是独裁式、专制的领导;在连续体的最右端表示的是将决策权授予下属的民主型的领导。在管理工作中,领导者使用的权威和下属拥有的自由度之间是一方扩大另一方缩小的关系。在高度专制和高度民主的领导风格之间,还有其他多种领导方式,坦南鲍姆和施米特划分出七种具有代表性的领导模式:

(1)领导作出决策,宣布实施并由下属执行。在这种模式中,领导者确定一个问题,并考虑各种可供选择的方案,从中选择一种最佳方案,然后向下属宣布执行,不给下属直接参与决策的机会。

(2)领导者说服下属执行决策,即领导者作出决策,在下属接受决定前对决策作出适当解释说明。在这种模式中,同前一种模式一样,领导者承担确认问题和作出决策的责任,但他不是简单地宣布实施这个决策,而是认识到下属中可能会存在反对意见,于是试图通过阐明这个决策可能给下属带来的利益来说服下属接受这个决策,消除下属的反对。

(3) 领导者提出计划并征求下属的意见,回答解释下属的问题。在这种模式中,领导者提出了一个决策,并希望下属接受这个决策,他向下属提出一个有关自己的计划的详细说明,并允许下属提出问题。这样,下属就能更好地理解领导者的计划和意图,领导者和下属能够共同讨论决策的意义和作用。

(4) 领导者提出可修改的计划,交下属讨论、修改。在这种模式中,下属可以对决策发挥某些影响作用,但确认和分析问题的主动权仍在领导者手中。领导者先对问题进行思考,提出一个暂时的可修改的计划,并把这个暂定的计划交给有关人员征求意见。

(5) 领导者提出问题,征求下属意见、建议,然后作出决定。在前面几种模式中,领导者在征求下属意见之前就提出了自己的解决方案,而在这个模式中,下属有机会在决策作出以前就提出自己的建议。领导者的主动作用体现在确定问题,下属的作用在于提出各种解决的方案。最后,领导者从所提出的解决方案中选择一种他认为最好的解决方案。

(6) 领导者界定问题范围,在限定的范围内,下属集体作出决策。在这种模式中,领导者已经将决策权交给了下属的群体。领导者的工作是弄清所要解决的问题,并为下属提出做决策的条件和要求,下属按照领导者界定的问题范围进行决策。

(7) 领导和下属在组织限定的范围内共同作出决定。这种模式表示了极度的团体自由。如果领导者参加了决策的过程,他应力图使自己与团队中的其他成员处于平等的地位,并事先声明遵守团队所作出的任何决策。

在上述各种模式中,坦南鲍姆和施米特认为,不能抽象地认为哪一种模式一定是好的,哪一种模式一定是差的。领导者不能机械地选择独裁或民主方式,而应根据客观实际要求,考虑各种因素的影响,把两者适当地结合起来。当需要果断指挥时,他应善于指挥;当需要员工参与决策时,他能适当放权。领导者应根据具体的情况,如领导者自身的能力、下属及环境状况、工作性质、工作时间等,适当选择连续体中的某种领导风格,才能达到领导行为的有效性。

坦南鲍姆和施米特的领导行为连续体理论对管理工作的启示在于:首先,一个成功的管理者必须能够敏锐地认识到在某一个特定时刻影响他们行动的种种因素,准确地理解他自己,理解他所领导的群体中的成员,理解他所处的组织环境和社会环境。其次,一个成功的领导者必须能够认识和确定自己的行为方式,即如果需要发号施令,他便能发号施令;如果需要员工参与和行使自主权,他就能为员工提供这样的机会。

这一理论的贡献在于不是将成功的领导者简单地归结为专制型、民主型或放任型的领导者,而是指出成功的领导者应该是在多数情况下能够评估各种影响环境的因素和条件,并根据这些条件和因素来确定自己的领导方式和采取相应的行动。

这一理论也存在一定的不足,他们将影响领导方式的因素即领导者、被领导者和环境看成是既定的和不变的,而实际上这些因素是相互影响相互作用的。他们对影响因素的动力特征没有足够的重视，同时在考虑环境因素时主要考虑的是组织内部的环境，而对组织外部的环境以及组织与社会环境的关系缺乏重视。于是在1973年坦南鲍姆和施米特重新研究他们的模型时，加上了组织环境和社会环境对领导作风所施加的影响。这样做的目的是要强调领导作风所具有的开放系统的性质，并强调企业外部组织环境和社会环境两者所产生的各种影响，从而强调领导作风同环境因素之间的相互依存。

（六）交换型领导行为理论

在一些关于领导行为的研究中，领导行为往往被理解为一种交易或成本—收益交换的过程。交换型领导行为理论的基本假设就是：领导与下属之间的关系是以两者一系列的交换和隐含的契约为基础。交换型领导行为以奖赏为激励手段，当下属完成特定的任务后，便给予所承诺的奖赏，整个过程可以看成是一项交易。其主要特征为：

（1）领导者通过明确的角色和任务要求，指导和激励下属向着指定的目标方向前进，领导者向员工阐述绩效的标准，这是领导者向员工发出的一种信号，表明领导者希望员工达到什么样的要求，如满足了领导的要求，员工也将得到相应的回报。

（2）以组织管理的权威性和合法性为基础，完全依赖组织的奖惩来影响员工的绩效。

（3）强调工作标准、任务的分派以及任务导向目标，倾向于重视任务的完成和员工的遵从。

根据Burns理论，交换型领导行为建立在一个交换过程的基础上，主要包括权变与非权变性两种奖励行为和权变与非权变性两种惩罚行为，实施不同的奖励和惩罚会导致不同的结果。所谓权变性奖惩是指根据下属的绩效进行奖励和惩罚；非权变性奖惩是指领导进行奖罚时不依据下属的绩效。

Bass则将交换型领导行为分为权变奖励领导行为（contingent reward leadership）和例外管理（management by exception）领导行为两种，并随着领导者活动水平以及员工与领导相互作用性质的不同而不同。

所谓权变奖励领导行为是指领导和下属间的一种主动、积极的交换，领导认可员工完成了预期的任务，员工也得到了奖励；例外管理领导行为则指领导借助于关注员工的失误、延期决策、差错发生前避免介入等方式，与下属进行交流，并按领导者介入时间的不同分为主动的和被动的两种类型。主动型的例外管理领导者，一般在问题发生前，持续监督员工的工作，以防止问题的发生。一旦发生问题，立即采取必要的纠正措施，当然也积极搜寻有可能发生的问题或与预期目标偏离的问题。领导者在员工开始工作时，就向员工说明具体的标准，并以此标准监督员工。被动型的例外管理领导者，则往往在问题已经发生或没有达到规定的标准时，以批评和责备的方式介入。一般情形下，领导者一直等到任务完成时才对问题进行确认，并以此提醒员工，也往往在错误发生后才说明自己的标准。

（七）变革型领导行为理论

过去的十几年虽有许多有关变革型领导行为的研究，其中以 Bass 和 Avolio 所做的工作最具有代表性，他们提出了变革型领导行为的综合理论构架，并开发了相应的测量工具。

变革型领导行为是一种领导向员工灌输思想和道德价值观，并激励员工的过程。在这个过程中，领导除了引导下属完成各项工作外，常以领导者的个人魅力，通过对下属的激励，刺激下属的思想。同时，领导对他们的关怀会改变员工的工作态度、信念和价值观，使他们为了组织的利益而超越自身利益，从而更加投入于工作中。该领导方式可以使下属产生更大的归属感，满足下属高层次的需求，获得高的生产率和低的离职率。变革型领导行为的前提是领导者必须明确组织的发展前景和目标，下属必须接受领导的可信性。其主要特征为：

(1) 超越了交换的诱因，通过对员工的开发、智力激励，鼓励员工为群体的目标、任务以及发展前景超越自我的利益，实现预期的绩效目标。

(2) 集中关注较为长期的目标，强调以发展的眼光，鼓励员工发挥创新能力，并改变和调整整个组织系统，为实现预期目标创造良好的氛围。

(3) 引导员工不仅为了他人的发展，也为了自身的发展承担更多的责任。变革型领导行为拓宽了领导行为的研究范围。

虽然对变革型领导行为的研究相对较晚，但已有许多研究注意到了该理论的结构维度。根据 Burns 理论，它由个人魅力、智力激励以及个人化考虑三个因素构成。

Bass & Avolio(1994)则提出变革型领导行为应包含以下四个维度：

理想影响力(idealized influence)：指能使员工产生崇拜、尊重和信任的一些行为，包括领导者承担风险、考虑个人之外员工的需求以及良好的道德品质。

鼓励性激励(inspirational motivation)：指向员工提供富有意义和挑战性工作的行为，包含明确描述预期目标，而且该目标受到整个组织目标的约束，同时通过积极乐观的态度唤起团队精神。

智力激励(intellectual stimulation)：指领导者启发员工发表新见解和从新的角度或视野寻找解决问题的方法与途径，鼓励员工采用崭新的方式完成任务。

个人化考虑(individualized consideration)：指领导者仔细倾听并关注员工的需求。

第二节　影响领导行为的因素分析

领导行为是由领导者、被领导者以及环境变量交互作用所决定，受多种因素的影响，但主要包括领导者自身素质、被领导者、下属机构的素质水平，以及组织所处的环境。

一、领导者自身素质

一个人能够改变环境,一个杰出的领导人可以重塑一个组织。管理学家德鲁克在《管理:任务、责任、实践》一书中明确指出:"企业领导者是任何企业最基本、最宝贵的财富"。

每个领导者所做的其实都是相同的一件事,即注意审时度势,判断当前的情况中有哪些会对企业的未来产生重大影响,从而确定新的目标和方向,并施加影响力将所有员工的意志和力量都集中到这个目标和方向上来。领导者能审时度势、制定目标、拟订战略、作出决策、选择人才、组织员工、激励人心、鼓舞士气、处理组织内外复杂的人际关系。在目前快速变动的环境里,领导者更需要具备管理和平衡各种矛盾的能力,只有这样领导者才能适应组织的变革。领导者在领导过程中处于主导的地位。领导权力和领导影响力的力量使决策、计划、组织、指挥、协调等领导职能活动必须以领导者为中心。

那么,企业的领导者应该具备什么样的素质,企业才可能成功呢?本书将从以下几方面来分析领导者的素质。

(一)领导者的知识

21世纪领导者的发展趋势表明:知识型领导者将成为未来领导的主体。所谓领导者的知识素质,指领导者所拥有和掌握的科学文化知识状况,它包括领导的知识水平、知识结构以及运用知识分析问题、解决问题的能力。

领导者的知识素质是与时代特点和领导行为相适应的。21世纪的领导者不仅应具备全新的知识,其知识结构也应不同于传统的领导者,应是领导知识的优化创新,是一个开放的动态系统。领导者要不断地学习新的知识,争取掌握更多的现代科学文化知识,这种知识结构总体上有三个要求:一是知识的全面性;二是知识的新颖性,即不断进行知识更新;三是知识的专业性,即新世纪领导者应掌握基本的专门知识和所属行业的知识。

(二)领导者的能力

领导者是否有能力,有何种能力,能力的程度都会影响领导者的素质。领导者的能力主要包括以下几个方面。

(1)领导力:领导力一种杰出的鼓舞能力,鼓舞追随者为了完成一个项目而能全力以赴地工作的能力和过程。领导力是领导者特质与愿望和跟随者的需求在一定情景下互动的结果。领导力是某种个人特质,而不是某种可以被"制度化"的技术。

(2)影响力:领导的实质是影响力,卡茨和卡恩(Katz & Kahn)曾提出了这样的观点,"我们认为在组织中,领导的实质是除了对组织日常指示机械服从之外的影响的扩大"。杰克·奈格尔认为:"影响力是行动者之间的这样一种关系,一个或更多行动者的需要、愿望、倾向或意图影响另一个或其他更多行动者的行动或行动倾向。"一个领导人发挥领导作用是依靠影响他人行为而实现的,领导人必须要有能够影响他人为达到组织目标而努力的能力。

（3）创新能力：创新能力是领导者在组织和自己所从事的领导领域中善于敏锐地观察现有事物的缺陷，准确地捕捉新事物的萌芽，在此基础上通过分析、判断和推理，作出大胆新颖的推测和设想（即创意），然后进行周密的论证，拿出可行的方案来付诸实施的能力。创新能力包括对组织的创新、技术的创新、产品的创新和观念的创新，这些创新能力是领导者带领组织走向成功的关键。现代领导者的创新，是领导思想、领导行为、领导绩效三方面创新的统一，领导者的创新意识贯穿于领导活动的始终。现在领导者要增强创新意识，要以解放思想为领导者创新的前提，把学习知识作为创新的源泉，领导者创新意识的形成，取决于其理论知识和实践知识水平，要掌握这些知识，必须善于学习。

（4）合作能力：现在社会讲究团结与合作，作为一个领导者不仅仅要求下属有合作能力，其自身也应该具备较强的合作能力。许多工作仅靠个人或少数几个人的力量是无法完成的，作为一个领导者更应具有合作能力，要深深地体会合作精神的重要性。

（三）领导者的政治素质

任何一个组织都是在一定的国家政治经济体制的基本环境中生存发展的。因此，领导者只有具备了较高的政治素质，才能够准确地把握组织的发展方向，确保组织发展的方向和国家、政府指引、鼓励的方向一致。这样，组织就可以得到国家和政府的支持，有利于组织的健康发展。领导者要了解国家政策的最新动态，对国家的政策要有较强的敏感性和洞察力，并且应该不断培养自己对政治问题敏锐的眼光。

（四）领导者的身体素质

良好的身体是个人成功的基础，没有良好的身体一切都变得毫无意义。只有拥有强健的体魄才能有充沛的精力来管理领导一个组织。领导者在工作之余应该多注意饮食并保持适当的运动，从而使得工作更有效率。

（五）领导者的心理素质

心理素质是指人的动机、兴趣、态度、情绪、个性、气质等方面内在因素的总和。领导者是否具有稳定的、良好的心理素质，会对组织产生重要的影响。作为一名成功的领导者首先要建立追求成功的信念，要有追求成功的欲望；其次应该乐观、积极、充满激情与活力，并且要有充分的自信和坚强的意志。领导者具有良好的心理素质能够带领组织克服各种困难和挫折，在激烈的竞争中取得胜利。

【案例 9-1】

傀　儡

雷克斯·贾斯蒂斯是 Carfax 的长期雇员。在过去的几年中，他一直是公司财务部门的主管。他对Carfax非常忠诚,严格按照公司的规章制度和上级的指示办事。事实上,上级领导对他评价很高。他们认为,雷克斯能够满足公司对他提出的任何要求。他被所有高层的领导看重,并深受他们喜爱。然而,财务部门的雇员却对雷克斯有着不同的看法,他们认为雷克斯过于讨好上级领导,对于自己手下的关心太少。他们觉得雷克斯从没有真正关心过预算的分配。相对于公司的其他部门,他们觉得自己钱拿得少,活却干得多。每当他们向雷克斯提出一个新的想法或者改进的建议时,他那边总有一堆不可行的理由在等着。看起来,财务部门员工的抱怨是有根据的,在他们眼里,雷克斯就像是上级的一个傀儡。由于他的领导风格,绩效已经开始受损。上级领导看来是忽略了财务部门的这一情况。

案例来源:弗雷德鲁森斯.组织行为学[M].11版.北京:人民邮电出版社,2012.

二、被领导者因素

领导行为包括领导者的主导行为和被领导的配合行为,被领导者对领导行为也会产生巨大影响。要充分了解被领导者的背景、教育、知识、经验、个性特征、能力素质、价值观、目标和期望水平。领导者对被领导者的认可、关心和爱护,被领导者之间人际交往以及归属感,这些都使得被领导者不仅仅获得心理的满足,更容易使他们获得更高层次的满足即自我实现的满足。

三、环境

组织所面临的客观环境是纷繁复杂的,组织与环境又是密切联系的。一个组织必定在一些不同的客观环境中运行,并且对这些不同的环境作出反应。企业环境包括企业内部环境和企业外部经济环境、社会环境、技术环境、政治和法律环境等。

在领导行为过程中,领导者与被领导者共同作用于客观环境,由于客观环境不同,就形成了各种不同的领导活动和领导方法。领导行为处在各种客观环境中,必须同客观环境进行持续的信息、能量和物质的交换。客观环境为领导者活动提供了创造业绩的舞台,也影响和制约着领导者的思想和行为,有时还隐伏炸弹、暗礁、陷阱和风险。因此,组织的领导者要关注客观环境的变化,使组织在顺应客观环境的变化的同时,不断地调节自身并改造环境。

组织为求得生存和发展,就必须谋求对多变的客观环境的适应,以保持组织与客观环境的动态平衡。这就要求领导者必须采取谋求适应与平衡的方法,使一个组织具有高度的弹性。

领导者在对待客观环境上,一方面要认识到环境的变化发展是有规律可循的,通过对环境信息的收集对环境发展的趋势进行科学预测;另一方面,要根据科学的预测制订组织

第九章　领　导　行　为

的发展目标,最大限度地获得客观环境的资源以实现组织的目标。

第三节　领导行为的艺术

一、对领导行为的探讨

企业领导行为包括决策行为、激励行为和创新行为等方面,对企业领导行为的探讨有利于提高企业的经济效益,促进企业的发展。

（一）决策行为

决策行为是领导者对特定的问题,从多种可供选择的目标方案中所作出的一种选择或决定。企业管理的过程就是制定决策并实施决策的过程,领导者所作决策的正确与否,关系到企业的命运和事业的成败。因此,制订民主、科学的决策,是领导者最重要的任务之一。

在领导决策上,知识经济的决策必须知识化,必须以科学的决策代替以往的传统决策,要树立科学的决策观,包括决策的战略观、整体观、创新观、超前观、优势观和时效观,要保证决策所需信息的准确和完备,要坚持民主集中的决策制度,要遵循科学的决策程序。

制定决策主要包括以下步骤:

(1) 分析要决策的问题,在制定决策的过程中一定要分析所要决策的问题是什么。

(2) 确定决策目标,提出问题:只有确定期望达到的目标,决策才会顺利进行。

(3) 确定决策的一般原则:进行系统的情况分析,确定实行决策的先行条件(约束条件),如决策人员、决策时间、资源条件、决策权力等方面的条件,作为决策的一般原则。

(4) 拟定行动方案。

首先,收集信息。信息的来源主要有企业内部和外部。外部信息来自各个方面、各个层次及社会各个领域。其内容有政治经济方面的信息,国家政策、科技、文化方面的信息,竞争对手的信息,法律法规和消费者等方面的信息。所收集的信息内容要具有完整性、及时性、准确性、科学性和经济性。

其次,预测研究。预测研究是建立在信息收集的基础上,并根据决策目标的历史和现状的种种信息资料去推测未来。预测研究是决策过程的一个重要环节。

再次,可行性分析与论证。由决策机构聘请有关专家和专业干部,召开方案分析、论证会议。应用现代科学方法,进行分析研究、论证,寻求达到目标的各种可行方案,为最终决策提供参考建议。

(5) 评价和选择最佳方案,经过反复比较、分析、评价、论证、权衡各种方案利弊,选择其中最有利于达到决策目标的行动方案。

（二）激励行为

领导和激励是密切相关的。领导者不仅会对下属的激励因素作出反应,而且还能运用他们所创造的组织气氛来激发或抑制这些激励因素。作为领导者,应该有这样的价值观:是否关注质量、诚实和已计算出的可承担风险,以及是否关心他们的雇员和顾客。

领导者通过满足人们的基本需要来实现激励,领导者通过满足人们对于成就感、归属感、认知感、自尊、把握自己的命运,以及不辜负生命等的需求,来激发人们的潜能。

好的领导者懂得以不同的方式去激励他人。首先,总是以强调听取员工意见的方式来描述组织的目标。这样,就使得工作相对于对方来说变得重要了。其次,定期地使他人参与到有关组织如何达到目标的决策制订中来。另一种重要的激励技巧就是,通过培训、反馈以及角色模拟来支持人们的专业能力,强化人们的自尊;最后,能够及时发现并表彰成功者。这样做,不仅会给人们以成就感,而且将使人们感受到组织的关心。其最终的结果将使工作本身成为一种内在的激励。

（三）创新行为

领导者要具有创新精神,创新是赋予资源一种新的能力,使之成为创造财富的活动,创新本身就是创造资源。领导者要学会如何进行系统化的创新,系统化的创新在于有目的地、有组织地寻求变革,以及对这类变革可能提供经济和创新的机遇进行系统化的分析。

二、领导行为的艺术

现代领导工作的复杂性和多变性要求领导者不仅掌握基本的领导方法,而且要有机动灵活地处理人和事的领导艺术,要把管理科学知识与领导艺术结合起来。领导艺术是十分重要的,现代社会发展的两大动力是科技与管理,而领导活动是最重要的管理活动。

领导艺术是领导者在领导活动过程中,为实现领导目标,运用自己的知识、智慧、才能、经验,实施有效领导而表现出来的一种创造性的领导技巧和技能。领导艺术是领导方法的升华,和领导理论相比,领导艺术具有非规范性、经验性、形象性和开放性的特点。

领导之所以可以称为艺术,就在于它可以通过领导者素质转化为人格魅力,在领导功能作用的过程中发挥出艺术般震撼人心的心理机制和心理效果。

领导艺术是一个广阔的领域,它贯穿于整个领导过程的各个方面,涉及面非常广,具有丰富的内容和纷繁的形式,如决策艺术、指挥协调艺术、用人艺术、人际关系艺术、时间艺术等。

（一）用人艺术

艾森豪威尔有一句名言:领导才能就是让一个人乐意为你完成使命的艺术。用人,是一种艺术,是领导者领导艺术的一个很重要的方面。作为领导者,要有宽广的胸襟,待人以诚,取信于人,注重激励,奖罚分明,爱护、关心下属等。领导者要善于发现人才,造就人才,团结人才,使用人才。

（1）发现人才。人无完人,不可能存在"全才",要量才录用,扬长避短。

（2）造就人才。要注重对人才的培养和培训。

（3）团结人才。要善于组合,做到人才互补,形成整体"通才"。

（4）使用人才。使用人才要做到"人尽其才,才尽其用",并且要善于为人才充分发挥作用创造条件,使人才能获得"自我实现,自我发展"。

（二）团结的艺术

领导者团结的艺术就是使成员有一种自豪感、荣誉感,形成凝聚力、向心力。

（三）协调艺术

协调是消除工作中脱节现象和存在的矛盾,以有效地实现企业目标的一种功能,协调的内容包括上、下、左、右、内部、外部,既有部门之间的协调,也有人与人之间的协调;既有产供销各环节的协调,也有利益分配之间的协调。各种需要协调的问题与矛盾都具有各自不同的特殊性。

（四）驾驭时间的艺术

在领导行为中,领导者强调自我管理,而自我管理中一个重要内容就是如何有效地管理自己的时间。

（五）处事艺术

领导者每天都有大量的事务需要处理,但处理艺术不同,效果大不一样,处理艺术的基本要求是:领导者要干好本职工作,专心致志于本业,不要超越职权,不管管不了、不该管的事情,否则,就空耗时间和精力,还耽误了本职工作,另外还要注意统筹安排,要在复杂的事务和忙乱的工作环境中,始终保持清醒的头脑,要有预见性,注重抓好关键环节,认准主要矛盾的主要方面,避免因小失大,造成无可挽回的损失。

（六）沟通的艺术

在经济全球化的今天,沟通已成为管理的一门学科和一门领导艺术,它含有信息、观点的传递,思想的交流,感受的互动,其目标是达成相互信任、理解、支持、取得共识,以实现管理目标。

企业领导者需要有意识地建立正常的沟通渠道和相关制度,以到达营造知识共享、信息共享、人们能充分表达思想与智慧的文化氛围。

做到有效沟通,需要注意把握以下几个方面:

（1）重视沟通,建立沟通意识,努力营造沟通的环境,建立正常的沟通关系和渠道。

（2）重视沟通过程,关心沟通结果,提高沟通效率。

（3）学会倾听和善于换位思考。

（4）勇于并善于面对矛盾和冲突,而不是回避。

一个上下之间具有良好沟通的企业,一定是具有凝聚力和亲和力的企业,也一定是高速发展的、极富活力和价值创造力的企业。

（七）授权艺术

授权就是上级授予下级一定的权力和责任,使其在一定范围内有处理问题的自主权,有人形象地将其称为领导者的分身术和成事术。领导者的精力和能力总是有限的,不可能把大小事全都包揽下来而且办得很好,所以英明的领导者总是善用全局的眼光和战略眼光,在大事方面精明,全力抓好大事,小事情则委托部属办。如果领导者事必躬亲,事无巨细一概包揽,结果只是自己整天忙忙碌碌,却事倍功半,收效甚微。运用授权艺术,应注意以下问题:适度授权,因事择优,视能授权,逐级授权,加强授权后的监督控制,防止反向授权(下级把什么责任都往领导头上推)。

（八）处理人际关系的艺术

作为一个领导者,要与上级、同事和下级发生各种关系,如何处理好与他们的关系,这直接关系到领导行为的有效性。

（九）批评的艺术

对下属的缺点和错误进行批评是领导者的职责。在新形势下,领导者努力探索批评的艺术,掌握批评的技巧,对进一步改进领导方式和领导方法,实现领导方式和领导方法的创新,推进工作的开展,都是有所帮助的。首先,对批评要有正确的认识,批评是一种激励机制,同时批评是一种心灵交流。其次,要掌握批评的技巧,要减少批评的盲目性和随意性,进一步增强批评的针对性和实效性。

（十）学会运用激励和鼓舞的艺术

领导要学会如何去激励下属,鼓舞下属心甘情愿地为组织工作,要去关心、了解下属的真正需要,并针对他们的需要采取相应的激励与鼓舞的措施。

在实际领导过程中,往往是多种领导艺术综合并用,或者在不同的阶段、场合施用不同的合理的领导方式,绝不可拘泥于某些生硬的规格之中。

【案例 9-2】

有效的领导方式

ABC 公司是一家中等规模的汽车配件生产集团。最近,公司对三个重要部门的经理进行了一次有关领导类型的调查。

安西尔

安西尔对他本部门的产出感到自豪。他总是强调对生产过程、出产量控制的必要性,

第九章 领导行为

坚持下属人员必须很好地理解生产指令以得到迅速、完整、准确的反馈。当安西尔遇到小问题时,会放手交给下级去处理;当问题很严重时,他则委派几个有能力的下属人员去解决问题。通常情况下,他只是大致规定下属人员的工作方针、完成怎样的报告及完成期限。安西尔认为只有这样才能导致更好的合作,避免重复工作。

安西尔认为对下属人员采取敬而远之的态度对一个经理来说是最好的行为方式,所谓的"亲密无间"会松懈纪律。他不主张公开谴责或表扬某个员工,相信他的每一个下属人员都有自知之明。

据安西尔说,在管理中的最大问题是下级不愿意接受责任。他讲到,他的下属人员可以有机会做许多事情,但他们并不是很努力地去做。

他表示不能理解在以前他的下属人员如何能与一个毫无能力的前任经理相处,他说,他的上司对他们现在的工作运转情况非常满意。

鲍勃

鲍勃认为每个员工都有人权,他偏重于管理者有义务和责任去满足员工需要的学说,他说,他常为他的员工做一些小事,如给员工两张下月在伽利略城举行的艺术展览的入场券。他认为,每张门票才15美元,但对员工和他的妻子来说却远远超过15美元。通过这种方式,也是对员工过去几个月工作的肯定。

鲍勃说,他每天都要到工场去一趟,与至少25%的员工交谈。鲍勃不愿意为难别人,他认为安的管理方式过于死板,安的员工也许并不那么满意,但除了忍耐别无他法。

鲍勃认为,管理中有不利因素,但大都是由于生产压力造成的。他的想法是以一个友好、粗线条的管理方式对待员工。他承认尽管在生产率上不如其他单位,但他相信他的雇员有高度的忠诚与士气,并坚信他们会因他的开明领导而努力工作。

查理

查理说他面临的基本问题是与其他部门的职责分工不清。他认为不论是否属于他们的任务都安排在他的部门,似乎上级并不清楚这些工作应该由谁去做。查理承认他没有提出异议,他说这样做会使其他部门的经理产生反感。他们把查理看成是朋友,而查理却不这样认为。

查理说过去在不平等的分工会议上,他感到很窘迫,但现在适应了,其他部门的领导也不以为然了。查理认为纪律就是使每个员工不停地工作,预测各种问题的发生。他认为作为一个好的管理者,没有时间像鲍勃那样握紧每一个员工的手,告诉他们正在从事一项伟大的工作。他相信如果一个经理声称为了决定将来的提薪与晋职而对员工的工作进行考核,那么,员工则会更多地考虑他们自己,由此而产生很多问题。

他主张,一旦给一个员工分配了工作,就让他以自己的方式去做,取消工作检查。他相信大多数员工知道自己把工作做得怎么样。如果说存在问题,那就是他的工作范围和职责在生产过程中发生的混淆。查理的确想过,希望公司领导叫他到办公室听听他对某些工作的意见。然而,他并不能保证这样做不会引起风波而使事情有所改变。他说他正在考虑这些问题。

案例来源:http://benbinwarglei.blog.hexun.com/3747878_d.html.

【案例 9-3】

善 用 小 谋 略

大明帝国开国皇帝朱元璋脑筋灵活,尤其善用一些小谋略,巩固自己的地位。

朱元璋在创立明朝帝国之前,曾参与推翻元朝的反抗军,当时他投身在抗元重要领袖郭子兴的麾下。朱元璋颇得郭子兴重用,短时间内就被任命为和州(今安徽省和县)总兵。但是驻守和州的将官,大部分都是长年跟随郭子兴的部下,朱元璋算准了他任和州总兵,众将官一定不会服气,决定用一些方法奠定自己的领导地位。

朱元璋上任后,在第一次正式召开会议前一天,立刻命令手下撤掉大厅主将的位子,只摆一排长条木椅。第二天召开会议时,朱元璋故意迟到。当他抵达会场时,诸将领已先行入座,会场内的座位都已坐满,仅留下一个左边的末座给他。对于自己在诸将官心中的地位,朱元璋心中雪亮。

会议开始后,讨论军政大事时,在座的资深将领虽然习于在战场上搏命厮杀,但是对于决断军政大事却只能面面相觑。轮到朱元璋发言时,却能精确分析敌我形势,并具体提出办法和措施,他的表现使得在座的资深将官不得不心服。

这次的会议,除了讨论军政大事,也针对整治城池的工作作出分工,并且限期三日之内完工。

三天的期限到了,朱元璋会同诸将领到城池现场查验,结果只有他负责整治的部分如期完工,其余将领负责的各段工程均未完工。

朱元璋认为,制服将领的时机成熟了,他沉着脸,拿出郭子兴的檄文,朝南坐下。朱元璋向所有的将领说:"总兵乃主之命,非我专擅,修城要事,不能如期完工,贻误军机责任重大,谁可担当?今后再有违令者,军法处置。"在场的资深将领自知延误了军机,自然不敢有怒言。

朱元璋主持军务有两把刷子,再加上他治军严谨有方,这次事件过后,他很快建立了个人威信。

案例解析

管理学上,将主管的权力解构为:① 专家权,指领导人的专业能力。② 关联权,指领导人跟上级的关系。③ 资讯权,指领导人掌握组织内外资讯的能力。④ 参考权,指领导人的道德和操守。在领导统御中,领导人的道德和操守可以强化管理的效果。⑤ 奖赏和惩罚权,指领导人对组织成员奖赏权和惩罚的权力。

朱元璋在前述的案例中,就动用了专家权、参考权、关联权、惩罚权等几个权力。

首先,朱元璋选择在会议上表现他在军事上的知识和专业,这是向众人展示他的专家权。

其次,对于无法在三日期限内完成修筑城池的将领,朱元璋搬出郭子兴的檄文,表明自己也是奉上级之命行事,暗示在场的将领,此时的我——朱元璋,不是"朱元璋"而是"郭子兴的代表",你们就算对我朱元璋不满可是你们得听命于郭子兴。这是向部属展现他的上级关系,也就是管理学上的关联权。

最后,朱元璋警告未能在期限内完成工事的将领,下次再有类似事情,将以军法惩治。这是动用惩罚权。其中,特别值得讨论的是他所动用的惩罚权。

很多新上任的主管不敢使用惩罚权。这一类的主管通常是"关系导向"的主管,他跟部属的关系是哥俩好的关系,他担心动用惩罚权会伤害彼此的和气。但是过度"关系导向"的主管,不敢要求部属,因此无法在部属心中建立权威,也永远都不会像一个主管。

与过度"关系导向"主管相对比的是"过度工作导向"的主管。这一类的主管以工作绩效为第一考虑,工作绩效也必然备受肯定,但"人和"却很容易出问题。

领导人如何在"关系导向"与"工作导向"两者之间取得平衡,朱元璋的做法颇值得我们借鉴。

朱元璋在动用惩罚权之前,事先明确告知部属工作的目标(三天之内完成工事建筑)。工作期限到了之后,再依据设定的目标,追踪目标达成的情况,对于未能达成预定目标的将领,才宣示将实施惩处。

"不教而杀之谓之",朱元璋在明确告知部属组织的目标以及未能达成组织目标的后果之后,才运用惩罚权,他的做法不是无的放矢,因此他宣示运用惩罚权时,下属自然会信服。这是在"关系导向"与"工作导向"两者之间取得平衡的不错办法。

案例来源:http://www.ycwb.com/gb/content/2004-03/03/content_650593.htm.

思 考 题

1. 何谓领导和领导行为?影响领导行为的因素有哪些?
2. 决策行为、激励行为和创新行为的联系和区别有哪些?
3. 影响领导行为的因素分析有哪些?
4. 简述领导行为的内容。
5. 什么是领导艺术?

第十章 绩效管理

学习目标

1. 掌握绩效管理基本内容
2. 全面理解绩效考核
3. 设计绩效管理系
4. 描述绩效管理全过程

第一节 绩效管理的原则

一些成功的企业之所以可以获取竞争优势,往往是通过绩效管理将企业的战略目标分解到各个业务单元,并且分解到每个人,对每个员工的绩效进行管理、改进和提高,从而提高了企业整体的绩效,企业的生产力和价值也相应得到提高。由此可知,绩效管理在组织中是非常重要的。

绩效管理并不是一个新的概念,人们早就认识到绩效是需要管理的。无论是从组织这一层次考虑,还是从个人角度甚至是两者之间的其他层次考虑,这一点都是不容置疑的。因此,绩效管理并不是单一的事物,它是为了实现目标而达成共识的过程,是在长期或短期中管理和提高人们能力的一种方法,由部门管理者来负责和实施的。阿姆斯特朗和巴伦(1998)把绩效管理定义为一种战略和综合方法,通过改善员工运作和提高团队、个人的能力使公司不断获得成功。孙海法认为绩效管理是指为了完成组织的目标,通过持续开放的沟通过程,形成组织目标所预期的利益产出,并推动团队和个人作出有利于完成目标的行为。

绩效管理是一个持续的沟通过程,而这一过程是需要员工和直接主管之间达成协议来确保完成的,并在协议中对以下提到的有关问题作出明确的要求及相应规定:

第十章 绩效管理

第一,期望员工完成实质性的工作职责。

第二,员工的工作对公司实现目标的影响。

第三,以明确的条款说明"工作完成得好"是什么意思。

第四,员工和主管之间应如何共同努力以维持、完善和提高员工的绩效。

第五,工作绩效如何衡量。

第六,指明影响绩效的障碍并排除之。

在这一解释过程中,我们可以看到的是,绩效管理的对象主要是员工,但是对员工利益的考虑还不是引入绩效管理的主要原因。事实上,绩效管理并非只取决于某些个别因素,而是存在着大量相互影响、相互作用的其他因素。

一、影响绩效管理的因素

(一)市场条件

20世纪80年代以来,市场竞争日益激烈,这种状况一直持续到今天,竞争仍然是市场上的主导因素。许多评论家把竞争视为导致人们对绩效管理日益关注的主要影响因素。

在某些部门,尤其是公共部门,已经出现了一些新的生产条件。比如,学校、医院和其他健康机构内部的团体、中央政府的执行机构以及地方政府,通过强制竞争性招标而产生的执行机构等。所有这些市场状况,都使得绩效和绩效管理在公共部门内部受到了关注。

至今人们对竞争还如此之关注,也许可以看成是长期以来人们为不断提高生产率所进行的探索的延续和发展。在有些国家如英国,虽然已经掌握了许多劳动生产率改进方案,但有些权威人士却一直认为,传统的英国式生产率改造方式太过强调成本的减少。即使生产率在短期内可以得到提高,但是必须意识到为生产率的提高所付出的长期代价是什么。

(二)技术进步

根据某种观点,技术既可以说是绩效管理的一部分,又可以说是绩效管理的一种工具。普里弗尔曾经指出,产品和生产技术是一个组织取得竞争成功的传统基础之一。一个既定的事实就是:技术,尤其是信息技术,在很多情况下已经成为解决绩效问题的一个重要方案。许多企业因为拥有技术优势而赢得了竞争优势,美洲航空公司及其SABRE系统就是最好的例子(麦肯尼,1995)。

在过去的几年里,许多技术上的变革促使组织为改善绩效而不得不调整自己的管理体系,或者是自己的生产过程或服务供应过程。具体地说,自动化、计算机辅助设计、计算机辅助生产、零库存、高效率生产和经营过程再造这些典型的例子,都涉及了IT技术的应用。对于那些期望把这些技术应用于生产经营实践的人来说,这些事物都包含特殊的意义。

(三) 组织结构再造与变革

和上述的技术一样,组织结构再造也可以视为绩效管理的一部分。许多结构再造活动似乎是对当前经济形式的一种反应。我们可以很容易地发现,这种反应有很多种表现形式,如机构简化、减员、灵活性、团队工作、服务质量协议、高绩效操作系统、战略经营单位等这些我们都已经了解了的术语,都可以说是体现了组织再造所采取的不同形式。除此之外,还有所有权和组织合并等方面的变化。

尽管上述提到的结构性变革有可能对于改善绩效未必有什么意义,却可以达到削减成本的目的,而且无论在哪个层次上或者如何定义,都是如此。但是,从未来的角度来说,它们可以为改善绩效提供一个机会。

二、绩效管理的原则和意义

(一) 绩效管理的原则

美国国内税务局(IRS)在实行绩效管理的过程中,对绩效管理原则的归纳如下:

(1) 它使公司的目标成为个人、团队、部门的目标。
(2) 它有助于阐明公司的目标。
(3) 它是一个不断发展和完善的过程。
(4) 它依赖于合作统一行动而不是依靠控制或高压。
(5) 它提倡个人绩效管理靠自己。
(6) 它的管理方式是公开、公正的,鼓励上下级相互交流。
(7) 它要求随时反馈意见。
(8) 反馈有助于个人在工作中获得知识和经验用来调整公司的目标。
(9) 根据共同的目标评估所有的运作。
(10) 它适用于所有的人,其主要关注的不是运作与经济回报的联系。

(二) 绩效管理的意义

无论是从组织的角度,还是从管理者或者是员工的角度,绩效管理都为我们解决了一些问题,并且在某种意义上来说也带来了一些益处。

(1) 绩效管理是组织需要的一项活动。绩效目标的设定与绩效计划的过程可以使得组织的目标被有效地分解到各个业务部门和个人;团队和个人的绩效目标的监控过程以及对绩效结果的评估可以有效地了解目标的实现程度,并且可以及时发现阻碍目标实现的原因;绩效评估的结果可以为人员的调配和人员的培训与发展提供有效信息。

（2）绩效管理可以使管理者能够对绩效计划的实施情况进行监控。管理者承担着组织赋予自己的目标，而每个管理者都是通过自己的业务部门或者团队来实现自己的管理目标的。因此，管理者都渴望自己在管理上取得成功，这就需要有机会将组织的目标传递给团队中的员工；需要有机会告诉员工自己对他们的工作的期望，使员工了解哪些工作是重要的。而绩效管理就为管理者提供了一个将组织目标分解给员工的机会，并且使管理者能够向员工说明自己对工作的期望和工作的衡量标准。

（3）绩效管理可以提高员工的能力和竞争力。员工可以通过绩效管理来了解和提高自己的绩效，了解自己在哪些方面还有待发展，以提高自己的胜任能力。

第二节 绩效考核

一、绩效管理和绩效考核

绩效考核是绩效管理的必要环节，绩效管理是管理的重要手段和方法。成功的绩效考核不仅取决于考核本身，而且很大程度上取决于与考核相关联的整个绩效管理过程。

绩效考核与绩效管理并不是等价的。绩效考核或者称为绩效评估，是一种定量或定性的评定、协商和估算；而绩效管理是指为了完成组织的目标，通过持续开放的沟通过程，形成组织目标所预期的利益和产出，并推动团队和个人作出有利于完成目标的行为。在传统的绩效考核中，绩效管理这一过程往往会被忽略，从而使得绩效管理系统不能和组织的战略目标联系起来。

绩效考核并不是仅仅强调如何对员工的绩效进行考核，而且应重视管理者在整个绩效考核过程中应担负的责任和必须起到的作用。也就是说，在绩效考核之前，管理者要与员工就员工的绩效目标及如何达到目标这些问题上达成共识，除此之外，绩效管理特别强调管理者与员工的沟通，及对员工的绩效培训和辅导，加强员工成功达到目标的能力。

【案例10-1】

如何更好地进行绩效评价

墨克公司是一家拥有31 000名员工的工厂，该厂曾经成功地使用过强制分布工作绩效评价法。它所使用的对象是所有受到《劳工法》豁免的员工，这些人是按照他们个人的工作绩效等级拿工资的。

墨克公司建立强制分布法评价体系的原因是原来的工作绩效评价办法不够规范。当时,公司发现,根据他们的图尺度评价法,公司所有受到《劳工法》豁免的员工中竟然有80%的人的工作绩效评价等级都在第4级上。换言之,那些在工作中作出显著成绩的员工所得到的工作绩效评价等级,实际上比那些工作做得不错但并无任何突出之处的员工高不了多少。结果是,不仅公司的工作绩效评价体系,连带公司的绩效工资体系都没有起到它们应有的激励作用。因此,公司实行强制分布法的主要目的就是在员工之间形成更大的绩效评价等级差别,这样就能比较容易地发掘出那些工作确实优秀的员工来。

今天,墨克公司在每年的11月都要对所有受《劳工法》豁免的员工进行工作绩效评价。这些员工都要与他们的主管人员面谈自己在这一年中的工作完成情况(与先前制订的工作目标进行比较)。最后,他们将得到五个绩效评价等级中的一个:优异;优秀;高标准;有改进的余地和不令人满意。

不过,任何一位管理人员的下属员工中都只有有限比例的人能够落入每一个等级之中。比如,一个部门中只能有5%的人能够得到优异级的评价;15%的人能够得到优秀等级的评价;但大多数人(70%的员工)都将落入高标准这一等级之中。换句话说,此种评价体系强调主管人员对其手下受《劳工法》豁免的员工进行比较,并只能将其中不多于20%的人的工作绩效等级评定于高于平均水平。

由于该公司着力克服强制分布法自身所存在的问题,因此,这一工作绩效评价方法在该企业中的运行十分成功。例如,如果强制性地要求一位只有四五名下属的管理人员也要将其所属人员分配到这五个工作绩效评价等级上去,那么这种要求显然是不现实的。于是,他们采用了一种"滚雪球"式的累积做法,即为了满足强制分布绩效评价体系的等级分布比例要求,将在同一分布机构中的几个部门绑在一起来进行绩效评价(在每一次为进行绩效评价而举行的联席会议上,每一位主管人员都可以提出相当于其手下员工总数2/5的人员名单,把他们的工作绩效评价等级定为优异级)。

当然,在墨克公司(或者是在对大学生进行评价时)也仍然存在一种争论,这就是:到底是应当对员工的绝对绩效进行评估,还是应当对员工的相对绩效进行评价。然而,无论如何,从总体情况来看,墨克公司的工作绩效评价体系是成功的,尤其是在帮助企业确认高绩效员工并对他们进行奖励的问题上取得了较好的成效。

资料来源:孙海法.现代企业人力资源管理[M].广州:中山大学出版社,2002.

二、绩效考核的标准和方法

(一)绩效考核的标准

对员工的绩效考核,最重要的是制订考核的标准。一般来说,考核标准包括两个方面:一是员工应该做什么,其相应的任务及工作要点是什么,这些都是数量上的问题;二是员工应该做到何种程度,应该如何去做,达到何种标准,这是工作质量上的问题。

绩效考核标准设计的思路分为了以下七个步骤：

第一步，确定各部门工作表，比如说研发部门究竟有哪些工作、业务及任务，一一列写出来，制成工作表。

第二步，确定各部门工作所需要的知识、技能、经验和资格，尽可能予以具体说明。

第三步，确定每个人的分工，包括确定每个人的工作量、主要工作和重要工作等。

第四步，依据等级来整理工作表，比如与研发三级相称的工作是什么。

第五步，职能等级标准手册的形成，即明确各职务等级所要求的能力水平和内容，如知识、技能和经验等。

第六步，职务等级标准手册的形成，具体说明各职务等级的工作内容、工作程序、工作质量和数量等。

第七步，确定绩效标准，尽可能书面化、表格化，便于上司与下属相互沟通和协商，进而修正和确定。

（二）绩效考核的方法

绩效考核的方法有很多，在本书中，我们将主要分析目标导向法、责任中心法、360度绩效考评这三种方法。

（1）目标导向法。目标导向法又称为目标管理法，常被用来考核经理层。"目标管理"的概念最早是由著名的管理大师德鲁克于1954年在其名著《管理实践》中提出的。德鲁克认为，并不是有了工作才有了目标，而是有了目标才能确定每个人的工作，并认为一个领域如果没有目标，那么这个领域的工作就会受到忽略。于是，管理者必须通过目标对下属进行管理。由于这种方法能够最大限度地保持个人与组织的目标一致性，所以该方法有助于降低经理层的工作行为与组织目标无关的可能性。它可以分为四个步骤：

第一步，分别为组织、组织内各个部门、各个部门的主管人员以及每个员工制订具体的工作目标。目标可以分为要达到的具体结果，或者是既关注结果又兼顾达到目的的手段。

第二步，要求员工在规定的时间内完成的工作绩效。目标管理法是用于衡量员工为组织的成功贡献，而不是衡量其工作行为。

第三步，保持对进度进行检查，衡量现状与期望中的目标之间的差距，以便于决策出需要何种培训。与此同时，让主管人员知道组织中存在哪些可能影响到员工绩效、而员工自己又无法控制的情况。

第四步，时常对进度进行检查，为下一个阶段制定目标，并且要明确如何才能完成上一阶段没有实现的目标。在这一过程中，主管人员应该邀请下属共同来参与，并作出相应的应变措施。对于那些能够出色完成目标的员工来说，他们应该在下次更多地被邀请来参与到目标的制订中。

（2）责任中心法。责任中心是指按企业管理体制和实行经济责任制的要求，在企业内部有明确责任范围、有相应的权利并能自己进行控制的单位。它由一个主管人员负责，承担规定的责任和拥有的相应的权利。设置责任中心的目的，是为了使各单位在其规定的责任范围内有责有权，积极工作，保证各中心目标的实现。责任中心法对管理人员的绩效考核具有很强的针对性。通过运用责任中心法，组织建立了利润、成本和税收中心并使之成为评价标准，而管理人员的绩效就是根据这里的一个或几个标准进行考核的。一般来讲，要更好地发展这些责任中心，组织就需要特别建立一些各自独立的分支机构。如果不能做到真正独立，那么责任中心法在测评管理人员绩效方面就显得不那么合适了。然而，很多企业在现实中是做不到部门间的真正独立。比如说，在一个组织中，对于那些数额大的销售业务，财务部就会要求他们预付比较高的定金和在一段合理的时间内准时付清账款；而销售部却宁愿薄利多销来维持生意的永续性。这里存在的问题在于如果只考核其中的一个部门，那么就会影响另一个部门的努力程度。也就是说，所有部门的绩效必须是一致的，不可孤立的。在考核系统评价个人与团队时，不应该鼓励那些导致组织整体性受到破坏的行为和态度。以上出现的问题对于高层管理者来说，确实是值得关注并具有一定的挑战性。

（3）360度绩效考评。360度绩效考评又可称为360度反馈，沃得（Wardour）将其定义为："从许多有关人士那里系统地收集一个人或一个群体的绩效情况资料"。这些反馈资料是根据各种绩效表现以填写评分表得出的。反馈范围可以从上级、下级、同事、自我、客户，延伸至外部客户、委托人或供货商。

在中国的企业中，360度绩效考评更多地被理解为从领导、同事、自我的直接报告和服务对象四个角度进行考核（如图10-1所示）。理论上来说，这种方法可以比单纯从员工的直线领导处获得更多、更全面的信息，从而可以对员工进行更为全面的评价；与此同时，也可以避免直线领导的一些偏见，尽量避免员工对考核结果的不满情绪。360度绩效考

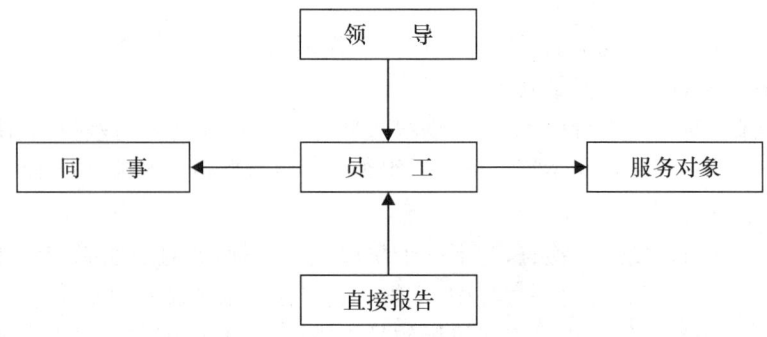

图10-1　360度绩效考评模式

第十章 绩效管理

评不足之处,是收集信息的成本过高。收集信息的来源及可靠程度都会影响到考核结果的不确定性。

三、影响绩效考核的因素

影响绩效考核成效的因素众多,在本书中,我们将主要从绩效标准设计及考核者主观因素这两个方面来分析。

其一,在工作绩效标准的设计过程中,会出现一些问题,表现为:缺乏明确的工作绩效评价标准;绩效考核标准不贴切或主观性太强;绩效考核标准不现实;绩效考核标准的可衡量性太差;难以评价出有价值的创意;难以考核工作团队中个人的价值。这些问题是关于技术层面如考核标准方面的问题,会对绩效考核的正确性带来重大的影响。

其二,考核者主观因素主要是指考核者因主观偏见所犯的错误,如对被评价者的第一印象很好或很坏,会影响到他对被评价者的绩效评估的偏向;也存在类己现象,会影响到评价者对有相同爱好被评价者的评估。在考核过程中,评价者考虑到与被评价者的关系,如两个人的关系紧密、友好,考核者或出于私心,希望被评价者能得到好成绩,或不自觉产生倾斜,因此会给出偏高分数。

第三节 绩效管理系统的设计

一、绩效管理系统设计的步骤

一个组织摆脱不了对目标的取向,因此绩效侧重于种种目标之中,这是任何一个组织都较为关注的课题。进而言之,组织的成功与否,主要在于设计一个绩效管理系统,用来贯彻于组织的整个战略之中。一般来说,绩效管理系统设计的步骤包括了以下四个方面:

(1) 设计并确定符合企业整体策略发展的个人目标。

(2) 依据预先设立的个人目标,对工作的完成程度作出评定。评定完后的结果将会对员工工作的改善计划、职业发展计划以及对管理者所作的任务分配都会产生决定性的影响。

(3) 对员工的薪酬进行评估。员工的薪酬等级是否增加,应依据其对预先设定好的目标达成程度高低而定。

(4) 检查组织的整体实力。主要在于调查企业每一个部门或业务单位的整体竞争力,以便于有效达成企业的未来战略。

二、绩效管理系统设计中存在的问题

首先,在绩效管理系统的设计方面要考虑的一个问题是,由于不能将绩效评估放置于

从绩效目标的设定到绩效计划以及在工作过程中对绩效信息的收集的整个绩效管理过程中加以考虑,因此造成在对绩效评估过程中出现许多冲突和矛盾,如对绩效评估的定位和价值的歪曲理解以及被评估者的抵触情绪等,而这些矛盾往往是评估之前的工作中出现的问题所导致的。

其次,在绩效管理系统的设计方面另一个突出的问题是在绩效管理系统的建立过程中没有充分考虑这一系统使用者的不同需求。在绩效管理的过程中,管理者与员工有着不同的心理期望。例如,管理者都希望绩效管理的操作比较简单,他们不希望花费太多的时间和精力来评估员工的绩效和提高员工的绩效;而员工则希望从管理者那里得到一些建设性的反馈,希望自己可以被客观性地评价,并能得到一些使自己绩效改进的建议。

再次,在绩效管理系统的设计方面通常缺少系统的绩效标准设定方法。因而,不仅使得绩效的衡量指标无法从工作分析中得到,而且也造成了对评估标准的设定主观性程度过高。

最后,在绩效管理系统的设计方面没有充分考虑到应如何运用绩效评估的结果。很多组织忽略了评估结果应用的重要性,因此也忽略了为提高员工绩效和胜任能力而应进行的培训,为群体绩效和组织绩效的改进而应该采取相应的行动等等。

三、有效绩效管理系统的建立

弗莱彻和威廉斯认为:绩效管理系统的建立并不是组织在外部环境迫使下采取的一种完全被动性的策略。这种策略应该是在当时不存在任何强大的外部压力的条件下,在对自身利益、对雇员的态度以及未来的使命进行了深思熟虑之后制订的。但是这项研究给人的印象是,持这种观点的人可能只占少数。我们可以看出,引入绩效管理的动力与组织内部发生其他变革的动力没有什么两样。明显地,人们已经意识到某种变革的必要性。对变革动机的认识是分析过程的第一步,也是非常重要的一步。那么,接下来又如何来建立有效绩效管理系统的标准。

建立标准主要包括了以下四个方面。

(一) 确定各构成群体

一个组织至少包括三个组成群体:组织(以高层管理者为代表,他们不一定是同类的群体)、部门经理和接受绩效管理的雇员。

(二) 确定各构成群体的目标

每个群体都有一套自己的目标。例如,组织的目标是提高雇员绩效(和生产率)、为雇员提供激励、明确并传达对雇员的期望(避免责任含糊不清)、为工作制订计划、明确培训和发展要求、制订和参与管理决策(如工资、晋升等)以及在受到他人不公正的否定时,证明个人决策的正确性;部门经理的目标是使用绩效管理系统的最方便渠道、为雇员提供激励、明确并传达对雇员的期望(避免责任含糊不清)、提高雇员绩效(和生产率)、避免个人冲突、增进和维护人际关系和工作关系、提高自己在组织中的地位、对组织形象负责、提高雇员的能力、增强雇员的自尊和福利等;员工的目标是提供反馈(特别是积极的反馈)、避免人际冲突、建立和维护良好的人际关系和工作关系、提高自己在组织中的地位、对组织形象负责、明确并满足发展的需要、了解自己未来的地位(如讨论晋升的机会、开发个人能力、增强自尊和福利等)、避免受到批评、进行自下而上的反馈、使工作富有情趣并令人满意、不断改善工作条件。

（三）明确特定的目标

鲍尔泽(Balzer)和萨尔斯基(Sarski)指出:"鉴于许多目标并非十分重要而且模糊不清,应该明确不同的群体的某些特定目标。"墨菲(G. Murphy)和克莱弗兰德(Cleveland)也指出:"必须摆脱过去那种泛泛的、研究不同群体可能追求的目标的观点,专注于对他们实际追求的目标的评价。"他们建议使用直接方法和间接方法明确这种目标。

（四）标准的选择

标准不是现成的,需要把它作为设计过程的一部分加以开发。

四、绩效管理系统的监督

绩效管理系统是否有效？这是一个无法用简单语言回答的问题。一个重要的原因是,大多数组织并没有采取系统的措施,对绩效管理系统的运行状况及其完成的任务进行研究。但是公正地来说,要对某些特定的预期成果进行检验不是一件容易的事。因此,对绩效管理系统进行监督是必要的。

在实际工作中,对多个层次进行监督是可行的。对于最基础的层次,可以在程序方面对绩效管理进行监督。例如,如果希望雇员能够将填好的表格及时返回到人力资源部门,我们就应该对实际执行情况进行监督,看这些表格是不是真正被返还了。如果还没有,那么要查看是否存在某种问题,比如由于某种原因使得该系统没有被雇员接受。

如果要对一个更为复杂的层次进行监督,则要求对表格所提供的书面资料进行分析。比如,应该对与培训和开发有关的建议进行分析,并对建议的变动情况进行跟踪,以确保能针对这些建议采取必要的措施。如果绩效管理系统是用于对工资进行管理,就应该对不同性别和种族群体所获得的工资奖励进行监督,以确保不存在歧视。对于完成的表格,还要进行内容方面的分析,以确保证实工作目标与"优良"的目标一致。如果存在分歧,就说明有必要进行适当的培训,或者说,在系统的运行过程中还存在着严重的缺陷。可以说,这一分析活动本身是一种发现绩效问题的工具,也是对绩效进行改善和管理的工具。值得注意的是,如果尚未建立典型的监督绩效管理系统的衡量准则,那么这一分析过程就会出现问题。更进一步来说,用于监督绩效管理系统所使用的准则,在内容上必须是具体的,那种抽象的标准没有任何实际意义。

【案例 10-2】

遭遇困难的评估表

康成公司是一家从事礼品制作与销售的公司,公司上下有 50 多人。到了年底,领导提出要对员工的绩效进行一番评估。于是人力资源部门的同志们费尽力气设计了评估的表格,评估表中主要包括了对员工工作业绩和工作态度的评价。但是在主管人员填写评估表时,却遇到了困难,因为表中的很多内容,他们感到无法填写。首先是员工的工作业绩方面,由于事先并没有将员工的业绩目标清晰地确定下来,因此在对业绩进行评估时很难判断做到什么程度是"基本达到本职位的要求",做到什么程度算是"超出本职位的工作要求",只能凭借主管人员的主观感觉。销售人员尚有一定的销售标准,其他人员基本上没有什么客观标准可言。对于工作态度方面的评估就更加困难了,由于平常没有注意收集和记录员工的工作表现,到了年底,主管人员的印象就只有最近一二个月的一点记忆,前面 10 个月的工作表现的印象已经十分模糊,那么对工作态度的评估就更是完全凭借主观印象了。可想而知,这样填写的评估表,基本上难以提供有帮助的信息,更不用说依据它来做一些重要的人事决策了。

案例来源:http://bbs.sdsy.sx.cn/dv_rss.asp?s=xhtml&boardid=64&id=5975&page=1.

第四节 绩效管理过程

绩效管理是一个灵活而且可持续的过程。在管理期间,管理者和员工之间是一种同伴的关系,在同一企业的框架内为了更好地实现预定目标而工作。绩效管理关注的是将来的运作计划和改善绩效,而不是对过去的运作进行评估。

迈克尔·阿姆斯特朗(Michael Armstrong)在其著作《战略化人力资源方法》中认为绩效管理这一过程包括的活动有:角色定位、绩效协定、个人发展计划、年度绩效管理、绩效评估。上述各项活动之间的关系如图 10-2 所示。

我国学者武欣在其编著的《绩效管理实务手册》中也认为绩效管理是一个可以循环的过程,但他将绩效管理这一过程分为四个步骤:绩效计划;绩效实施与管理;绩效评估;绩效反馈面谈。这一过程的流程图如图 10-3 所示。

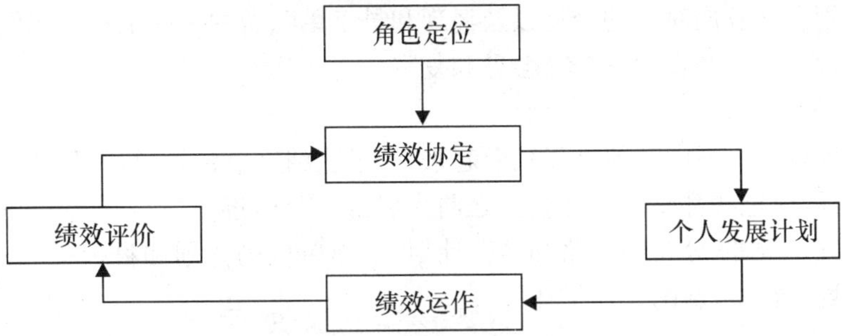

第十章 绩效管理

图 10-2 绩效管理循环图

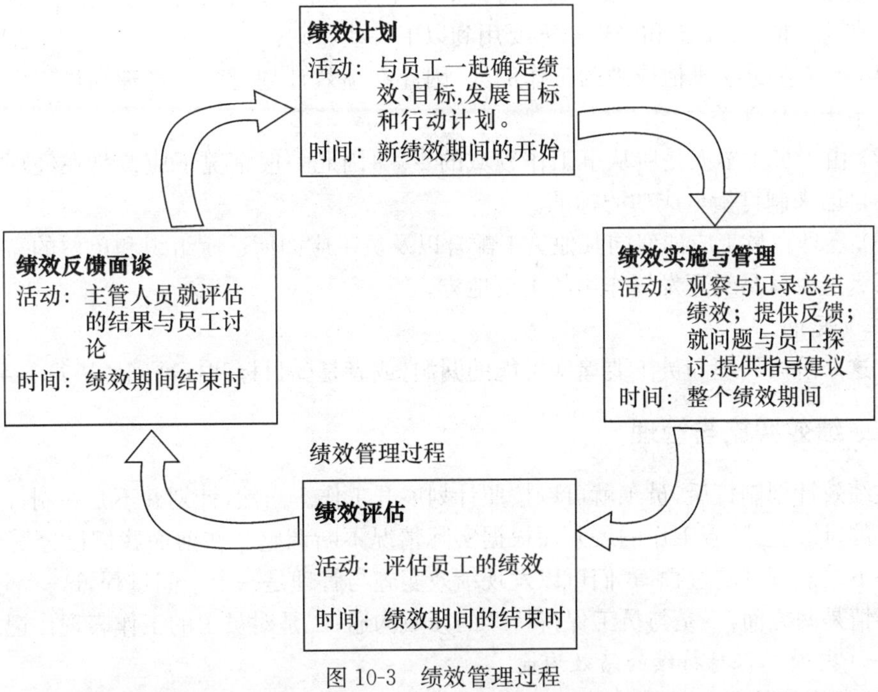

图 10-3 绩效管理过程

在本书中,我们将采纳图 10-3 的思路对绩效管理的过程进行分析。

一、绩效计划

许多人都认为评价是绩效管理最重要的环节,实际上计划是更加重要的。因为评价仅仅是从"反光镜"中往后看,而计划是往前看以便于在将来得到最好的绩效。

让我们先对绩效计划的定义作一个了解。它是员工和经理共同研究以明确员工在接下来的一年中应该完成什么工作和什么样的绩效才算是成功的绩效过程。

绩效计划是涉及面对面的会见以及经理和员工单独做的一些工作。我们可以把绩效计划这一过程分成三个步骤：准备、会见和复审。

（一）准备

绩效管理要和组织中其他过程联系起来，为了达到这个目的，经理和员工双方都要熟悉组织的目标，而这些都是可以在会见之前完成的，因此，准备阶段需要经理、员工，或者双方进行回顾。例如，公司的战略和经营计划；工作单位的计划和目标；上一次的绩效评价和绩效计划；员工最新的工作描述等。

（二）会见

这是绩效计划的核心阶段。这时经理和员工通常是秘密地坐下来讨论接下来一年的工作。在这一阶段，员工和经理双方要用到以下一些原则：

（1）本人是最熟悉他或她的工作的人，因此在绩效计划过程中经理和员工之间是一种相对平等的伙伴关系。

（2）由于员工本人是所从事工作领域的专家，因此一般情况下应该是在经理介入下由员工自己来制订衡量成功的标准。

（3）经理在员工应如何同其他员工配合以及员工应如何适应组织和单位的需要方面是专家。这也就是经理发挥作用的主要地方。

（三）复审

在这一阶段经理和员工要堵塞可能的漏洞，或者是就目标和标准问题进行签字。

二、绩效实施与管理

在绩效计划制订后，员工就可以按照计划展开工作。当然，计划并不是在制订后就一成不变的，计划会随着工作的展开而根据实际情况不断调整。在前面我们已经简略地介绍了一下绩效管理的过程，我们可以发现绩效实施与管理是一个中间过程，这一部分主要做的事情是两方面：一是与员工保持持续的绩效沟通；二是对员工的工作表现作记录。

（一）与员工保持持续的绩效沟通

员工和管理人员间是通过沟通来共同制订绩效计划的，从而达成了绩效合约，但这并不等于说后面的绩效计划执行过程就会完全顺利。为了对绩效计划进行调整并使员工在执行绩效计划的过程中了解到有关信息，管理人员与员工要进行持续的有效沟通，沟通的内容涉及：工作的进展情况如何；员工和团队是否在正确的达到目标和绩效标准的轨道上运行；应该采取何种行动来扭转有偏离方向趋势的局面；判断出工作进度的好坏情况；由于目前的境况，应对工作目标和达到目标的行动作出哪些调整；管理人员可以采取哪些行动来支持员工。

一般来说，员工和管理人员之间存在着自上而下的沟通、自下而上的沟通和双向沟通这三种方式。

(1) 自上而下的沟通。由于部门经理承担了关键性的角色,因而在考虑绩效管理的条件下,管理链的使用显得尤其重要。但是,绩效管理还有更广泛的内容,如让雇员及时了解公司所发生的事情,所以,组织应同时使用多种媒介来进行自上而下的沟通。自上而下的沟通也不仅仅是针对个人而言的。在实践中,已经有越来越多的人使用了团队简报这一方法。值得注意的是,这种自上而下的沟通确实是发挥了信息传递的作用,然而组织也把它视为一种施加影响的方法,用它来说服雇员遵从组织的目标和价值。但如果这种自上而下的沟通只是信息的纯单向流动,就会使人们把它视为单纯的宣传而已。

(2) 自下而上的沟通。自下而上的沟通,其影响通常是以正规形式存在的,如建议方案、雇员态度调查以及销售情况等。除此之外,自下而上的沟通还带有一定的被动性,比如,在雇员态度调查中,调查的内容以及随后采取的措施都是完全由管理者控制的。在某些条件下,比如,在质量管理中,所采取的自下而上的沟通有可能会主动一些,如合作解决问题。在这种情况下,人们很可能认为其根本意图是想促进雇员的参与。

(3) 双向沟通。从根本上来说,以上提到的两种沟通方式都是单向的,并且都是由管理层控制的。例如,自上而下的沟通,主要是把管理者的最终决策传达给雇员,而自下而上的沟通方式,如雇员态度调查,通常是由管理者决定调查的内容。在沟通程序的众多目的中,都明显体现出了这种片面性。因而,如果要使雇员与管理者之间的沟通有助于改善组织绩效和个人的绩效,并都参与到信息传递的过程中来,那么沟通至少应该是双向的,因为雇员不仅要了解那些有可能对自身产生影响的事件,他们还希望有发表自己见解的机会。马金顿指出:"雇员希望有机会了解某些决策的制订依据;同时,当他们认为这些决策涉及自身利益的时候,他们也希望有能力对决策施加影响"。

总的来说,可以将雇员的参与视为一种管理理念或管理运动,其实,雇员参与的做法是和绩效管理相一致的。

(二) 对员工的工作表现作记录

在考虑整个绩效管理循环的时候,我们经常会比较多地把注意力集中在对绩效的评估上。然而,主管人员为了保证做到客观又公正的绩效评估,必然需要依据一定的评估标准(如员工的工作表现),这就要求主管人员对员工平时的工作表现进行记录,收集到必要的信息,以便客观公正地对员工绩效进行评估。

一般来讲,主管人员需要收集到的信息有:来自业绩记录的信息;由主管人员自己进行观察得到的信息;来自他人评价的信息。在收集的信息中,有很大一部分是归属于"关键事件"的信息,这些事件既可以是证明绩效突出好的事件,也可以是证明绩效存在问题的事件。

三、绩效评估

绩效评估是指对绩效进行实际的或者打算进行的客观评价。绩效评估是企业计划与控制系统中非常重要的一部分,其目的是评估在有关计划活动中"物质资源"或"人力资源"所发挥的效能如何。一般来说,我们可以采取财务绩效评估、非财务绩效评估以及目标和标准评价这三种方法。

(一)财务绩效评估方法

在财务绩效评估方法中,采用了以下五种评估指标:

(1)利润。利润也许是企业绩效评估最常用的指标,它也可以考核企业资本投资额所赚取的利润,即资本回报率。

(2)收入。财务绩效也可以用销售收入或销售收入增长率来衡量。

(3)成本。大多数企业的财务计划有费用预算和产品或服务计划成本。绩效评估的一般方法是看其实际成本比预算成本高还是低,来判断成本是否失控。

(4)每股价格。如果企业有股票在股票交易所交易,财务绩效也可以以对股东的回报来评估。它包括给股东支付的股利和股票每股价格的上涨或下跌。

(5)现金流量。就像监控利润一样,企业也应监控其现金流量,以确保企业从经营中创造充分的现金去满足可预见的负债。测定现金流量能力的一个指标是企业在某一期间赚取的自由现金流量金额,自由现金流量是指超过公司管理层日常有权开销的现金,如股息红利或不必要的资本支出。

(二)非财务绩效评估方法

在现代企业环境里,财务评估并不能反映企业绩效全貌。在现在这种知识经济环境中,企业间还可以通过产品质量、配送、诚信、售后服务和顾客满意度等多种方式进行竞争。因此,企业正在增加使用各种非财务定量与定性绩效评估指标,如质量等级、顾客投诉次数、担保要求次数、领先次数、配送时间、非生产时间等。

与传统的财务报告不同的是,许多非财务绩效评估结果能被很快地提供给管理层。管理层可以要求每一天甚至每一小时提供一次。值得注意的一点是,非财务绩效既可以依据定量的方式加以评估,也可以依据定性的方式加以评估。定量评估意味着计划目标和实际绩效能以数字方式表述。定性评估一般来说是不能以数字表述的,尽管有时定性信息通过如区分等级这样的方法被转换成数字。

(三)目标和标准评估方法

在绩效评估会议时(通常在年底),经理和员工对每个目标和标准进行检查,以确定员工是否达到了目标。如果目标和标准定得很清楚,而且被双方很好地理解,那么绩效评估过程将相当顺利。要格外强调的一点是,在目标和标准评估方法中,评估会议不仅仅是为了评估。与此同时,它也为经理和员工提供了机会,以讨论哪些绩效没有达到目标、诊断存在的问题、提出解决这些问题的建议。

运用目标和标准评估方法,容易将个人目标和工作单位的目标联系起来,减少了在绩效评价会议时双方意见不一致的可能性。这可能是对评估结果最具有法律保护作用的方法。

但是,目标和标准评估方法也不是完美无缺的方法,它需要花费更多的时间;它要求经理和员工开发一些制定目标和标准的技能,以保证这些目标和标准有意义且可以度量;它需要更多的文字工作。

【案例 10-3】

康宁玻璃厂的竞争优势

问题:一个不适当的绩效评估系统

以前,康宁玻璃厂没有正式的绩效评估系统,人力资源专业人员以他们与雇员之间非正式的谈话为基础评估雇员(谈话经常在酒吧中进行)。后来,康宁玻璃厂开发了一个比较精密的评估系统。在这个系统中,主管人员给雇员按总体绩效和晋级潜力打出书面评级。

康宁玻璃厂不久发现,即使这个"精密"的绩效评估方法也有欠缺。这些总体评价的标准相当模糊,结果是主管们对雇员绩效的评分非常主观而且经常是不准确的。因为这个问题,评估不能为公司提供关于在提升及加薪方面作决策的健全依据。还有,评估系统没能产生有关雇员的优点和缺点方面的信息,所以不能为清晰的绩效反馈提供依据。使事情更糟的是,康宁玻璃厂的评估系统没有能够提供关于公司期望的信息,使员工对于要获得有利的评分需要做什么一无所知。

解决方法:开发一个有效的绩效评估系统

为了解决这些问题,康宁玻璃厂开发了一个新的评估系统,这个系统包括了三个部分:一个包含着行为标准的评分表;一个包含着绩效目标的评分表;一个主管对雇员的薪资和升职作推荐的表格。

在这个评估系统的第一部分里,主管以一份列出几个积极和消极的工作行为的表格来评价雇员("例如:"在小组会议上采取主动","未待解释之前就反对这些想法")。接着,主管把评分送到人力资源管理部进行计算机分析,计算机对每个雇员形成一个书面的文件,指出雇员们的优缺点及发展需要。最后,人力资源管理部把个人文件送交雇员的主管,主管再与其雇员进行批准。

这个评估系统不是由公司总部命令使用的,相反,8个分部的每一个副总裁都能决定是否实施这个方案。

新的绩效评估系统怎样提高竞争优势

绩效评估系统运作了一段时间后,人力资源管理部就其有效性向经理们进行询问。调查结果非常肯定。不仅提出了改进建议,而且该系统对公司的有效性帮助很大。

特别要说明的是,经理们相信,绩效评估系统的三个部分都有助于增强公司的竞争优势。源于行为评分的绩效文件,使主管们能够给雇员具体的反馈,以提高员工的工作绩效。绩效目标用于确保雇员的努力与公司的目标一致。系统的第三部分(薪资和升职推荐),通过确保(尽可能地)被选中升职的员工能够符合他们的新工作的资格要求,以功劳加薪的员工是真正符合条件的,有助于增强公司的竞争优势。

资料来源:劳伦斯·S·克雷曼著.人力资源管理获取竞争优势的工具[M].孙非,等译.北京:机械工业出版社,2004.

四、绩效反馈面谈

绩效管理的过程并不是到绩效评估打出一个分数就结束,管理人员还要与员工进行一次面对面的交谈。通过绩效反馈面谈,使员工了解上级对自己的期望,同时也了解自己的绩效,并认识到自己还需要改进的方面以请求上级对自己的指导。

通过绩效反馈面谈,主管人员可以与员工的看法达成一致;使员工认识到自己的成就和优点;指出员工有需要改进的方面;制订绩效改进计划;协商下一个绩效管理周期的目标与绩效标准。

由于绩效反馈面谈是主管人员与员工双方的责任,主管人员和员工都应该为绩效反馈面谈做好各自的准备。主管人员应该做好的准备有:选择适当的时间;准备适当的场地;准备面谈的资料;对面谈的对象有所准备;计划好面谈的程序。员工应该做好的准备有:准备表明自己绩效的资料或证据;准备好个人的发展计划;准备好向主管人员提出的问题;将自己的工作安排好。

绩效反馈面谈应遵守的原则有:建立和维护彼此之间的信任;清晰地说明面谈的目的所在;鼓励员工说出自己的意见;认真聆听;避免冲突和矛盾;集中在绩效,而不是性格特征;将优点和缺点并重;应该结束时立即结束;要以积极的方式结束面谈。

思 考 题

1. 在进行绩效管理的过程中,要遵循哪些原则?
2. 试论述进行绩效管理的意义。
3. 影响到绩效考核的因素有哪些?
4. 如何建立一个有效的绩效管理系统?
5. 试对绩效管理这一过程进行描述。

第四篇

组织行为分析

第十一章　组织结构设计

学　习　目　标

1. 了解组织结构对一个组织的重要性以及组织结构的本质
2. 通过分析组织结构的结构性变量和关联性变量来了解组织
3. 了解管理幅度和管理层次及其对组织结构设计的影响
4. 了解组织中的集权与分权，学习如何适当地、有效地集权和分权
5. 熟悉组织结构设计的任务、程序及其原则，以达到有效的组织结构设计效果
6. 组织结构设计中的主要影响因素
7. 熟悉几种最常见的组织结构形式，了解各种形式的优缺点

第一节　组　织　结　构

组织是一个社会性团体，任何公司、企业、机构都可以称为组织。在现代社会中，每个人的学习、工作、娱乐等几乎都在组织中进行。形形色色的社会组织，以工商企业为代表，包括学校、医院、军队、政党、政府机构等，是现代社会存在的基础。组织结构则是组织各部分之间的关系模式，它是由组织的目标和任务以及环境的情况所决定的。它对组织内部的正式指挥系统、沟通系统具有直接的决定作用，对组织中人的社会心理也有影响。恰当地认识和设计组织结构，对于实现组织目标是十分重要的。

组织结构设计是在管理分工的基础上，设计出组织所需的管理职务和各个管理职务之间的关系，从而有效地实现组织目标。组织通过一定的结构形式固化管理流程和资源分配。恰当的组织结构，清楚界定每个组织成员的权责角色，再加上适当的协调与控制，

组织的工作效率将会大大提高,而组织的整体表现亦会较出色。从管理上看,一个有效的组织创造出的价值应大于其个体单独创造出的价值总和。

组织结构设计对提高组织活动绩效、获得最大经济效益起着重大的作用。研究表明,合理而有效的组织结构与企业长期的业绩水平有着正向的关系。很多企业在生死存亡之际,通过组织结构的调整再次走上了成功的道路。例如,美国惠普公司在20世纪80年代曾出现经营危机,于是公司管理层根据现代组织结构理论实施了非常成功的公司组织结构重组,打破了公司旧有的官僚体系,推行扁平化组织结构。到90年代中期,惠普公司成为计算机产业中成长最快的公司之一。

一、组织结构的定义

组织结构是指组织内关于职务及权力关系的一套形式化系统,它阐明各项工作如何分配,谁向谁负责及内部协调的机制。本书对组织结构有这样的定义:组织为了协调及控制成员的活动,使组织保持动态性,从而有效地实现组织目标,对组织全体员工进行分工协作,在职务范围、责任、权力方面所创设的结构体系。这个定义有以下三方面含义。

(一)组织结构的本质

组织结构的本质是组织成员的分工协作关系。

(二)设计组织结构的目的

设计组织结构的目的是为了实现组织的目标,组织结构是实现组织目标的一种手段。

(三)组织结构的职、权、责关系

组织结构体现的是组织成员在职、权、责三个方面的相互关系。因此,组织结构又可称为权责结构,实际中通常通过组织系统图来表现。这个结构体系的主要内容有四方面:

(1) 职能结构:完成组织目标所需的各种专业化工作及其比例关系。
(2) 层次结构:各管理层次的构成,又称组织的纵向结构。
(3) 部门结构:各管理部门的构成,又称组织的横向结构。
(4) 权力结构:权力和责任在各管理层次、部门的分工和相互关系。

二、组织变量

了解一个组织重要的一步是需要考察描述具体组织设计特点的变量,这些描述组织的变量与描述人的个性是非常相似的,组织变量正是从不同角度反映组织的内外部特征。

组织变量分为两类:结构性变量和关联性变量。结构性变量描述了一个组织的内部特征,它们为衡量和比较组织提供了基础。关联性变量反映整个组织的特征,包括组织规模、技术、环境和目标等,它们描述了影响和改变组织变量的环境。要了解和评价一个组织,就必须同时从结构性变量和关联性变量这两方面来加以考察,这些组织设计的变量相互作用,共同影响着组织目标的实现。

(一)结构性变量

结构性变量反映了组织的内部特征。它包括:规范化、专业化、标准化、权力体系、复杂性、集权化、职业化、人员结构等,这些变量基本上是静态的,可以以它们为标志来判别组织的特征。

(1)规范化。规范化指的是组织中书面文件的数量。这些文件包括工作程序、工作说明、规章条例和各种政策手册等内容的书面文件,它们描述了组织的行为和活动。衡量规范化程度的简便方法一般是清点这些文件的多少,文件少表明规范化程度低,文件多表明规范化程度高。

(2)专业化。专业化指的是劳动的分工程度。专业化程度高说明职工只担负一些范围窄的工作;反之,职工的工作范围很广,就表明专业化程度比较低。

(3)标准化。标准化指的是以同种方式完成相似工作的程度。在一个高度标准化的组织中,工作内容规定得很详细,相似的工作可以在各个部门或单位,以相同的方式进行。

(4)权力体系。权力体系指的是下属人员应向哪个主管报告,主管人员的控制幅度应保持多大。控制幅度窄,即主管人员的下属少,则表明权力体系强;反之,权力体系则显得弱。

(5)复杂性。复杂性指的是组织内活动或分系统的数量多少,这可以从纵向、横向和空间三个角度加以衡量。纵向复杂性就是权力体系的层次;横向复杂性指的是工作项目或横跨组织的部门数;空间复杂性指的是分布的地理位置数。

(6)集权化。集权化指的是决策权集中在高层管理者手中。适合于集权的组织决策包括:设备的购置、目标的制订、供应商的选择、价格的确定,以及市场领域的选择等。

(7)职业化。职业化指的是职工接受正规教育和培训的程度。如果职工经过长时间的培训而提高了从事组织中某项工作的能力,说明专业化程度高。衡量这种程度高低的方法,通常都以职工所受教育的平均年限来表示。

(8)人员构成。人员构成指的是各职能、各部门人选的配备情况。可以用行政人员比例、文书比例、职能人员比例,以及非直接生产工人对直接生产工人比例来表示。

(二)关联性变量

关联性变量的因素包括:规模、技术、环境、目标、战略和文化,它们是反映整个组织特征的,不仅反映组织外部特征,而且还影响结构变量。

(1)规模。规模是指组织的大小程度。在科技水平一定的条件下,通常以组织的职工人数来表示,其他如销售额、固定资产数量等指标,也能在一定程度上反映组织规模的大小。

(2) 组织技术。组织技术是指生产分系统的属性，它包括投入转换所产生的活动和所用的知识及技巧等。

(3) 环境。环境是指在组织边界之外的所有因素，它包括政府、顾客、供应商和金融机构等，影响组织的一个最大环境因素通常是其他组织。

(4) 目标和战略。目标和战略是指能反映这个组织不同于其他组织的独特目的和竞争性技巧。这个目标往往通过书面形式表现出来，从而形成公司宗旨等永久性目标。这个目标表明了组织经营和活动的范围，以及组织希望同职工和顾客保持的关系。

(5) 组织文化。组织文化是指全体员工共同拥有的基本价值观、信念、观点和信条等的集合。这些东西影响着人们的伦理行为，影响着组织对于雇员的态度、组织的效率以及对于顾客的服务，它是组织中成员结合为一体的黏合剂。

上述两类组织变量要素在任何组织中都存在。通过对这些组织变量要素的认识，可以衡量、分析组织的许多特征，并揭示组织的许多信息，从而能深刻理解组织特征和组织实质。对组织进行的任何变革都必然地会从这些指标中反映出来。

三、组织结构的基本形态

通常，我们周围形形色色的组织都表现为由各种部门和若干个层次所构成的结构，如政府机构的部、司、处、科，企业的总厂、分厂、车间、工段、小组等。组织结构的基本形态与管理幅度和管理层次是相关联的，任何组织在进行组织结构设计时，都要考虑管理幅度大小与管理层次多少的问题。

（一）管理幅度

管理幅度，又称管理跨度，是指在一个组织结构中，管理人员所能直接管理或控制的部属数目。任何主管能够直接有效地指挥和监督的下属数量总是有限的，正是由于管理幅度的存在，当组织规模扩大到一定程度时，就产生了层级划分的必要性。任何一个组织在构建组织体系以及实际运行时都必须解决一个上司能够有效管理多少下属人员的问题，因而明确管理幅度范畴的有关问题具有普遍的现实意义。

管理幅度是大一些好，还是小一些好，评判的标准在于在各种特定情况下它所能带来的实际管理效果，因而不能一概而论。基于这样的看法，我们研究管理幅度的着眼点不应该是去假设一种普遍适用的管理幅度，而是要找出影响管理幅度的各种因素，从而在各种具体情况下有助于最优管理幅度的决定。影响管理幅度的因素主要有以下几方面：

(1) 组织任务目标制订的完善程度。下属的任务多数是通过计划制订并依据它来实施的。如果对组织的任务目标进行了良好的、完整的计划，组织成员都明确各自的目标和任务,清楚自己应从事的业务活动,则主管人员就不必花费过多的精力和时间指导和纠正偏差,那么主管人员的管辖幅度就可以大一些,管理幅度大,管理层次就相对少一些;反之,计划不明确不具体,就会限制一个管理人员的管理能力,管理幅度就相对较小。

(2) 工作能力。如主管人员的工作能力强,管理经验丰富,可在不降低效率的前提下,适当增加其工作量,加大管理幅度。同样,下属工作能力的强弱决定了他对上级的依赖程度。下属人员训练有素,工作自觉性高,就较少地需要上级的指导和帮助,从而减少了对上级的时间占用,也可采用较大的管理幅度,让他们在更大程度上实行自主管理,发挥创造性;反之,则需要主管人员花费更多时间指导、监督和帮助。

(3) 工作任务性质。若主管人员经常面临的任务较复杂,解决起来较困难,并对组织活动具有较大影响,则他直接管辖的人数不宜过多;反之,可增大管理幅度。同时,下属从事的工作内容和性质越相近,管理幅度越大。因为这种情况下主管人员给每个下属的指导和建议大致相同。

(4) 工作条件。工作条件包括助手的配备情况、信息手段的配备情况以及工作地点的相近性和组织信息的沟通渠道的状况等。配备必要的助手,管理幅度大,没有配备助手,管理幅度则小;若组织配备了先进的信息手段,管理幅度大,反之则小。传统意义上,下属的工作地点在空间上越分散,管理人员与下属之间的沟通越困难,管理幅度越小。但是随着网络通信技术的发展,人们之间的沟通越来越便捷,空间上的距离已不再成为沟通的障碍。所以,对这一因素应全面考虑。若组织沟通渠道畅通,通讯手段先进,信息传递及时,则可适当加大管理幅度。

(5) 组织环境。环境变化越大,组织遇到的新问题也就越多,则主管人员的管理幅度就越小;反之,管理幅度则大。

此外,还有组织文化、管理体制和授权等因素也会影响管理幅度的大小。

综上所述,组织必须根据组织自身的特点来确定适当的管理幅度,而且管理幅度一经设定不是一成不变的,而是动态的,不断变化的。

(二) 管理层次

与管理幅度相对应的还有一个概念"管理层次",它指组织内部纵向管理系统所划分的等级数。可以说,管理层次是由于管理幅度的限制而形成的。也就是说,由于一名主管人员所能管理的人员有限(尽管这个限度因情况不同而异),因而通过逐级授权管理的方式出现了管理层次,这两者之间是密切相关的。在组织规模一定的情况下,如果管理幅度大,则层次少;如果管理幅度小,则层次就增加。

将组织结构划分为若干等级层次,就其本身而言,并非完全必要的,层次增多会带来一系列弊端。

首先,管理费用增大。随着层次的增加,用于管理上的人力和财力就会越来越多,有关的各种协调活动及费用也会相应增加。

其次,信息沟通复杂化,信息在由上而下逐级传达的过程中会发生遗漏和误解,由下而上逐级汇报时也会出现失真现象。层次越多,这种信息遗漏和失真的可能性会越大。此外,过多的层次也会使组织控制工作难度增大。

因此,在工作性质、工作能力等条件允许并且不影响效率的情况下,扩大管理幅度,减少管理层次是有利的。但这并不等于说管理幅度要越大越好,依然要视实际情况而定。一个组织的管理层次多少主要是由管理幅度和组织规模决定的:

(1) 在组织规模(组织人数)一定的情况下,管理宽度与管理层次存在负相关关系,即管理宽度越大,管理层次越少;管理宽度越小,管理层次越多。

(2) 管理层次与组织规模呈正比关系。组织规模越大,包括的成员越多,则层次越多。

(3) 在同一组织内部,越往组织高层,管理幅度越小;越往组织低层,管理幅度越大。

(三) 两种基本的组织结构形态

管理层次与管理幅度的反比关系决定了两种基本的管理组织结构形态:扁平结构形态和锥形结构形态。

(1) 扁平结构形态。扁平结构形态是指较大的管理幅度较少的管理层次的一种组织结构形态。这种结构形态的优点是:一方面,由于管理层次少,有利于缩短上下级之间的距离,信息传递快,减少了中间管理层的信息过滤;另一方面,较大的管理宽度需要较少的管理人员,从而降低了组织的成本开支;此外,由于管理幅度大,上级对每名下属的控制相对较松,使下属拥有较多的自主性,从而提高了他们的工作积极性,获得更多的满足感。它的缺点是:上级对下属的控制较松,容易失控;同级之间的沟通比较困难,影响信息的及时传递。

(2) 锥形结构形态。锥形结构形态是指较小的管理幅度而较多的管理层次的高、尖、细的金字塔式结构形态。这种结构形态的优点是:上级能授予下级更多的指导,上下级之间沟通方便。它的缺点是:上级对下级的控制过于严密,遏制了下属积极性、主动性、创造性的发挥;过多的管理层次不仅产生了过多的管理人员,使管理成本上升,而且延长了组织中的等级链,使信息沟通的环节增多,从而加大了信息失真的可能性,使组织的控制工作复杂化。

因此,在组织结构设计时要尽可能地综合这两种基本组织结构形态的优势,克服它们的局限性。

四、集权与分权

组织中的集权与分权,是指组织的决策权集中在组织结构中哪一点上的程度与差异。

第十一章 组织结构设计

组织中的不同部门拥有的权力范围不同,导致了部门之间、部门与最高指挥者之间以及部门与下属单位之间的关系不同,进而导致组织的结构不同。集权是指决策权在组织系统中较高层次的一定程度的集中;与此相对应,分权是指决策权在组织系统中较低管理层次一定程度的分散。

集权和分权是一个相对的概念。绝对的集权意味着组织中的全部权力集中在一个主管手中,组织活动的所有决策均由主管作出,主管直接面对所有的实施执行者,没有任何中间管理人员,没有任何中层管理机构。而绝对的分权则意味着权力分散在各个管理部门,甚至分散在各个执行、操作者手中,没有任何集中的权力,因此主管的职位显然是多余的,一个统一的组织也不复存在。在现实中不存在绝对的集权或绝对的分权组织。在设计和优化组织结构时,可以说集权与分权是管理者面临的最大困难。尽管集权和分权是两个极端,但在实际的管理工作中它们是一个连续的统一体,管理者很难确定最适合的集权与分权的结合点。在现实社会中,可能是集权的成分多一点,也可能是分权的成分多一点。我们需要研究的,不是应该集权还是分权,而是分权和集权各有哪些优缺点,组织在实际的操作中,应该从内部的哪些因素去判断组织应该采取的措施。

(一)集权与分权的影响因素

一个组织集权与分权的程度,受诸多因素的影响,一般有以下几个方面的因素:

(1)决策的重要程度。这也许是影响集权程度的最重要的因素。一般来说,越是重要的决策,集权的程度越高。衡量决策的重要性除了涉及金额以外,还包括如组织的声誉、总体形象、在行业中的竞争地位等。重要的决策由上层决定,并不完全是由于上层主管人员更高明、更有能力,很大程度上是出于责任的考虑。因为授权并不意味着可以授出责任,管理者必须为他们下属所作的决策负责,所以上层主管一般不会把非常重要的关键性决策的权力授予下属。

(2)组织规模的大小。一般来说,组织规模越大、分支机构地域越分散,分权就越有必要。组织规模越大所要作出的决策的数目就越多,决策所涉及的范围也越广,协调起来就比较困难,这种情况就必然要求决策的权力在低层次管理人员身上实现。通常,组织为了克服组织规模扩大带来的困难,都是根据组织的产品或服务的类型、地区的差异性以及职能的不同来划分组织的,与此同时就是权力在组织内一定程度的分散。

(3)组织的历史。一个组织形成的方式常常决定着其集权或分权的程度。一般而言,那些在创始人一手领导下成长起来的组织往往会表现出集权的倾向;而通过兼并或收购的组织则经常表现出分权的趋势。

(4)组织活动的分散性。如果组织的各个部门及管理者分散在不同地理区域,这种情况会在一定程度上要求组织采取分权的方式来完成组织的目标,否则会扼杀了各个分部的自治欲望,从而降低组织的工作效率。但这并不说明组织越集中则一定会导致权力集中,地理因素对职权的集中或分散并不起决定作用。通常这种分散化是由于诸如分工、机器设备的利用、工作的性质、原材料的利用等技术方面的原因造成的。

(5) 最高主管个人对权力的价值观。个性较强和自信的主管人员往往喜欢所管辖的部门完全按照自己的意志来运行,而集中控制权力则是保证个人意志被服从的先决条件。而且集中使用权力,统一使用和调动本部门的各种力量,创造明显的工作业绩,也是提高自己在组织中的地位、增加升迁机会的重要途径。

(6) 培训管理人员的需要。"在游泳中学会游泳",在权力的使用中学会使用权力。低层次管理人员如果很少有实践权力的机会、或只有实践很少权力的机会,则难以培养成为能够担当重任的管理人员。因此,在组织中依据自身的需要,通过分权和集权能够有效地培养组织的管理人才。组织在自身的发展中,可能在某个阶段有着某阶段的任务,因此,可以根据自身的组织活动,采取分权或集权的措施,有效地管理组织实现组织目标。

由上面的分析可知,集权的优点主要反映在:集权有利于对组织的绝对控制权,确保坚持既定政策,集中的权力制订出组织各单位必须执行的政策,可以使整个组织统一认识,统一行动,统一处理对内对外的各种问题,从而防止政出多门,互相矛盾;集权易于管理,可以保证决策的执行速度;集权可以使整个组织使用通用的标准。

(二) 过分集权的弊端

(1) 降低决策的质量。大规模组织的主管远离基层,基层发生的问题经过层层请示汇报后再作决策,则不仅影响决策的正确性,而且影响决策的及时性。

(2) 降低组织的适应能力。作为社会细胞的组织,其整体和各个部分与社会环境有着多方面的联系。过度集权的组织,可能使各个部门失去自适应和自调整的能力,从而削弱组织整体的应变能力。

(3) 降低员工的工作热情。权力的高度集中,组织中的大部分决策均由最高主管或高层管理人员制订,长此以往,会使得基层管理人员和员工的积极性、主动性、创造性逐渐被磨灭,工作热情消失,劳动效率下降,从而使组织的发展失去基础。

(三) 过分分权的弊端

(1) 破坏政策的统一性。组织作为一个统一的社会单位,要求内部的各方面政策是统一的,分权则可能对组织的统一性起到某种破坏作用。

(2) 降低工作的质量及稳定性。分权的适当,要求接受权力的管理人员或者员工拥有比较高的素质和相关管理能力,如果组织过度分权则有可能导致权力没有得到正确和有效的运用。

综上所述,组织在决定分权和集权的时候,应该从组织自身情况出发,分清集权与分权的利弊,合理地作出分权和集权的决策。

(四) 集权与分权的辩证统一

集权与分权的关系是辩证的统一。权力是组织中一种无形的力量。一个管理者的权力来源于组织对他的依赖度、他所控制的财务资源、正式职位赋予的权力以及对决策信息的控制。管理者位于组织结构的中心,其权力的集中是组织正常运转的保证。组织结构中高层对低层有控制的权力,而低层对高层同样有讨价还价的权力。为了减少高层和低层之间权力的摩擦,提高效率和员工参与意识,越来越多的组织倾向于将管理者的权力分散,授予中级管理人员和普通员工。成功的分权,应保证将权力授予知识、技能达到一定水平的员工,并辅以一定的激励机制和有效的信息反馈及沟通系统。从当今国内组织管理的实际情况来看,侧重于分权管理是组织发展的主要趋势。

第二节 组织结构设计的原则

组织结构设计是在管理分工的基础上,设计出组织所需的管理职务和各个管理职务之间的关系。要使管理工作尽可能做到有效,设计出一个健全、合理的组织结构是十分必要的。从组织管理的实践中我们看到,设计一个科学合理的组织结构,对提高组织绩效获取更大的社会效益和经济效益起着重大的作用。有效的组织设计是进行有效管理的手段。组织设计的必要性是由组织活动内容的复杂程度、参与人员数量多少及管理者的有效管理幅度大小所决定的。组织设计的必要性和重要性是随着组织活动内容的复杂性和参与活动的人员数量的增加而不断提高的。

组织结构的设计必须根据组织的目标和任务以及组织的规律和组织内外部环境因素的变化来进行规划或再构造。只有这样,组织机构的功能和协调才能达到最优化程度。否则,组织内的各级机构就无法有效地运转,也就无法保证组织任务和目标的有效完成和实现。

一、组织结构设计的任务

组织结构的设计是使组织有效运转的基础性工作。组织设计的任务主要是提供组织结构图和编制职务说明书。

(一) 组织结构图

组织结构图的基本形状如图 11-1 所示。组织结构图是描述组织中所有部门以及部门之间关系的框图。通过组织结构图,管理者和组织中的成员可以清楚地看到信息传递的渠道、网络,各部门之间的关系,并明确自己所在部门的位置。在组织结构需要进行调整时,组织结构图可以帮助管理者知道哪些部门需要加强,哪些部门需要精简。

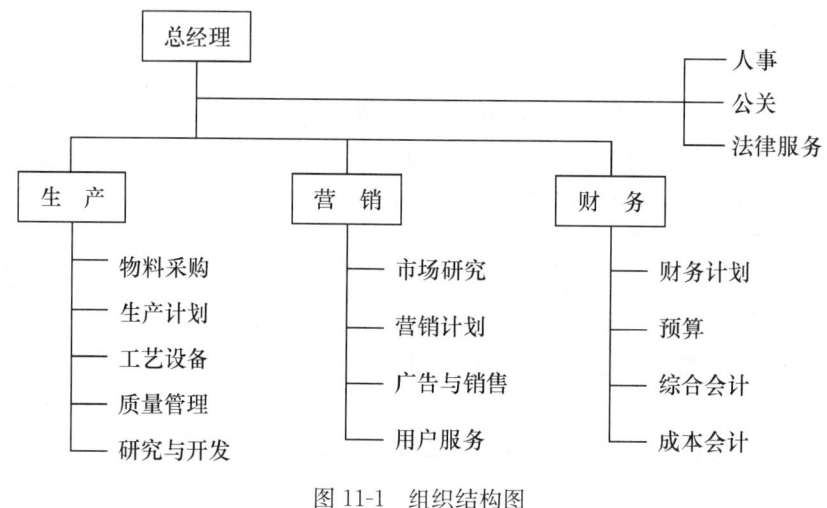

图 11-1 组织结构图

(二) 编制职务说明书

职务说明书是描述管理岗位上的管理者的工作内容、职权职责范围、任务与其他部门以及管理者之间的关系、管理者应当具备的基本素质、学历、工作经验以及对该职务的考核指标、完成任务后的奖励、未完成工作任务的惩罚等内容的文件。职务说明书明确了组织的职权分配、信息传递方式、部门划分以及组织的集权分权程度。

职务说明书可以使任何一个刚刚走上工作岗位的管理者迅速地了解与其工作有关的基本情况。职务说明书对每一项职务应当做什么,做到什么程度是优秀,什么程度是不好,完成任务有什么样的报酬奖励,没有完成任务将受到什么样的惩罚都有明确的规定,将使每一个管理者对自己在组织目标完成中所起的作用有清楚的认识,进而形成管理者的自我约束与激励。

二、组织结构设计的程序

组织结构设计一般在三种情况下发生:一是新建一个组织需要进行组织结构设计;二是原有组织出现较大的问题或整个组织的战略发生变化时,需要对管理组织系统重新估价与设计;三是由于环境和情况的变化,对组织的局部进行增减或完善。虽然情况不尽相同,但组织设计的基本程序有一致之处。设计组织结构应该依照一定的程序去认真考虑,违背客观规律进行设计,往往不能收到良好效果。科学的组织设计有以下几个程序。

(一) 识别目标

组织的目标是组织结构设计的出发点,每一个组织都有一个基本的目标并以此作为配置资源的标准。目标的展开与分析本身就形成了一个结构分明任务明确的体系,构成了划分结构的标准。

（二）确定组织设计的基本思路和原则

根据第一步识别的组织目标，以及企业的内部条件和外部环境，确定进行组织设计的基本思路，规定一些设计的主要原则和主要参数，以此作为进行组织设计的基本依据。例如，确定企业的管理幅度宽或窄、部门分工形式采用职能制还是事业部制、实行集权制管理还是分级分权制等。

（三）进行职能分析和设计

职能设计是在组织整体目标逐步分解的基础上确定完成组织目标所需要的职能种类和数量，以及其中的关键性职能是什么，并分析担任每个职务的人员应负担的责任以及相应人员所需要具备的素质。具体地说，职能设计的主要内容就是对组织的管理业务进行总体设计，确定组织的各项管理职能及其结构，并层层分解为各个管理层次、管理部门、管理职务和岗位的业务工作。其内容可以概括为三个方面：基本职能设计、关键职能设计和职能的分解。职能设计是否正确合理，决定了整个组织管理是否能够顺利有效地运转。

（四）确立组织结构的框架

确立组织结构的框架，即设计承担组织管理职能和业务的各个管理层次、部门、岗位及其权责。这一步是组织设计的主体工作。基本框架可采用从下而上和从上而下这两种方式进行。从下而上的方法是先确定完成组织目标所需具备的各个岗位和职务，然后根据一定的原则，将某些岗位和职务组合成多个相对独立的管理部门（科室），再根据部门的多少和设计的幅度要求，划分出各个管理层次。从上而下的方法恰好相反，首先根据组织的各项基本职能和集权程度来确定组织的管理层次；其次确定各个管理层次应设置的部门；最后将每一部门应承担的工作分解为各个管理岗位和职务。由于岗位（职务）、部门、管理层次这三者是相互联系和制约的，所以在实际设计过程中，往往将上面的两种方法相结合，相互修正，经多次反复才最终将设计框架确定下来。

（五）设计组织的联系方式

联系方式的设计是指明确规定各单位、各部门之间的相互关系，以及它们之间的信息沟通和相互协调方面的原则和方法。这一步设计也很重要。组织结构框架的设计重点在于将组织的经营管理活动分解成各个组成部分，而联系方式的设计却是将这些组成部分连成整体，形成一个能够协调运作，有效实现组织目标的管理组织系统。这是保证整个组织结构协调一致、有效运作的关键。

（六）设计组织的管理规范

在确定了组织结构的框架和联系方式之后，还要进一步确定各项管理业务的工作程序、管理工作应达到的要求（管理工作的标准）和管理人员应采用的管理方法等管理规范。这个步骤是组织结构的细化，它可以起到使组织结构合法化、规范化、巩固化和稳定化的作用。

（七）人员配备

组织设计的另一个重要问题就在于如何配备和培训人员。一般来说，在一个新组织的设计过程中先不必考虑企业现有人员的具体情况，而应在确保组织结构运行的前提下，对人员的配备进行设计，在人员配备设计实施时，要按设计要求的数量和质量来配备各类人员。但若是对已存在组织的完善或调整，则有必要根据组织内外现有的以及能获取的人力资源实况，对部门和职务作必要的调整，平衡各部门、各职务的工作量，使之更合理化，最终形成组织结构的设计。

（八）组织体制的设计

确保组织结构的正常运行还需要有一套适宜的运行制度。运行制度设计的主要内容包括绩效评估和考核制度、激励制度，如工资和奖酬制度，人员补充和培训制度等。

（九）反馈和修正

组织设计是一个动态的过程，在组织结构运行过程中，很可能会发现以上设计中尚有不完善的地方，并且新情况也可能不断出现。这就要求组织定期或不定期地收集组织结构运行状况的反馈，及时发现和修正原有设计中的不足，使之不断完善，适应新的情况。

三、组织结构设计的原则

设计和建立合理的组织结构，根据组织内外部要素的变化适时地调整组织结构，其目的都是为了更有效地实现组织目标。组织在进行结构设计时，应掌握组织结构设计的基本原则。所谓基本原则，也就是对各种结构形式的组织普遍适用的要求。要求某一种结构形式尽善尽美是不现实的，每一种特定的结构形式实际上都有利有弊。提出组织结构的设计原则，是为了确定一般性的评价标准，即符合基本要求的结构是基本合理的，不符合的则不合理，不合理的需要进行改革，如何改革也可以从设计原则中找到方向。综合国内外经验，进行有效的组织结构设计工作应遵循以下基本原则。

（一）系统整体原则

系统整体原则是由组织的本质决定的。组织是一个开放的系统，随着外界环境的变化和内部运作的不断发生，要求设计出开放型的组织系统，提高组织对政治环境、经济环境、资源环境和技术环境等变化的适应能力和应变能力。有组织的集体之所以比个人的力量大，就在于整体所达到的一种合力作用。因此，运用系统原理来研究组织各要素的关系，确保组织目标的实现，是组织设计必须遵循的基本原则。首先，系统整体原则要求组织必须结构完整；其次，要素要齐全，管理组织没有要素或要素不全不能构成系统，但也并不是越多越好；再次，要确保目标的实现，目标是组织一切管理活动的出发点也是落脚点。

第十一章 组织结构设计

（二）精简效能原则

在完成任务目标的前提下，应当力求做到机构最精干、人员配置最为合理、管理效率最高。精干，不等于越少越好，而是能够保证需要的最少。效能包括工作效能和工作质量。队伍精干是提高效能的前提。精干高效原则，要求人人有事干，事事有人管，保质又保量。根据这一原则，应当改变"人多好办事"的偏见。人多好办事，人多热气高是小生产的原则，用最少的人办最多的事是社会化大生产的要求。

（三）命令统一原则

命令统一原则可表述为：组织中任何成员只能接受一个上司的领导，建立严格的责任制，消除多头领导和无人负责现象，保证全部活动的有效领导和正常进行。命令统一原则是组织工作的一条重要原则。组织内部的分工越精细，统一指挥的原则对于保证组织目标实现的作用越重要。根据这一原则，上级指示应从上到下逐级下达，不许发生越级指挥的现象，从而形成上下级之间的一个完整的"指挥链"。只有实行这条原则，才能防止部门间相互扯皮、推诿和政出多门的现象的发生。命令统一原则对管理组织的建立具有下列要求：

（1）在确定管理层次时，要使上下级之间形成一条等级链。从最高层到最底层的等级链必须是连续的，不能中断，并要求明确上下级的职责、权力和联系方式。

（2）一级组织只能有一个负责人。

（3）正职领导副职，副职对正职负责。

（4）下级组织只接受一个上级组织的命令和指挥，防止出现多头领导的现象。

（5）下级只能向直接上级请示工作，不能越级请示工作。下级必须服从上级命令和指挥，不得各自为政，各行其是。如有不同意见，可以越级上诉。

（6）上级不能越级指挥下级，以维护下级组织的领导权威，但可以越级进行检查工作。

（7）职能管理部门一般只能作为同级直线指挥系统的参谋，但无权向下属直线领导者下达命令和指挥。

命令统一原则在一个稳定的外部环境中，会使组织上下一致，统一和协调各方面的力量共同完成组织目标。随着时代的发展，虽然指挥链、权威、命令统一性等概念的重要性现在已大大降低了，因为现在一名基层员工能在几秒钟内得到20年前只有高层管理人员才能得到的信息，过去只能由管理层作出的决策，现在已授权给操作员工自己作决策，但命令统一原则仍是不可缺少的。不过，在一个复杂多变的环境中，这项原则的运用又会使组织反应迟钝、行动迟缓。

（四）因事设职与因人设职相结合的原则

组织结构的设计和组织形式的选择必须有利于组织目标的实现。任何一个组织的设计和建立,都是由它的特定目标决定的,组织中的每一部分都应该与既定的组织目标有关系,使目标活动的每项内容都落实到具体的岗位和部门,即组织中的每一部分都应该与既定的组织目标有关系;否则,它就没有存在的意义。例如,医院的目标是治病救人,那么它的组织结构及其形式就一定是围绕实现医院的目标而设置;同样道理,每一机构又有自己的分目标来支持总目标的实现。为此,目标层层分解,机构层层建立,直至每一个人都了解自己在总目标实现中应该完成的任务,这样建立起来的组织机构才是一个有机整体,才能为保证组织目标的实现奠定组织基础。

因此,组织设计中,首先考虑工作的特点和需要。要求因事设职,因职用人,而非相反。但这并不意味着组织设计中可以忽视人的因素,忽视人的特点和人的能力。组织设计过程中必须重视人的因素,这是多方面的要求。因此,在管理实践中,应辩证地因岗设人和因人设岗。

(1) 组织设计往往并不是全新的。在全新的组织设计情况下,我们也许可以不考虑人的特点。但是,在通常情况下,我们遇到的实际上是组织的再设计问题。随着环境、任务等某个或某些影响因素的变化,重新设计或调整组织的机构与结构,这时就不能不考虑到现有组织中成员的特点,组织设计的目的就不仅是要保证"事事有人做",而且要保证"有能力的人有机会去做他们真正胜任的工作"。

(2) 组织中各部门各岗位的工作最终是要人去完成的,即使是一个全新的组织,也并不总是能在社会上招聘到每个职位所需的理想人员的。如同产品的设计,不仅要考虑到产品本身的结构合理,还要考虑到所能运用的材料的质地、性能和强度的限制一样,组织机构和结构的设计,也不能不考虑到组织内外现有人力资源情况的限制。

(3) 任何组织,首先是人的集合,而不是事和物的集合。人之所以参加组织,不仅有满足某种客观需要的要求,而且希望通过工作来提高能力、展现才华、实现自我的价值。现代社会中的任何组织,通过其活动向社会提供的不仅是某种特定的产品或服务,而且是具有一定素质的人。可以说,向社会培养各种合格有用的人才是所有社会组织不可推卸的社会责任。为此,组织的设计也必须有利于人的能力的提高,有利于人的发展,考虑到人的因素。

(五) 权责对等原则

在进行组织结构的设计时,既要明确规定每个管理层次和各个部门的职责范围,又要赋予其完成职责所必需的管理权限,职责与职权必须协调一致。有职责,没有职权,或权限太小,其承担职责的积极性、主动性就会受到束缚,则可能使责任无法履行;相反,只有职权而无任何责任,或责任程度小于职权,就会导致滥用权力和"瞎指挥",产生官僚主义等。因此,在组织设计中应避免这两种倾向。科学的组织结构设计应将职务、职责和职权形成规范,订出章程,无论什么人,只要担任某项工作就要遵从,这样才能保证组织有效地运行。

第三节 组织结构设计的权变因素

现代组织就是一个系统权变的组织,要作出好的组织结构设计,就必须找出影响组织结构设计的权变因素。通过对这些权变因素的分析,来保证结构设计的有效性。

一、战略与组织结构

在影响组织结构的众多因素中,组织的战略是一个重要因素。组织结构是帮助管理者实现其目标的手段,而目标是产生于组织的总战略,所以,组织设计必须以组织战略的目标和步骤为依据,并随着战略的变化而变化。如果管理者对组织的战略作了重大调整,那么就需要修改结构,以适应和支持这一调整,使结构与战略紧密配合。

第一个对战略—结构关系进行重要研究的是美国历史学家艾尔弗雷德·钱德勒,他对美国100家大公司进行了考察。钱德勒在追踪了这些组织长达50年的发展历程,并广泛搜集了历史案例资料后,得出结论说,公司战略的变化先行于并且导致了组织结构的变化,理由是:简单的战略要求一种简单、宽松的结构形式来执行这一战略,当组织成长以后,战略也随之复杂化,又导致组织进一步复杂化。

因此,战略与组织结构的有效结合是组织生存和发展的关键因素。一个成功的组织就在于制订适当的战略以达到其目标,同时建立适当的组织结构以贯彻其战略。任何组织不仅要重视战略的制订和组织结构的设计,同时要重视战略与组织结构之间的协调配合。

（一）战略对组织结构的影响

（1）企业战略的几个演进阶段。企业的发展具有明显的阶段性,不同的发展阶段具有不同的战略,不同的经营规模,因而也有着不同的结构。发展的阶段性、战略类型、规模、组织结构之间有着内在的紧密联系。

起始阶段:企业往往是一些单一的生产厂家或销售者,执行某个单一的职能。这时常见的是直线型的简单结构,其特点是业主直接控制各雇员,并可根据情况随时改变经营策略,结构的变动也很简单。

第二阶段:随着规模的扩大,各单位间的协调及专业化要求的提高,具有分工协调和技术管理作用的职能组织结构便应运而生。它适用于那些环境稳定、产品和服务单一集中的企业。

第三阶段:企业发展为垂直一体化和相关多元化。此时的企业已具有了相当的规模和多种经营体,组织结构呈半自治状态。在这种结构中,各经营体是一种半独立的分支机构,具有相对独立的自主权。这种半独立的分支机构又可分为事业部制、区域制等多种形态。

第四阶段:企业发展表现为多元化,特别是非相关多元化。此时企业往往采取独立经营体与职能部门共存的结构或集团型组织结构。这种组织结构的特点是各经营体除总战略和资金来源及使用方面受控于总部外,完全独立运作。

(2)战略影响结构的两个方面。第一,不同的战略要求不同的业务活动,从而影响管理职务和部门的设计,具体地表现为战略收缩或扩张时企业业务单位或业务部门的增减等。第二,战略重点的改变会引起组织工作的重点改变,从而导致各部门与职务在企业中重要程度的改变,并最终导致各管理职务以及部门之间关系的相应调整。

(二)组织结构对战略的限制作用

在实际的企业经营管理中,组织结构并不完全由战略决定;反过来,组织结构还在一定程度上对战略的制订和实施起着限制作用。

首先,当一个企业的组织结构已经确立,人员已经配备,规章已经制订后,企业往往会力图避免过多地更改企业的组织结构;因为它会损失组织效率,分散企业的资源甚至造成企业运行的停顿。因此,企业在制定战略时会或多或少地考虑到组织结构的因素。一个完全与现有组织结构脱节的战略不会是一个好战略。

其次,在一个大企业中,重要的知识和决策能力是分散在整个公司之中的,而并非集中于高层管理人员。一个企业的结构将决定,低层的决策者们以什么样的方式和顺序,把信息汇集在一起为公司战略决策服务,而组织结构则为高层管理人员制订战略决策设定了一个议程。

最后,企业的结构,还会影响那些到达高层管理人员的有关战略实施的信息,从而影响高层管理人员对战略实施的评价,进而影响他们(高层管理人员)对企业战略的修正。

(三)战略与组织结构有效结合的措施

在对战略和组织结构之间的相互作用作出认真分析后,我们可以得出以下使战略与组织结构有效结合的措施:

(1)对于各种组织结构类型的优缺点进行认真的分析比较,然后根据企业所处环境、企业发展阶段及战略决策的特点,选择一种最合适的组织结构类型与企业战略相匹配。例如:地区分部结构适合于适应不同地区用户的不同特性与需求的战略。它可以使管理者参与决策制订并改善区域内的协调;而产品分部结构是需要对特殊产品或服务给予特殊关注时的最有效的战略实施方式。此外,当企业的产品或服务有很大差异时,这种结构也被广泛应用。

(2)对企业的价值链进行认真的考察分析,指出在企业战略中具有关键战略意义的组织单位,并使得这些单位成为企业组织的核心单位,以获得必要的资源、组织影响力及决策影响力,促进企业战略的实施。考虑企业的非核心业务——对企业战略实施意义不大的活动和能力,是否应采取外购的方式从企业外部获得,以在降低组织运作成本的同时使企业的组织结构更有利于企业战略的实施和核心战略能力的培养。

(3) 如果企业的一项具有关键战略意义的核心业务不能够安排在一个组织单位内完成,那么需要加强分管这项业务不同方面的几个组织单位间的沟通和联系。在这种情况下企业通常需要设立一个战略管理单位,对这几个组织单位的业务活动进行统一管理,以促使企业战略得以顺利实施。

(4) 当企业出现经营管理问题,组织绩效下降,需要制订新战略并改变组织结构与之相适应时,应尽量避免企业组织结构剧烈地、过大地变动,而应该采取一种平稳的、渐进的方式去对组织结构进行改革,以减少变革过程中组织效率的损失。

综上所述,组织战略的变化将导致组织结构的变化,组织结构的重新设计又能够促进战略的实施。组织战略与组织结构是一个动态变化的过程,孤立地制订战略或进行组织结构设计都是无效的,也是不可能成功的。因此,只有将两者视为一个有机整体,放在特定的环境中去考察,才可能有效地促进组织持续健康的发展。

二、环境与组织结构

广义地讲,环境是无限的,它包括组织外部的每一个因素。但这里所分析的仅仅是环境中对组织敏感的和必须对其作出反应的某些方面。因此,组织环境就可以定义为存在于组织边界之外的,并对组织具有潜在的或部分影响的所有因素。

对于大多数组织而言,组织环境都可以细分为任务环境和一般环境。任务环境包括与组织相互作用和对组织实现其目标的能力具有直接影响的部门,一般包括产业、原材料、市场部门以及可能的人力资源。一般环境包括那些对企业的日常经营没有直接影响但有间接影响的部门,通常包括政府、社会文化、经济环境、技术以及财务资源部门,这些部门也最终影响到所有的组织。

此外,国际环境也能够直接影响许多组织,尤其在近些年来全球化趋势不断加剧的时代背景下,这种影响尤其变得重要。几乎所有的国内组织都受到国际因素的影响,如今已有越来越多的组织认识到国际因素对于今天组织的重要性。国际环境的影响随着技术和通信的进步迅速增加,观念、资本投资、企业战略、产品和服务等自由而迅速地流向世界各地。

那么,环境又是如何影响组织的?对于环境的描述主要有:稳定的或不稳定的、同类的或不同类的、集中的或分散的、简单的或复杂的等。组织是一个开放的社会系统,几乎涉及上百种外界因素,环境领域的变化和复杂性对组织设计和行动具有重要意义。组织的不确定性是环境内容稳定与非稳定以及复杂与简单混合的结果。环境的不确定性取决于环境的复杂性和变动性。复杂性,即指与组织经营有关的外部因素的异类性与不相似性。随着复杂程度的提高,组织就要设置更多的职位和部门来负责对外联系,并配备更多的综合人员来协调各部门工作,结构的复杂程度就随之提高,组织的集权化程度也必然降低;环境的变动性取决于构成要素的变化及这种变化的可测性。

一旦你认识到环境的复杂性和变动性,接下来的问题就是,"组织如何适应环境中各种水平的不确定性?"

环境的不确定性如何影响组织的特点,可从不确定性的四个层次中反映出来:

(1) 低度不确定性环境是简单而且稳定的,在这种环境中的组织具有较少的部门,一般多为机械性结构。

(2) 在一个中低度不确定性的环境中,需要更多的部门与更多的整合作用一起去协调各部门,某些计划和模仿可能发生。

(3) 中高度不确定性的环境不稳定但是简单,组织结构是有机的和分散化的,计划受到重视并且管理者能很快模仿竞争对手成功的特点。

(4) 高度不确定性的环境是复杂而不稳定的,从管理的观点看也是最困难的环境,组织很大并且有很多部门,它们都是有机的,有大量的管理人员被分派从事协作与整合,并且组织运用边界跨越、模拟、计划与预测等。

从本质上说,机械式组织在稳定的环境中运作最为有效;有机式组织则与动态的、不确定的环境最匹配。

组织外部环境对其内部结构形式的影响主要表现在两个不同的层次上:

(1) 对职务和部门设计的影响。组织与其外部存在的社会子系统之间也有社会分工,社会分工方式的不同决定了组织内部工作内容、所需完成的任务、所需设立的职务和部门不一样。

(2) 对各部门关系的影响。外部环境不同,使组织中各部门工作完成的难易程度以及对组织目标的实现程度亦不相同,从而导致在不同环境下,各部门在整个组织结构系统中的地位与作用不尽相同。

此外,组织的内部环境,即组织文化对组织结构也会产生一定的影响,比如,当组织推行一种适应性的文化氛围时,组织便需要一个宽松而具有弹性的结构,减低规范程度与集权程度;相反,若组织强调一种稳定的保守的文化氛围,则组织结构趋向严谨,以较高的标准化及集权来加强组织内部的控制,保证内部的稳定状况。

三、技术与组织结构

任何组织的活动都需要用到一定的技术和反映一定技术水平的物质手段。技术以及技术设备的水平不仅影响组织的效率,而且会作用于组织活动的内容划分、职能的设计以及人员的素质要求。同时信息技术如计算机一体化也对生产有越来越重要的影响,它提高了组织的生产效率和管理效率,它同样也需要新型的组织结构来适应其发展。因此,组织结构必须与采用的生产技术和信息技术的发展相适应,使组织更有效率。多年来,许多组织学家和管理学家对技术与组织结构之间的关系进行了研究。

(一)琼·伍德沃德技术—结构分析

20世纪60年代初期,英国的工业社会学家琼·伍德沃德(Joan Woodward)调查了南英格兰的100家制造企业,收集了关于这些企业的历史、制造过程、类型、程序和财务数据等,期望发现组织的规模和结构之间的关系,但未能如愿。于是她转而对组织的规模和结构之间的关系进行研究,又对造成组织结构差异的其他解释进行了研究。她的研究表明,造成组织结构上的差异是因为组织的结构因技术而变化。

她把组织分成三种类型,指出与之相适应的组织结构:

(1)小批量生产技术,这种组织的产品是根据顾客订货和特定要求的式样进行生产,与之相适应的组织结构一般纵向管理层次较少,整体的复杂性、规范性程度也比较低。

(2)批量生产技术,这种组织的产品多数是按统一规格来生产的,目的是为了提高生产率,这种组织的结构一般分工比较细,结构相对复杂,规范化程度也高些,管理相对严格,集权程度也比较高。

(3)连续流程型生产,在这种组织的作业中,一般预先规定好工艺程序的各个步骤,按一定的原则制成产品,但这类组织技术一般比较复杂,组织结构中管理层次也比较多,管理人员和技术也比较多,相应地组织的规范化和集权化程度也就较低。

她在研究中还发现,经营成功的企业的组织结构一般都与自身所属的技术类型相对应,而那些组织结构偏离其相应的技术的,往往会导致企业的失败;而且通常成功的单件小批量生产和连续流程型生产的组织具有柔性的结构,成功的大批量生产的组织结构具有刚性结构。

(二)查尔斯·佩罗技术—结构分析

美国著名组织学家查尔斯·佩罗(Charles Perrow)则提供了这样一种研究方案,将注意力放在知识技术而不是生产技术上。

(1)佩罗提议从两个因素对技术进行考察。一个因素是工作中遇到的例外的数目;另一个因素是为寻找解决例外问题的有效方法的探索过程。

(2)使用技术—结构双因素矩阵,用两维变量——任务可变性和问题可分析性,构建一个2×2的双因素矩阵,如图11-1所示。

	任务可变性	
	可变性小	可变性大
确定性的	常规技术（象限Ⅰ）	工程技术（象限Ⅱ）
非确定性的	手艺技术（象限Ⅲ）	非常规技术（象限Ⅳ）

（问题的可分性 为左侧纵向标签）

图 11-1 佩罗的技术分类

常规技术（象限Ⅰ）只有少量例外，问题易于分析。

工程技术（象限Ⅱ）有大量的例外，但可以以一种理性的、系统的分析处理。

手艺技术（象限Ⅲ）处理的是相对复杂、但少量例外的问题。

非常规技术（象限Ⅳ）以诸多例外和问题难以分析为特征。

（3）技术—结构关系分析。如果技术可进行系统性分析，适宜采用象限Ⅰ和象限Ⅱ的技术。如果问题只能以直觉、猜测和不能加以分析的经验来处理，则需要采用象限Ⅲ和象限Ⅳ的技术。如果问题经常出现新的、不平常的、不熟悉的问题，它们可能在象限Ⅱ和象限Ⅳ。如果问题是熟悉的，则象限Ⅰ和象限Ⅲ更为合适。

这些对技术和结构关系的结论，指出组织控制和协调方法必须因技术类型而异。越是常规的技术，越需要高度结构化的组织；反之，非常规的技术，要求更大的结构灵活性。

（4）分析的结论。最常规的技术（象限Ⅰ），它的易变性较小，可以通过标准化的协调和控制来实现。这些技术应该配之以同时高度正规化和集权化的结构，如大型钢铁企业、汽车业及石油炼制业就属于这种技术类型。

非常规的技术（象限Ⅳ）要求具有灵活性。一般地，组织应该是分权化的，所有成员间有频繁的相互作用，并以保持很低程度的正规化为特征，如科研机构、管理咨询机构等组织就属于这种类型的技术。

介于两者之间的，如手艺技术（象限Ⅲ）要求问题以最丰富的知识和经验加以解决，这意味着组织需要分权化，如时装业和家具行业就属于这类技术。

工程技术（象限Ⅱ），虽然有很多例外情况，但具有可分析的探索过程，因此应当分散决策权限，并以低正规化来保持组织的灵活性，如建筑行业、会计师事务所等组织都属于这种类型。

通过技术—结构关系的分析，尽管不同的组织将投入转化为产出所使用的过程和方法一般是不同的,但总的来说,技术越是常规,结构就越为标准化。因此,在进行组织结构设计时应注意做到:一方面,应当以一种机械式结构与常规技术相配合;另一方面,越是非常规化的技术,结构就越应该是有机式的。

四、组织发展阶段与组织结构

美国学者 J·托马斯·卡农(J. Thomes Cannon)提出了组织发展五阶段理论,认为组织发展过程要经历"创业"、"职能发展"、"分权"、"参谋激增"和"再集权"五个阶段,指出发展的阶段不同,要求有与之相适应的组织结构形态。

(一)创业阶段

在这个阶段,决策主要由高层管理者个人作出,组织结构相当不正规,对协调只有最低限度的要求,组织内部的信息沟通主要建立在非正式的基础上。

(二)职能发展阶段

这时决策越来越多地由其他管理者作出,而最高管理者亲自决策的数量越来越少,组织结构建立在职能专业化基础上,各职能间的协调需要增加,信息沟通变得更重要,也更困难。

(三)分权阶段

组织采用分权的方法来应对职能结构引起的种种问题,组织结构以产品或地区事业部为基础来建立,目的是在企业内部建立"小企业",使后者按创业阶段的特点来管理,但随之出现了新的问题,各"小企业"成了内部不同利益集团,组织资源用于开发新产品的灵活性减少,总公司与"小企业"的许多重复性劳动使费用增加,高层管理者感到对各"小企业"失去了控制。

(四)参谋激增阶段

为了加强对各"小企业"的控制,公司一级的行政主管增加了许多参谋助手,而参谋的增加又会导致他们与支线的矛盾,影响组织的命令统一。

(五)再集权阶段

分权与参谋激增阶段所产生的问题可能诱使公司高层主管再度使用集权。同时,信息处理的计算机化也使再集权成为可能。

五、组织规模与组织结构

规模是影响组织结构的一个不容忽视的因素。英国伯明翰阿斯顿大学一个小组的研究人员认为:琼·伍德沃德的研究之所以未能发现组织规模和结构的关系,是因为她所选择的研究对象组织都比较小。于是他们决定进行更为广泛的研究,以确定规模和技术对组织结构的影响,以及两者的交互作用对结构的影响。结果他们发现,技术确实影响着小企业的结构特征,这可能是因为小企业的所有活动基本上都是以其核心技术为中心的。但在相对比较大的企业中,这种技术与结构的对应关系并不明显,主要是因为大企业的活动并非完全以技术为中心。该小组还发现,与小型组织相比较,大型组织的职位专业化程度要更高,并具有更多的标准程序、规则、制度等,同时分权化程度比较高。

组织的规模往往与组织的发展阶段相联系。伴随着组织的发展,组织活动的内容会日趋复杂,人数会逐渐增多,活动的规模会越来越大,组织结构也需要随之进行经常调整。大规模的组织要比小规模的组织更趋向于高度的专业化和横向及纵向的分化,规则条例也更多。但是,规模对结构的影响程度在渐渐地减弱。

【案例 11-1】

真实个案:无组织结构图以及一份 80 页空白的政策手册

如果询问迈克尔·马克斯关于他的公司进行巨额资本投资的程序,他很有可能向你展示 Flextronics 跨国公司的政策手册,它有 80 页,但每页都是空白的。尽管马克斯是 Flextronics 的主席兼 CEO,他说他有时让下属(如 Flextronics 欧洲公司的领导亨弗莱·彼特)进行百万美元的投资而不用给他出示书面材料。他蔑视在圣约瑟(加州)总部的高层会议,并且拒绝给出任何描绘他的管理者指责的组织结构图。

人们也许会认为马克斯的风格对于快速成长的集团来说太随意了。但这是一个拥有数十家散布在四大洲的工厂,并且与从思科系统公司到西门子这样具有最高要求的公司客户打交道的巨人。而且 Flextronics 正准备宣布月交易额的一个新突破。在这一年中,公司已经花费 55 亿美元用以收购美国、欧洲和亚洲的电子制造企业、设计公司和元件制造商。它也签订了与摩托罗拉公司和微软公司的巨额制造合同。

在马克斯看来,全球性制造业合同的关键就是速度。把一个产品的设计原型投入到批量生产并且摆放在全球货架上的时间,将决定一个领导潮流的数字配件的成败。随着互联网和公司改革者越来越快地重新设置整个产业,马克斯认为失去重要的机会是比犯一两个错误更大的罪过。所以他不准备用官僚主义束缚他的高层管理者。马克斯的一句名言是:"不是大吃小,而是快吃慢。"

迄今为止,马克斯设法维持恰当的平衡。作为管理一些小电子制造商的一个哈佛MBA,1993 年,马克斯帮助策划了对在新加坡注册的 Flextronics 的接管,当时它接近破产。在扭转公司颓势之后,他开始重构公司。Flextronics 成为思科,3Com 和 Palm 等公司喜爱的供货商。Flextronics 已保持世界第二大合同制造商的地位,仅次于在加州的

Solectron 公司。除了在匈牙利的工业园,它还在墨西哥、中国和巴西拥有巨大的制造园区。

在马克斯简朴而稍显凌乱的办公室中悬挂的篮球筐,似乎概括出了他的自我形象。马克斯热衷篮球,尽管他身高只有 5 英尺 2 英寸。似乎有着同样的寓意,在商业世界中,马克斯也决心证明一些事情。无论如何,他相信自己能保持一个启动状态下的敏捷管理风格,确保 Flextronics 作为一个能够参与大联盟的全球化企业。

案例来源:弗雷德鲁森斯.组织行为学[M].11 版.北京:人民邮电出版社,2012.

第四节 组织结构的类型

权变理论认为,由于不存在统一的管理原则,因而也没有适合于所有组织类型的组织结构。甚至对于同一组织来说,由于环境的变迁,在各种力量的作用下,其组织结构将可能发生比较频繁而剧烈的变化。现实中,组织结构的类型多种多样,本节我们主要介绍六种常见的类型。

一、职能制组织形式

按职能划分的组织形式,起源于 20 世纪初法国的组织理论专家法约尔在其经营的煤矿公司担任总经理时所建立的组织结构形式,所以职能制组织形式又被称为"法约尔模型"。

在职能制结构中,从组织高层直到低层,承担相同职能的管理业务和管理人员被组合在一起,设置相应的管理部门和管理职务。例如,将所有与销售有关的业务工作和人员都集中起来,成立销售部门,由分管市场销售的副经理领导全部销售工作。对大多数组织来说,都有下列职能:市场营销、生产、财务、研究与开发、人事管理等。图 11-2 是一个基本的职能制的组织结构系统图。

职能制组织中,各级管理机构和人员实行高度的专业化分工,各自履行一定的管理职能,每一职能部门所开展的业务活动为整个组织服务。例如,销售部门为各个生产部门推销产品,工程技术部则为它们解决各种技术问题等。职能分工有两种方法:一种是根据管理职能来划分,如一家典型的制造业企业可以划分为经营计划、技术开发、生产制造、产品销售和财务等管理职能;另一种是按照所用的工序来划分,如上面所提到的制造业企业的生产制造部门,可分为冲压、电镀、装配、油漆和检验等。不管职能分工的形式如何,主要目标在于尽可能使重复性的工作任务标准化和常规化。

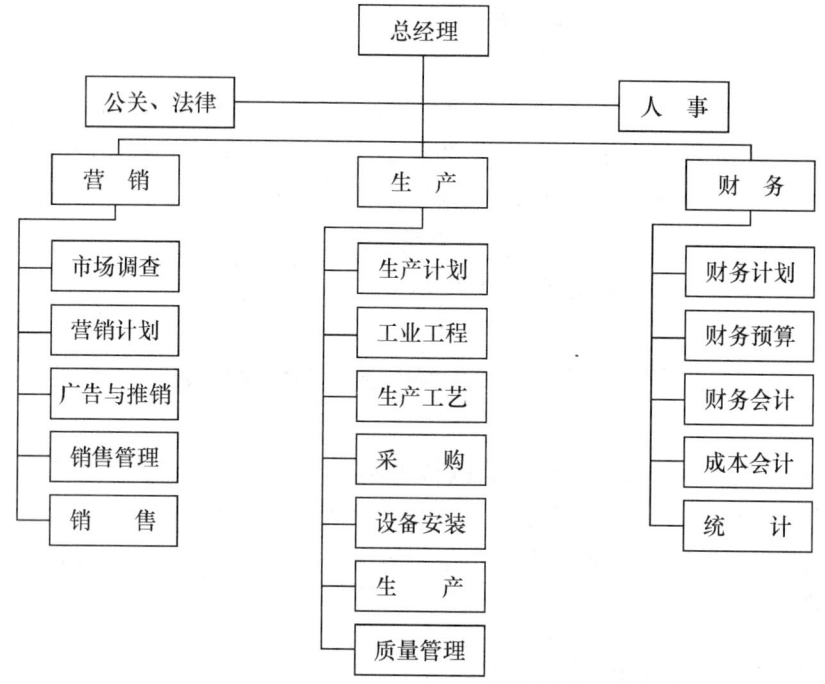

图 11-2 职能制组织结构

职能制组织往往实行直线参谋制。整个管理系统划分为两大类机构和人员：一类是直线指挥机构和人员，对其直属下级有发号施令的权力；另一类是参谋机构和人员，其职责是为同级直线指挥人员出谋划策，对下级单位不能发号施令，而是起业务上的指导、监督和服务作用。

在职能制组织中，由于各个职能部门和人员都只负责某一个方面的职能工作，唯有最高领导才能纵观全局，所以，企业生产经营的决策权必然集中于最高领导层，主要是厂长（总经理）身上，因此，职能制组织中管理权力是高度集中的。

(一) 职能制的优点

职能制的优点主要表现以下几方面：

(1) 按职能划分的组织形式有利于实现标准化和专业化。职能内部的专业化，简化了对管理人员和作业人员的培训过程。并且，各部门和各类人员实行专业分工，有利于管理人员注重并能熟练掌握本职工作的技能，有利于强化专业管理，提高工作效率。当执行的是例行公事的重复工作时，这种结构很有效率。恰当的分工可以使组织提高工作效率，节约成本。

(2) 按职能划分的组织形式有明确的任务和确定的职责。各部门只负责一种类型的业务活动,相互影响和相互支持的机会较多,因此有利于工作人员的培训和相互交流,从而有助于技术水平的提高。

(3) 按职能划分部门,可以消除设备及劳动力的重复,可以最充分地利用资源,这种形式也适合于发展专家及专门设备。

(4) 每一个管理人员都固定地归属于一个职能机构,专门从事某一项职能工作,在此基础上建立起来的部门间的联系能够长期不变,这就使整个组织有较高的稳定性。

(二) 职能制的局限性

由于职能制的特点,它同时也存在一定的局限性:

(1) 内部协调性差。职能内部的专业化使职能部门的成员容易养成一心一意忠于职守的态度和行为方式,他们往往片面强调本部门工作的重要性,希望提高本部门在组织中的地位和工作成绩,十分重视维护本部门的利益,常站在本部门立场上考虑和处理问题,而不把企业当成一个整体看待,不太关心企业的共同目标。这样,容易产生本位主义,造成许多摩擦和内耗,使职能部门之间的协调比较困难。通常,一个部门的工作最优化对组织整体来说可能并不一定是最优的。

(2) 适应性差。由于人们主要关心自己狭窄的专业工作,这不仅使部门间的横向协调困难,而且使彼此间的信息沟通受到阻碍。高层决策在执行中也往往被狭隘的部门观点与利益所曲解,或者受阻于部门隔阂而难以贯彻。这样,整个组织系统就不能对外部环境的变化及时作出反应,因而适应性较差。

(3) 企业领导负担重。在职能制结构条件下,部门之间的横向协调只有企业高层领导才能解决,加上企业经营决策权又集中在他们手中,造成高层领导的工作负担十分繁重。同时,对多个职能部门的管理又容易使他们陷入行政事务中,无暇深入研究和妥善解决生产经营的重大战略性问题。

(4) 不利于培养具有全面素质、能够经营整个企业的管理人才。由于各部门的主管人员长期只从事某种专门业务的管理,工作本身限制着他们扩展自己的知识、技能和经验,并且容易养成只注重本部门工作与目标的思维方式和行为习惯,缺乏全局的眼光,使他们难以胜任对企业全面负责的高层领导工作。

(三) 职能制的适用范围

职能制的组织形式在不确定性低、静态的环境中效果较好。在这种环境中,很少有意外事情发生,管理部门的主要作用在于确保一套已建立的常规工作和规章制度能坚持执行。在这样的环境中,有明确的分工、统一的指挥、较小的管理幅度,组织的效率可以达到最高。同时,在组织中增加专门化的参谋部门又可以使企业能应付较复杂的环境。参谋部门为生产提供专门知识的建议可以使高层领导对较复杂的问题作出合理决策。

因此,职能制结构主要适用于小型或中等规模的、产品品种比较单一、生产技术发展变化较慢、各职能部门的技术是例行公事的独立性低的技术、外部环境比较稳定的企业。具备以上特征的企业,其经营管理相对简单,部门较少,横向协调的难度小,对适应性的要求较低,因而职能制的缺点不突出,而优点却能得到较充分的发挥。

二、事业部制组织形式

事业部制组织形式,就是将生产和销售某类产品或服务所必需的所有活动,都集中于一个单位或事业部内。事业部组织将各业务环节以产品、地区或客户为中心重新组合,每个事业部都有独立的生产、研发、销售等职能,在事业部内部,跨职能的协调增强了。而且因为每个单元变得更小,因此事业部式结构更能适应环境的变化。只要产品是多种多样的,互不相关的,则企业可能拥有的事业部数目实际上没有限制。当环境不稳定,技术又非例行,需要部门间相互依存及协调,组织需要或追求外部有效性和适应性时,事业部式结构是合适的。图11-3表示的是一个产品或服务型(事业部)组织结构。

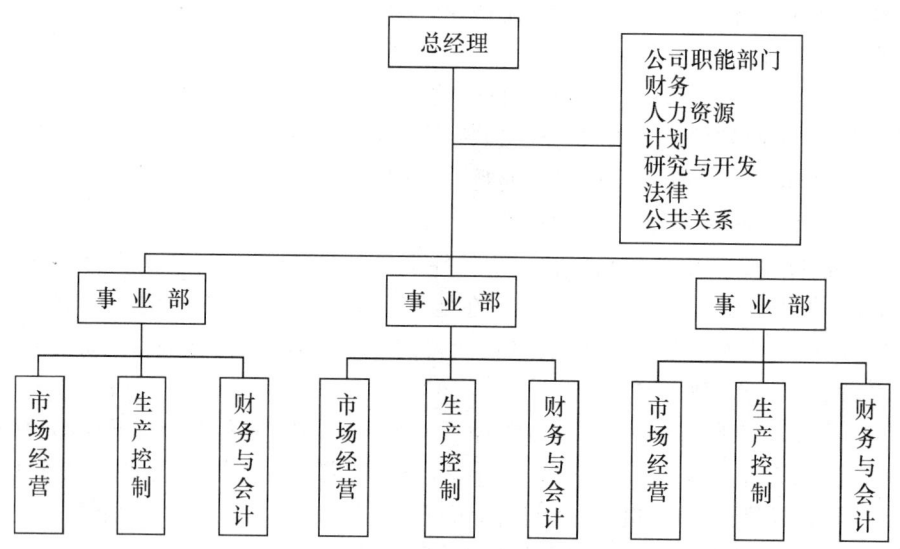

图 11-3 事业部制组织结构图

(一)事业部制(产品或服务型)的优点

事业部制(产品或服务型)组织结构的优势主要表现在以下几方面:

(1)有利于专业化与多元化经营的结合。按产品或服务来划分部门,有利于使用专用设备,使得协调比较容易,并允许最大限度地利用个人的技能和专业化知识,降低劳动成本。同时,企业也可以因多元化的经营而减少经营风险。

(2)促进内部竞争。把每类产品或服务作为一个利润中心来管理,使各个产品部门对企业的贡献容易辨认,因此可能导致部门内部之间的竞争,如果对这种竞争能给予适当的指导,使其良性循环,则可以促进不同的产品部门努力改善本部门工作,从而促进企业的成长。

(3) 有利于企业战略方向的确立与调整。按产品或服务来划分部门,更容易区分和摊派各种产品的收益与成本,从而更易考察、比较各种不同产品对企业发展的贡献,因此有利于企业作出正确判断,及时调整企业的产品结构,实现战略的优化。

(4) 有利于培养高层管理人才。这种结构使部门经理人员能经历广泛的职能活动,每个部门的经理都需要独当一面,完成同一产品制造或服务的提供等各种职能活动,这类似于一个完整企业的管理,为训练高层管理者提供了机会。

(二) 事业部制(产品或服务型)的局限性

事业部制(产品或服务型)组织结构的缺点是:

(1) 各事业部之间可能出现竞争,如不加以适当的协调与限制,将有损于整个企业的利益。

(2) 各个部门的主管容易过分强调本部门的利益,不利于企业的统一指挥。

(3) 由于各事业部的经理在很大程度上相当于一家单一产品或服务公司的总经理,因而使维护上层管理(总部)的控制问题显得特别重要。

(4) 设备和设施的重复购置、人员配备过多、需要较多的具有像总经理那样能力的管理人才去管理各个部门,而这种人才又往往不易得到,这是这种结构产生的常见问题。

(三) 事业部制(产品或服务型)组织结构适应的范围

(1) 变化比较大而不确定性为中等或很高的环境中。

(2) 大型的企业规模。

(3) 若各事业部采用的技术独立程度较高,甚至互不相关时,又或公司重视对外作用、适应性和顾客满意的目标,事业部制也比较适用。

总的来说,事业部制比较适用于规模庞大、品种繁多、技术复杂的大型企业,是国外较大的联合公司所采用的一种组织形式,近几年我国一些大型企业集团或公司也引进了这种组织结构形式。

三、区域型组织形式

区域型组织结构,是指生产的产品或提供的服务所需要的全部活动都基于地理位置而集中在一起。对于在地理上分散的企业来说,按地区划分部门是一种比较普遍的方法。区域型结构可按照销售区或行政区来建立,其原则是把某个地区或区域内的业务工作集中起来,委派一位经理来主管其事。按地区划分部门,特别适用于规模大的公司,尤其是跨国公司。这种组织结构形态,在设计上往往设有中央服务部门,如采购、人事、财务、广告等,向各区域提供专业性的服务。这种组织结构如图 11-4 所示。

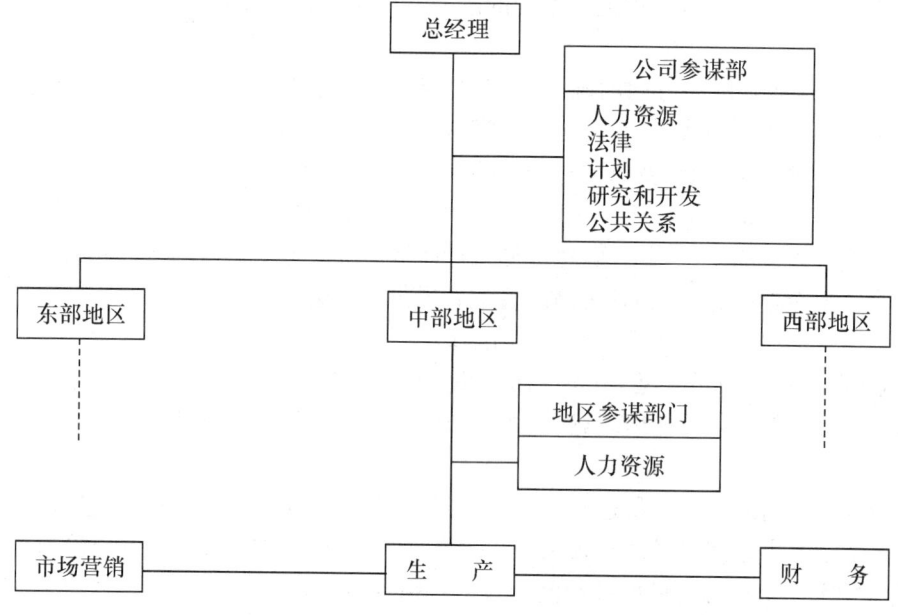

图 11-4 区域型组织结构图

(一) 区域型组织结构的优点

(1) 有利于组织的权责分配。责任到区域,每一个区域都是一个利润中心,每一区域部门的主管都要负责该地区的业务盈亏,这样能使各利润中心得到发展,并利于把权力和责任授予下级管理层次。

(2) 有利于组织的灵活调整。放权到区域,每一个区域有其特殊的市场需求与问题,总部放手让区域人员处理,使其拥有较大的灵活性,能适应各地区的竞争情况。

(3) 有利于地区内部协调,增进一个地区内市场营销、生产和财务等活动的协调,节约费用并提高了工作效率。

(4) 对区域内顾客比较了解,有利于服务与沟通。

(5) 每一个区域主管,都要担负一切管理职能的活动,这对培养通才管理人员大有好处。

(二) 区域型组织结构的局限性

(1) 由于某些参谋职能的重复设置,增加了开支。

(2) 总部与各区域天各一方,难以维持集中的经济服务工作。

(3) 随着地区的增加,需要更多具有全面管理能力的人员,而这类人员往往不易得到。

(4) 每一个区域都是一个相对独立的单位,加上时间、空间上的限制,往往是"天高皇帝远",总部难以控制,增加了保持全公司方针目标一致性的困难。

(三) 区域部门化的适用范围

根据区域型组织结构的特点,它所适应的组织条件可概述为:

(1) 各地顾客需求处于变化中的,不确定性为中等或高等程度的环境。

(2) 各区域的制造技术是常规的、独立性不是很高的技术。

(3) 较大的企业规模。

(4) 公司重视地区效用、灵活性和区域内部组织效率。

四、矩阵型组织形式

既有按职能划分的垂直领导系统,又有按产品(项目)划分的横向领导关系,从而形成纵向与横向管理系统相结合,形如矩阵的组织结构形式,我们将这种方式称为矩阵组织结构。该种组织结构如图 11-5 所示。

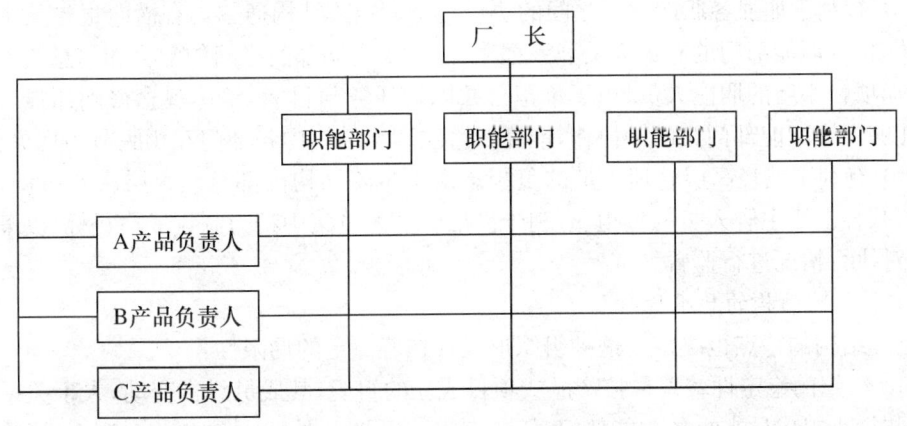

图 11-5　矩阵组织结构图

矩阵型组织是为了改进直线职能制横向联系差、缺乏弹性的缺点而形成的一种组织形式。这种结构代表了围绕产品线组织资源及按职能划分组织资源两者之间的一种平衡。单纯按职能进行组织可能会忽略独特的产品需要,单纯围绕产品来进行组织又可能降低对所需职能的专业化要求。矩阵组织形式解决了这两方面的问题。

它的特点表现在围绕某项专门任务成立跨职能部门的专门机构上,如组成一个专门的产品(项目)小组去从事新产品开发工作,在研究、设计、试验、制造的各个不同阶段,由有关部门派人参加,力图做到条块结合,以协调有关部门的活动,保证任务的完成。这种组织结构形式是固定的,人员却是变动的,需要谁,谁就来,任务完成后就可以离开。项目小组和负责人也是临时组织和委任的。任务完成后就解散,有关人员回原单位工作。因此,这种组织结构非常适用于横向协作和攻关项目。

(一) 矩阵结构的优点

矩阵组织形式在许多个中心存在,这样,一方面可以迅速发展新产品,对技术质量的不断变化作出反应;另一方面又保留其产品组织形式及职能组织形式的优点。具体来说,矩阵结构的优点表现在以下几点:

(1) 适应性强。矩阵组织有很大的机动性和灵活性,可随项目的开发与结束进行组织或解散,从而增强整个企业的适应性。

(2) 有利于顺利完成规划项目。由于这种结构是根据项目组织的,任务清楚,目的明确,各方面有专长的人都是有备而来,因此在新的工作小组里,能沟通、融合,能把自己的工作同整体工作联系在一起,便于知识和意见的交流,做到集思广益,为攻克难关,解决问题而献计献策。并且从各方面抽调来的人员有信任感、荣誉感,使他们增加了责任感,激发了工作热情,促进了项目的实现。

(3) 有利于加强各职能部门之间的协作配合。矩阵结构通过具有横向报告关系的管理系统,把各职能部门的有关人员联系起来,加强了不同部门之间的配合和信息交流。同时,参加项目小组的职能人员,由于承担着共同的任务与目标,整体观念得到加强。这些显然能够促进职能部门之间的协作,能克服直线职能结构中各部门互相脱节的现象。

(4) 有利于减轻高层管理人员的负担。由于矩阵结构内部有两个层次的协调,这样就能够减轻上级主管人员的负担,有利于高层管理人员集中精力制订战略目标、决策与规划,并对执行情况进行监督。

(二) 矩阵结构的局限性

矩阵结构的特点也决定了这种组织形式存在着一定的局限性:

(1) 组织的稳定性较差。按产品或项目成立的组织,其成员经常变动,人事关系不稳定。同时,小组成员来自各职能部门,任务完成后仍要回去,容易产生临时观念,影响工作责任心,这常常会给开展正常工作带来困难。

(2) 双重领导的存在,容易产生责任不清、多头指挥的混乱现象。项目负责人的责任大于权力,因为参加项目的人员都来自不同部门,隶属关系仍在原单位,只是为某一任务而来,所以项目负责人对他们管理困难,没有足够的激励手段与惩治手段,这种人员上的双重管理是矩阵结构的先天缺陷。因此,职能部门、产品部门和下级单位的人员之间,需要花费大量时间进行沟通,致使频繁的碰头和解决冲突的会议过多,这将在一定程度上抵销矩阵结构带来的好处。

(3) 机构相对臃肿,用人较多。

（三）矩阵结构的适用范围

矩阵式结构的特点决定了它主要适用于一些重大攻关项目。企业可用来完成涉及面广的、临时性的、复杂的重大工程项目或管理改革任务，特别适用于以开发与实验为主的单位，如科学研究，尤其是应用性研究单位等。对于那些工作内容变动频繁、每项工作的完成需要众多技术支持的或对组织环境的变化需要作出迅速反应的组织，也比较适用矩阵组织形式。

五、委员会组织形式

委员会是执行某方面管理职能并实行集体行动的一组成员。委员会在实践中随处可见，几乎各种组织都存在这样或那样的委员会，如董事会、监事会、职工委员会、学位评定委员会等。委员会的形式很多，有正式的和非正式的、综合的和专门的、常设的和临时的、直线式的和参谋式的，等等。

作为组织经营管理的一种手段而设立的委员会，与其他组织形式明显不同的是，委员会活动的特点是集体行动。这种组织形式的优点是，能够集思广益，反映各方面的利益要求，有助于沟通和协调，防止滥用个人或组织的权力。它的缺点在于为达成意见一致，往往决策缓慢或折中调和，委员责任不明确，可能会出现无人负责的现象。

委员会这种组织形式可以被广泛地应用于各种组织。在各级政府组织中都设有许多常务及特别委员会，通过委员会进行决策与管理；在企业中委员会也普遍存在，如董事会下设的执行委员会、财务委员会、审计委员会等；有的企业组织中不是由总经理而是由一个管理委员会来管理的，而且在总经理之下总要设置各种委员会及特别项目工作组，实际上，矩阵组织也可以看成是委员会组织的一种形式。

六、网络型组织形式

传统的组织间的关系主要有两种形式：一种是市场交换形式，即利用市场机制来实现实物、资金、信息在不同组织之间的交换，这种形式的优势在于能充分利用市场分工带来的专业化实现市场效率，缺点是对外部环境的不确定性缺乏控制，且交易成本有可能较高；另一种是层级控制形式，也称一体化形式，即通过对价值链上下游的企业进行兼并与收购，实现有控制的要素流动，它的优势在于能够在一定程度上规避外部市场环境的不确定性，降低交易成本，但这种形式也存在相应的问题，如要求大量的投资，专业化程度下降，激励和协调难度加大等。

从实践上看，发达国家越来越多的优秀企业在组织间形成了"增值伙伴关系"，即将自有资源集中于自己的核心业务，将一些自己不擅长的业务内容外包出去，通过对价值链的整合，将各种资源进行充分利用，实现仅仅依靠自身力量无法完成的目标，从而形成了新型的网络化组织。组织间的网络化组织通过在网络内部的分工为成员组织分担专业化投资风险,保持组织的灵活性,降低管理成本,使不同组织共享效率提高所带来的竞争优势。

网络型组织是一种新型的组织形式,它是由多个独立的个人、部门和企业为了共同的任务而组成的联合体,它的运行不靠传统的层级控制,而是在定义成员角色和各自任务的基础上通过密集的多边联系、互利和交互式的合作来完成共同追求的目标。网络的基本构成要素是众多的节点和节点之间的相互关系,在网络型组织中,节点可以由个人、企业内的部门、企业混合组织成,每个节点之间都以平等身份保持着互动式联系。如果某一项使命需要若干个节点的共同参与,那么它们之间的联系会有针对性地加强。密集的多边联系和充分的合作是网络型组织的主要特点。

【案例 11-2】

联合利华公司的组织结构

联合利华是一家国际食品和家庭及个人卫生用品集团。该集团在 20 世纪 90 年代经过了彻底重组。在过去,联合利华是高度分权化的,各国的子公司均享有高度的自治权。在 20 世纪 80 年代后期和 90 年代初,公司开始引入新的创新和战略流程,同时清理其核心业务。然而,1996 年启动的杰出绩效塑造计划也造成了公司结构的实质性改变。

直到 1996 年,由荷兰和英国的董事长以及他们的代表组成的一个特别委员会和一个包括职能、产品和地区经理的 15 人董事一直独揽着公司的决策大权,整个结构是矩阵式的,其中产品"协调人"(经理)负有西欧和美国的利润责任,地区经理则负有其他地区的利润责任。责任经常是模糊不清的,根据一部分内部报告:"我们需要明确的目标和角色:董事会使自己过多地卷入了运营,从而对战略领导造成了损害。"

杰出绩效塑造计划废除了特别委员会和地区经理这一层级,代之以一个 8 人(后变为 7 人)的董事会,由董事长加上职能和大类产品(即食品、家庭和个人卫生用品)的经理组成。向他们报告的是 13 位(后来是 12 位)负有明确盈利责任的业务集团总裁,后者在特定地区对其管理的产品类别负有完全的利润责任。全球战略领导被明确地放在执委会一级;运营绩效则是业务集团的直接责任。

在这种正式结构调整之后,国际协调是由许多正式和半正式的网络促成的。研究和发展由国际网络创新中心负责实施,其领导责任通常属于中心的专家而不是自动的属于英国或者荷兰的总部机构。产品和品牌网络——国际业务小组——在全球范围内协调品牌和营销。同时,职能网络也开展一系列计划以便就一些关键问题,如录用和组织效能,实现全球协调。所有这些网络均大大依赖于非正式的领导和社会过程,同时也依赖于电子邮件和内部网络可以方面投入的增加。是否参与这种协调在很大程度上是由业务集团而非公司总部确定并资助的。

案例来源：相里六续.组织行为学[M].北京：机械工业出版社，2014.

思 考 题

1. 组织结构的定义包括哪几方面的含义？这个结构体系有哪些主要内容？
2. 如何考察一个组织中具体的结构设计情况？
3. 如何有效地确定组织中的管理幅度？管理幅度与管理层次之间存在怎样的关系？
4. 如何确定组织中是集权多一点还是分权多一点？
5. 简述组织结构设计的基本程序。
6. 组织结构有哪几种主要类型？各种类型有哪些优缺点？它们适用于哪种类型的组织？
7. 在实际中找一个网络型组织，仔细分析这种组织形式运用的情况。

第十二章 组织决策

学习目标

1. 理解组织决策的定义
2. 理解组织决策是一个多步骤的过程
3. 了解决策在组织管理工作中的地位
4. 学习建立有效的组织决策网络
5. 了解理性决策模式与有限理性决策模式
6. 掌握有效的组织决策过程应该包括的步骤
7. 了解决策过程的主要影响因素及改进措施
8. 掌握几种常见的决策方法和技术

第一节 组织决策概述

组织中的决策行为是管理活动的重要组织部分。在任何时候,组织都必须为上百个决策识别问题和实施选定方案。在各种组织中,决策者可能因为背景、个人价值观、受教育程度等因素而相互间存在区别,但他们都时时刻刻在进行着决策。在一个组织结构中人们作为个体和群体成员的行为以及他们之间相互沟通的一项重要原因,就是组织中决策的制订。制订有效的决策是一个复杂的过程,决策不仅仅是高层管理者的事,组织内的各个层级都要作出决策,组织就是由作为决策者的个人所组成的系统。

第十二章 组织决策

一、组织决策的定义及特点

（一）组织决策的定义

组织决策被定义为识别和解决问题的过程。这个过程包括问题识别和问题解决两个主要阶段。在问题识别阶段，主要是检查关于环境和组织状态的信息以确定组织绩效是否是令人满意的，并诊断所出现问题的根源和影响因素。在问题解决阶段，则主要是考虑多种可选的行动方案并挑选和实施某一方案。

组织决策的主体管理者既可以是单个的管理者，也可以是多个管理者组成的集体或小组。组织中的决策从不同的角度可以划分为不同的类型：程序化决策和非程序化决策；战略决策和战术决策；确定型决策、风险型决策和不确定型决策；单目标决策和多目标决策；个人决策和群体决策；原始决策和追踪决策；激起型决策和保守型决策等。

（二）组织决策的特点

组织决策是个多步骤的过程。决策过程时时刻刻都在发生。在作决策时，人们在众多的选择方案中选出一个看起来最好的。决策的过程绝不仅仅是简单的选择，制定决策是认清问题和机遇并加以解决的过程，这个过程需要决策前的众多的准备工作和决策后的评估工作。决策者从分析决策的必要性，到认清一个或多个方案，相互比较，再到作出选择，最后完成决策并评估决策实施的绩效。

二、组织决策在组织管理中的地位和作用

决策在组织管理活动中具有举足轻重的地位，它是决定各项事业成败的关键所在。因为决策的结果经常体现为方针、政策、标准、决定、措施等方面，并成为支配一定社会组织和社会群体活动的准则，具有根本性的导向作用，会决定其发展过程，所以，决策的正确与否，常常决定着事业的成败与兴衰，甚至关系到社会组织和社会群体的生死存亡。

诺贝尔奖金获得者，西方管理决策理论学派创始人，美国学者赫伯特·西蒙（Harbert A. Simen）在《管理行为》一书中明确地指出"管理过程就是决策的过程"。西蒙认为，管理就是决策，管理的各层次，无论是高层、中层还是下层，都是在进行决策。决策是管理的核心。在企业管理中随时随地都面临着决策的抉择要求，都要决定做什么、谁去做、何时何地做、如何去做等问题。决策的正确与否直接影响组织的绩效。

传统的管理将组织活动分为高层决策、中层管理和基层作业。认为决策只是组织中高层管理的事，与下面的其他人员无关。但是西蒙却认为，决策不仅仅是高层管理的事，组织内的各个层级都要作出决策，组织就是由作为决策者的个人所组成的系统。而且随着科技的发展，员工素质的提高和组织的日趋扁平化，组织的决策权也会逐渐地下放，即

261

组 织 行 为 学

使是处于作业层次的员工,也要对采用什么样的工具、运用什么样的方法作出选择。因此西蒙认为,组织是指人类群体当中的信息沟通与相互关系的复杂模式,它向每个成员提供决策所需要的大量信息和决策前提、目标及态度,它还向每个成员提供一些稳定的可以理解的预见,使他们能预料到其他成员将会做哪些事,其他人对自己的言行将会作出什么反应。成员的决策其实也就是组织的决策,这种决策的制约因素很多,涉及组织的各个层次和各个方面,被称为"复合决策"。管理活动的中心就是决策,计划、组织、指挥、协调和控制等管理职能都是作出决策的过程。

例如,企业的经营决策是企业在经营管理工作中为了达到某一经营目标,在对企业的外部环境和内部条件综合分析后,制订出多个行动方案和措施,然后选择一个最为满意的方案并组织实施的过程。实践证明,决策是行动的基础,决策决定着企业发展的前途与命运。

因此,在组织的一系列活动中,管理工作的过程便是决策的过程,管理就是决策。决策始终贯穿于管理工作的全过程,连接着管理活动的各个阶段和各个环节,如确定目标、制订计划、组织管理、选才用人、监督检查都离不开决策。正是一系列的决策指导和保证着组织管理工作的顺利进行。而且,主管人员还要根据内外条件的变化和形势发展的需要,不断调整和修正决策。

三、组织决策网络

任何试图在市场竞争中取得领先地位的企业组织,都必须及时、系统地掌握客户、竞争对手、组织内部和所处的环境的各种信息,并将各种信息综合起来,作出快速反应,关键就是要在组织内部建立一个决策网络,把组织的战略方针同资源分配和许多为实行该方针必须作出的经营决策挂钩。组织实际上也就是一个决策网络,每个决策都是组织内部一个广泛的决策网络中的一部分。从董事会到组织基层的每一个决策是否构成一个合理且在本质上一致的完整网络,将决定该组织运行的好坏及其产品或服务在市场上表现出多大的完整性。

要使整个组织作出的决策都是有效的,资源分配就必须在统一的战略方针指导下,在纵向和横向两方面都能相互协调一致,使每个业务单元都向前发展。而横向合作与纵向协作的不协调正是大多数组织存在的重大障碍。其主要原因则是组织中的高层没有采用适当的方法控制自身的决策,没有明确决策的资源分配,导致组织在资源分配上的混乱,缺乏一致性。这会使组织系统造成功能性障碍:

首先,如果上级管理部门没有划清应由下级作出决策的界限,就会普遍造成下级决策权限被剥夺的现象。因此,管理部门必须对下级决策进行微观管理以确保一致性,否则组织的战略方针的执行就会失去控制。

其次，高层管理者进行微观管理会导致不良决策。由于过多地替下级部门作决策，难以保证决策的有效性。

最后，高层决策缺乏明确的限制也会使整个决策网络不稳定，因为等级越低的决策需要复查的次数越多，如果高层决策表达得含混不清，那么低层的决策受到审查的频率也会过高。

因此，组织必须在同一方向上各决策之间找到一个合理的互补性平衡，不仅要实现跨职能的系统协调，还要实现跨业务范围的系统协调，建立一个有效的决策网络。为此必须要依据组织的战略、业务特点及人力资源状况，在规范程序性决策的基础上，确立组织的非程序性决策的权限配置、决策程序和决策原则等，建立有效的组织决策网络。

第二节 组织决策模式

组织中的管理者所作出的个人决策可以依据两种方法描述。第一种方法是理性方法，这种方法说明了管理者应该如何作出决策。第二种方法是有限理性方法，这种方法描述了在严格的时间和资源限制下，实际决策是如何作出的。理性方法是管理者努力的理想目标但往往很难达到。

一、理性决策模式

理性决策模式又称规范决策模式，或古典决策模式。这种决策模式认为，决策者是完全理性的，能够作出最优的选择。这种决策模式强调对问题的系统分析，依据"选择到实施"这样一种逻辑的层次顺序进行。依据理性模式，理想的决策包含以下八个步骤。

（一）监控决策环境

决策者的监控能够显示的行为或计划与可接受的程度相偏离的内部和外部信息，即探寻环境，寻求决策的条件。这一步的前提是准确定义内外部环境。

（二）界定决策问题

决策者通过识别问题，如在什么地方、什么时间、谁涉及这个问题、谁受到影响以及目前的活动受到哪些因素的影响等，界定决策的范围（问题或机遇）。

（三）确定决策的目标

决策者决定通过决策进而采取的行动所要达到绩效目标。这一步的前提是期望的解决方案是可行的并且决策者会理性地选择这样去做。

（四）诊断问题

决策者透过表面现象深入地分析问题的成因或机遇的成功概率，并对问题和机会的性质、发展趋势作出正确的评估，找出问题和机遇的关键。

(五) 提出备选的解决方案

决策者在作出决策之前,找出可能的行动方案,即制订和分析所要采取的行动方案。决策者也可以从别人那里获得好的解决方案和主意。

(六) 评价备选方案

这一步要求决策者利用统计技术或个人经验来分析评价所有可能的选择方案,并估计它们成功的概率和它们的成本。

(七) 选择最优的(理性的)备选方案

这一步是决策过程的核心,即在各种行动方案中进行抉择。决策者利用他个人对问题、目标、可选方案的分析选择一个成功概率最大的具体方案。

(八) 实施选定决策方案

决策者利用管理、行政等手段以确保决策的实施。一旦决策方案得以实施,监控活动(第一步)又开始发挥作用。决策过程是一个连续的、循环的过程,决策者时时刻刻都要监控环境以发现问题或机遇。

在整个决策过程中,理性化的决策模式的前提是决策者有符合逻辑的目标,其他的环境因素、时间、压力等对这一过程并不产生影响。通常理性决策模式对程序化决策即当问题、目标、可选方案定义清楚,决策者有足够时间作有条理、深入的考虑时最为适用。尽管理性化的决策方法是理想境界,人们还都是在应用这种理性化的原则,特别是在决策复杂、潜在费用很高、风险也很大时,决策者往往还是偏向于理性化的决策方法。他们尽力地准确定义问题和目标,揭示所有可能的选择方案,然后客观地进行评价,并最终作出接近理性化的决策结果。发展理性方法以指导决策的必要性在于许多管理者被观察到在组织决策中表现出不系统和任意的行为。

二、有限理性决策模式

决策的理性模式逻辑认为管理者应力图使系统的过程达到良好的状态,在决策的整个过程中努力占有和理解所有与决策相关的信息,最后要得到的是最优化的决策方案。当组织面临较少的竞争并处理容易理解的问题时,管理者一般使用理性方法作决策。但在更多的实际决策过程中理性方法的运用是有难度的。由于大量的内外因素的制约,如不完全信息,可支付的时间和其他成本的有限性,决策者本人的错误认识和偏见,相对不足的信息处理能力等,理性决策方法被许多问题的无限复杂性所限制,所以说,理性的管理者所能做到的理性是有限的。这样一来,管理者往往不可能或不愿去追求最佳的决策结果,退而追求满意的决策结果。

有限理性决策模式,又称西蒙模式或最满意模式,正是描述了在严格的时间和资源限制下,人们在实际的决策过程中是如何做的。与理性化决策方法的规范化相比,有限理性是描述性的。它具体描述了人们在决策的过程中做了什么,而不是他们应该做什么。

基于人类行为理性的有限性,一个有限理性决策模式应该包括以下几个步骤。

(一)认清决策情况

分析是问题还是机遇,尽量收集组织所处环境中有关经济、技术、社会各方面的信息以及组织内部的有关情况。通过收集信息,发现问题和机会(因为机会往往蕴藏在问题中),并对问题和机会的性质、发展趋势作出正确的评估,找出问题和机会的关键。

(二)提出备选方案和标准

在可利用的时间、资源和费用限制的情况下,至少为决策选择一个可行性方案,并为该方案的评估选定一个共同的评价标准,应尽量选择一个能支持决策者目标的标准。

(三)评估所有的选项直到至少有一个满足该标准

这一步将涉及一系列的比较过程。决策者不会客观地将所有选择作比较,而是在某个标准下将几个类型的选项作比较,从中找出一个优于另一个的理由。

(四)对所作的选择进行讨论

(五)实施所选择的决策方案,并评估实施结果

尽管这个过程不会产生最优的结果,但它至少能产生可以接受的结果,综合各家不同的观点,并根据决策的重要性来分配决策所需要的资源。当决策是非程序化的决策时,决策者难以继续尝试采用理性的方法,这时人们往往采用的是一种大约的理性化模式,即有限理性的决策模式。绝大多数的决策,不管是个人的还是组织机构的,都是属于寻找和选择合乎要求的措施的过程,这是因为寻找效用最大化措施的过程比寻找合乎要求的措施的过程要复杂得多,其首要的条件是存在完全的理性,而现实中的人或组织都只具有有限度的理性。

第三节 组织决策过程

科学的组织决策是一个动态的系统过程,包括了一定的依据和步骤程序,由于客观世界的复杂性,决策的具体依据及过程不可能全部相同,但在实践经验的基础上,我们可以归纳出一些经验性的东西。

一、有效的组织决策的依据

组织中管理者在决策时离不开信息,信息的数量和质量直接影响着决策水平的高低。信息为实现经济管理的目标和职能提供资料依据。管理的任务是合理地组织和有效地利用组织的各项基本资源(人、财、物、设备、技术和信息)以达到企业预定的目标。管理目标的实现都必须依靠与利用各种管理信息,即与管理有关的现象、情况、情报、资料、知识和

政策法令等。一个企业建立较长时期的奋斗目标,是管理工作的首要任务,为此,管理人员需要在宏观政策指导下,及时了解市场、产业以及同类型企业的动向,清楚地掌握组织内部运行的状况;同时对若干年后的技术发展、市场需求、能源条件、原材料供应和价格等情况进行预测。在这些信息的基础上,分析判断,确定适当的目标,如今后5年或10年内生产何类产品,生产多少,获得多少利润等,做到"情况明,决策准"。

信息是经营决策的重要依据。企业的经营决策,就是制订企业总体活动以及各重要经营活动目标、方针、战略和策略,在解决与此有关的问题的多种方案中择优。企业很难要求或指望外部环境适应自己,而只能准确、灵敏地把握这些信息,作出决策,使自己适应外部环境的变化,或者是修改自己的经营目标和计划,或者是改变企业内部条件,调整自己的工作。企业的决策,不论是产品品质的决策,销售的决策,财务的决策,还是企业改造决策,或者原材料、能源决策,或是职工收入福利决策,都要以大量的信息为依据。例如,为了搞好经营决策,首先要做好市场调查,这就需要调查市场的需求和竞争者的信息;市场的需求受政治、经济、文化、技术、社会、自然、心理和产品本身状况等许多因素的影响。这就要获得有关购买力、购买动机和潜在的需求等信息;需要获得竞争对手的基本情况、竞争能力,竞争对手发展新产品的动向和潜在的竞争对手的信息。

二、有效的组织决策的步骤

有效地组织决策主要包括以下五个阶段。

(一) 收集情况阶段

即收集组织所处环境中有关经济、技术、社会各方面的信息以及组织内部的有关情况。通过收集情况,发现问题和机会(因为机会往往蕴藏在问题中),并对问题和机会的性质、发展趋势作出正确的评估,找出问题和机会的关键。发现问题和机会并不总是简单的,这和组织中决策者个人的过去经验、环境的复杂程度等因素相关。

信息的收集应该尽可能全面,而且要真实,否则极有可能作出错误的决策。对于收集到的信息应尽量避免在解释过程中被扭曲,有时,随着信息持续地被误解,会使有问题的事件一直未被发现或者被发现的问题与真正存在的问题有本质的差别,导致应当采取的措施没有及时采取或本应被发现的机会错过。

因而,决策者在决策过程中准确地发现问题并恰当地解释问题或准确识别机会,对整个决策过程非常重要。

(二) 确定目标阶段

目标是指管理者在特定条件下想要获得的结果。能否正确确定目标,是决策成败的关键。确定目标的过程中应注意以下几点:

(1) 目标要有根据。要明确了解决策所需解决的问题的性质、范围和特点。有确切的根据,目标的制订才不会偏离方向,否则所确定的目标会和所要解决的问题或存在的机会相背离。

(2) 目标必须具体明确。目标要有具体的衡量指标,如成本目标、效益目标、次品率或废品率等,并且目标应尽量数量化或将决策目标划分为一些等级。决策目标只有可以落实到具体部门和具体人员,这样执行起来才会明确不失方向。

(3) 目标应分清主次。在进行决策时,若目标复杂多样,首先应尽量减少目标的个数,然后确定目标的优先顺序,先集中力量解决要实现的主要目标。

(4) 要在规定的约束条件内确定目标,使目标具有可行性。在任何目标的实现过程中,都不可能不存在一定的人、财、物等客观存在的限制条件,也可能有一定的主观原因。不计代价地去确定目标是不切实际的,也是行不通的。

(三) 拟订计划阶段

拟订计划即在确定目标的基础上,依据所收集到的信息,编制可能采取的行动方案。这时可能会有几个候选方案,决策的根本在于选择,被选方案的数量和质量对于决策的合理性有很大的影响,因此要尽可能提出多种方案,避免漏掉好的方案。

决策者常常借助其个人的经验、经历和对有关情况的把握来拟订方案。为了能提出更多、更好的方案,往往需要从多种角度来审视问题,并根据问题的需要征询组织中其他成员的意见,这有助于决策方案的多样性和创造性。通过头脑风暴法、列名小组法和特尔菲技术等可以提出富有创造性的方案。

(四) 选定决策方案和实施阶段

选定决策方案即从可供选用的方案中选定一个行动方案。这时要根据当时的情况和对未来的预测,从中选择最合适的一种方案。要确定选择的标准,而且对各种方案应该保持清醒地估计,使决策保持一定的伸缩性和灵活性。计划选好了以后就要制订实施方案,方案的实施也是很重要的一个环节,也要制订一个合理的实施计划,这个计划要清晰且具体。对时间有一个合理的分配,对人财物也要做一个清晰的分配。在执行决策中,还要做好决策的宣传工作,使组织成员能够正确理解决策,同时营造出一种有利于实现决策的气氛。

(五) 评价决策阶段

评价决策即在决策执行过程中,对过去所作的抉择进行评价。通过评估和审查,可以把决策的具体的实行情况反馈给决策者。如果出现了偏差,就及时地纠正,保证决策能够顺利实施,或者修改决策本身,以使决策更加科学合理。而且,通过执行决策的审查会使上级了解本组织、本部门的决策执行情况,为以后他们作决策提供信息。

这五个阶段中的每一个阶段本身都是一个复杂的决策过程。问题的确认需要决策,而拟订各种被选方案就使决策的性质更加明显。所以,不能觉得只有决策活动才是最重要的。事实上,没有前两个阶段的铺垫,也就不可能作出正确的决策,而没有决策的执行,再好的决策也只是一纸空文。西蒙认为在决策的过程中,最重要的是信息联系,决策的各个阶段均是由信息来联系的。上面说了决策的几个程序,一般来说,决策是要遵守这样的程序的,但是也不能完全机械地用上面的过程来一步步地做,如在经营中出现了突发事件,需要立刻解决,这时的决策就在很大程度上要依据决策者的经验和直觉来决定。

第四节 组织决策过程的影响因素

组织决策过程受到许多因素的影响,特别是受到组织自身的内部结构、外部环境的稳定性和不稳定性等因素的影响。决策过程包括从一开始的对于决策环境的研究调查、分析、选择方案、追踪、反馈和调整整个一系列的活动。它是一个分阶段的,涉及很多方面的复杂的活动。在这一系列的阶段过程中,有众多的约束因素影响着决策的有效性,如决策环境的不确定性、时间以及决策者对于风险的态度等。作为一个决策者或者一个决策小组,应该在决策的过程中注意到这些因素的影响作用,尽量扬长避短。

一、组织决策过程的影响因素

很多因素都对组织决策过程产生影响,比较重要的因素有以下几方面。

(一)决策环境

人们作决策的方式取决于他们有多少或者能获取多少信息。在组织中,决策会根据所涉及的确定性程度而变化。人们或在确定性的环境下作出决策,或在不确定的环境下作出决定。

(1)确定性环境。确定性环境,是指决策者对全部相关信息都了如指掌,此时,在可供选择的方案中只有一种自然状态时的决策。也就是说,决策问题的条件是确定的,可供选择方案之间的优劣比较和预期结果是明确的。确定型决策具有确切的客观依据,因而决策的结果精确无误。例如,加工某产品,可以在两个车间中安排,但因为技术水平差异,三个车间工作效率不同。其中A车间需8小时完成,B车间需8.5小时完成,C车间需7.5小时完成。经过比较,很容易判断C车间加工为最佳方案。

(2)风险性环境。在此条件下,决策包含风险,决策者有确定的目标并知道可能的结果,但是结果取决于决策者可以估计的机会。也就是说,在决策过程中,可供选择的方案存在两种或两种以上的自然状态,哪种状态发生是不确定的,但是每种自然状态发生的可能性,即概率大小是可以估计的。因为这类决策的结果只能按其概率实现,有一定的风险,故而称为风险型决策。例如,某建筑公司要决定是否承包一项工程,如果承包后天气好,按期完工,可以获得利润5万元;如果承包后天气坏,则要付延期赔偿费1万元;如果不承包,不论天气好坏都要付窝工损失1 000元。但天气究竟如何,气象台虽有预报,也有一定误差,所以决策人不管选择"承包"或"不承包",都要承担一定风险。

(3) 不确定性环境。在不确定性条件下,决策者明确决策目标但没有足够的信息来估计可能结果的概率。不确定性通常是因为某种情势很复杂以致决策者没有可用途径来估计可能影响结果的所有因素。在不确定性环境中的决策,在可供选择的方案中存在两种或两种以上的自然状态,而且这些自然状态所发生的概率是无法估测的。由于此类决策的结果不确定,故而称为不确定型决策。不确定型决策与风险型决策的区别仅在于各种自然状态发生的概率是否可知。

(4) 模糊性环境。在模糊性环境下,决策难度更大,决策者不仅缺少关于可能的可选项和结果的信息,也没有明确定义的目标。通常,在模糊性环境下作出的决策有很高的失败可能性。

(二) 时间

可以用来进行决策的时间通常是一个关键性问题。作为决策人员,他可用来评价和分析所有的可行方案的时间总是有限的,决策经常要在极短的时间内作出。例如,市场对你所供应的产品的要求改变了,作为厂商,必须能够敏锐地观察到这种变化并立即采取相应的改进措施,才能留住原有客户并拓展新的客户群,这样才能在高速变化的环境中生存下来。

(三) 决策者对于风险的态度

对待风险的态度不仅因人而异,而且也随着风险的大小、承担风险的是个人还是组织以及决策者在组织中的地位与级别的不同而不同。比如,如果组织的决策者对于风险的态度比较谨慎,则他可能选择风险程度比较低同时收益也比较低的行动方案;而若决策者是喜好风险的人,通常会选择风险程度高的但同时收益也比较高的行动方案。此外,高级主管人员的决策范围往往涉及更大的风险,他们比低层次的主管人员通常能承担更大的风险。

(四) 过去的决策

通常情况下,组织的决策并不都是初始决策,而是对初始决策的调整、修改和完善。过去的决策是现阶段决策的一个起始点,组织的决策者必然要在一定程度上考虑过去决策的影响程度,不可能完全置过去的决策不顾,而采取一项完全否定过去决策的行动方案。但过去的决策对目前决策的影响也在一定程度上取决于现在的决策者与过去决策的关系。如果过去的决策是现任决策者作出的,则决策者对过去的决策作出重大调整的可能性不大;若过去的决策与现任决策者无关,则决策者可能对过去决策的考虑没有那么多,会比较坚持自己对现阶段问题的分析判断,作出他认为比较可行的行动方案,可能较过去的决策有较大的改变。

（五）决策者的个人能力

主管人员的个人能力是影响决策的一个重要因素。仅仅愿意作出决策是不够的，决策者必须有能力作出正确的决策，这是作为一名决策者应当具备的素质。虽然主管人员的决策经验也对决策的质量有一定的影响，但光靠经验是不够的，作为一名主管人员，一定的理解、分析与判断力也是不可或缺的，应该能敏锐地观察到环境的变化，并作出相对高质量的决策。

（六）组织成员对决策者的接受与支持程度

有时，新的主管人员不能立即被上级、下级及同级人员接受，这也将限制主管人员制定决策和实施决策的能力。如果主管人员能比较容易与共事人员沟通、交流，赢得他们的支持，这样不仅能使一项决策较易获得通过，而且也会经常得到上下级同事的提醒与帮助，因而也比较容易达成一项质量高的决策；反之，则很难作出一项正确的决策，或者一项决策很难被有力有效地执行。

二、组织决策过程的改进

在某些决策情境中，人们遵循最优化原则。但对于大多数人以及大多数非程序化决策来说，很可能与这一原则不一致。重要的决策很少是简单明了的，因而无法实现最优化原则。我们发现个体在寻求解决办法时，往往注重满意化的方案而非最优方案，在决策过程中卷入了一些主观偏见并依赖于直觉。根据我们前面所描述的组织中制定决策的程序，决策者应该认识到决策过程中存在的一些主观和客观的影响因素，并对决策过程进行一些改进。

（一）适应不同的民族文化和组织的评估、奖酬标准

不同的文化决定了决策的不同方式，不同文化背景的人在选择问题和分析可选择方案时，方式会有所不同，也就决定了他们是民主地还是非民主地作出决策。有些文化重视逻辑性和有深度的分析，有些文化则更重视团队的和谐性。例如，如果你的国家并不重视理性，不要强迫自己采用理性决策模型或试图让自己的决策显得理性，类似的是，组织差异体现在对风险的重视程度、团队使用情况等方面。所以在决策中应该调整你的决策风格，确保其同组织文化相一致。

（二）认识到个人偏好的存在

每个人都会把个人偏好带到自己的决策中，如果这些会影响你的判断，你就应该改变你的决策方式，减少偏见。

（三）和直觉经验结合起来

直觉经验对制定决策来说并不冲突，实际上可以提高决策的有效性。随着管理经验的增加，把直觉过程置于理性分析之上的信心也应不断增强。

第十二章 组织决策

（四）决策中的投入升级偏见

投入升级偏见是指不考虑负面信息而在先前的决策上增加投入。例如，一个企业新建某产品的生产线，建成后却发现该产品有违预期对象的民族习俗，但该企业却决定继续生产。决策者的理由是："我们在该项目上的投入太大了！"

人们如果害怕对一项失败负责的话，他会将投入升级。也就是说，他会在出现损失后投入更多时间、金钱及精力，以此证明自己最初的决策没有错，避免承认自己犯了一个错误。另外人们总是试图表现自己的言行前后一致，这也是导致投入升级的另一个重要原因，投入升级对于管理者的决策有着很大的影响，许多组织都曾为此而惨遭损失。

（五）不要想当然认为自己的决策风格对每项工作都适用

正如组织间存在着差异，组织内部的工作也是如此。如果你的决策风格与任务要求相匹配，你作为决策者的有效性就会提高。比如，如果你是一个命令型决策者，你在同需要快速行动的人一起工作效率会更高，这种类型非常适合管理股票经纪人；另外，分析型决策者比较适合同会计人员、市场分析人员一同工作。

（六）提高决策过程中的创造性

理性决策者需要具备创造力，即以一种独特的方式综合各种想法的能力，或在各种想法间创造不同寻常的联系的能力。创造力可以使决策者对问题进行更全面的评价和理解，发现别人看不到的问题。创造力最显著的价值在于帮助决策者确定所有可行方案。

【案例 12-1】

"挑战者"号事件

"挑战者"号航天飞机的失事在全世界造成了不小的轰动，美国政府对此事件委任了专门的调查团进行调查。"挑战者"号事件的直接原因是右部火箭发动机上的两个零件连接处出现了问题，它直接导致了喷气燃料的热气泄露。调查表明，对于该事件的发生，技术上的原因是必然存在的。虽然承建商在说明书中指出有关禁止条件，但是，萨科尔公司和宇航局的工程师并没有对问题提出任何质疑甚至根本就忽视了这样的细节。直到发射后问题明显地表现出来，所有人员只能抱以希望相信能够安全飞行，或者认为不能因为飞行而中止项目的进行。

"挑战者"号的失事是对技术提出的警告，产品必须经过合格验收才能应用。然而，"挑战者"号失事的真正原因是决策的失误。不论是发射前的准备，还是发射的过程，以至发射后对问题的分析，决策都存在严重的问题。

在早期的飞行实验中，一些工程师开始注意到腐蚀的影响。但是他们并没有从宇航局和萨科尔公司那里得到任何支持。甚至在为解决密封圈的腐蚀问题会议上，宇航局高级官员科尔斯特将它定为一次毫无意义的会议。正是由于领导的有限见识和经历，他们在估计事件发生的概率、探寻行为产生的原因以及估量情况的风险大小时最容易发生错误，导致了他们在决策中所用的策略过于简单化。对决策中的认知偏见是问题之一。

20世纪80年代早期，人们对宇航局的做法是否有道理存在很多争议。宇航局当局在为制造宇航飞机选择制造商时过于草率。在后来出台的《空间站宇航员安全选择研究》中我们看到了问题的来源：消除和控制威胁而不是采取挽救措施的趋势得到发展，如此决策是领导者的严重失误。

对于这次决策存在另外的一个问题就是：决策的不确定性。人们总是倾向在获取好处时避免冒风险，在回避损失时则较甘于冒险。在"挑战者"号发射的前6个月，萨科尔公司和宇航局曾对航天飞机重新改造作了一次预算，然而其飞行实验仍在继续进行。面对风险指数的增加每个人却还在继续冒险进行着。工程师们提出的相关建议也没有明确的指向。对于这些消极因素的出现，他们采取了忽视的态度，进一步将问题扩大化了。

又由于曾经的成功先例与经验主义的错误引导，人们在本性上产生了骄傲的情绪带来了更大的潜在危险。在作出发射"挑战者"号决定时，宇航局安全办工作人员甚至没有一个人参加。

从以上我们可以看出，正是由于决策的失误导致了悲剧的发生。任何一项问题的决策都不是轻而易举的，一项工程的好坏、一个项目的完成都离不开正确的决策。虽然影响决策的因素有很多：群体规模、成员对群体的依赖、信息的沟通以及领导的要求和压力等，甚至社会从众心理、权威主宰等消极影响都制约着决策的作出。但是，要进行理性的、有效的群体决策也不是不可能的。

案例来源：改编自 http://blog.blogchina.com/article_34051.355009.html。

第五节　组织决策的方法和技术

决策是日常生活中人人都要碰到的普遍问题，但它对领导者而言却是一项根本性的工作。不能决策就不能领导，优柔寡断者绝不可能成为一名好的领导人。在现代社会，组织的领导者面临的环境范围极为广泛，而且情况复杂、变化万千，往往需要当机立断。这就要求决策者不但要具有广博的知识、丰富的经验、敏锐的洞察力、远大的目光和虚怀若谷、勇于负责等个人品质，而且要掌握数学、统计学、心理学、计算机科学等学科的基本知识，从而采用现代科学的决策方法，把未来可能出现的多种情况及其可能性大小、可能采取的行动方案以及各种方案可能产生的结果等明确表示出来，使自己的思想条理化，把注意力集中于有决定意义的本质问题上，进而作出正确的决策。基于这种要求，决策本身已经发展成为一门综合性的科学。

在现代组织决策中,在面临两个以上备选方案时,评价和抉择方案需要借助适当的方法。一类是定性方法,即依靠专家集体的经验和智慧,运用经济学、社会学、心理学的方法作出判断;一类是定量方法,即运用数学所提供的概念、处理问题的方式及技巧、对所研究的对象进行量的描述、计算、分析和推导,从而找出能以数学形式表达事物内存联系的一种方法。这两种方法要互相结合,在定性分析指导下进行定量分析。

一、定性决策方法

定性决策,又称软方法,它是建立在心理学、社会学、行为科学等基础上的"专家法",它通过有合理结构的专家群体,依靠用现代科学手段掌握的大量信息,迅速严密地分析、归纳和演绎,提出决策的目标、方案等,并作出相应的评判和选择。这种方法适用于受社会因素影响较大的,所含不确定因素多的综合性决策,特别是战略性决策问题。

在具体决策实践中,要充分利用专家的智慧和判断力,一般来说,需要做三方面的工作。

(一)充分发挥专家的作用

这里所说的专家可以指专家个人,也可以指多个专家或专家集体。他们一般都是知识渊博或有很深学术造诣的权威,也是在某一方面有着丰富实践经验的行家里手。我们要充分发挥专家的智慧,就应该为他们创造良好的能够畅所欲言的环境。具体要注意几个方面:

(1) 专家何时见面?
(2) 如何见面?
(3) 问题的性质是否已经交代清楚,以及如何交代?
(4) 专家相互间的意见如何交流?
(5) 不同的意见是否交锋,以及如何交锋?

这些环节都应该采用适当的形式,讲究一点艺术。否则,就达不到预期的目标。

(二)做好专家意见的数据处理

在实际工作中,一般不应把决策内容中需要经过复杂计算、数据极其复杂、难以直接判断的问题直接交给专家。在处理专家意见时,可用数学方法归纳,通常是用专家方案中居中的数字代表专家的集体意见。

(三)做好相关的组织工作

如何选择专家,怎样让专家充分发表意见,是组织工作的重点。在确定专家的数量时,主要根据问题的复杂程度、现有信息的数量及专家对组织问题的熟悉程度等。专家的数量要适当,同时,在了解和动员所选专家时,还要给专家准备必要的资料,提出明确的要求创造良好的工作环境。

定性决策的方法有很多,按照决策主体进行划分,可以分为个人决策、群体决策方法。而群体决策中比较典型的方法主要有德尔菲法、名义群体法、头脑风暴法、电子会议法等。

二、定量决策方法

定量决策方法也称硬性方法,是指利用数学模型进行优选决策方案的决策方法。根据数学模型涉及的问题的性质(或者说根据所选方案结果的可靠性),定量决策方法一般分为确定型决策、风险型决策和不确定型决策方法三种。

（一）确定型决策方法

确定型决策是指备选方案只存在一种自然状态的决策。确定型决策方法的特点是只有一种选择,决策没有风险,只要满足数学模型的前提条件,数学模型就会给出特定的结果。制定决策的关键环节是计算出什么样的行动方案能产生最优的经济效果。在这里我们主要介绍线性规划法和量本利分析法的基本原理。

（1）线性规划法。线性规划法是在一些线性等式或不等式的约束条件下,求解线性目标函数的最大值或最小值的方法。线性规划法是解决多变量最优决策的方法,是在各种相互关联的多变量约束条件下,解决或规划一个对象的线性目标函数最优的问题,即给予一定数量的人力、物力和资源,如何应用而能得到最大经济效益。其中目标函数是决策者要求达到目标的数学表达式,用一个极大或极小值表示。约束条件是指实现目标的能力资源和内部条件的限制因素,用一组等式或不等式来表示。

例如,通过寻求能使本企业自身生产所形成的生产优势达到最大的方法,普通的自制或外购决策的结论很容易得到。对比某一种产品的买价和该产品生产的边际成本,就可以衡量生产优势。只要生产的各种限制存在,生产优势成为不可能,那么产品就应当外购。

但是,当生产存在一系列约束条件时,如某一特定产品,可能在某个约束条件下显示出最大的生产优势;而在另一约束条件下又几乎无任何优势可言,运用上面的简单逻辑,达到最佳成本方案的方法就变得难以确定和表述。

我们可以采用线性规划的方法来解决此类决策。线性规划在我们编制生产计划时经常被采用,如合理配置有限资源在多种产品上以使利润最大化,将这种方法应用于自制或外购决策中很常见。实际上,自制或外购决策与生产计划的编制同属一类问题,只不过前者增加了一条"外购"的选择而已。

利用线性规划建立数学模型的步骤是：首先,确定影响目标大小的变量；其次,列出目标函数方程；最后,找出实现目标的约束条件,列出约束条件方程组,并从中找到一组能使目标函数达到最大值或最小值的可行性,即最优可行解。

下面我们通过一个实例来说明这种方法的应用。

例：假设某银行有 5 000 万美元的资金来源，这些资金可用作贷款（X_1）和二级储备即短期证券（X_2），贷款收益率为 12%，短期证券收益率为 8%，存款成本忽略不及。再假设银行管理短期资产的流动性标准为投资资产的 25%，即短期证券与总贷款的比例至少为 25%。用线性规划法，求解银行的最佳资产组合。

解：首先确定目标函数及约束条件：

目标函数　　　　　　　　　　　　　　　　定义
Max(Y)＝$0.12X_1+0.08X_2$　　　　　　　　利润目标
约束条件
$X_1+X_2 \leqslant 5\,000$ 万美元　　　　　　　　总资产负债约束
$X_2 \geqslant 0.25X_1$　　　　　　　　　　　　流动性约束
$X_1 \geqslant 0$ 与 $X_2 \geqslant 0$　　　　　　　　　　　非负约束条件

下面以直观的几何图示来表示，见图 12-1。

单位：万美元

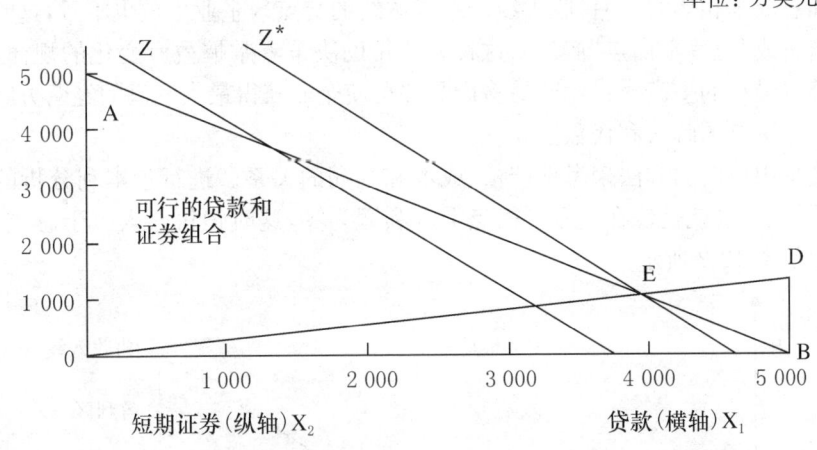

图 12-1　线型规划法图示

目标函数表示了各种盈利性资产对银行总盈利的贡献。图 12-1 中，目标函数表现为一条常数利润线，给定 Z 函数上的每一点都代表产生同样收益的贷款和短期证券的不同组合点。

第一个约束条件 $X_1+X_2 \leqslant 5\,000$ 万美元，表明银行的贷款与短期证券的组合受资金来源总量的制约，可行的资产选择必须在 AB 线及其下。

第二个约束条件 $X_2 \geqslant 0.25X_1$ 表明，用来作为二级储备的短期证券必须等于或大于总贷款的 25%，以符合流动性标准，因此可行的资产组合应在 OD 线及其上。

第三个约束条件 $X_1 \geq 0$ 与 $X_2 \geq 0$ 表明,贷款和短期证券不可能为负数。三角形 AOE 区域表示满足三个约束条件的所有组合点。

为了确定最佳资产组合,通过反复验证,利润函数 Z 向右上方移动代表更高的总利润水平。只有在 E 点,所选择的贷款和二级储备金组合在同时满足了三个约束条件,才能使银行利润最大化,这个点被称为最佳资产组合点。在这一点上,银行资金管理者在短期证券上投资 1 000 万美元,贷款 4 000 万美元,目标函数 Z^* 代表总的收益 560 万美元。

以上假定的是银行在一组约束条件下单独使用一个目标函数达到最大值,而实际中的情况要复杂得多,银行往往要求实现多重目标最优。因此,运用线性规划方法往往需要在组织中培养一批专业的技术人员。

(2)量本利分析法。量本利分析法由美国人沃尔特在 20 世纪 30 年代首创。其基本原理是:根据产量、成本、利润三者之间的相互关系,进行综合分析,预测利润,控制成本的一种数学分析方法。当产量增加时,销售收入成正比增加,但固定成本不增加,只是变动成本随产量的增加而增加,因此,企业的总成本的增长速度低于销售收入的增长速度,当销售收入和总成本相等时(销售收入线与总成本线的交点),企业不盈也不亏,这时的产量称为保本产量或"盈亏平衡点"产量。这种方法帮助决策者掌握盈亏变化的规律,指导企业选择能够以最小的生产成本生产最多产品并可使企业获得最大利润的经营方案。找出保本产量的方法有图解法和代数法。

图解法是用作图的方法来考察产量、成本和利润的关系。进行量本利分析的关键是确定盈亏平衡点,也就是说在盈亏平衡点上的利润为零,这时销售收入等于总成本,则盈亏平衡模型如图 12-2 所示。

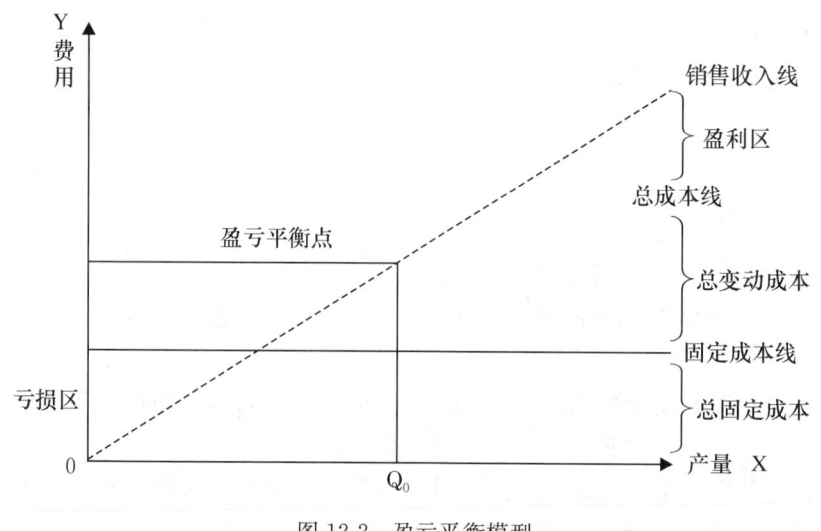

图 12-2 盈亏平衡模型

盈亏平衡点：销售收入＝总成本

在此基础上，如果组织期望获得利润，那么，销售收入一定要大于总成本，也就是说销售收入减总成本等于利润，则盈利模型（即量本利模型）为：

销售收入－总成本＝利润

由于总成本包括固定成本和变动成本，则量本利模型变为：

销售收入＝销售量×单位产品价格

$$\frac{生产}{成本}=\frac{固定}{成本}+\frac{变动}{成本}=\frac{固定}{成本}+\frac{产}{量}\times\frac{单位产品}{变动成本}$$

盈亏平衡模型表示为：

$$Q \times P = F + Q \times V$$

式中：Q 表示销售量；P 表示单位产品价格；F 表示固定费用；V 表示单位变动费用。

保本收入计算式：

$$S = F/(1 - V/P)$$

式中，$P-V$ 表示单位产品得到的销售收入在扣除变动费用后的剩余，叫做边际贡献；$1-V/P$ 表示单位销售收入可以帮助企业吸收固定成本或实现企业利润的系数，叫做边际贡献率。

注意：如果边际贡献或边际贡献率大于零，则表示企业生产这种产品除可收回变动费用外，还有一部分收入可用以补偿已经支付的固定费用。因此，产品单价即使低于成本，但只要大于变动费用，企业生产该产品还是有意义的。

（二）风险型决策方法

风险型决策是指决策事件未来各种自然状态的发生是随机的，决策者可以根据相似事件的历史统计资料或实验测试等估计出各种自然状态的概率，并依据概率的大小进行计算分析后作出的决策。

风险型决策方法主要用于人们对未来有一定程度的认识，但又不能肯定的情况。常用的风险型决策方法是决策树法。

决策树法因运用树状图形来分析和选择决策而得名，它适用于未来可能有几种不同情况（自然状态），并且各种情况出现的概率可以根据资料来推断的情况。决策树法是用树形图来描述各方案和对未来收益的计算、比较及选择。它考虑各方案所需的投资，比较不同方案的期望收益值。

决策树一般都是自上而下来生成的。每个决策或事件（即自然状态）都可能引出两个或多个事件，导致不同的结果，把这种决策分支画成图形很像一棵树的枝干，故称决策树。它是以矩形和圆圈为结点，并由直线连接而成的一种像树枝形状的结构。图中矩形结点称为决策点,由决策点引出的若干条树枝表示若干种方案,称为方案枝。圆圈形结点称为状态点,从状态点引出的若干条树枝表示若干种自然状态,称为概率枝。在概率枝的末端列出不同状态下的收益值或损失值。一般决策问题具有多个方案,每个方案下面又常会出现多种状态(如产品销路好或不好)。因此决策图形都由左向右、由简入繁组成,如图12-3 所示。

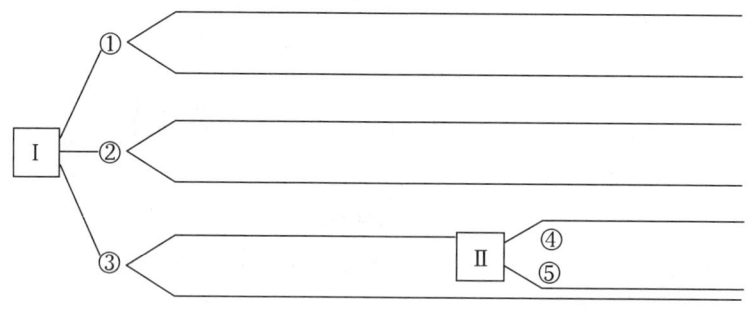

图 12-3　决策树图

决策树法步骤如下:

(1) 根据可替换方案的数目和对未来市场状况的了解,绘出决策树图形。

(2) 计算各方案的期望值,包括:计算各概率分枝的期望值;将各概率分枝的期望值相加,并将数字记在相应的自然状态点上。

(3) 舍弃期望收益值较小的方案分枝,将保留下来的方案作为备选实施的方案[如果是多阶段或多级决策,则需重复(2)、(3)的工作]。

(4) 由右向左逐步后退,根据右端的损益值和状态枝上的概率,算出同一方案不同自然状态下的期望收益值或损失值,然后根据不同方案的期望收益值或损失值的大小进行选择。对落选(被舍弃)的方案在图上需要进行修枝,即在落选的方案枝上画上"//"符号,以表示舍弃不选的意思,最后决策点只留下一条树枝,即为决策中的最优方案。

利用决策树进行决策,按其需要进行决策活动的次数,分为单级决策和多级决策。凡只需要进行一次决策活动便可选出最优方案,达到决策目的的决策,叫做单级决策;凡需要进行两次或两次以上决策活动才能选出最优方案,达到决策目的的决策,叫做多级决策。在管理会计和投资决策中,常用决策树方法来解决多级决策。

下面通过举例来说明决策树法的原理和应用。

例:某公司准备生产一种新产品,市场预测的结果表明有三种可能:销路好,其概率为0.4;销路一般,其概率为0.5;销路差,其概率为0.1。可采用的方案有两个:一是引进一条流水线,需投资200万元;另一个是对原有设备进行技术改造,需投资100万元。两方案的使用期均为10年,两个方案在自然状态下的损益资料如表12-1所示。

表 12-1

两种方案的损益表

方 案	投资(万元)	年 收 益 （万元）			使用期(年)
		销路好(0.4)	销路一般(0.5)	销路差(0.1)	
A:引进流水线	200	150	80	−10	10
B:技术改进	100	100	60	20	10

要求:画出决策树,并对方案进行优选。

解:先绘制决策树,如图 12-4 所示。

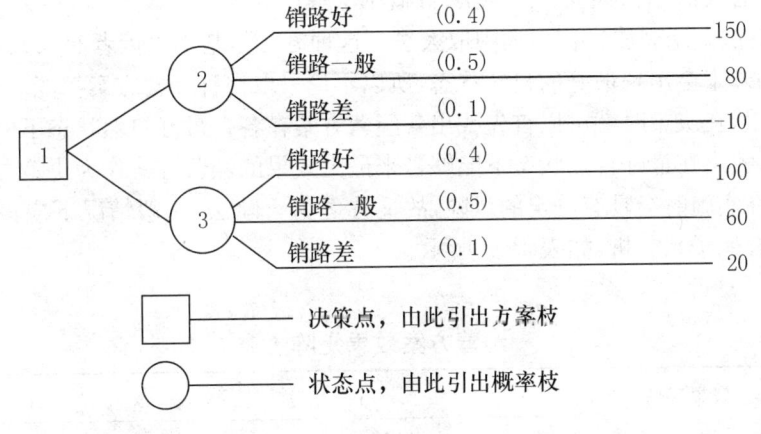

图 12-4　决策树

图中有三种自然状态:销路好、销路一般、销路差,自然状态后面的数字表示该种自然状态出现的概率。位于状态枝末端的是该种方案在不同自然状态下的收益或损失。据此可以算出各种方案的期望收益。

结点 2 的收益期望值为:

$$(150\times 0.4+80\times 0.5-10\times 0.1)\times 10-200=790(万元)$$

结点 3 的收益期望值为:

$$(100\times 0.4+60\times 0.5+20\times 0.1)\times 10-100=620(万元)$$

最后进行方案的比较、选择:

比较两方案的收益期望值可知,A 方案即引进生产线预期收益较大,如果不考虑其他因素,应采用引进流水线方案。

需要说明的是,在上面的计算中,我们并没有考虑货币的时间价值,这是为了使问题简化。但在实际决策过程中,这通常是决策者应该考虑的。

相对于常规统计方法,决策树也有其优缺点。优点是:可以生成容易理解的规则;计算量相对来说不是很大;可以处理连续和种类字段;决策树可以清晰地显示哪些字段比较重要。缺点在于:对连续性的字段比较难预测;对有时间顺序的数据,需要很多预处理的工作;当类别太多时,错误可能会增加得比较快;一般的算法分类,只是根据一个字段来分类。

(三)不确定型决策方法

在比较和选择活动方案时,如果决策者不知道未来情况有多少种,或虽然知道有多少种,但不知道每种情况的发生概率,这时可采用不确定型决策法。常用的不确定型决策方法有乐观法、悲观法、后悔值法、折中法、等概率法等。

(1)乐观法。乐观法也称为大中取大法。这种方法是基于决策者对未来持比较乐观的态度,认为未来会出现最好的自然状态,所以不论采取何种经营方案都能取得该经营方案的最好效果,在决策时就可以首先找出各经营方案在各自最好自然状态下的效果值,然后进行比较,找出在最好自然状态下能够带来最大效果的经营方案作为决策方案。

乐观法在实施时会具有一定的风险,故又称之为冒险法,一般情况下应该慎重采用。下面我们结合例子来分析,如表 12-2 所示。

表 12-2

经营方案效果矩阵 1

效果矩阵 经营方案	自　然　状　态			
	Q1	Q2	Q3	Q4
Ⅰ	2	1	4	8
Ⅱ	−1	2	3	6
Ⅲ	3	4	5	2
Ⅳ	4	−2	3	6

乐观法的步骤如下:

首先,求出每一个经营方案在各自然状态下的最大效果值。

$$Max \, Ⅰ = \{2,1,4,8\} = 8$$
$$Max \, Ⅱ = \{-1,2,3,6\} = 6$$
$$Max \, Ⅲ = \{3,4,5,2\} = 5$$
$$Max \, Ⅳ = \{4,-2,3,6\} = 6$$

其次,求出各最大效果值的最大值。

$$\text{Max}\{8,6,5,6\}=8$$

故对应的经营方案Ⅰ就是要选择的决策方案。

(2) 悲观法。悲观法也称为小中取大法。这种方法是基于决策者对未来持比较悲观的态度,认为未来会出现最差的自然状态,所以不论采取何种经营方案,均只能取得该经营方案的最小效果值,在决策时就可以首先找出各经营方案在各自然状态下的最小效果值,即与最差自然状态相应的效果值,然后进行比较,找出在最差自然状态下仍能够带来最大效果或最小损失的经营方案,并把它作为决策方案。

下面我们结合例子来分析,如表 12-3 所示。

表 12-3

经营方案效果矩阵 2

效果矩阵 经营方案	自　然　状　态			
	Q1	Q2	Q3	Q4
Ⅰ	2	1	4	8
Ⅱ	−1	2	3	6
Ⅲ	3	4	5	2
Ⅳ	4	−2	3	6

悲观法的步骤如下:

首先,求出每一个经营方案在各自然状态下的最小效果值。

$$\text{Min}\,Ⅰ=\{2,1,4,8\}=1$$
$$\text{Min}\,Ⅱ=\{-1,2,3,6\}=-1$$
$$\text{Min}\,Ⅲ=\{3,4,5,2\}=2$$
$$\text{Min}\,Ⅳ=\{4,-2,3,6\}=-2$$

其次,求出各最小效果值的最大值。

$\text{Max}\{1,-1,2,-2\}=2$,对应的经营方案Ⅲ就是要选择的决策方案。

(3) 后悔值法。后悔值法就是决策者在决策并组织实施后,如果遇到的自然状态表明采用另外的经营方案会取得更好的效果,组织无形中遭受了损失,那么决策者将为此而感到后悔。这个方法的原则是:力求使后悔值尽量小。

根据这个原则,在决策时首先计算出各经营方案在自然状态下的后悔值(用经营方案在某自然状态下的效果值与该自然状态下的最大效果值相比较的差),然后找出每种经营方案的最大后悔值,并据此对不同的经营方案进行比较,选择最大后悔值最小的经营方案作为决策方案。

下面我们结合例子来分析,如表 12-4 所示。

表 12-4

经营方案效果矩阵 3

效果矩阵 经营方案	自 然 状 态			
	Q1	Q2	Q3	Q4
Ⅰ	2	1	4	8
Ⅱ	−1	2	3	6
Ⅲ	3	4	5	2
Ⅳ	4	−2	3	6

后悔值法的步骤如下:

首先,找出每一自然状态下的最大值。

$$Q1=Max\{2,-1,3,4\}=4$$
$$Q2=Max\{1,2,4,-2\}=4$$
$$Q3=Max\{4,3,5,3\}=5$$
$$Q4=Max\{8,6,2,6\}=8$$

接着,求出每一自然状态下的后悔值,并写在相应方案与相应状态所在的行列上,后悔值=最大值−方案在各自然状态下的损益值,如表 12-5 所示。

表 12-5

经营方案后悔值矩阵 1

后悔值矩阵 经营方案	自 然 状 态			
	Q1	Q2	Q3	Q4
Ⅰ	4−2	4−1	5−4	8−8
Ⅱ	4−(−1)	4−2	5−3	8−6
Ⅲ	4−3	4−4	5−5	8−2
Ⅳ	4−4	4−(−2)	5−3	8−6

其次,求出后悔值矩阵。

运算表 12-5 后得出后悔值矩阵,如表 12-6 所示。

表 12-6

经营方案后悔值矩阵 2

后悔值矩阵 经营方案	自 然 状 态			
	Q1	Q2	Q3	Q4
Ⅰ	2	3	1	0
Ⅱ	5	2	2	2
Ⅲ	1	0	0	6
Ⅳ	0	6	2	2

再次,求出后悔值矩阵中各行(经营方案)的最大后悔值。

$$Max\,Ⅰ = \{2,3,1,0\} = 3$$
$$Max\,Ⅱ = \{5,2,2,2\} = 5$$
$$Max\,Ⅲ = \{1,0,0,6\} = 6$$
$$Max\,Ⅳ = \{0,6,2,2\} = 6$$

最后,求出最大后悔值中的最小值。

Min$\{3,5,6,6\}$＝3,对应的经营方案Ⅰ就是要选择的决策方案。

(4) 折中法。折中法也称为现实估计值法,它是对乐观法与悲观法的折中,因为完全乐观不太现实,而完全悲观不免又过于保守,因此,折中法是在这两个极端中求得平衡。

决策者可以根据自己的判断,给最好的自然状态确定一个乐观系数,给最差的自然状态也确定一个悲观系数,两者之和为1,然后用各经营方案在最好的自然状态下的效果值与乐观系数的乘积,加上各经营方案在最差自然状态下的效果值与悲观系数的乘积,得出各经营方案的期望收益值,然后据此比较各经营方案的效果,作出选择。

下面我们结合例子来分析,如表 12-7 所示。

表 12-7

经营方案效果矩阵 4

效果矩阵 经营方案	自 然 状 态			
	Q1	Q2	Q3	Q4
Ⅰ	2	1	4	8
Ⅱ	−1	2	3	6
Ⅲ	3	4	5	2
Ⅳ	4	−2	3	6

此例中的乐观系数＝0.7,悲观系数＝0.3。
折中法的步骤如下：
首先，求出各经营方案的现实估计值。

$$\text{I}：8\times0.7+1\times0.3=5.9$$
$$\text{II}：6\times0.7+(-1)\times0.3=3.9$$
$$\text{III}：5\times0.7+2\times0.3=4.1$$
$$\text{IV}：6\times0.7+(-2)\times0.3=3.6$$

其次，求出现实估计值的最大值。
Max$\{5.9,3.9,4.1,3.6\}=5.9$，应选择方案 I 为经营方案。

(5) 等概率法。等概率法是在假设自然状态出现的概率相等的情况下，选取期望收益值最大的经营方案为最优经营方案的方法。

下面我们结合例子来分析，如表 12-8 所示。

表 12-8

经营方案效果矩阵 5

效果矩阵 经营方案	自然状态			
	Q1	Q2	Q3	Q4
I	2	1	4	8
II	−1	2	3	6
III	3	4	5	2
IV	4	−2	3	6

假设此例的概率为 1/4。
等概率法的步骤如下：
首先，求出各经营方案的期望收益值。

$$\text{I}：1/4\times2+1/4\times1+1/4\times4+1/4\times8=3.75$$
$$\text{II}：1/4\times(-1)+1/4\times2+1/4\times3+1/4\times6=2.5$$
$$\text{III}：1/4\times3+1/4\times4+1/4\times5+1/4\times2=3.5$$
$$\text{IV}：1/4\times4+1/4\times(-2)+1/4\times3+1/4\times6=2.75$$

其次，求出期望收益最大值。
Max$\{3.75,2.5,3.5,3.5\}=3.75$，它所对应的经营方案 I 就是要选择的方案。

以上五种不确定型决策方法，都带有很大的随意性，对于同一个问题，决策方法不同，所选用的方案也不相同,所以决策方法的选择、决策的成败与决策者的知识、观念、综合分析能力和魄力都有很大的关系。

定性决策方法和定量决策方法都各有长处和不足,在实际的组织决策中,我们通常将定量决策方法与定性决策方法相结合,这样会取得更为理想的决策结果。

思 考 题

1. 如何定义组织决策？决策在组织管理工作中占据怎样的地位？
2. 如何理解组织决策过程是一个多步骤的过程？
3. 如何区分决策有理性与有限理性？
4. 简述理性决策模式与有限理性决策模式。
5. 科学的有效的组织决策过程应包括哪些步骤？
6. 在组织的决策过程中有哪些影响因素？应如何改进组织的决策过程？
7. 什么是定性决策方法？什么是定量决策方法？

第十三章 组织文化

学习目标

1. 理解组织文化的概念
2. 了解组织文化的基本构成及其层次
3. 学会分析组织文化的维度及类型
4. 组织文化对组织的重要作用及其存在的负面效应
5. 掌握构建组织文化的步骤、原则
6. 学会如何在组织中实施文化,使组织文化的功能真正发挥出来
7. 理解组织文化变革的原因以及如何变革组织文化

第一节 组织文化概述

每个民族都有自己的文化,同样,形形色色的组织也有各自的组织文化。每个组织都有自己特定的环境条件和历史传统,从而也就形成了自己独特的哲学信仰、意识形态、价值取向和行为方式,这就是一个组织的文化。20世纪80年代以来,有关组织文化如何影响组织行为的研究有了显著增加,对组织文化产生新一轮关注的主要原因是许多公司的成功都可归因于其组织文化。20世纪70年代,日本的产品旋风般地大举进入世界市场,所向披靡,许多欧美产品的主力市场被日本产品所取代,这使得素以企业的管理理论与实践著称的美国也尝到了竞争失败的苦果,不得不开始自我反省,并开始重视对日本企业的研究,探索其经济和企业成功的奥秘。美国人的研究发现,日本经济奇迹背后的原因,正是反映着日本民族文化主旋律的日本组织文化。日本企业的成功在于它重视了人的作用,强调以人为中心,面向职工,提出了共同价值观准则和文化的概念。他们把企业文化

第十三章 组织文化

上升为一种新的管理理论,并认为企业文化是一种新的管理革命。正是日本企业的巨大成功,引发了组织文化研究热,从而使对组织文化的分析已经成为组织行为领域最重要的课题之一。

一、组织文化的定义

关于组织文化的定义,有许多不同的认识和表达,但大多数学者都把价值观作为组织文化的核心内容。以下介绍几种常见的关于组织文化的说法:

(1) 组织文化是为一个组织中所有成员所共享,并作为公理传承给组织成员的价值观、理解能力和思维方式。它代表了组织中不成文的、可感知的部分。每个组织成员都涉入文化之中,但文化通常不为人关注。只有当组织试图推行一些违背组织基本文化准则和价值观的新战略或新方案时,组织成员才会切身感受到文化的力量。

(2) 一般而言,组织文化有广义和狭义两种理解。广义的组织文化是指组织所创造的具有自身特点的物质文化和精神文化;狭义的组织文化是组织所形成的具有自身个性的经营宗旨、价值观念和道德行为准则的综合。

(3) 美国学者约翰·科特(John P. Kotter)和詹姆斯·L·赫斯克特(James L. Heskett)认为:企业文化是指一个企业中各个部门,至少是企业高层管理者所共同拥有的那些企业价值观念和经营实践,也就是指企业中一个分部的各个职能部门或地处不同地理环境的部门所拥有的某种共同的文化现象。

(4) 威廉·大内(William Domestic)认为:组织文化是进取、守势、灵活性——即确定活动、意见和行为模式的价值观。

(5) 组织文化是社会文化体系中的一个有机的重要组成部分,它是民族文化和现代意识在组织内部的综合反映和表现,是民族文化和现代意识影响下形成的具有组织特点和群体意识以及这种意识产生的行为规范。

(6) 组织文化就是在一个组织中形成的某种文化观念、历史传统、共同的价值准则、道德规范和生活信息,并将各种内部力量统一于共同的指导思想和经营哲学之下,汇聚到一个共同的方向。

本书认为对于组织文化的理解比较经典的是西方著名学者斯恩(Sien)于 1984 年下的定义:组织文化是一种基本假设,通过既定群体在学习处理外部适应性和内部整合的过程中创造、发现或发展而形成的,并由于其在实践中运用,因而被认为是有效的,因此也作为处理相关问题时观察、思考和感知的正确方法而传授给新成员。

二、组织文化的基本要素

组织文化是一个有着丰富内涵的系统体系,尽管价值观是组织文化的核心要素,但其结构是极其复杂的,其中包括许多相互联系、相互制约的基本要素。

(一)特雷斯·E·迪尔和阿伦·A·肯尼迪对组织文化构成的分析

美国哈佛大学教育研究院的教授特雷斯·E·迪尔(Terres E. Dir)和麦肯锡咨询公司顾问阿伦·A·肯尼迪(Alain A. Kennedy)把组织文化整个理论系统概述为五个要素:

(1)企业环境,是指企业的性质、经营方向、外部环境、社会形象、与外界的联系等方面,它往往决定企业的行为。

(2)价值观,是指企业内成员对某个事件或某种行为好与坏、善与恶、正确与错误、是否值得仿效的一致认识。统一的价值观使企业内成员在判断自己行为时具有统一的标准,并以此来选择自己的行为。

(3)英雄人物,是指企业文化的核心人物或企业文化的人格化,其作用在于作为一种活的样板,给企业中其他员工提供可供仿效的榜样,对企业文化的形成和强化起着极为重要的作用。

(4)文化仪式,是指企业内的各种表彰、奖励活动、聚会以及文娱活动等,它可以把企业中发生的某些事情戏剧化和形象化,来生动地宣传和体现本企业的价值观,使人们通过这些生动活泼的活动来领会企业文化的内涵,使企业文化"寓教于乐"。

(5)文化网络,是指非正式的信息传递渠道,主要是传播文化信息。它是由某种非正式的组织和人群,以及某一特定场合所组成,它所传递出的信息往往能反映出职工的愿望和心态。

(二)从组织文化的本质分析文化的构成

从组织文化的本质方面来讲,最能反映一个组织特征的两大要素应该是:组织精神和组织价值观。

(1)组织精神。组织精神是组织的灵魂,是组织在长期的实践活动中自觉形成的,经过全体员工认同并信守的理想目标、价值追求、意志品质和行动准则。颇具个性的组织精神,是凝聚全体员工的黏合剂,是塑造良好组织形象的恒定的、持久的动力源。培养和弘扬组织精神最积极的意义,就是使之与众不同,独具个性,全员认同。

组织精神一般包括三方面内容:组织成员对本组织的特征、地位、形象和风气的理解和认同;由组织优良传统、时代精神和组织个性融合的共同信念、作风和行为准则;组织成员对本组织的生产、发展、命运和未来抱有的理想和希望。

组织可以根据自己的情况提炼出能够充分显示自己组织特色的组织精神。组织精神的提出,要建立在对本组织发展战略思考的基础上,既具有特色,又比较实在。组织精神一般是以高度概括的语言精练而成的,如日本卡西欧公司的"开发就是经营",海尔公司的"敬业报国,追求卓越"等。

(2)组织价值观。组织价值观是指组织评判事物和指导行为的基本信念、总体观点和选择方针,它是围绕着组织精神而培养的组织全体人员所共有的价值观体系,是组织文化的核心。作为组织共同的价值观、共同的信念会使组织成员凝聚成一个整体,并在工作中遵守组织的行为准则和道德规范,为实现组织目标而努力。组织共有价值观的形成,是全体成员对组织所倡导的价值标准的认同过程,其培育方法通常是领导者倡导,并以各种传播方法灌输到员工中去,给员工指出成功之路,并在组织内部制订出共同遵循的标准,日积月累地逐步形成组织文化。

组织价值观也是分层次的,一般来说它的实现层次是不断由低向高攀升的。每个组织都有自己的价值目标,价值目标有高有低,有其不同的层次性,有的以利润为最高目标,但有的组织把价值目标不局限在赚取最大利润上,而是定位于形成一种确定的理念,使自己的工作具有比获得最大利润更高的价值。人的天性中,不仅有对利润的追求,还有对精神上的价值追求,一个人总想使自己的工作更有意义。组织领导者如果能把组织成员在这方面的要求调动起来,整合起来,朝着一个方向努力,员工就会把在本组织的工作当成实现自己人生目标的不间断的过程,而不仅仅是一种谋生的手段。组织的价值目标也就会因此上升到一个更高的层次,达到一个新的境界,组织的扩张也就有了长远的、永不衰竭的动力。组织价值观必然要对人、财、物,对个人价值和共同价值,对社会价值和理论价值、用户价值和生产价值等一系列价值序列进行选择和排序。

兰德公司的专家们花了 20 年的时间,跟踪了 500 家世界大公司,最后发现,其中 100 年不衰的企业的一个共同特点是:他们不再以追求利润最大化为唯一的目标,而有超越利润的社会目标。具体地说,他们遵循以下三条原则:

人的价值高于物的价值:卓越的组织总是把人的价值放在首位,物的价值是第二位的。

共同价值高于个人价值:共同的协作高于独立单干,集体高于个人。卓越的组织所倡导的团体精神、团队文化,其本意就是倡导一种共同价值高于个人价值的组织价值观。1998 年诺贝尔经济学奖得主、剑桥大学印度裔经济学家阿马蒂亚·森认为:一个基于个人利益增进而缺乏合作价值观的社会,在文化意义上是没有吸引力的,这样的社会在经济上也是缺乏效率的,以各种形式出现的狭隘的个人利益增进,不会对我们的福利增加产生好处。他的话实际上论证了个人价值和共同价值之间的关系,共同价值是个体价值得以实现的保证。组织的基础是个人,没有个人能力的发挥,没有了解个人是怎样发挥作用的,组织就不能成为一个有机的生命体,也就不可能形成组织活力。因此,必须把个人的人生计划和组织成长有机地结合起来。

社会价值高于利润价值,用户价值高于生产价值:卓越的组织总是把顾客满意原则作为组织价值观中不可或缺的内容。当解决某一问题的方法反复起作用时,它就逐步被认为是理所当然的,这样就进入了自觉或潜意识。只有把规范、准则化为组织全体成员的自觉行为,组织设定的价值观才能得以贯彻。换言之,组织成员只有自觉地履行组织规定的准则和规范,员工行为和组织价值观才能达到真正的统一。

三、组织文化的层次

组织文化就如同一座冰山,其中一部分浮出水面,一部分浸没水中。浮出水面的部分不仅可见,同时也容易了解;浸没水中的部分则难以观察,但是这部分对于理解组织文化却很重要,因为它们是整个文化的基础。另外,浮出水面的部分是易于变化的,而浸没在水中的部分不是抗拒改变就是改变很慢。具体来说,组织文化通常包括如下四个层次,如图 13-1 所示。

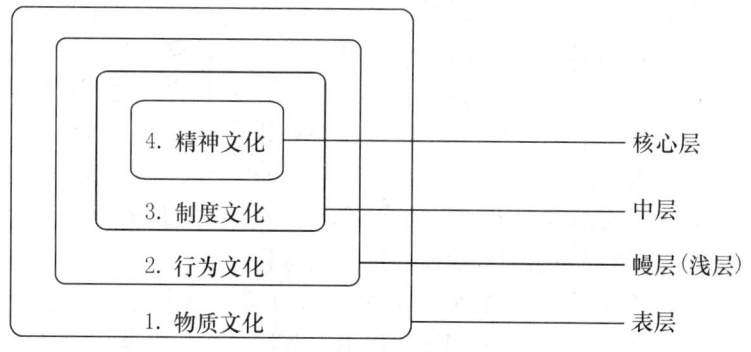

图 13-1 组织文化的层次

从图中看:第一层是表层的物质文化;第二层是幔层的行为文化;第三层是中层的制度文化;第四层是核心层的精神文化。

（一）组织文化的物质层

组织文化的物质层又称为组织的物质文化,是指组织文化中最显而易见的部分,正如冰山浮出水面的部分,它是由组织成员创造的产品和各种物质设施等构成的器物文化,是象征组织文化的最为具体有形的方面。这一层包括一些可见的但不能解释的人造物品和创意,如组织的建筑物,实物布局和装饰,以及标语、仪式、典礼、语言和符号等。

（二）组织文化的行为层

组织文化的行为层又称为组织的行为文化。如果说组织物质文化是组织文化的最外层,那么组织行为文化可称为组织文化的幔层,或称第二层,即浅层的行为文化。

组织行为文化是指组织成员在生产经营、学习娱乐中产生的活动文化,它包括组织经营、教育宣传、人际关系活动、文娱体育活动中产生的文化现象。它是组织经营作风、精神面貌、人际关系的动态体现,也是组织精神、组织价值观的折射。从人员结构上划分,组织行为中又包括领导者的行为、组织模范人物的行为、组织成员的行为等。

（三）组织文化的制度层

组织文化的制度层又称为组织的制度文化,主要包括组织领导体制、组织机构和组织管理制度三个方面。领导体制是指组织中权力层级的划分;组织结构是指组织为了协调及控制成员的活动,使组织保持灵活性和适应性,从而有效地实现组织目标,对组织全体员工进行分工协作,在职务范围、责任、权力方面所创设的结构体系;它是组织文化的载体,包括正式组织结构和非正式组织结构。组织管理制度是组织在进行生产经营管理时所制订的、起规范保护作用的各项规定或条例。

（四）组织文化的精神层

组织文化的精神层是组织的精神文化,是指那些由感受、观念、思想和行为所构成的无意识信仰和价值标准,它们是用于指导人们行为的,反映了与环境的关系,包括对于时间、空间、自然以及人的本性、人的活动、人际关系的特性等的知觉和思考。组织文化的精神层一般包括组织目标和共同愿景、核心价值观、组织精神、组织经营理念等。基本信念被认为是理所当然的不可见的潜意识,通常深刻地隐含在组织的深层,就如同冰山的底部,要了解它是非常困难的。不过在组织变革期间,即使对组织成员而言,基本信念也变得可见而且问题重重。通常,在组织变革过程中,新的价值标准和基本理念在成为新的组织文化的一部分之前常常是争论和冲突的主题。

四、组织文化的维度

理解一个组织的文化,可以在总体文化的背景下考察该组织的组织文化维度。西方著名学者斯恩综合前人对文化比较的研究成果,将处于组织文化根底的文化分成以下五个维度。

（一）自然和人的关系

自然和人的关系指组织的中心人物如何看待组织和环境之间的关系,包括认为是可支配的关系、从属关系,还是协调关系等。组织持有什么样的假定毫无疑问会影响到组织的战略方向,而且组织的健全性要求组织对于当初的组织环境假定的适当与否具有能够随着环境的变化而进行检查的能力。

（二）现实和真实的本质

现实和真实的本质包括组织中对于什么是真实的,什么是现实的,判断它们的标准是什么,如何论证真实和现实,以及真实是否可以被发现等一系列假定,同时包括行动上的规律、时间和空间上的基本概念。在现实层面上包括客观的现实、社会的现实和个人的现实。在判断真实时可以采用道德主义或现实主义的尺度。

(三) 人性的本质

人性的本质包含着哪些行为是属于人性的,而哪些行为是非人性,这一关于人的本质和个人与组织之间的关系应该是怎样的等一系列假定。

(四) 人类活动的本质

人类活动的本质包含着哪些人类行为是正确的,人的行为是主动或被动的,人是由自由意志所支配的还是被命运所支配的,什么是工作,什么是娱乐等一系列假定。

(五) 人际关系的本质

人际关系的本质包含着什么是权威的基础,权力的正确分配方法是什么,人与人之间关系的应有态势(如是竞争的或互助的)等假定。

五、组织文化的类型

理解组织文化的另一种方法是识别组织文化的具体类型,根据不同的标准,组织文化可分为如下几种不同的类型。

(一) 杰弗里·桑南菲尔德的分类

(1) 学院文化。此类文化喜欢雇用许多刚刚毕业的大学生,并提供大量的培训使他们成为各部门的行家里手,可口可乐公司、宝洁公司、通用汽车公司、IBM公司就是属于学院文化类型。

(2) 俱乐部文化。此类组织重视年龄和资历,并提供稳定的、有保障的工作。同时,注意培养员工的忠诚与承诺,像联合包裹服务公司、德尔塔航空公司、贝尔公司等属于这一类。

(3) 棒球队文化。此类组织倾向于吸引企业家、革新家、冒险家加盟,并根据绩效提供报酬。绩效高的人才常能得到巨额回报,因此工作勤奋卖力。一般来说,高科技企业、投资银行、咨询公司、广告公司等组织拥有棒球队文化。

(4) 堡垒文化。此类文化努力的目标是公司的生存,这类公司工作安全保障不足,但对于喜欢流动性挑战的人来说,这是令人兴奋的工作场所。一般来说,大型零售企业、林业产品公司、天然气探测公司等组织拥有堡垒型组织文化。

(二) 迪尔与肯尼迪的分类

(1) 强人文化(又称挑战型文化或强悍型组织文化)。这种文化往往是风险很高,决策结果反馈最快的企业。这类公司决策时赌注高,决心大,冒大风险,企业内部充满竞争。由于要求在短期内获得利益,企业员工合作精神差,不重视长期投资,人员流动率高,很难建立坚强而又一致的文化。

(2) 拼命干、尽情玩文化(又称柔性组织文化)。这种文化要求精力充沛,拼劲十足,但工作之后尽情玩乐,工作与玩乐并重。此种公司一般风险不大,但工作紧张。"有活快干,干完就玩"很合青年的口味,这种文化在遇到麻烦时,一般会采取短期行为。

(3) 攻坚文化。这是一种风险很大、反应缓慢的文化。其价值观集中在对未来投资,需要人们具有坚强的自信和长期经受考验的能力,这类文化尊重权威和专家,不能容忍心理不成熟的人和工作不认真的现象。其优点是有助于发明创造和技术突破,缺点是行动速度缓慢,对迅速变化的环境不会作出灵敏的反应。

(4) 过程文化。这是一个低风险、慢反馈的领域,员工对自己工作效果好坏全无观念,因此会促使他们把注意力放在"如何做",而不是"做什么"上。在这种文化下工作的人,工作井然有序,完全照章行事,因而容易抑制人的创造性,产生僵化体制和官僚主义。

(三) 按组织文化在组织中的地位分类

(1) 主文化。组织文化并不是一个不可分的整体,调查发现,许多组织如沃尔玛、宝洁公司、惠普公司等这样的大型企业都不仅仅存在一种单一的文化,而是同时具有几种文化,这就是主文化与亚文化并存的局面。其中主文化体现的是一种核心价值观,它为组织大多数成员所认可。价值观是指评判事物和指导行为的基本信念、总体观点和选择方针,价值观是社会关于什么是对什么是错的思想。所以一个个体的价值观不论在工作中还是休息时都左右着其行为。价值观通过教育系统、宗教、家庭、社区以及组织从一代人传给下一代人。当我们说到组织文化时,一般就是指组织的主文化。正是这种宏观角度的文化,使组织具有独特的个性。

(2) 亚文化。亚文化是由组织内的群体创造并保持的共同认识和意图,它反映着劳动的分工,包括部门职业专长、成员身份和职位状况,年龄、性别、种族、民族背景、宗教和民族文化同样有助于亚文化的形成。亚文化具有自己的仪式和礼节,这对于其成员具有特殊的意义,并且能产生内部集团识别。作为组织内部的非正式群体,亚文化常常挑战整个组织的文化,甚至与其发生冲突。正如有些人通常是以其所在的部门和所从事的职业来确立自己的价值观,而并非以所在的整个组织来作为其识别标准,甚至以牺牲其他部门利益而使本部门得到增强的方式来行事。

第二节 组织文化的功能

组织文化本质上是属于软文化管理的范畴,是组织的自我意识所构成的文化体系,是以一种文化的形式出现的现代管理方式。组织文化是员工对组织的一种知觉,这种知觉形成员工的信念、价值观和期望。组织作为一个独立的社会有机体,都有着自己独立一致的组织目标,而组织中的成员总是来自五湖四海,风俗习惯、文化传统、工作态度、行为方式、目的愿望等往往有着很大差异,不利于组织目标的实现,组织文化正是致力于创造这些共同的价值观念体系和共同的行为准则,不断强化组织成员之间的合作、信任和团结,使之产生亲近感、信任感和归属感,形成一种协调力和凝聚力,以一种无形的软约束力量构成组织有效运行的内在驱动力。因此,虽然组织文化的功能是间接的,但对组织长远发展的影响却是巨大的,可以说,未来组织最高层次的竞争已经不再是人、财、物的竞争,而是文化的竞争,最先进的管理思想是用文化进行管理。因此,组织经营管理者越来越注重组织文化的建设和价值观的塑造,组织文化正成为组织核心竞争力的有力保障。

但由于组织文化涉及共同的期望、价值观和态度,对个体、群体和组织过程产生影响,因此,它同时也是对组织的成功带来负面影响的障碍性行为的一个源头。

一、组织文化的积极作用

组织文化作为一种组织系统,它具有自我导向、自我内聚、自我改造、自我调控、自我完善和自我延续等独特的功能。组织文化通过改变员工的旧有价值观念,培育他们的认同感和归属感,建立起成员与组织之间的依存关系,使个人行为、思想、感情、信念、习惯与整个组织有机地统一起来,形成相对稳固的文化氛围,凝聚成一种合力与整体趋向,以此激发出组织成员的主观能动性,为达成组织的共同目标而努力。另一方面,组织文化不断完善深化,一旦形成良性循环,就会持续推动组织自身的发展。组织文化的积极作用主要体现在以下六个方面。

(一)导向功能

组织文化反映了整体的共同追求、共同的价值观和共同的利益,对组织成员的思想、行为产生导向作用,使全体成员为实现组织的目标而共同奋斗。从这个意义上来说,任何组织取得非凡的成功,无不蕴藏着强大的组织文化作为其坚强的后盾。

(二)凝聚功能

组织文化通过正是组织文化这种自我凝聚、自我向心、自我激励的作用,才构成组织生存发展的基础和不断成功的动力。但是这种内聚力量不是盲目的、无原则的、完全牺牲个人,一切绝对服从,而是在充分尊重个人价值、承认个人利益、有利于发挥个人才干的基础上凝聚的群体意识。

(三)规范功能

组织文化能从根本上改变员工的旧有价值观念,建立起新的价值观念,使之适应组织正常实践活动的需要。尤其对于刚刚进入组织的员工来说,为了减少他们个人在家庭、学校、社会所养成的心理习惯、思维方式与整个组织的不和谐或者矛盾冲突,就必须使其接受组织文化的改造、教化和约束,使他们的行为与组织保持一致。一旦组织文化所提倡的价值观念和行为规范被成员接受和认同,当他们的行为与组织规范不一致时,成员就会感到内疚、不安,或者自责,就会自动改正自己的行为。从这个意义上说,组织文化具有某种程度的强制性。

（四）调节功能

组织文化作为团体的共同价值观,并不对组织成员具有明文规定的具体硬性要求,而只是一种软性的理智约束,它通过组织的共同价值观不断地向个人价值观渗透和内化,使组织自动地生成一种自我机制,以"软约束"操纵着组织的管理行为。这种以尊重个人思想、感情为基础的无形的非正式控制,会使组织目标自动地转化为个体成员的自觉行动,达到个人目标与组织目标在较高层次上的统一。组织文化具有的这种软约束和自我协调控制机制,往往比正式的硬性规定有着更强的、更持久的控制力,因为主动的行为比被动的行为更有无法比拟的作用。

（五）完善功能

由于环境的不断变化,组织文化会随着环境的变化而不断得到完善。组织在不断的发展过程中所形成的文化积淀,通过无数次的辐射、反馈和强化,会不断地随着实践的发展而更新和优化,推动组织文化从一个高度向另一个高度迈进。也就是说,组织文化不断地深化和完善,一旦形成良性循环,就会持续地推动组织本身向上发展；反过来,组织的进步和提高又会促进组织文化的丰富、完善和升华。国内外成功组织和企业的事实表明,组织的兴旺发达总是与组织文化的自我完善分不开的。

（六）延续功能

组织文化的形成是一个复杂的过程,往往会受到社会环境、人文环境和自然环境等诸多因素的影响。因此,它的形成和塑造必须经过长期的耐心倡导和精心培育,以及不断地实践、总结、提炼、修改、充实、提高和升华。同时,正如任何文化都有历史继承性一样,组织文化一经固化形成,就会持久不断地起着应有的作用。

二、组织文化的消极作用

组织文化主要的消极作用是它可能会成为组织变革的阻力。厚重的组织文化为组织成员明确提供了一种经过实践证明为正确的行为准则,组织期望这些行为准则在未来依然有效。可惜的是,强有力的文化会使组织僵化刻板,从而阻碍其在新的环境条件下作出适当的修正。

文化的另一个负面影响是它能够制造组织内部冲突。如前所述,组织通常会出现亚文化,亚文化可能极具内聚力,以至于其独特的价值观足以将子群体和组织的其他部分分离开来。比如,不同地区、职能和部门的文化就有不同,销售部门可能定位于市场的开发与拓展,而这种专业价值定位,就可能会与组织的研发部门所提倡的加大基础研究投入有冲突。

另一种形式的障碍是亚文化与组织内其他单元的文化变化速度不同。这就会导致内部协作程度的降低并进而消极地影响与外部的联系。例如，信息技术部门可能引进超出普通员工技能水平的计算机系统，即使进行培训的员工也可能抵制新技术或相应的学习阶段。与此相关，倾向于变革的亚文化，可能与那些不重视变革的亚文化发生冲突，这会阻碍它们共同解决组织问题。

三、高效组织文化的特征

高效的组织文化具有三个共同特征，它们都与员工有着紧密的联系。

（一）组织中的所有成员都彻底了解组织的共同愿景、使命和价值

在高效的组织文化中，所有员工都明白什么是组织战略的驱动力；本组织的竞争优势在哪里；同竞争对手相比，自身的市场定位是什么，组织今后的发展方向在哪里。同时，强大的价值体系是高效组织文化的中心，当员工真正接受组织所倡导的理念后，他们就会以积极的和创新的态度对待日常工作和与人交往。

（二）组织在达到目标的过程中，各个级别的员工都明确本人和别人所扮演的角色

有效的组织文化的另一个主要标志是员工之间的相互协作和团队精神，也就是说不同部门或分公司的员工为了组织的目标，协同工作。举一个处理客户投诉的例子，在具有活力的企业文化中，客户服务代表明白一个严重的产品质量投诉必须在公司内部得到沟通，知道应该通知销售部，销售部经理知道应与市场部沟通，市场部经理意识到可能有必要与生产部门或者财务部门沟通。对于他们来说，公司里所有的部门都是息息相关的。在高效的组织文化中，每个员工都明白他们自己的职责如何与他人的职责相联系，并进行有效地协调。联系到第一个特征，彻底地理解究竟是什么样的组织哲学驱动组织的使命，有助于员工有效地协调各种关系。

（三）员工的态度和组织战略目标之间有非常强的关联性

这个特征是高绩效组织文化的关键。当人们觉得个人目标（个人、职业、生活）正在由现在的工作实现着，他们会用更正面的态度来对待工作，会极力使自己的工作更有效，对组织也会更忠诚。因此，为了形成有效的组织文化，组织领导者必须定期地评估员工的工作职责与他们个人和职业发展目标之间的匹配度。当人们并不觉得他们现今的工作正朝着他们既定的发展方向靠近时，会有挫折感。挫折感反复发生，就会产生去其他地方寻找发展机会的念头。

很显然，每个组织的文化都是不同的，都有其自身的定义。但是，我们应该懂得，只有员工决定着组织是否有前途，以员工为导向的组织文化是组织经营成败的决定因素之一。

第十三章 组织文化

【案例 13-1】

GOOGLE 文化

GOOGLE 内部,公司行为和文化在各个领域非常的一致,让人感叹。在员工工作环境的随意自如、内部管理的人性和谐、价值观的正直守法等方面,GOOGLE 都给人留下非常深刻的印象,前期百度上市后曾经写过一篇文章,提出 GOOGLE 是互联网 2.0 的先锋和表率,在个人化、大众化、社会化方面做得更加全面、深入、彻底。

GOOGLE 内部的组织形态是一种非框架、非结构、非固定的状态,但是竟然实现了非常高的效率,实现了高度的稳定,不能不说是一个管理奇迹。产生这样一个奇迹的背景,还是 GOOGLE 所处的这个个性解放向网络渗透的时代。

GOOGLE 内部出现需要解决的难题、规划、计划等任务时,大多时候会组织出一个又一个工作小组,由他们分头负担起随时可能冒出来的专项工作。现在,拉里·佩奇还是经常把 GOOGLE 内部一些员工集中起来"头脑风暴"。这样一种独特的内部文化,打破了金字塔式的等级结构,打破了传统的管理内耗,打破了员工思维和自身工作范围的框架,打破了产生官僚主义和自私自利思想的土壤,属于一种尊重个性张扬、个性解放的管理新思维,正好与 GOOGLE 所从事的 2.0 范畴的网络业务的个性化相映成趣。

在 GOOGLE 内部,对于人的存在和权利的尊重已经深入到公司文化的血液和骨髓。公司内部有数不清的"项目经理",但是他们的"活"必须自己找,因为谢尔盖·布林和拉里·佩奇要求所有的员工将 20% 的时间用于寻找、确定和争取通过自己的开发项目,对很多人而言,如果没有项目,也就没有在公司存在的价值。其他还有 20% 的时间,员工则被要求用于面试外来的求职者——这样就有 40% 的时间被用于与传统"工作"完全不一样的更加灵活的空间,员工真正成为一个必须对自我负责的人,管理者也真正成为轻松的人。

在给予员工独立性的同时,GOOGLE 也提供非常优厚的福利待遇。在北加利福尼亚,有 4 幢大厦构成的 GOOGLE 总部,有玩具、宠物,有"堆积如山"的免费午餐和晚餐,有吃不完的免费冰激凌,有游泳池和排球场,甚至还有专门的女按摩师——GOOGLE 员工还有 20% 的工作时间被要求用来做各项运动。善待聪明的员工保持他们的体力和智慧,成了 GOOGLE 发展的新推力,这正是 GOOGLE 的大智慧。

在企业的价值观、道德观方面,GOOGLE 坚持"你可以挣钱而不必做坏事",在公司内部每个人都必须努力成为一个"极具创新精神、值得信赖、行事正直,而且极大地改变了这个世界的人"。与百度不同,GOOGLE 提供的搜索结果是神圣不可侵犯的,PageRank 是唯一的衡量标准,金钱购买排名在 GOOGLE 绝对无法想象,搜索结果的公正性至高无上。

GOOGLE崛起于互联网2.0时代,他的企业文化也扎根于2.0时代,无论在管理领域还是在服务领域都顺应个人化、大众化、社会化的趋势,坚持"做正确的事情"。在维护搜索结果排名的公正性方面,按照GOOGLE的CEO埃里克·斯密特的说法:"我们对此发了毒誓。"

所以说,GOOGLE的成功不是偶然,也不是侥幸。正是因为其在战略规划、行政管理、市场开拓、产品服务设计、技术创新、品牌推广、企业文化等方面,都能够将顺应互联网2.0发展的理念贯彻到行动中,使各方面资源更加主动、积极地配合,打造出一个完整的2.0创富体系,才得以创造出这样的一个奇迹。

案例来源:陈春花,杨忠,曹洲涛.组织行为学[M].2版.北京:机械工业出版社,2013.

第三节 组织文化的构建

一个没有优秀民族文化的国家,不能自强于世界民族之林;同样,一个没有优秀文化的组织也不能自强于动态的、复杂化的外界环境之中。目前组织文化的作用力与影响力越来越大,越来越多的企业、政府机构、教育部门对组织文化建设也越来越重视。

一、构建组织文化的原则

(一)继承性原则

没有沉淀的组织文化是没有深度的。组织文化必须符合组织的发展规律,组织文化离不开组织的传统,也无法与组织的历史相割裂。每个组织都有其特定的发展经历,有着自身的许多优良传统,这些无形的理念已经在员工的心中沉淀下来,对组织成员有着潜移默化的作用。组织历史上形成的一些优秀的文化传统对组织现在和未来的发展都具有积极的影响力。组织文化的设计、完善过程,就是不断地对组织的历史进行回顾的过程,从组织的历史中寻找员工和组织的优秀精神,并在新的环境下继承和发展,形成组织独特的文化底蕴。因此,在进行组织文化设计时必须尊重组织的历史,尊重组织的传统。

(二)社会性原则

组织并不是独立存在的一个集合体,而是整个社会环境中的一部分。组织与社会的关系如同"鱼水关系",坚持组织文化的社会性原则,对组织的生存与长远发展及对社会都是有利的。因此,组织的活动不仅是要完成组织自身的目标,同时还要体现服务社会的理念,树立良好的公众形象,顺应社会历史大潮,才能实现长远的发展。

（三）特色化原则

每个组织都有自己的特色，都有与众不同的组织形式、生产过程和经营方式。而且各个组织的历史传统和现有员工的素质现状不完全相同，这就要求组织在进行本组织文化设计的过程中，既要借鉴、吸收其他组织的优秀文化，又要依据自身的特色有所突破。在文化建设中突出本组织的行为特点、地域特点、历史特点和人员特点，要让内部员工和社会公众都为本组织的文化所熏陶、感染，既与众不同又备感亲切。必须突出重点，将不同的价值观念进行分析整合、精心提炼出最适应本组织发展、最有价值的精神，而不是简单地模仿别人。

（四）一致性原则

组织文化是一个庞大的、完整的体系，它的精神层、制度层、行为层和物质层必须要体现一致的管理理念，四个层次要共同为组织的发展战略服务。文化的统一是组织灵魂的统一，是组织成为一个整体的根本，其中最核心的问题是组织文化与组织战略要保持一致，理念与行动要保持一致。只有在一致的组织文化指导下，才能产生强大的凝聚力。组织文化的最高境界是"形神合一"，企业的"形"包括一切外在的东西，如企业制度、流程、策略、组织结构、责权体系、领导风格和产品等，而"神"则是指愿景、价值观、使命、精神及经营理念等这些指导企业发展的思想。"形神不合"的企业文化会使员工不知道究竟应该遵循什么，组织效率也就无从谈起。

（五）可操作性原则

组织文化建设形成后要能够改善组织的经营效率，凝聚员工，引导员工的工作方向，约束员工的工作行为，实现组织的战略目标。无法进行现实操作的组织文化只是一个空中楼阁，对组织毫无促进作用，还有可能误导组织成员，最终阻碍组织的发展。因此，在组织文化设计中，必须为组织的经营目标、经营活动服务，为组织提升核心竞争力服务。在提炼组织文化时，必须强调文化的实用性和可操作性，确保从现实出发，又略高于现实，对组织的各种活动有实际的指导和促进作用。

（六）动态性原则

组织文化不是一成不变的东西，它是随环境的变化而不断变化的，所以对组织文化的重视就必须要求组织能顺应时代的要求，不断调整更新组织文化，使组织文化更加完善。组织要不断发展，必须面向未来、面向新的挑战，而组织文化又是指导组织发展的重要因素，因此，注重组织文化的动态性，必然会对组织有益。组织文化要着眼于组织发展方向，提出先进的、紧跟时代步伐的建设方案，才会对组织的战略起到推动作用。

二、构建组织文化的步骤

（一）组织文化盘点

组织的性质决定组织文化的性质，社会经济文化生活和组织活动的一切方面、一切环节都会直接或间接地通过组织文化反映出来。构建组织文化关键在于量体裁衣,建设适合本组织的文化体系,达到这一目标的前提是对现行组织文化的全面了解。组织文化的盘点就是对组织现有文化的一次全面的调查和分析。处在创业阶段的组织,需要了解创业者的组织目标的定位;如果是已经发展了一段时间的组织,则需要了解组织发展中的一些问题和员工广泛认同的理念。

在盘点过程中,应主要针对组织目前的文化状况进行分析,了解员工的基本素质,以及组织发展战略和文化的关系。主要应考查以下四方面内容:

(1) 分析组织经营特点,弄清组织现在的经营或生产状况。

(2) 分析组织的管理水平和特点,研究组织内部运行机制,重点分析组织的基本管理思路、核心管理链、现有管理理念及其主要弊端。

(3) 分析组织文化的建设情况,以及领导和员工对组织文化的重视程度。

(4) 逐项分析组织文化各方面的内容,包括组织理念、风俗、员工行为规范等具体内容。

根据以上分析,我们可以对组织的文化现状,包括员工满意程度和忠诚度、员工对组织理念的认同程度等有一个全面的了解,并对组织亟须解决的问题和未来发展的障碍有一个全面的认识,这就为下一步组织文化的设计做好了准备。

(二) 组织文化设计

组织文化是一个有机的整体,它包括精神层、制度层、行为层和物质层,既有理念系统、体制系统,又有行为系统和视觉系统。组织文化设计中最重要的是理念体系的设计,它决定了组织文化的整体效果,也是文化设计的难点所在,而制度层、行为层和物质层的设计则要和精神层保持高度统一。

组织文化精神层的设计一般包括组织目标和共同愿景、核心价值观、组织精神、组织经营理念等的设计。组织目标和共同愿景描述了组织的奋斗目标,回答了组织存在的理由;核心价值观则需要解释组织的判断标准,是组织的一种集体意见的体现;组织精神则体现了全体成员的精神风貌;经营理念设计在于让社会和内部的员工能够清楚地了解组织的经营思路、方针、政策等,是文化设计的关键。组织精神是一个组织的灵魂,是组织持续发展的内在动力。组织精神层文化中的各个部分有着内在的逻辑性,设计时需要保持内部的一致性、系统性,所有的内容相辅相成,构成一个完整的理念体系。

组织制度层的设计主要包括组织领导体制、组织机构和组织管理制度三个方面的设计,这些设计都要充分传达组织精神层的理念体系。其中组织的管理制度包括工作制度、责任制度和个性制度等,这些制度既是组织有序运行的基础,也是塑造组织形象的关键。所谓个性制度是指组织内部不同于其他组织的独特制度,它是组织管理风格的体现。制度是组织文化的重要表现形式,因此制度创新应该是当前国内企业管理创新的最主要方面。只有在长期科学、有效、引起员工认同的制度化管理的基础上,企业文化赖以形成的条件才会完全具备,管理才可能由他律走向自律,从而过渡到文化管理的阶段。实践证明,在企业文化的建设中,需要制订一个计划加强或更改那些对文化形成影响比较大的规范。如果只重视文化建设,而忽视了相应的制度建设,或加强制度建设的同时,忽视了现代优秀的企业文化对制度的指导,最终都会产生不利的影响。

组织行为层的设计也是不同于其他组织的重要标志,它包括组织风俗设计和员工行为规范设计,它是组织经营作风、精神面貌、人际关系的动态体现,也是组织精神、组织价值观的折射。组织风俗的设计也是组织文化设计中很重要的一个方面,它一般是组织长期沿袭的、约定俗成的典礼、仪式、习惯行为、节日等。员工行为规范主要包括仪表仪容、待人接物、岗位纪律和工作程序等方面,好的行为规范应该具备简洁、易记、可操作性和有针对性等特点。

组织物质层的设计主要是指组织标识、名称及其应用等方面的设计。组织的名称是组织形象的第一层外衣,是组织的代码,设计时要格外慎重。组织的标识也是组织精神层文化的载体,组织可以通过组织标识来传播组织的理念,通过组织标识的设计来加深公众对组织的印象。同时,组织标识出现的频度,直接影响社会公众对本组织的认知和接受程度,一个与众不同的、特色鲜明的标识也是一种有效的宣传组织的手段。组织的精神层文化是组织的"神",而组织标识就是组织的"形"。

【案例 13-2】

Trilogy 公司的组织文化

Trilogy 软件公司曾被称为"山上的一群信徒"和"软件业的血汗工厂"。这些称呼并未使其创始人乔·利曼特及其手下能干活、能疯玩的员工感到不安。员工平均年龄26岁(利曼特30岁),其700名员工大部分是心气很高的人。他们决定实现利曼特的目标而成为世界上下一个伟大的软件公司。心气不高的人在公司里待不久。公司里充满了"现在就干"的精神。

利曼特采用了企业界最严格的员工挑选及社会化过程,建立了与众不同的企业文化。该挑选过程旨在发现"技术、文化上均合适的人"。第一轮面试由公司软件高手操办。然后公司会出资让过关者及其男女朋友或配偶飞到得州总部,与十余名公司骨干相处一晚。第二天上午会有一场严酷的技术面试,下午会安排山地车或滑板车游戏。这一过程既花时间又花钱——雇一个人花1.3万美元——但公司认为这个钱花得值得。

员工被录取之后,先到公司办的大学严格培训3个月,了解公司及业界的情况。他们将参加项目,以改进公司现有的产品并创造全新的产品,还会学习公司的企业文化:"我们怎么操作、怎么谈话、怎么工作"。公司没有工作手册,但有一套不成文的文化规则。新加入公司的人很快了解到,公司主张好好工作、好好玩、搞团队合作及承担风险。一张小布告宣布公司大学的作息时间是周一至周六早8点至午夜12点,周日中午12点至晚8点。利特曼向新加入公司的人声明,他要大家发挥到极限,给大家艰苦的工作及责任,并论功行赏。

该公司的文化帮助它成为新经济的一个旗舰公司。公司的办公软件极为热销。该类软件为IBM等大公司优化和简化了复杂的营销流程。该公司只争上游的企业文化并不适用于一切人。公司大学招募部主任杰夫·丹尼尔说:"我公司的环境适合于对工作有激情的人"。

案例来源:相里六续.组织行为学[M].北京:机械工业出版社,2014.

第四节 组织文化的实施与变革

一、组织文化的实施

组织确定了新的组织文化理念后,就要进入实施阶段,这是把理念转化为行动的过程,组织文化的这个阶段被称为"实践阶段"。不管组织文化的理念有多好听,多深奥,如果不转化成员工的行为,都会成为一纸空文。因此,组织文化建设的关键在于实践,也就是把理念转化为组织的制度、流程、策略等各项行为。构建组织的理念体系并不是难事,困难的是如何把这样的思想融入企业的日常管理和员工的日常行为,如果能够解决这个问题,组织文化建设就处于更优秀的"实践阶段"。在实施时,不要采取强压式的,要让大家先结合自己的具体工作进行讨论,明确组织为什么要树立这样的理念,我们每个人应如何改变观念,使自己的工作与文化相结合。

(一)组织文化的实施核心是要真正做到"以人为本"

组织文化作为一种"无形规则"存在于员工的意识中,离开员工根本无法独立存在,"以人为本"是形成良好组织文化的基础。据调查,现在国际上成功的大企业不再以追求利润作为唯一的目标,而是有着超越利润的社会目标,也就是说,"人的价值高于物的价值"。卓越的企业总是把人的价值放在首位,物是第二位的。应该尊重人的思想,在企业里,要能听到不同的声音,企业的领导者要能够接受新思想所带来的冲击,这样才能让企业保持活力,也才能不断地激发人的创造力。

(二)组织领导者在文化实施过程中要以身作则

作为组织文化的建筑师,组织领导者承担着企业文化建设最重要也最直接的工作。

如果组织文化是组织的灵魂,领导者就是高举组织文化的旗手。组织领导者在组织文化建设中扮演的角色至关重要,不单单是一个身体力行者,更应是一位导师,担负起把握企业灵魂和发展方向的职责。

领导者在组织文化的实施中,关键是先把自己塑造成企业文化的楷模。一些高层管理者总感觉企业文化是为了激励和约束员工,其实更应该激励和约束的,恰恰是那些企业文化的塑造者,他们的一言一行都对企业文化的形成起着至关重要的作用。为了贯彻企业文化,企业应首先培训高层管理者。领导者只有以身作则,自身先表现出言行合一,员工才能心服口服,正所谓是"上行下效"。

(三)强化员工认同组织文化

组织文化建设的关键在于要让文化经历从理念到行动,从抽象到具体,从口头到书面的过程,要得到员工的理解和认同,转化为员工的日常工作行为。如果员工不能认同组织的文化,组织就会形成内耗,虽然每个人看起来都很有力量,但由于方向不一致,导致组织的合力很小,在市场竞争中显得很脆弱。可见,如何让员工认同组织的文化,并转化为自己的工作行为,是关系组织文化建设成败的关键,具体来说要做到以下两点:

(1)广泛征求意见。很多人把组织文化认为是老板文化、高层文化,这是片面的,组织文化并非只是高层的一己之见,而是整个组织的价值观和行为方式,只有得到大家认同的组织文化,才是有价值的组织文化。要得到大家的认同,首先要征求大家的意见。组织高层管理者应该创造各种机会让全体员工参与进来,共同探讨组织的文化。不妨先由高层制造危机感,让大家产生文化变革的需求和动机,然后在各个层面征求意见,取得对原有文化糟粕和精华的认知,最后采取扬弃的办法,保留原有组织文化的精华部分,并广泛进行宣扬,让全体员工都知道本组织的组织文化是怎么产生的。

(2)与员工的日常工作结合起来。组织确定了新的组织文化理念后,就要把理念转化为行动。在进行导入时,可以先让基层员工自己讨论工作中的问题,然后结合组织文化,提出如何进行改善和提高,包括工作的流程和方法,最后是自己应该怎么做。通过这样的研讨,让每个员工都清楚地知道组织的文化是什么,为什么要树立这样的文化,为什么自己要这么做。

(四)文化的实施要从点滴做起

很多组织在进行组织文化塑造时,喜欢大张旗鼓地开展一些活动、培训和研讨,其实组织文化的精髓更集中在组织日常管理的点点滴滴上。无论是作为企业管理者,还是组织的一名普通员工,都应该从自己的工作出发,改变自己的观念和作风,从小事做起,从身边做起。在思科,广泛流传着这样一个故事,一位思科总部的员工看到他们的总裁钱珀思先生,大老远地从街对面小跑着过来。这位员工后来才知道,原来钱珀斯先生看到公司门口的停车位已满,就把车停到街对面,但又有几位重要的客人在等着他,所以他只好几乎是小跑着回公司了。因为在思科,最好的停车位是留给员工的,管理人员哪怕是全球总裁也不享有特权。再比如 GE 公司,有一个价值观的卡片,要求每个人必须随身携带,就连总裁,也随时都拿出这个卡片,对员工进行宣传,对顾客进行讲解。

(五)理念故事化,故事理念化,并进行宣传

(1)理念故事化。组织文化的理念大都比较抽象,因此,组织领导者需要把这些理念变成生动活泼的寓言和故事,并进行宣传。蒙牛集团的组织文化强调竞争,他们通过非洲大草原上"狮子与羚羊"的故事将这种理念生动活泼地体现出来:清晨醒来,狮子的想法是要跑过最慢的羚羊,而羚羊此时想的是跑过速度最快的狮子,"物竞天择、适者生存",大自然的法则,对于企业的生存和发展同样适用。

(2)故事理念化。在组织文化的长期建设中,先进人物的评选和宣传要以理念为核心,注重从理念方面对先进的人物和事迹进行提炼,对符合企业文化的人物和事迹进行宣传报道。比如,按照组织文化的要求进行先进人物的评选,并在组织内部和相关媒体进行广泛的宣传,让全体员工都知道为什么他们是先进,他们做的哪些事是符合组织文化的。人的行为主要来自模仿,榜样的力量是无穷的,先进员工的行为具有很强的示范作用,可以成为其他员工的学习榜样。同时,也使组织文化的推广变得具体而生动。

(3)沟通渠道建设。组织文化要得到员工的认同,必须在组织的各个沟通渠道进行宣传和阐释,建立起组织文化传播的网络,如组织的内刊、板报、宣传栏、各种会议、研讨会和局域网等,都应该成为组织文化宣传的工具。通过传播网络把组织的价值观、愿景、精神等传达到组织的全体成员,辐射到整个组织。要让员工深刻理解组织的文化是什么,怎么做才符合组织精神和组织价值观。组织文化的沟通渠道建设既包括正式的沟通渠道,又包括非正式的沟通渠道,既要保证自上而下的信息畅通,也要保证自下而上和横向的信息畅通。

二、组织文化的变革

市场是在不断变化的,企业一成不变的结果只能是被市场所淘汰。彼得·圣吉在《第五项修炼》中预言道,21世纪竞争胜利的企业只能是那些学习型的组织,最终的竞争优势取决于一个企业的学习能力以及将其迅速转化为行动的能力。企业必须不断地扬弃过去,超越自我,展望未来,提升原有的企业价值观和企业文化。坚持创新、改造自己、追求卓越才是先进企业文化的内涵。

(一)组织文化变革的原因

任何组织文化的变革都有其内在和外在的原因。

组织文化变革的内在原因就是组织内部本身产生的冲突。只要存在文化,随着组织的发展和外界环境的转变,文化冲突的产生是不可避免的,这也是文化发展的途径。组织

文化的冲突可能通过矛盾的缓和、转化而直接得到解决,但也可能引发一场文化危机,结果就会产生文化的变革。文化内在冲突产生的原因也是多种多样的,有时是各种原因交织而产生的。一般来讲,如组织的经营危机、组织中主文化与亚文化的冲突以及群体文化与个体文化的冲突都有可能带来组织中文化的变革。

此外,组织主动对外部环境的适应,和自身成长过程中作出的其他部分的变革,都要求组织文化变革的配合,也就是组织在进行其他变革时亦要求文化随之发生变化。这类组织变革如战略变革、结构变革等。还有一个重要原因是组织领导者的更迭,组织文化与领导者有着密切的关系,高层领导的变更是引起组织文化变革的重要原因。

(二) 组织文化变革的过程

组织文化变革的主要实现方式,是利用行为科学的理论结合组织发展的技术来进行的。美国学者 N. M. Tichy 就认为组织文化是一个战略变量,管理人员以能够利用角色模式、术语、故事、仪式以及组织成员的挑选、培训、评价和奖惩等来变革组织的文化。日本学者河野丰弘教授则认为,组织文化变革可以通过下列手段实现:组织领导者人员的替换,尤其是最高经营者的更替;组织经营理念和目标的转变;组织经营阶层政策决定的变更;组织整体战略的变化;组织内部人事制度的转变和组织成员的流动等。另一位美国学者兰德伯格教授则指出通过组织学习来变革组织文化,这是一个动态的过程。导致文化变革的组织学习是一个循环过程,它的起点是一系列现存的文化价值观和基本的假定,并把组织成员的注意力集中到一些特定事情上,对一些现象的注意就可以形成一种经验,当有足够的关注时,经验可以捕捉意外情况,进而形成探询,探询就会涉及新的发现,即发现以前没有引起注意的各个层次的现象,从文化的物质层到基本假定。在适当情况下,这种发现会导致组织价值观和基本假定的重新确立,从而完成组织学习的文化变革。具体的文化变革的组织学习循环过程可以用图 13-2 表示。

(三) 组织文化变革过程中需要注意的问题

在组织文化的变革中,组织内外的众多利益相关者都会受到不同程度的影响,其中组织的员工在变革中受到的影响应该是最深的。企业文化只有和员工相融合,才具有旺盛的生命力。员工是组织文化的载体,难以在员工中体现出来的文化不能算是真正的组织文化。组织的员工在组织文化建设中既是接受者也是推动者,离开了全体员工,组织文化的变革也就无从谈起。因此,改变员工在组织文化变革中的被动地位,从变革开始就使他们主动地参与到变革过程中来,尊重理解他们的想法,通过沟通、培训建立共识,这是组织文化变革成功的关键所在。

另外,组织文化总要在相对较长的时期内保持稳定,这就要求组织的变革必须审慎地进行。对哪些东西要变,如何变,都要充分思考,这样才不会出现改来改去,让人无所适从的现象。并且文化的变革必须注意要与其他相关制度调整和配合,其中用人制度和薪酬

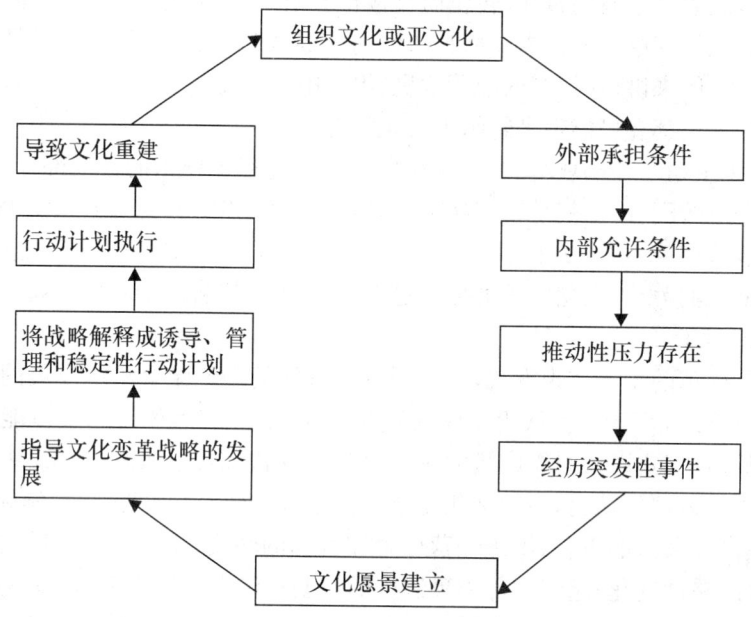

图 13-2 文化变革的组织学习循环图

制度是最能直接反映组织价值导向的制度,因此在变革过程中必须作出相应的调整。只有对整个组织的运转现状进行系统的审视,并用新的价值观决定对这个现状的改变,才能保证组织文化变革的最终成功。而且在组织文化变革的过程中还要不能低估了文化变革的难度,以免导致缺乏毅力而半途而废。

思 考 题

1. 什么是组织文化?组织文化包括哪些基本要素?
2. 如何分析组织文化的层次?
3. 简要介绍组织文化的几种类型。
4. 简述组织文化的积极作用及消极作用。
5. 如何构建组织文化?在构建组织文化的过程中应遵循哪些基本原则?
6. 在组织文化的实施过程中,要注意哪些问题?
7. 为什么会产生组织文化的变革?组织文化变革过程中应注意哪些问题?

第十四章 组织控制

学习目标

1. 理解组织控制的含义
2. 明确组织控制的目的、作用、特点和原则
3. 了解组织控制的各种不同类型
4. 学会分析一个特定的组织如何选择适当的控制类型
5. 描述组织控制的一般过程
6. 掌握几种常见的控制方法

第一节 组织控制的原则

组织的一切活动都是为了实现组织的目标,要使组织制订的任务和目标转化为现实,组织的主管人员就必须在组织活动中采取控制,即按照既定的目标和标准对组织的活动进行监督和检查,发现偏差及时采取纠正措施。有效的控制不仅要求选择关键的控制环节,确定恰当的控制频度,收集及时有效的信息,而且要求合理运用一定的控制手段。

一、组织控制的含义

自从1948年美国数学家诺伯特·维纳(Norbert Wiener)的专著《控制论》出版以来,控制论的思想和方法已经渗透到了几乎所有自然科学和社会科学的领域。控制论(cybernetics)是一门实用性很强的边缘学科,主要是研究系统调节与控制的一般规律的科学,它的诞生对促进现代科学技术的发展、人类社会的进步以及人类思维方式的变革,都产生了重大的影响,并将继续发挥巨大的作用。

在现代控制论中,控制一般指在各耦合运行的系统中,通过采取一定的手段,保持系

统平衡或不超出标准的范围,实现系统的预期目标。一个耦合运行的系统进行控制一般包括两方面的含义:第一,决定系统状态变化的轨道,即确定控制目标和达到目标的途径;第二,通过有效的调节,使系统在确定的轨道上运行。

而包括企业组织在内的各种社会组织中的控制工作实质上与物理的、生物的以及社会的各系统当中的控制有着相同的基本过程,早在19世纪末、20世纪初,古典管理学家如法约尔就对之进行了详细的论述。法约尔认为,在一个组织中,控制就是要证实一下是否各项工作都与已定计划相一致。

现代管理学家对控制内涵的揭示,一定程度上可以看做是对古典管理学家控制概念的进一步发展。如孔茨指出,控制就是按照计划标准衡量计划的完成情况和纠正计划执行中的偏差以确保计划目标的实现。实际上,无论是古典管理学家还是现代管理学家,他们对控制的分析都不同程度地反映了控制工作的一般特征与主要内容。

组织控制一般就是指组织在动态的环境中为保证既定目标的实现而采取的检查和纠偏活动或过程。为了确保组织的目标以及为此而拟订的计划能够完成,各级主管人员根据事先确定的标准或因发展需要而重新制订的标准,对下级的工作进行衡量和评价,并在出现偏差时进行纠正,以防止偏差继续发展或今后再度发生;又或者,根据组织内外环境的变化和组织发展的需要,对原计划进行修订或制订新的计划,并调整整个管理工作的过程。

也就是说,控制的结果可能有两种:一种是纠正实际工作与原有计划及标准的偏差;另一种是纠正组织已经确定的目标及计划与变化了的内外环境的偏差。有效的组织控制系统能帮助管理者将注意力引向那些与组织预定的绩效有差距的行为或结果上。由于每一个组织的竞争机会和风险不同,资源和能力也不同,因此适当的控制系统应与组织的经营环境、人员的素质和组织结构相适应。

二、组织控制的目的

从本质上讲,控制只是促进系统正常运行的一种手段,控制本身并不是目的,而是为了改善系统的运行状态和保持系统稳定。在现代管理系统中,人、财、物等要素的组合关系是多种多样的,内外环境影响很大,随机因素很多,处在这样一个十分复杂的系统中,要想实现既定目标,求得组织在行业中的生存与发展,不进行控制工作是不可想象的。

在早期的管理活动中,往往是通过财务审计进行控制工作的。那时组织规模不大,涉及的范围较小,业务活动种类也比较简单,进行财务审计的目的是防止有限的资金在使用过程中出现浪费或流失,并保证获得最大的收益。随着社会和科学技术的进步,组织活动规模越来越大,活动内容也不断增加并日益复杂,因而控制工作的内容也越来越多,已不仅仅是财务审计所能概括得了的。但尽管如此,财务审计仍然是一种重要的控制方法。

在现代的管理活动中,无论采取哪种方法来控制,控制的目的性要求控制活动能够在系统受到内外干扰而发生偏差时及时纠偏以使系统恢复至稳态,这是控制的首要目的。控制工作要达到的第二个目的就是要促进系统的完善。不断变化的内外部环境会对组织提出新的要求,主管人员的控制工作就是要改革创新,打破现状,修改先前制订的任务,确定新的目标和管理控制标准,使之更为合理、更符合现状,而不是一味地维持原有状态不顾已变化的环境。

控制工作是组织管理过程中不可分割的一部分,是组织中各级管理人员的一项重要工作内容。有些主管人员常常片面地认为实施控制是高层和中层管理人员的职能,基层部门的控制工作就不太重要。其实,各个层次的主管都负有执行计划实施控制的职责,只是各层主管人员所负责的控制范围不一样,因此,各级主管人员包括基层主管人员都必须承担实施控制这一重要职能。

三、组织控制的重要性

控制工作在组织行为中必不可少,它在组织过程中的重要性可以从两方面来理解。

(一) 控制的必要性

对于组织来讲,控制之所以必要,具体是由以下因素决定的:

(1) 环境的变化。任何组织所处的内外环境都是在不断变化的,尤其是伴随着信息技术革命,全球范围内的政治、经济与文化交往变得迅速、快捷、密切而频繁,任何一个局部领域的变动都有可能波及整个世界。在这样一个复杂、多变而不稳定的环境中,任何组织都不可能一劳永逸地作出决策和制订计划。一个组织如果没有自己有效的控制系统,就不可能适应环境的变化,甚至还有可能导致原有计划的失败。一个有效的健全的控制系统应有助于根据变化的环境,对原来的目标、计划作出相应的调整。因此,强化组织过程中的控制,加强对环境变化的适时监测,及时采取措施进行自我调节,就成为组织管理工作中必不可少的重要环节。

(2) 组织内部管理权力的分散。随着组织规模的不断扩大,主管人员就不可能直接地、面对面地组织和指挥全体员工的工作。时间和精力的限制要求他委托一些助手代理部分管理事务,这就产生了组织内部的管理和决策劳动的分工。伴随组织内部的管理分工及其变化,就必然产生协调和控制问题。组织的管理权限都制度化或非制度化地分散在组织的各个管理部门。组织的分权程度越高,控制越有必要,每个层级的主管都必须定期或不定期地检查下属的工作,以保证授予他们的权力得到正确的利用,而相应的业务活动应符合各组织目标的要求。如果没有控制,没有为此而建立的控制系统,管理人员就不能检查下属的工作,即使出现权力不负责任的滥用、或活动不符合目标的要求等其他情况,管理人员也无法发现,更无法采取及时的纠正行动。

(3)组织成员素质的限制。组织已经制订的计划,是由组织中相应员工来执行的,而每个员工的工作动机、态度等个性特征是不同的,对计划目标的理解等也不尽相同,而且每个员工的工作能力也不一样,能否胜任其所承担的职责,都会影响到组织任务的执行,可能产生有利的影响,也有可能产生不利的影响,从而会产生偏差。因此,组织必须有监督、调节的机制,来保证计划目标的完整实现。

总之,为了预防和避免组织的实际活动与既定目标、计划的偏差,在组织内部建立起跟踪、监督、检查、衡量和纠偏的控制系统,对于组织管理活动来说既是非常重要也是非常基础的工作。

(二)控制的全程性

无论组织计划制订得多么周密,组织结构调整得多么有效,员工的积极性有多么高,人们在组织工作过程中总会或多或少地出现与计划目标不一致的现象,不能保证组织所追求的目标一定能够达到,必须依靠一定的控制工作在组织过程的各个阶段通过有效的监督、调节,才能保证组织目标的实现。有时,正确的控制工作可能导致确立新的目标,提出新的计划,改变组织结构,改变人员配备以及在指导和领导方法上作出重大改革,使组织工作得以创新和提高。因此,控制职能存在于组织管理活动的全过程中。

四、组织控制的特点

组织的控制不同于物理、机械及其他方面的控制,有其自身的特点。

(一)组织控制具有整体性

这包含两层含义:一是组织的控制是确定全体成员的职责,实现组织目标是全体成员共同的责任,参与控制是全体成员的共同任务;二是组织控制的对象是组织的各方面,需要了解各部门和各单位的工作情况并予以控制。

(二)组织控制具有动态性

由于外部环境及内部条件随时都在发生变化,从而决定了控制标准和方法不可能固定不变,组织控制具有动态的特征。控制的标准以及控制手段都应随着内外部环境的不同而有所改变,这样才能提高组织的适应性和有效性。

(三)组织控制是对人的控制并由人来执行

组织控制强调的是对人的控制,组织目标的制订、执行都是围绕着人进行的,而最终也是靠人来完成的。应该说组织的管理无论是过去还是将来,归根到底都要以人为本。

(四)组织控制是提高职工工作能力的重要手段

控制不仅仅是监督,更重要的是指导和帮助。管理者可以制订、纠偏计划,但这种计划要靠职工去实施,只有当职工认识到纠偏的必要性,并具备纠正能力时,偏差才会真正被纠正。通过控制工作,管理者可以帮助职工分析偏差产生的原因,端正职工的工作态

第十四章 组织控制

度,指导他们采取纠正措施,这样既可达到控制的目的又能提高职工的工作和自我控制能力,从而实现整个控制系统的有效性。

五、组织控制的原则

组织控制是实现组织有效管理的基本环节,为了确保控制的有效,在控制过程中应该遵守如下基本原则。

(一)系统控制原则

系统是一个由各种相互作用、相互制约的要素为达到共同目的而组成的有机体。组织也是一个系统,在组织结构中,各个部门及其成员都在为实现其各自的或局部的目标而活动着。组织的总目标要靠各部门及全体成员协调一致的活动才能实现。对组织实施控制正是整个管理系统中的一个重要组成部分。管理者可以在管理过程中重新制订计划或调整目标,可以通过组织结构的调整重新委派或进一步明确职责,可以妥善地选拔和培训下属人员或重新配备人员,也可以通过改善领导方式或运用激励政策,由此可见,在管理者的职务中各项工作是统一的,管理过程是一个完整的系统。因此,系统控制就是指在控制中要树立目的性、全局性、层次性的观点。

(二)重点原则

因为人的精力是有限的,控制的费用也是有限的,管理者不可能也没有必要对每一个部门、每一个项目、每一个环节的每一个人在每一时刻的工作情况进行全面的控制,他们只需注意那些关键部门、关键项目或关键环节,当产生较大偏差时,实施控制加以纠正。管理者如何选择控制重点也体现了个人的管理艺术水平。

(三)及时原则

组织活动中产生的偏差只有及时采取措施加以纠正,才能避免偏差的扩大,或防止偏差对组织不利影响的扩散。纠正偏差的最理想方法应是在偏差产生以前,就注意到其产生的可能性,预先采取必要的防范措施,防止偏差的产生。如果由于某种原因组织无力抗拒偏差带来的影响,组织应采取一定的措施,消除或遏制偏差产生后带来的不利影响。

预测偏差的产生,在实践和理论上是可行的,可通过建立组织经营状况的预警系统来实现。我们可以为需要控制的对象建立一条警报线,反映经营状况的数据一旦超过这个警戒线,预警系统就会发出警报,提醒人们采取措施防止偏差的产生和扩大。

(四)灵活原则

任何一个控制系统,都同外界进行着正常的物质、能量和信息交换,同外部环境之间保持积极的动态适应关系,必须充分考虑到各种变化的可能性,留有应付变化的余地,提高有效性。组织系统整体或内部各要素、层次在各个环节和阶段上应保持适当的弹性,从实际目标出发,采取灵活有效的控制方式,达到控制目的。

灵活性控制通常与控制的标准有关。例如,预算控制通常规定了组织各部门的主管人员在既定的规模下能够用来购买的原材料或生产设备的额度,这个额度如果规定得过于绝对化,那么若出现市场需求发生变化或其他方面的原因,使实际需求与预测数不一致,则预算控制就失去了意义:经营规模扩大,会使经营单位感到经费不足;而销售低于预测水平,则可能使经费过于富余,甚至造成浪费。有效的预算控制应能反映组织规模的变化,考虑到未来的变化,从而为经营参数值规定不同的经营额度,使预算在一定范围内是可以变化的。

（五）经济原则

控制的过程中需要投入人力、物力、财力等要素,因此必须注重经济性,将控制所需费用与控制所产生的效果进行经济比较,只有花费少且效率高的控制,才能成为有效的控制。控制的费用基本上是随着控制程度的提高而增加,控制收益的变化则比较复杂。为了使成本最小,管理者应该尝试使用能产生预期结果的最少控制投入。因此,在组织管理过程中,管理者应注意以下几点:一是要实行有选择的控制,重点控制;二是要制订恰当的控制标准;三是要努力降低控制过程中的各种费用,改进控制手段和方式,提高组织控制系统的效率与效益。

【案例 14-1】

麦当劳公司的组织控制系统

麦当劳公司以经营快餐闻名遐迩。1955 年,克洛克在美国创办了第一家麦当劳餐厅,其菜单上的品种不多,但食品质量高、价格廉,供应迅速,环境优美。连锁店迅速发展到每个州,至 1983 年,国内分店已超过 6 000 家。1967 年,麦当劳在加拿大开办了首家国外分店,以后国外业务发展很快。到 1985 年,国外销售额约占它的销售总额的 1/5。在 40 多个国家里,每天都有 1 800 多万人光顾麦当劳。

麦当劳的各分店都由当地人所有和经营管理。鉴于在快餐饮食业中维持产品质量和服务水平是其经营成功的关键,因此,麦当劳公司在采取特许连锁店经营这种战略开辟分店和实现地域扩张的同时,就特别注意对各连锁店的管理控制。如果管理控制不当,使顾客吃到不对味的汉堡或受到不友善的接待,其后果就不仅是这家分店将失去这批顾客及其周围人的光顾,而且还会波及影响到其他分店的生意,乃至损害整个公司的信誉。为此,麦当劳公司制订了一套全面、周密的控制办法。

麦当劳公司还通过详细的程序、规则和条例规定,使分布在世界各地的所有麦当劳分店的经营者和员工们都遵循一种标准化、规范化的作业。麦当劳公司对制作汉堡、炸土豆条、招待顾客和清理餐桌等工作都事先进行翔实的动作研究，确定各项工作开展的最好方式，然后再编成书面的规定，用以指导各分店管理人员和一般员工的行为。公司在芝加哥开办了专门的培训中心——汉堡包大学，要求所有的特许经营者在开业之前都接受为期1个月的强化培训。回去之后，他们还被要求对所有工作人员进行培训，确保公司的规章条例得到准确的理解和贯彻执行。

为了确保所有特许经营分店都能按统一的要求开展活动，麦当劳公司总部的管理人员还经常走访、巡视世界各地的经营店，进行直接的监督和控制。例如，有一次巡视中发现某家分店自作主张，在店厅里摆放电视机和其他物品以吸引顾客，这种做法因与麦当劳的风格不一致，立即得到了纠正。除了直接控制外，麦当劳公司还定期对各分店的经营业绩进行考评。为此，各分店要及时提供有关营业额和经营成本、利润等方面的信息，这样总部管理人员就能把握各分店经营的动态和出现的问题，以便商讨和采取改进的对策。

案例来源：改编自 http://www.chinacio.com/Article/ShowArticle.asp? ArticleID＝638.

第二节 组织控制的类型

组织控制的类型可以从不同的角度来加以划分。这些分类方法并不是互相排斥的，实际的组织过程中的控制可能同时属于几种类型的控制。分析、研究控制的这些不同类型，有助于组织主管人员根据具体的情况，灵活地采取控制方式，以提高控制手段的有效性。

一、按控制中纠偏措施作用环节不同划分

根据纠偏措施作用环节的不同，管理上将控制工作分为反馈控制、现场控制和前馈控制。

（一）反馈控制

反馈控制主要是指工作后的控制，通过对工作结果进行测量、比较分析，提供反馈信息，总结经验教训，及时拟订纠正措施加以实施，以防止偏差进一步发展，或防止今后再度发生。因此，反馈控制过程是一个不断提高的过程。它的工作重点是把注意力集中在历史结果上，并将它作为未来行为的依据，所以说反馈控制实际上是一种"亡羊补牢"式的控制方法。这类控制的优点是控制方向较明确，有助于解决问题和改进系统工作。但反馈控制也有两个主要缺陷：一是事后性，即控制往往是在偏差已经发生、损失已经造成的情况下才发生作用；二是时滞性，即从偏差发生到纠正偏差有一个时间滞

后的过程。

虽然反馈控制并不是一种最好的控制方法,但在目前组织过程中它仍是被主管人员广泛采用的一种控制方法,因为在管理工作中主管人员所能得到的信息,大多是需要经过一段时间才能得到的滞后信息。在控制工作中应尽量减少反馈控制带来的缺点,使之造成的损失减少到最低程度。

（二）现场控制

现场控制也称为过程控制,是指在组织活动的过程中,对正在进行的工作进行监督、指导,一旦发现有偏差,立即采取纠正措施,以确保达到预期的结果。它是一种主要为基层主管人员所采用的控制工作方法。主管人员通过深入现场亲自监督、检查和指导下属人员的活动,能及时发现偏差,纠正偏差。

在现场控制中,控制工作的重点是正在进行的计划实施过程,控制的有效性取决于主管人员的个人素质、个人作风、价值观、判断能力和灵活性,以及下属对上级主管人员指导的理解能力,其中主管人员的"言传身教"具有很大的示范作用,因此对控制人员的素质要求较高,要求有敏锐的判断力和反应能力。在进行现场控制时,要注意避免单凭个人主观意志来工作。主管人员必须加强自身的学习和提高,服从组织原则,遵从正式指挥系统的统一命令原则。在现场控制过程中,问题一般复杂多变,要随机应变,才能达到目标,所以一定的授权是必要的。

（三）前馈控制

前馈控制是指在组织活动之前对工作中可能产生的偏差进行检查预测、估计并采取相应的防范措施,力争将工作中的偏差消除在产生之前。这类控制要求事先制订相应的标准规范,事先可以防止组织使用不合要求的资源,保证组织活动的投入在数量上和质量上达到预定的标准,在活动开始之前,能够剔除那些在活动过程中可能产生的、难以挽回的先天性缺陷。

前馈控制是防患于未然,要求主管人员必须在组织工作开展以前就检查组织是否已经或能够筹措到在质和量上符合任务要求的各类经营资源,并且把握将来的发展势态,把偏差消灭在萌芽状态,达到损失最小、效率最高。

前馈控制与反馈控制的主要区别是,它重视控制产生偏差的原因,而不是控制行动的结果,这是前馈控制在现代化管理中一个很重要的特点。

前馈控制的优越性在于其克服了时滞现象,使主管能够得到信息以便采取措施,也能使他们知道如果不采取措施就会出现问题。

前馈控制可以大大改善控制系统的性能,要进行切实可行的前馈控制,一般应满足以下几个必要的条件：

（1）必须对计划和控制系统作出透彻的、认真的分析,识别重要的输入变量。

(2) 为该系统建立一个具有前馈控制的模型。

(3) 要经常对模型进行检查,确认所确定的输入变量及其相互关系是否仍能反映实际情况,也就是要保持模型的动态性。

(4) 定期收集输入变量数据,并将其输入控制系统。

(5) 定期评估实际输入的数据与计划输入数据之间的偏差,并评价这种偏差对预期结果的影响。

(6) 必须有措施保证。在管理过程中,前馈控制系统像其他控制技术一样,只能向管理者显示问题的存在,管理者必须采取措施来解决这些问题。

尽管前馈控制系统的信息输入是在运行过程的输入端,它能在输出结果受到影响之前就作出纠正。但是,即便是实行了前馈控制,主管人员仍然要对输出结果进行测量、分析和评估,因为不能期望前馈控制可以达到完美无缺的地步,在计划执行过程中也许会出现一些预料不到的意外情况。

二、按控制的手段不同划分

按照所采用的手段来划分,可将控制分为直接控制和间接控制。

(一) 直接控制

直接控制是相对于间接控制而言的,它的指导思想是,培养更好的管理人员,提高管理者的素质,使他们能熟练地应用管理的概念、技术和原理,能以系统的观点来对待管理问题,从而防止出现因管理不善而造成的不良后果。由此可见,控制工作的结果好坏取决于执行计划的人,管理人员及其下属的素质越高,就越不需要直接控制。

在组织中进行直接控制的优点如下:

(1) 由于直接控制比较重视管理人员的素质,因而能对管理者的优缺点有比较全面的了解,在对个人委派任务时能有较大的准确性;同时,为使主管人员合格,会对他们经常进行评价,实际上也就会揭露出工作中存在的不足,从而为消除这些缺点而进行专门的培训提供依据。

(2) 直接控制鼓励主管人员用自我控制的办法进行控制,可以及时采取措施纠正偏差,使其更加有效。因为在评价过程中会揭露出工作中存在的缺点,也就会促进主管人员努力去确定他们应负的责任并自觉地纠正错误。

(3) 直接控制可以获得良好的心理效果。主管人员的素质提高后,其自信心和威信也会得到提高,下属对其信任和支持也会有所增加,这样有利于组织整体目标的实现。

(4) 直接控制可以节约经费。由于提高了主管人员的素质,减少了偏差的发生,可以减少损失,节约开支。

但我们也要注意到,这种控制方法也是建立在一定的假设之上的:管理者必须对管理的原理、方法和职能以及管理的哲理有充分的理解；管理工作的成效是可以计量的；管理的基本原理被应用的情况是可以评价的。虽然这些不容易做到，但也不是不能做到的，主管人员可以通过自我学习、不断积累经验以及上级的精心指导来不断提高自己。

（二）间接控制

所谓间接控制通常，是指人们常常会犯错误，或常常没有觉察到那些将要出现的问题因而未能及时采取纠正或预防措施，通过对主管人员的工作结果或状态的监督和检查，分析产生偏差的原因和责任，然后采取措施改进未来的工作。

在实际工作中，人们往往也是根据计划制订标准，对比或考核实际工作结果，研究产生偏差的原因，然后才去采取措施纠正的。在工作中出现问题和产生偏差的原因有很多，比如：制订的标准不合理；或者存在未知的不可控的因素，如未来世界经济的走势、自然灾害等；又或者管理人员缺乏必要的知识、经验和反应能力等。在这些情况下，采用间接控制是必要的，同时，间接控制还可以帮助主管人员总结和吸取经验教训，丰富他们的知识，提高工作能力和管理水平。

当然间接控制也存在不少缺点，最大的缺陷是间接控制是在出现了偏差，造成了损失之后才采取措施的。因此，它花费的代价也是比较大的。此外，间接控制是建立在以下五个假设的基础之上的：

（1）工作成效是可以计量的。
（2）人们对工作是有责任感的。
（3）追查偏差原因所需要的时间是有保证的。
（4）出现的偏差是能被及时发现的。
（5）有关部门或人员将会采取纠正措施。

然而这些假设在实际工作中有时并不能成立。比如，工作的成效大小和责任感的高低往往是很难精确计量或准确评价的；有时主管人员并不愿花费时间和费用去调查造成偏差的原因，这往往会阻碍对明显违反标准的原因进行调查；又有些偏离计划的误差并不能被及时地发现，而往往是发现太迟以至于难以采取有效措施来加以纠正；有时虽能发现偏差并能找到原因，却没有人愿意采取纠正的措施，大家互相推卸责任。由此可见，间接控制还存在很多不完善的地方，因此间接控制还不是普遍有效的控制方法。

三、按其他方式划分

另外，控制的类型还可以依据其他标准来划分，比如：
按控制的程度不同，可以将控制划分为集中控制、分散控制和层次控制。
按控制的内容不同，可区分为质量控制、成本控制、资金控制、作业控制和信息控制。
按控制的范围不同，可区分为全面控制和局部控制。

第三节 组织控制的过程

组织控制的对象一般都是针对组织中的人员、财务、产品质量以及组织的总体绩效,无论哪种控制对象,对其所采用的控制技术和控制系统实质上都是相同的。从静态的角度看,任何一项控制工作,都应具备三个基本环节:确立标准、衡量绩效和纠正偏差。从动态的角度看,控制是一个不断循环往复的组织过程,但就每一次控制工作的活动过程来看,也都包括确立标准、衡量绩效、纠正偏差三个基本步骤。

一、确立标准

标准是人们检查和衡量工作及其结果的规范和尺度,是以组织目标为基础从整个计划方案中选出用以衡量业绩的计量单位。组织制订的目标越具体,要求越明确,就越有利于组织中的员工完成工作任务,使工作成果达标。换言之,标准是管理人员设计控制工作和实施控制工作的准绳。制订标准是控制工作的一个不可缺少的前期工作内容,是控制的基础工作。一套完整的标准是衡量绩效和纠正偏差的前提和客观依据。

(一)确定控制对象

最理想的标准是以可考核的目标直接作为标准的,但更多的情况下是需要将某个目标分解为一系列的标准。标准的具体内容涉及需要控制的对象,因此,在建立标准之前首先是要分析组织管理中哪些事或物需要加以控制。对于组织的控制活动来说,标准一般有以下四方面:

(1)时间标准。时间标准主要是反映时间进度的各项标准,如完工日期、时间定额等。

(2)成本标准。成本标准主要是反映组织各项活动所支出的总体运行情况,如产品成本、管理成本等。

(3)价值标准。价值标准主要是反映组织的总体运行情况,如收益标准、资金标准等。

(4)质量标准。质量标准是一种定性标准和定量标准的结合形式,如工作质量标准、产品质量标准等。

(二)确定控制标准的要求

确定标准是控制工作的前提,标准确定的科学与否以及水平的高低,直接关系到控制工作的成效。确定控制标准应满足以下几项要求:

(1)一致性。即各标准之间相辅相成、保持一致,一个标准应对完成另一个标准有促进作用,不能相互矛盾、相互抵触。

(2) 明确性。即标准的量值、单位允许的偏差范围等,都应当清晰,便于理解和执行。标准最好是定量的。

(3) 稳定性。即标准一经制订,应当能够在一个较长的时间内维持其效用。如果标准经常变更,就会失去其公正性和可行性。

(4) 可行性。即标准制订得不能过高也不能过低,过高的标准会挫伤组织成员的积极性,过低的标准则失去了意义。

(5) 可操作性。即标准在比较、衡量、考核过程中应是可以具体操作并付之实际应用的,要便于管理。

(三) 制定控制标准的方法

不同类型的控制对象的标准具有不同的特点,确定控制标准的方法也不同。常用的制订标准的方法有以下四种:

(1) 标准化法。这种方法就是根据有关的国际标准、国家标准、行业标准以及企业标准,选择作为本组织中有关活动的控制标准。

(2) 统计法。这是根据组织的大量历史数据记录,或者对比同类组织的水平,运用统计原理来确定控制标准,相应的标准称统计性标准,也叫历史性标准。采用该方法来确定控制标准时,需要有较系统的、准确的统计资料,并应当分析过去的数据能否说明现在的情况,同时应借鉴其他同行的数据资料来确定有关的控制标准。因为利用本组织的历史统计资料为某项工作确定标准,虽然具有简单易行的好处,但据此所制订的工作标准可能低于同行业的卓越水平,甚至低于平均水平,从而造成经营成果或竞争能力劣于竞争对手。为了克服这种局限性,在根据历史性统计数据来制订未来工作标准时,应充分考虑到行业中其他同类组织的水平以及组织自身的状况,来制订合理的、实际的控制标准。

(3) 经验评估法。在缺乏充分数据、有些工作标准本身就难以量化的情况下,通常是根据管理人员的个人经验和主观判断来进行评估,为之建立相应的标准。这种方法简单易行,但准确性不高。因此在利用该法来建立标准时,应注意利用各方面管理人员的知识和经验,综合大家的判断,制订出相对合理且符合实际的控制标准。

(4) 工程标准法。它是以准确的技术参数和实测的数据为基础的,对获取的数据进行具体的定量计算和分析,从而确定控制标准。比如,确定机器的产出标准,就是根据设计的生产能力来确定的;工人操作标准是劳动研究人员在对构成作业的各项动作和要素的客观描述与分析的基础上,经过消除、改进和合并来确定的标准作业方法。

二、衡量绩效

绩效的衡量是控制的第二个基本环节,也是控制过程中工作量最大的阶段,并直接关系到控制措施的采取。衡量绩效也就是用预定的标准对实际工作成效和进度进行检查、测定和比较，确定偏差的范围和程度，分析偏差产生的原因，以便为纠正偏差提供有效的信息。衡量绩效其实也是控制当中信息反馈的过程。管理者首先必须收集必要的信息，使管理者了解到哪些部门哪些员工的绩效显著，以及及时发现哪些地方已经发生偏差或预期将要发生的偏差。这就涉及管理者如何衡量绩效和衡量什么的问题。

（一）衡量绩效的关键

衡量绩效的关键在于及时获取工作结果或状态的真实信息。管理者获取信息的主要途径有：各种报表、书面报告、个人观察以及统计报告等。管理人员所获取的信息必须是准确、及时的，才能对实际的工作绩效作出正确的评价。

（1）个人观察。管理人员通过直接观察来获取计划执行信息。这种方法要求管理人员不仅能对被观察对象作出直观的判断与估计，而且要求对被观察对象背后的原因、关系等加以深入的了解与认识。一般来讲，此方法用来了解定性问题的作用比较明显，但通常只能得到感性的认识，缺乏具体的数量分析，在观察范围上也有一定的局限性。

（2）口头汇报。当管理人员的管理幅度较大、所应付的控制工作任务繁重时，口头报告是一种很好的替代个人观察的方法。口头报告的内容是说明工作的现状、成果，重点描述存在的问题和困难，使上级了解到真实情况。此方法具有双向沟通和可进行追踪分析的特点，但同时这种信息也可能是经过过滤的，存在失真性。

（3）书面报告。书面报告的信息不仅可以用来了解计划执行的情况，还可以存档供以后使用。书面报告应当体现计划的要求和实际执行的情况这两方面的信息，并且实际执行情况的信息详细程度应当同能够体现计划本身的具体标准、要求相一致。

（二）在衡量绩效过程中检验标准的客观性和可靠性

衡量绩效是以先前制订的标准来检查各个部门和各个成员在各个阶段的工作情况，同时也是对标准的客观性和可靠性进行检验的过程。

检验标准的客观性和可靠性，就是在分析通过对计划执行情况的测量能否取得符合控制需要的信息。在组织确定了控制的对象后，就要以既定的对象制订控制的标准，但由于某些主观和客观的原因，人们有时可能忽略了一些重要的信息，或标准的制订过于片面，不能达到有效控制的目的。例如，分析产品的市场占有率不足以判定企业的盈利水平，考察员工的出勤率也不足以评价劳动者的工作热情和劳动效率等。有时，由于组织中某些类型的活动难以用精确的手段和方法加以衡量，建立标准也相对困难，因此，组织可能会选择一些易于衡量但并不反映问题本质的控制标准。在衡量绩效过程中对标准本身进行检验，就是在检验计划的执行情况中逐步发现能反映问题本质的客观标准，剔除这些不能为有效控制提供必需信息、容易产生误导作用的不适宜标准。

（三）衡量绩效的方式

（1）定性衡量与定量衡量。在有关计划执行情况的信息中，能够用数值量化来表示的,则容易将其同已制订好的标准进行比较,衡量的工作难度要小。但是有些工作的绩效是难以用定量的方式来衡量,相应的控制指标也就只能是采用描述性的语言来表示。遇到这种情况,主管人员应尽量准确地利用个人的经验以及价值观来进行判断。当然任何建立在主观判断基础上的衡量,都有一定的局限性,主管人员应该尽可能客观、公正地评价。

(2) 系统性衡量和局部性衡量。顾名思义,系统性衡量就是通过全面地系统地调查、汇报和分析实际工作情况来衡量组织绩效。局部性衡量则是采取抓重点、难点和典型或者运用抽样的方式,来实行组织局部绩效的衡量。

三、纠正偏差

这一步是控制工作的关键,因为它体现了组织中实施控制的目的。利用科学的方法,依据客观的标准,对工作绩效的衡量,可以发现组织过程中出现的偏差。管理者可以在下列三种方案中选择一个:维持原状、纠正偏差和修订标准。当衡量绩效的结果比较令人满意,可采取第一种方案;如果发现偏差,就要分析偏差产生的原因,有时可能是人员不称职或技术设备条件跟不上等造成的;也可能是计划或标准有误造成的,对不同的情况要采取不同的纠正措施。

为了保证纠偏措施的针对性和有效性,必须在制订和实施纠偏措施的过程中注意下述问题。

(一) 找出偏差产生的原因

一般造成偏差的原因有计划操作原因、外部环境发生重大变化原因和计划不切实际三大类原因。但并非所有偏差都可能影响组织活动的最终结果,有些偏差反映了目标制订和执行工作中的严重问题,而有些偏差则可能是由一些偶然的、暂时的、区域性的原因引起的,从而不一定会对组织活动的最终目标产生不良的影响。因此在采取纠偏措施以前,必须首先对反映偏差的信息进行评估和分析。

(1) 外部环境发生了重大变化。当外部环境发生重大变化而产生偏差时,如国家政策法规发生变化,国际政治风云突变,以及自然界不可抗拒的灾害,这些因素往往是不能控制的,只能在仔细分析的基础上采取一些补救措施,尽量消除不良影响,然后改变策略,避开锋芒,或变换目标,另辟蹊径。

(2) 计划操作原因。由于计划执行者的自身原因使偏差发生,如工作不认真、没有责任心或工作能力不够等,这种情况下可采取以下措施:重申规章制度,明确责任,明确激励措施;或调整工作人员,加强员工培训,改组领导成员等。

(3) 计划不合理原因。有时制订计划时不切实际,好高骛远,盲目乐观,把目标定得过高,根本达不到,如制订过高的利润水平、市场占有率等,这时应根据实际情况,及时调整目标,使之在合理的水平上;也有时在制定目标时,过于保守,低估了组织的实力,把目标制订得太低,不能起到激励作用,这时也应该作相应的调整。当然,应当注意不能凭一时冲动,随意更改计划目标;否则,计划将失去存在的意义,也就谈不上有效的控制。

(二) 采取纠偏措施

在认清了产生偏差的原因后,下一步就应该是采取纠正行动。不同的原因要求采取不同的纠正措施。要通过评估反映偏差的信息和影响因素的分析,透过表面现象找出造成偏差的深层原因,在众多的深层原因中找出最为主要者,为纠偏措施的制定指导方向。

如果偏差是由于绩效不足所产生的,管理者就应该纠正偏差;并且在采取纠正行动之前,首先要决定是应该采取暂时纠正行动,还是彻底纠正行动。在日常管理工作中,许多主管人员常以没有时间为借口而不采取彻底纠正行动,或者因为采取彻底纠正行动会遇到思想观念、组织结构调整以及人事安排等方面的阻力,而满足于一些暂时的应急措施。但实践证明,作为一名有效的主管人员,应对偏差进行认真的分析,并花一定的时间、精力和财力,系统有效地纠正这些偏差。

如果工作中的偏差来自不合理的标准,比方说,标准制订得过高或过低,又或者原有标准随着时间的推移已不再适应新的情况,这种情况下需要采取的措施是调整标准。但是应当注意的是,在现实生活中,当某个员工或某个部门的实际工作与目标的差距太大时,他们往往首先想到的是控制标准本身。比如,销售人员可能会抱怨任务定额太重使他们没有完成销售计划。通常情况下,人们不愿承认绩效不足是由于自己的能力不够或者由于自身不努力造成的。作为一个主管人员对此应保持清醒的认识,如果你认为标准是现实的,就应该坚持,并向下属讲明你的观点,否则就应该作出适当的修改。

另外,在采取纠偏措施时,还应注意要消除人们对纠偏措施的疑虑。任何纠偏措施都会在不同程度上对组织的结构、关系和活动进行调整,会涉及某些成员的利益。每一项纠偏措施对于不同的组织部门、成员产生的影响不一致,从而引起对纠偏措施的不同态度,特别是当纠偏措施对原先决策或活动进行重大调整时,甚至会导致组织内部不同部门或成员的重大冲突。因此,在组织的控制过程中,控制人员要充分考虑到组织成员对纠偏措施的不同态度,注意消除执行者的疑虑,争取更多人的理解、赞同和支持,以消除纠偏方案的实施过程中可能出现的人为障碍。

第四节 组织控制的技术与方法

为了对组织实现有效的控制,就有必要运用适当的控制技术与方法。在控制活动中,经常采用的控制方法有预算控制、计划评审技术、审计控制、质量控制、库存控制和成本控制等。在这些控制方法和技术中,有不少是用编制计划的手段。不管采用哪种控制方法,都必须有一个信息系统作为保障,并在实际的管理活动中,根据控制的目标、对象和条件等,因地制宜,灵活运用。本节将主要介绍预算控制、计划评审技术和审计控制三种方法。

一、预算控制

预算是组织控制广泛运用的手段之一,它是以数字来表明预期成果,并把这些目标分解成与组织相一致的各个部分,授权给各个部门而又不至于失去控制的有效方法。预算是计划的数量表现,预算的编制是作为组织计划过程的一部分开始的,而预算本身又是组织计划过程的结果,是一种转化为控制标准的计划。预算使管理人员清楚地看到,哪些资本将由谁来使用,将在哪些地方使用,并由此涉及哪些费用计划、收入计划或实物投入量和产出量计划。主管人员以此为基础进行人员委派和任务分配,协调和指挥组织的活动,并在适当的时候将组织的活动结果和预算进行比较,若发生了偏差就及时采取纠正措施,以保证组织能在预算的限度内完成计划,同时预算使组织的成员明确自己及本部门的任务和权责,更好地发挥作用,因此预算应从战略和全局的角度保障组织工作顺利地进行。

(一) 预算的种类

(1) 收支预算。收支预算是最基本、最常用的预算,包括收入预算和支出预算。收支预算是从财务角度预测未来活动的成果以及为取得这些成果所需付出的费用。其中收入预算是指组织计划期内组织活动可带来的有关收益及其来源。由于企业的收入主要来源于产品销售,因而收入预算的主要内容是销售预算。销售预算是在销售预测的基础上编制的,即通过分析企业过去的销售情况以及未来的市场需求特点和趋势,比较竞争对手和本企业的经营实力,确定企业在未来时期所要达到的销售水平。而支出预算是指计划期内为组织活动发生所支付的货币的预算,如工资预算、管理费用、销售费用、外购材料支出预算和利息支出等。为使支出预算成为组织对费用支出的有效控制手段,一般按费用支出的项目来编制支出预算。由于组织的支出项目往往要比收入项目多而且复杂,在支出预算中,应当安排一笔适当的不可预见的费用。

(2) 现金预算。现金预算是对企业未来生产与销售活动中现金的流入与流出进行预测,是以收支预算为基础来编制的。在组织的运营过程中,管理者必须清楚他有多少现金,够不够一些设想的开支,从中也可以发现是否有多余的现金库存或不合适的开支。通过现金预算,组织的有关管理人员可以了解到计划期内可能获得的现金收入和所需要的现金,以求得两者之间的平衡。因而,现金预算对于组织来讲是非常重要的。

(3) 投资预算。投资预算一般涉及组织运营中的好几个阶段,相对于收支预算和现金预算,它是一种长期预算,一般包括组织为添置厂房、机器、设备等固定资产方面和其他一些项目的资本支出。由于资本通常是企业最有限制的资源之一,而且一个企业要花费很长的时间才能收回厂房、机器及设备等方面的投资。因此,对这部分资金的投入一定要慎重地进行预算,并且应尽量与长期计划工作结合在一起。

(4) 实物预算。以货币为计量单位的预算通常会受到价格波动的影响,组织还需要以要素的自然存在形态来做预算。常用的实物预算的单位有时间、面积、体积、工时、原材料数量、产量等。在某些情况下,实物预算比货币形式的预算更容易控制。

(5) 资产负债表预算。它可用来预测将来某一特定时期的资产、负债等账户的情况。它通过将各部门和各项目的分预算汇总在一起,表明如果企业的各种业务活动达到预先规定的标准,在财务期末企业资产与负债会呈现何种状况。作为各分预算的汇总,主管人员在编制资产负债预算时虽然不需作出新的计划或决策,但通过对预算表的分析,可以发现某些分预算的问题,从而有助于采取及时的调整措施。

(6) 总预算。通过编制预算汇总表,可以用于组织的全面业绩控制。它把各部门的预算集中起来,反映了组织的各项计划,从中可以看到销售额、成本、利润、资本的运用、投资利润及其相互关系。总预算可以向最高管理层反映出各个部门为实现组织的奋斗目标而运行的具体情况。但总预算与部门预算并不是简单的全局与局部的关系,而是相互支持、相互配合的。

(二) 预算控制的缺陷

预算是一种有效的控制手段,它提供了控制的标准,有利于对整个组织或各个部门的工作绩效进行衡量与评价,是管理人员开发、调配资源的有力手段。由于预算控制的实质主要是用统一的货币单位为企业各部门的各项活动编制计划,可以使主管人员明确企业经营状况的变化方向和组织的优势部门和问题部门,从而为调整组织活动指明了方向;而且控制很方便,任何活动最终都反映到财务上,使人一目了然,在此基础上,很容易测量出实际活动对组织目标的实际贡献。

尽管预算是一种普遍使用的、行之有效的控制方法,但也存在一些缺点,主要有:

(1) 以预算目标代替组织目标。管理人员的首要职责是实现组织的目标,但有些管理者过于热衷使所管辖部门的各项工作符合预算的要求,使本部门的费用不超过预算的范围,缺乏全局、系统、权变的观点看问题,从而忽视了整体目标的实现问题;同时预算还会加剧各个部门难以协调的局面,如有些部门就因为没有预算而不能或拒绝采取一些对实现组织目标十分有利的行动。

(2) 容易导致预算过细。某些预算控制过于繁琐,详细地列出细枝末节,有可能会阻碍管理人员能动性的发挥,对其长期的工作情绪、效率和有效性都会产生负面影响;同时,预算过细,带来的预算费用也很大。

(3) 容易导致效能低下。预算通常是在上年度成果的基础上按比例增减来编制的,所以很多主管人员就理所当然地以过去的花费作为制订新预算的合理性依据。同时,管理人员通常都知道他们所申请的预算多半要削减,因而往往会申请的总数大于实际需要数。

(4) 缺乏灵活性。这是预算控制最大的缺陷。因为实际情况常常不同于预算,组织的外部环境是不断变化的,这些变化会改变组织获取资源的支出或销售产品实现的收入,从而使预算变得不合时宜。情况的发展变化可以使一个刚编出来的预算很快就过时了,若主管人员仍按照预算的有关规定照章执行的话,预算控制的有效性就会减弱或消失,甚至有碍于组织目标的实现。

(三) 预算控制的改进

为了克服预算控制存在的不足,使预算在组织控制中更好地发挥作用,有必要采用更为合理、灵活的预算,而弹性预算和零基预算则正是对传统预算不合理性的改进。

(1) 弹性预算。弹性预算是指按固定成本和变动成本分别编制固定预算和可变预算,预算额度随销售量、产量或其他衡量对象的指标值的变化而变化,以确保预算的灵活性。在编制预算时,对费用项目进行分析,确定各个费用项目与产出之间的关系,考虑到计划产出可能发生的变化,编制出一套有伸缩性的适应不同产出的预算。弹性预算大大提高了传统预算的灵活性。

(2) 零基预算。零基预算是对每一项目预算收支,都从头开始,分析研究预算期内的实际需要和效益,而后确定其发生数的一种预算。它和传统的在上期预算执行结果的基础上,结合预算期情况加以适当调整编制的预算不同。对各个业务项目所需的人力、物力和财力,都要以零为起点,重新加以估算,并考虑其经济效益而后编制。其具体步骤是:

首先,企业内部各有关部门,根据企业的经营目标,对每项业务说明其性质、目的,详细提出各项业务的收支。

其次,企业预算主管对各部门提出的预算方案进行成本效益分析和审查。审查时要考虑该项工作是否有必要,能否精简;如果必需,是否可不设专管部门或专职人员;如果必须专设部门或专人去完成,能否进一步改进方法,提高工作效率。然后权衡每项工作的轻重缓急和成本效益,以及所需经费的多少,进行顺序排列。

最后,根据生产经营实际需要和资金供应的可能,落实预算。零基预算不但能压缩经费开支,把有限的经费用到最需要的地方去,而且能够发挥各级管理人员的积极性和创造性,促使各级预算部门精打细算,量力而行,合理使用资金,提高经济效益。但由于一切开支都要从头进行分析研究,因此编制预算的工作量很大。

二、计划评审技术

预算控制的中心环节是对资金方面的收入和支出进行控制,而组织各项活动的时间性以及活动之间的协调则不是它所要控制的主要方面。但是,在组织的管理过程中,时间也是非常重要的,快速取得成果常常具有重要意义。另外,通过协同各种活动,管理者能够更充分地利用资源并使工作保持平稳的进度。在相互关联的复杂活动中,如开发一项新产品或架设一座桥梁等,控制各项活动的起始时间是特别重要的。正是由于这种原因,组织中常常需要一种对为达到某一既定目标而采取的各种步骤的时间进行控制的工具。计划评审技术(program evaluation and review technique,PERT)就是这样一种主要针对时间而不是费用进行控制的方法,它与预算控制方法形成了有效的互补。

计划评审技术,是1958年美国海军特别计划委员会鉴于当时各种管理工具不能适应科技发展的需要,在开发宇宙空间和军备竞赛时,亟须寻求一种新的管理方法,经多方研究提出并使用了计划评审技术,取得了显著成就,使北极星导弹的研制时间缩短了18个月。它是运用网络技术编制计划的方法,主要功能是帮助管理人员在众多的有着时间顺序联系的单个活动中找到对整个计划的按期完成或在最短时间内完成的有关活动,将杂乱无序的繁多活动安排得井井有条,各项活动只需在规定时间内完成,管理控制人员对整个项目的完成时间可以做到心中有数,并知道应对哪些关键活动重点控制。它是一种预先控制的方法,系统越复杂,越能体现它的优势,所以,计划评审技术多用于一些难以控制、缺乏经验、不确定性因素多而复杂的项目。这类项目往往需要反复研究和反复认识,具体到某一工作环节,事先不能估计其需要的时间,而只能推测完成时间的一个大致范围。利用计划评审技术,可以把每个工作环节的不确定性及对完成该工作环节的信心因素加入其中,从而给出更有价值的信息。

(一) 计划评审技术的运用

计划评审技术在没有经验数据可循时,一般根据三点时间估计来确定工序时间。三点时间估计不仅要估计活动时间,而且要估计整个项目在规定时间完成的概率,也就是说,估计的活动时间是一个加权平均值。其中,赋予可能时间以最大权重,而赋予最长完成时间和最短完成时间以较小的权重,通常其比例确定为4:1:1。网络的估计完成时间用基本统计方法计算。该方法假设事件序列的标准差是每一事件方差之和的平方根,因此,只要在概率表上查出相应标准差的 Z 值,就可得到完成时间的概率。下面通过示例来说明三点时间估计法。

在三点时间估计法中要解决的问题包括:

(1) 识别项目所要完成的每项活动。

(2) 确定活动顺序,构建反映每项活动与其他活动之间关系的网络图。

(3) 每一项活动所需的时间,做三点时间估计:

a:乐观时间即活动完成的最小可能时间。较短时间内完工的可能性很小(通常设定为1%)。

m:最可能时间即对所需时间的最准确估计。因为 m 是最可能出现的时间,它通常服从第(4)步要讨论的 β 分布。

b:悲观时间即完成活动可能需要的最大时间。活动能在较长的时间内完成可能性很小(通行设定为 1%,一般情况下,这些数值要从从事活动的人员那里获得)。

(4) 计算每项活动的期望时间(ET),公式如下:

$$ET=(a+4m+b)/6$$

该公式基于 β 分布,赋予了最可能时间(m)4 倍于乐观时间(a)和悲观时间(b)的权重。β 分布的灵活性极大,它可以用于通常发生的许多形式,它有确定的区间点(限定了可能的活动时间的范围是在 a 和 b 之间),允许直接计算活动的平均值和标准差。

(5) 确定关键路线利用期望时间,采用与单点时间估计相同的方法计算关键路线。

(6) 计算活动时间的方差,方差与每一个 ET 相关。

(7) 确定项目在给定日期的完工概率。使用三点时间估计的最大特点是可以估计出不确定因素对项目完工时间的影响。

如果计划评审技术网络制订的活动过细,则当一个环节脱节时,将需要重新调整整个网络,如果制订的网络计划不准,大大落后于实际进度,频繁的调整会使主管这方面的人员失去信心。所以对活动的时间间隔长短规定了一些判断的标准。为了避免对计划评审技术网络更改的困难,一般与计算机绘图调整网络结合起来,采用计算机的控制和报告系统。

(二) 控制标准的选择

网络计划编制的详细程度,往往用每个活动的平均时间来表示,它与项目类型、项目期限、项目的成本和项目所承担的风险有关。目前在美国有两种控制标准:

(1) 每个活动的最长时间一般不超过 10 个工作日(两周),也不主张分得过细,这也就决定了为什么计划评审技术不能作为逐日控制进度的工具;并且在行动时间上也留有适当的余地和弹性,目的在于以各个环节上的灵活性来保证大而复杂的网络的相对稳定性。

(2) 为了控制项目的风险和降低其不确定性,规定每一活动的成本不超过整个网络平均活动成本的 10 倍,也就是一个 1 000 个活动的项目,不允许任何一个活动的成本大于总成本的 1%(因为每一活动的成本子均值为 0.1%)。

活动时间长短的控制,既要防止过长,增加其风险和不肯定性;又要避免过细,影响其弹性,因此需要在两者之间取得适当的平衡。

运用计划评审法进行控制的项目一般都是非常复杂的,可能包括几百个或几千个事件,这样复杂的计算工作只能利用专门的计划评审技术软件在计算机上进行,这也正是计划评审法的优势所在。对于复杂的大型项目,运用计划评审技术进行控制,其有效性是非常明显的。

计划评审技术能够为项目经理提供重要的帮助,促使管理者组织和量化有用信息,并认识到哪里需要额外信息;为项目及其主要活动提供图形化显示;能识别出由于潜在的项目延迟风险而需予以密切注意的活动及有松弛时间的其他活动,提高了重新分配资源以缩短项目的可能性。当然,这一技术存在潜在的错误来源,制作项目网络图时,可能会遗漏一项或几项重要活动;流程的先后未必全部显示正确;为了迎合管理者尽快完成任务的偏好,时间估计中可能会含有捏造因素等。另外,由于计划评审技术只强调时间因素,而相对忽略费用因素,在运用过程中也可能产生某些误导和片面的行动。这都需要通过多种控制方法的综合运用来弥补。

三、审计控制

审计控制是一种常用的控制方法,根据审查主体的不同和内容的不同,可将审计分为三种主要类型:内部审计、外部审计和管理审计。其中内部审计和外部审计的内容主要是财务审计。财务审计是指以财务活动为中心的,通过检查并核实账目、凭证、财物、债务以及结算关系等来判断财务报表中所列出的综合的会计事项是否准确,以及报表本身是否可以信赖等。而管理审计的对象和范围比财务审计要广泛得多,这是一种对组织所有管理工作及其绩效进行全面系统评价和鉴定的方法。

(一)内部审计

内部审计是由部门、单位内设的审计机构从内部对其财务收支的真实性、合法性和效益性进行的审计监督,目的是促进经济管理的加强和经济目标的实现。内部审计具有不同于外部审计的特征,并在经济发展中发挥着独特的作用。

(1)内部审计的特点。内部审计的主体是单位设立的内部审计机构或专职审计人员,其依据是中国内部审计协会制订的内部审计准则。内部审计相对于外部审计具有如下特点:

审查范围的广泛性。内部审计的审计对象是本单位及所属单位财政收支、财务收支、经济活动,这就决定了内部审计的范围必然要涉及单位经济活动的方方面面。内部审计既可进行内部财务审计和内部经济效益审计,又可进行事后审计和事前审计;既可进行防护性审计,又可进行建设性审计。一般应做到:本部门、本单位的领导要求审查什么,内部审计人员就应审查什么。

审计程序的相对简化性。内部审计的程序主要包括规划、实施、终结和后续审计四个阶段。由于内部审计机构对本部门、本单位的情况比较熟悉,在具体实施审计过程中,各个阶段的工作都大为简化。

审计方法的多样性。在审计方法上,内部审计的方法是多样的,应结合组织的具体情况,采取各种不同的方法,其中也可以包括外部审计的一些程序。

审计报告作用的独特性。在审计报告的作用上,内部审计报告只能作为本单位进行经营管理的参考,对外不起监督作用,不能向外界公开。

审计结论的权威性。在审计权限上,内部审计有审查处理权,但其内向服务性决定了其强制性和独立性较国家审计弱,其审查结论也没有社会审计的社会权威性高。

(2) 内部审计的作用。组织内部审计的作用是随着内部审计的内容、范围、职能的发展而逐渐扩大的。内部审计具有双重任务:一方面要对组织各部门、单位的经营活动进行监督,促使其符合法律法规;另一方面要对部门、单位的领导负责,促进经营管理状况的改善、经济效益的提高。具体地说,内部审计的作用主要包括以下几个方面:

监督各项制度、计划的贯彻情况,为本组织领导作出经营决策提供依据。现代内部审计已经从一般的查错防弊,发展到对内部控制和经营管理情况的审计,涉及生产、经营和管理的各个环节。内部审计不仅可以确定本组织的活动是否符合国家的经济方针、政策和有关法令,又可以确定组织内部的各项制度、计划是否得到落实,是否已达到预期的目标和要求。通过内部审计所收集到的信息,如生产规模、产品品种、质量、销售市场等,或发现的某些具有倾向性、苗头性、普遍性的问题,都是领导作出经营决策的重要依据。

揭示经营管理薄弱环节,促进部门、单位健全自我约束机制。组织的活动不仅要受到国家财经政策、财政制度和法令的制约,而且要遵守本组织内部控制制度的规定。内部审计机构可以相对独立地对本组织内部控制情况进行监督、检查,客观地反映实际情况,并通过这种自我约束性的检查,促进该组织建立、健全内部控制制度。

促进本组织改进工作或生产,提高经济效益。内部审计通过对组织经济活动全过程的审查,对有关经济指标的对比分析,揭示差异,分析差异形成的因素,评价经营业绩,总结经济活动的规律,从中揭示未被充分利用的人、财、物的潜力,并提出改进措施,可以极大地促进组织绩效的提高。

监督受托经济责任的履行情况,以维护本组织的合法经济权益。所有权与经营权的分离是内部审计产生的前提,确定各个受托责任人经济责任履行情况也是内部审计的主要任务。内部审计通过查明各责任者是否完成了应负经济责任的各项指标(诸如利润、产值、品种、质量等),这些指标是否真实可靠,有无不利于组织发展的长远利益的短期行为等,既可以对责任者的工作进行正确评价,也能够揭示责任人与整个组织的正当权益,有利于维护有关各方的合法经济权益。

监控财产的安全,促进本组织财产物资的保值增值。财产物资是组织进行各种活动的基础。内部审计通过对财产物资的经常性监督、检查,可以有效及时地发现问题,指出财产物资管理中的漏洞,并提出意见和建议,以促进或提醒有关部门加强财产物资管理,努力保证财产物资的安全完整并实现其保值、增值。

(3) 内部审计的局限性。虽然内部审计对组织的控制提供了大量的有用信息,但在使用中也存在不少局限性:内部审计中进行的详细的、深入的审计需要很大一笔费用;内部审计不仅要收集事实,而且需要解释事实,并指出事实与计划的偏差所在,完成这些工作又不至于引起被审计组织的反感,这需要审计人员有充分的技能,而这样专业的审计人员又通常是最缺乏的,因此这也是限制内部审计正常而持续开展的重要原因。

(二) 外部审计

外部审计是由国家各级审计机关或独立开业的注册会计师、民间审计组织根据法律或接受委托对不同组织进行的审计。外部审计包括国家审计和社会审计。国家审计是指由国家审计机关所实施的审计。国家审计的主体是审计署以及各省、市、自治区、县设立的审计机关,对被审计单位的财务财政活动、执行财经法纪情况以及经济效益性进行审计监督。社会审计是指由经政府有关部门审核批准的社会中介机构进行的审计,其主体是注册会计师。

(1) 外部审计的特点。外部审计中的国家审计是以各级政府、事业单位及大型骨干企业的财政、财务收支及资金运作情况为主要对象的。外部审计在经济、组织、工作等方面都与被审计单位无关系,具有较强的独立性。外部审计大多是受委托施行的。外部审计的工作范围主要集中在企业的财务流程及与财务信息有关的内部控制方面。外部审计的审计方法侧重于报表审计程序。外部审计的服务对象是国家权力机关或各相关利益方。国家审计除涉及商业秘密或其他不宜公开的内容外,审计结果要对外公示。国家审计代表国家利益,对被审计单位的违法违纪问题既有审查权,也有处理权。国家审计属于行政监督,具有强制性。

(2) 外部审计的优点与局限性。外部审计因具有上述与内部控制不同的特点,它的优点主要表现在:一方面由于外部审计是由独立于被审计单位以外的审计机构所进行的,可以不受任何干涉独立行使审计监督权,因而能够比较客观、公正地对被审计单位或案件作出正确的评价,得到社会的信任。另一方面是外部审计还能使有关投资者对这些财务报表提供的信息产生信任感,有利于改善组织的外部发展环境;此外,外部审计还是对组织内部虚假、欺骗行为的一个重要而系统的检查,因此起着鼓励诚实的作用。外部审计的局限性表现在:由于外部审计的审计人员大都是外来的,不了解组织内部的组织结构、生产流程和经营特点等,在具体业务的审计过程中可能会产生困难;此外,被审计的组织成员可能会产生抵触情绪,不愿积极配合外部审计人员的工作,这也可能增加组织外部审计工作的难度。

(三) 管理审计

(1) 管理审计的定义及其特点。管理审计是审计人员对被审计组织经济管理行为进行全面监督、检查及评价并深入剖析的一种活动,目的是使被审计单位的资源配置更加富有效率。从管理审计的辅助手段上来说,它是相对于财务审计的一个概念;从被审计单位经济活动的外延来看,管理审计又是相对于经营审计的一种认知。对组织而言,经营讲的是市场,管理讲的是效率,从这个意义上讲,管理审计又可以称为效率审计。

管理审计是针对被审计单位的经济管理行为而进行的审计。管理是一个十分宽泛的概念，它的外延很广，包括生产、安全、财务、计划、物资、合同、人事、后勤服务等。管理审计的内容要视该项审计的目的而定，与该项审计目的无关的管理内容则不必涉及。

管理审计是一种监督、检查、评价及深入剖析的活动。管理审计的最大特点在于通过对表面经济现象的监督、检查，并根据检查结果，对表面现象进行深入剖析，从而对审计对象进行评价并提出改进意见。管理审计不同于一般的审计监督活动，它是一种深入的由感性到理性的分析过程。没有对感性认识进行深入解剖，不能称为管理审计。由管理审计深入解剖的特性伸展开来，我们可以认定，不需要进行深入解剖的审计活动也不能称之为管理审计。虽然某些审计活动具有管理审计的一些特点，如某单位现金短缺 1 000 元，经过初步审计了解，是由于出纳员粗心大意而导致了现金丢失（假设该单位现金内控制度非常健全，这只是一种偶然或意外）。这是一种简单的审计活动，不需要深入解剖问题产生的原因，因此只能称为审计调查。

管理审计在借助财务资料的同时，也较多地借助于财务账本以外的资料，有时完全可以摆脱财务账本，审计人员接触较多的为财务以外的人员。管理审计表达的是一种改进组织管理方式的意见。我们通常所说的内部审计要向管理审计发展，便是要从传统的财务审计向现代管理审计过渡和延伸。

相对于经营审计，管理审计是一种认知。管理审计更多的是研究挖潜增效的问题，而经营审计则是研究如何增加收入的问题。

管理审计与基本建设审计、经济责任审计、经济合同审计有所不同，但又不能把它们完全割裂开来。管理审计蕴含在这些审计项目之中，如领导干部经济责任审计便包括管理审计的内容，需要对离任人任期内物资管理、财务管理、合同管理等经济管理内容进行深入剖析，揭示离任人的经济管理水平及责任。

（2）管理审计的内容。管理审计是对组织经营管理活动的检查和评价，管理活动遍布了整个企业及其所有经营的各个方面、环节和领域，因此，管理审计的内容涉及各种与市场、生产、存货、设备管理、安全、人力资源管理、电子数据管理、财务管理以及会计等职能相关的内部控制。管理审计的主要内容包括以下几个方面：

评价组织的状况，确定组织所处的地位、发展方向、企业目标、计划修订，以适应变化的外部环境。管理审计要研究组织所属行业的情况、最近的趋势和发展前景、市场定位、宏观因素的影响。执行适当的政策、计划、程序以及法律、法规，有利于组织有计划地、系统地、有序地开展经营活动，有利于组织经营管理目标的实现。管理审计要审查组织制订的市场定位政策、发展方向、远景规划是否坚持了可持续发展战略；计划的修正与执行是否符合经营目标的要求；各控制环节程序的设计是否适当，是否具有可操作性，是否存在控制薄弱环节。组织制订的政策、计划、程序与国家法律、法规是否得到一贯的、严格的遵守。

审查资产保护措施的安全性和有效性。保护资产的安全是企业经营管理者的主要管理目标之一,安全有效的资产控制是组织实现良性发展的基础,是实现经营目标的前提。组织需要保护的资产不仅指会计意义上的可以量化的实物资产或可以确定的金额计量的结算资产,如固定资产、购进或待售的货物、应收账款等,还包括组织经营信息、电子数据、财务空白票据使用凭证等。管理审计要审查资产接触的授权文件,是否存在随意接触资产现象;资产管理过程中设立的不相容岗位授权和分工是否恰当,是否存在串岗、混岗现象,而导致内控措施形同虚设;资产保护的内控设计是否坚持了成本—效益原则;对资产保护存在较大风险时,是否采取了对可能的损失进行投保等相应补救措施来降低风险。

评价组织人力资源使用的有效性和经济性。完善的组织结构、授权程序和工作说明固然重要,但不能取代高素质的员工。如果员工不能胜任工作,即使企业其他方面再完善,也会严重影响企业发展。开展对组织人力资源使用的有效性和经济性评价,可以促使组织加强对人力资源的管理,选择和培训出高素质的员工,以达到提高工作效率,有效降低人工成本,实现较高效益水平的目的。

审查企业人事管理政策。通过管理审计,了解组织是否按照既定标准招聘和选择合适的员工;了解员工培训和发展计划,是否有利于员工素质的提高,计划是否按期执行,员工对培训的参与程度如何;查看员工监督记录的全过程,员工的素质是否有利于企业发展,工作胜任能力是否得到最大限度的发挥。

审查信息的可靠性和完整性。组织内部控制的主要目标之一就是保证信息系统所产生信息的可靠性和完整性,这对于管理者制定决策是非常重要的。管理审计要进行会计内部控制,看其是否存在舞弊风险,会计信息的可信度如何;测试生产报告并将实际与预算执行结果相比较,评价信息系统的可靠性和完整性,考察项目的经济性和有效性,看其是否达到企业经营目的和经营目标。

由此可见,从管理审计中所得到的益处和成果要远远超出财务审计,因为一个组织的前途取决于全面的管理质量,而不是某个单项因素。

(3) 管理审计程序。为保证管理审计的工作质量,提高效率,管理审计可分为四个阶段:

准备阶段:这一阶段的主要任务是评价组织的现状,确定组织所处的地位、发展方向、组织发展目标、计划的修订,以适应变化了的外部环境,并研究竞争对手的地位、顾客的反应和行业内影响本组织地位的其他因素。在详细研究了组织的背景资料后,制订初步审计方案,并取得对审计方案的批准。

实施审计阶段:管理审计的第二步是依据制订的初步审计方案,运用适当的审计方法,对被选的内部控制系统进行检查和测试,并做出初步评价。在此基础上审计人员要对风险状况进行重估,以决定是否对审计目标和审计范围进行修改和完善;是否实施扩大性审计测试。

报告阶段:在结束了对组织的主要管理人员的知识、能力等素质的检查和评价之后,审计人员应提出审计发现的问题和审计建议,在与管理者讨论的基础上编写并报送审计报告。

后续审计阶段:后续审计是审计工作必不可少的环节。这一阶段的主要任务是检查对审计建议采取后所取得的实际绩效,以真正达到管理审计的目的。

(4) 管理审计的技术方法。管理审计的具体方法很多,常见的审计方法有以下几种:

实地观察法:指审计人员不靠其他手段而直接通过在现场实地观察组织经营管理活动,以获得第一手资料,确定组织内部控制的执行效果。这种方法的特点是简单、直观,可使审计人员获得感性认识,容易取得比较理想的审计效果。

调查表法:指审计人员将需要了解的一些问题预先设计成调查表,然后广泛征求被审计组织员工意见的一种方法。不同的组织内部结构、人员配备、组织文化等都有着很大的差异,因此,在设计调查表时一定要注意考虑所提问题的必要性、可行性、准确性和艺术性等相关因素。

流程图法:指审计人员用图形来描述组织经营的全过程和各个环节内部控制措施的一种方法。此种方法的特点是对内部控制的了解清晰明确、一目了然、易于理解,很容易找到内部控制的关键控制点,并判断出是否存在控制的薄弱环节。

穿行测试法:指审计人员按照内部控制程序一步一步从头到尾重新执行这一控制的全过程的一种方法。此种方法的特点是可使审计人员直观地了解业务流程及内部控制措施的强弱。

总之,在组织中搞好管理审计需要审计人员细致入微的工作,需要实事求是的态度,同时还需要掌握正确的方法。只有这样,管理审计才能逐步迈入正轨,内部审计的职能作用才能得到更好的发挥。

思 考 题

1. 什么是组织控制?组织控制的重要性体现在哪些方面?
2. 为了实现组织的有效控制,在控制过程中有哪些原则性的要求?
3. 组织控制可以划分为哪些类型?又各有哪些特点?
4. 组织控制的一般过程包括哪几个步骤?
5. 简述预算控制和计划评审技术,并说明它们之间的区别。
6. 管理审计和内部审计、外部审计相比,有哪些优点?
7. 请列举一个组织控制失效的例子,并分析其原因。
8. 如何评价预算在组织控制中的作用?

第五篇

组织创新

第十五章 领导权变

学习目标

1. 掌握领导权变的因素
2. 掌握领导行为的连续带模式
3. 理解 LPC 量表在领导行为中的应用
4. 掌握途径——目标模式的理论内容
5. 掌握领导参与模式的内容与意义
6. 掌握领导生命周期模式的基本内容

领导权变理论（contingency theories of leadership），又称领导情境理论或领导处境理论，主要是探讨各种情境因素怎样影响领导者素质和行为与领导效率的关系，认为领导有效与否与领导者的素质和行为有关，而且与领导者所处环境的关系更大。权变理论正是着重研究影响领导者行为在一定环境下成为有效行为的那些环境变量的理论，它指明有效的领导依环境变化而异。

对于权变的因素，国内外的学者做了很多研究，综合各种观点，影响领导人行为的权变因素主要有以下四种，领导人自身的特点，下属人员的特点，群体的特点，组织的结构。这四个因素的具体关系可用图 15-1 表示。

第一节 领导行为的连续带模式

一、连续带模式的基本理论

领导行为的连续带模式是加利福尼亚大学教授、行为科学家坦南鲍姆（Robert Tan-

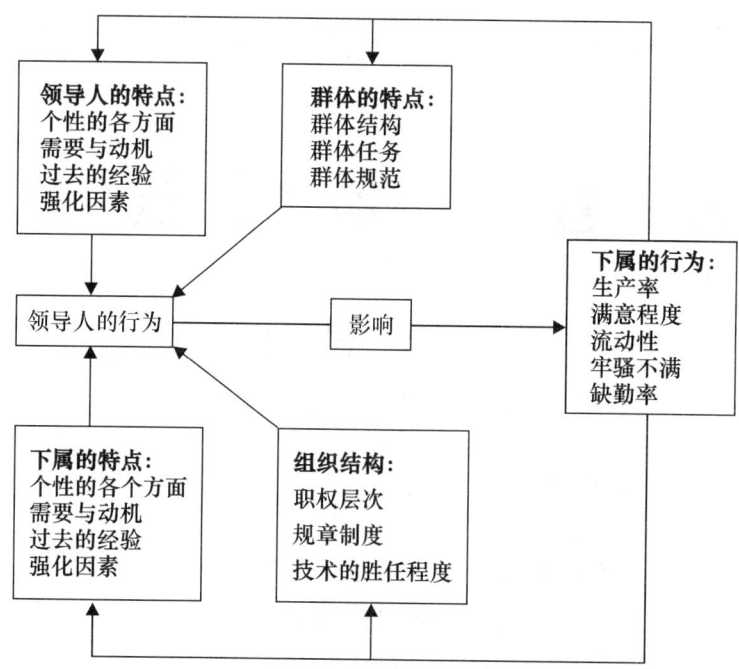

图 15-1 影响领导人行为的权变因素

nenbaum)和施米特(Warren Schmidt)于 1958 年在《哈佛商业评论》上合作发表的《如何选择领导模式》一文中首次提出的,他们认为在独裁和民主两个极端之间存在着一系列的领导行为方式。这就是说,一切领导方式不可能固定不变,而是随着环境的变化而变化的。领导方式不是机械地只从独裁和民主两个方面进行选择,而是按客观需要把两者结合起来运用。连续带模式正是表明一系列民主程度不同的领导方式。有效的领导方式就是能在特定的时间和地点条件下选择所需要的领导行为。图 15-2 列出了几种典型的领导方式。

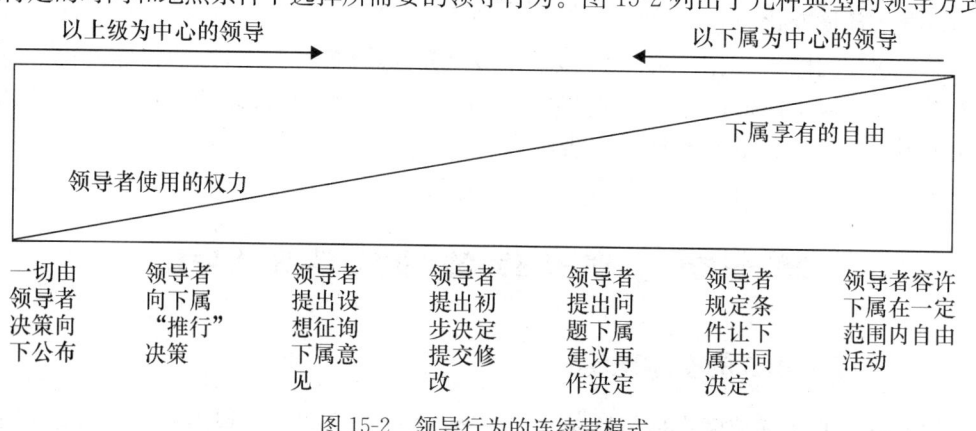

图 15-2 领导行为的连续带模式

（一）经理人员有能力作出决策，非经理人员接受

在这种方式中，经理人员确定问题，分析问题，作出决策。他可能考虑也可能不考虑下属对问题的看法，不管怎样，他不会让下属参与决策，他只是告诉下属，以便执行。

（二）经理人员必须推销自己的决策，才能使非经理人员接受

这种方式同前一种方式一样，经理人员承担确认问题和作出决策的责任，但它不是简单地向下属宣布这个决策，而是说出理由，说服下属接受。这表明它可能意识到下属有反对意见，他想通过解释来减少反对意见。

（三）经理人员提出自己的决策，但必须回答非经理人员提出的问题

在这种方式下，经理人员作出决策时，会向下属详细说明自己的意图，并允许下属提出问题。这样，他的下属可以了解他的计划并接受他的决策。这个过程使领导者和他的下属人员能深入讨论这个决策的意义和影响。

（四）经理人员报告初步决策，在非经理人员帮助下予以修改

在这种方式下，确定问题和决策权虽然仍掌握在领导者手中，但下属可以对决策产生影响。这只是个暂定计划，领导者征求有关人员意见后才最终决策。

（五）经理人员提出问题，征询非经理人员意见，然后决策

在这种方式下，确定问题和决策虽然仍由领导者进行，但此时下属有建议权，下属可以提出多种解决方案，由领导者选择最佳方案，这充分利用了下属的知识和经验。

（六）经理人员确定界线的要求，非经理人员作出决策

在这种方式下，领导者把决策权交给了群体，他只需要解释要解决的问题并规定一定的条件。

（七）经理人员与非经理人员在组织条件许可的范围内共同决策

在这种方式下，群体有很大的自由，唯一的限制是上级所规定的范围。

二、连续带模式的含义及评价

从领导行为的连续带模式图可以看出，它以领导者（经理人员）利用职权的程度和下属（非经理人员）享有自主权的程度为基本特征变量。在高度专权的严密控制下，以上级为中心的领导模式为左端，以高度放手的、间接控制的、以下属为中心的领导模式为右端，划分出了几种具有代表性的典型领导方式。坦南鲍姆和施米特认为领导者应根据领导者自身、下属、环境三个方面的因素，有针对性地在一系列备选的领导方式中选出最恰当的一种。

他们认为，应考虑的领导者个人因素包括他们的价值观、对下级的信任、对专断与民主的基本取向以及与下级共同决策带来的不确定性是否会威胁他们自己；至于下属方面的因素则包括下属追求自主的意愿强度、他们是否愿意承担责任、对不明情况的耐力、对

解决问题的兴趣和赋予它的重要性、他们自己的目标与组织目标的一致性,他们对有待解决问题的了解、知识和经验等。要考虑的情境因素是组织的类型、规模;各下属单位距离的远近,尤其是对职工参与的信念;工作群体注意一个能顺利发挥其功能的集体的成熟程度;决策时限是否紧迫等。

需要指出的是,以上几种方式没有优劣之分,成功的领导者不一定是专权的人,也不一定是放任的人,而是在具体情况下采取恰当行动的人。并且,在后来的研究中,坦南鲍姆和施米特,又强调指出,影响领导方式的因素和条件不是一成不变的,而是相互影响和动态的。要求领导者具有较强的适应性,有恰当的灵活性,来应付不断的变化,根据自己的能力、下属的素质和组织目标,有效地授予权力。

由于坦南鲍姆和施米特在研究领导方式上摆脱了两级化倾向,统一基本参变量渐变的构思反映出领导模式的多样化,同时又没有简单化地宣布何种正确、何种错误,因此是比较切合实际工作的真实图景。该理论首次提出考虑多种因素对采用领导方式的影响,开创了权变理论的先河。

第二节　领导行为的菲特勒模式

美国华盛顿大学教授、心理学家和管理学家菲特勒(Fiedller)经过15年的研究,系统地阐述了一种有效领导的权变理论,人们称之为菲特勒模式。该模式指出,有效的领导取决于两个因素:与下属相互作用的领导者的风格;情境对领导者的控制和影响度。这个理论认为,领导是否有效,要视环境而定,要按具体环境来选择合适的领导人;领导人的性格和爱好是不同的,有的领导人喜欢以关心工作为中心的领导方式,有的领导人喜欢以关心人为中心的领导方式。图15-3说明了这个理论的脉络。

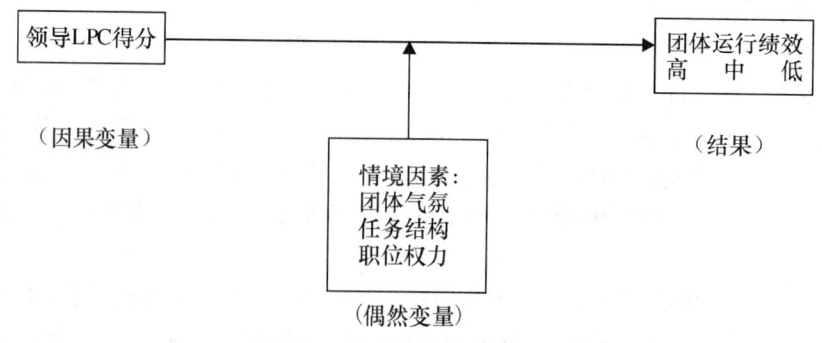

图15-3　菲特勒模式的理论框架

一、情境因素

菲特勒分离出了三种情境因素。

（一）领导者—成员关系的质量（团体气氛）

领导者—成员关系的质量（团体气氛）主要指领导者与下属相互信任、尊重的程度；团体对领导的接受程度。一个被群体所接受且职员都忠诚于他的领导，为了开展工作，几乎不需要向职员显示自己职位的优越性。当领导与职员相处很好的时候，就几乎没有摩擦。在一个拒绝领导的群体中，领导的最基本问题就是不要使职员躲着自己或破坏工作，这显然很难提高领导的绩效。

（二）任务的结构

任务的结构主要指工作任务是否明确，即被领导者对组织任务的理解程度；职员所从事工作的常规或非常规的程度就是工作结构的程度。常规工作可能有清晰、具体的目标，其步骤或过程很少，它按部就班，有恰当的解决办法。对于非常规工作来说，如何开展这种工作，领导知道的并不比职员更多。这种工作没有明确的目标，展开的途径多种多样，按部就班是解决不了问题的。

（三）领导者的职位权力

领导者的职位权力主要指领导者拥有的合法权力变量（如聘用解雇、训导、晋升、加薪等）的影响程度。在大多数商业机构中，领导具有较高的职位权力，如雇佣和解雇职员、培训等。大多数自愿性机构、委员会和社会组织中，领导一般具有较低的职位权力。

二、LPC量表

菲特勒设计了一种测定领导的类型的测定表，叫做"最不喜欢与之共同工作的人"——LPC（least preferred coworker questionnaire）。量表首先要求职员在所有共同工作人的范围内，选择一个最不喜欢与之共同工作的人，再在有18个项目的量表中将这个最不喜欢的人进行排列，算出得分（LPC）。表15-1是从这18个项目中选择的5个。

表15-1

LPC 量 表

愉悦的	8	7	6	5	4	3	2	1	不愉悦
友好的	8	7	6	5	4	3	2	1	敌对的
接受的	8	7	6	5	4	3	2	1	排斥的
轻松的	8	7	6	5	4	3	2	1	紧张的
亲密的	8	7	6	5	4	3	2	1	疏远的
……	…	…	…	…	…	…	…	…	……

领导的 LPC 得分低、表示团体对他是持否定性的,他不为团体所喜欢。这种领导的基本动机就是工作,他们在完成工作中获得满足。如果工作能顺利完成,LPC 得分较低的领导会努力培养和保持与下级的关系,因此这种领导在得到完成工作的保证后,才会改善与下级的关系。LPC 得分高的领导对得分低的领导评价更为积极,别人对他们也较为敏感,他们的基本动机是建立和维持密切的人际关系。得分高的领导首先与下级建立良好的关系,然后关注工作的完成。

三、领导风格

这是菲特勒模式的核心内容,综合领导 LPC 得分和情境因素对领导绩效的影响。图 15-4 可以清楚地表达出各种搭配关系。

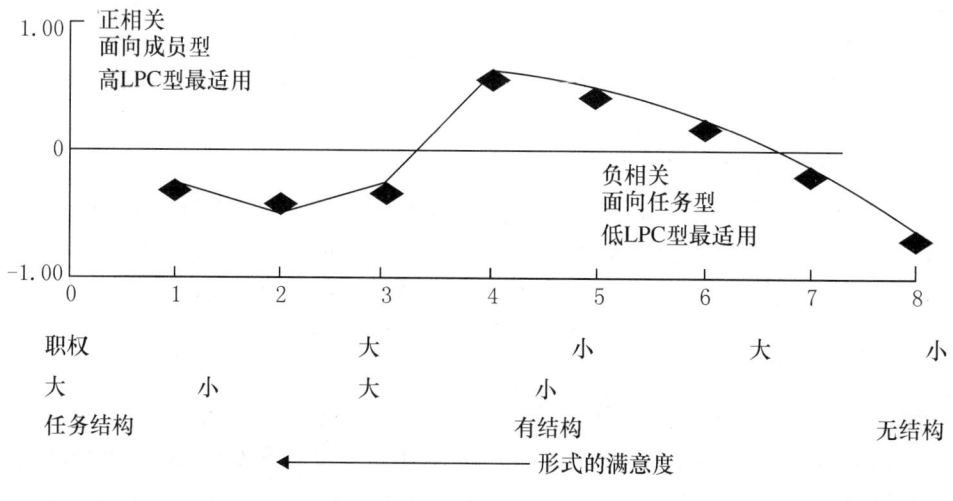

图 15-4　菲特勒模式

图 15-4 描述了三个情境因素变量和 LPC 得分与领导绩效之间的关系。员工导向的程度由竖轴表示,横轴表示其他三个变量的不同组合,从最适宜领导者的环境到最不适宜的环境。图中每点代表特定的研究项目的数据。该图明确表明关怀的、员工导向的管理者在环境适宜程度中等(图的中部)的情况下,是最有效的。图中的两个极端:环境最适宜和环境最不适宜的情况下,结构的、任务导向的领导者是更合适的,如汽车总装生产线的班组的任务是结构化的,主管的职位权力非常强。如果领导者—成员关系是正面的,该环境更适合于可以使用权力的任务导向型领导。相类似,一位结构化的领导者更适合于职位权力弱、任务结构程度低,并且领导者—成员关系非常差的情况。但是,

第十五章 领导权变

在环境适宜程度中等的情况下,关怀型的领导者是有效的,并且这种环境在工作群体中是最常见的。

菲德勒模式的结论可以用下述方式解释。在高度非结构化环境下,领导者的结构和控制可以解决该情境下的模糊和焦虑问题,所以结构化的方法更能得到员工的喜爱。在任务高度程序化以及领导者与员工的关系很好的情况下,他们会觉察到任务导向更加有助于工作绩效。其余的情况下需要建立更好的领导者—成员关系,于是更加关心人的、员工导向的领导者是有效的。具体的结论可总结为表 15-2。

表 15-2

菲特勒模式的结论

对领导的 有利与否	情景类型	领导者与被 领导者关系	任务结构	职位权利	有效领导类型
有 利	1	良好	有结构	强	任务导向型
	2	良好	有结构	弱	任务导向型
	3	良好	无结构	强	任务导向型
中间状态	4	良好	无结构	弱	人际关系型
	5	不良	有结构	强	人际关系型
	6	不良	有结构	弱	无资料
	7	不良	无结构	强	无资料
不 利	8	不良	无结构	弱	任务导向型

对于模式的效果怎样这个问题,菲特勒对这个问题的回答是:屡试不爽。它成功的基础是情境因素—领导—成员的关系、工作结构和领导权力。菲特勒认为,只要情境对领导有利,无论 LPC 得分的高低,领导的行为都是积极有效的。换句话说,成功与否的基础是:情境为领导提供的影响他人的程度。

但是,菲特勒模式还是有问题的,人们特别对 LPC 量表的运用有疑问。他们说对领导行为的测量需要更好的方式。他们认为 LPC 是个单维概念,那就是说,它本身表示,如果个人的动机是完成工作,他们对职员间的关系就会漠不关心;反之,亦然。菲特勒还认为,一个人的 LPC 得分是不会随着时间的改变而发生变化的,这显然不太合理。此外,还有批评说,菲特勒模式认为,由于领导的情境知识,领导不能影响工作结构和群体气氛,但实际上领导是能够影响工作的,所以工作不是个偶然性变量。领导风格决定至少是部分决定了职员工作的状况。换句话说,领导在将一个混乱不清的问题交给其他人前,是会先将其搞清楚的。

四、菲特勒模式对领导的意义

该理论对领导者至少有三个重要意义。

首先,无论是以关系为动机,还是以工作为动机,在某种情境中领导都会很好地开展工作,而在其他情境中却不是这样。在某一层次上表现突出的人会得到提升,但在更高层次上却提升不了,因为他们的领导风格不适合新情境的要求。

其次,领导工作的成功与否既依赖于其动机,也依赖于情境。所以,一个组织可以通过改变报酬体系或优化情境来影响领导。

最后,领导人在情境不适的情况下也可以做些事情。表15-3显示了菲特勒对改变情境变量的建议。他说可以通过教育使一个领导成为好领导。领导角色吻合训练就是一个自我培训的过程,它通过运用专门的学习教材,使个人的LPC风格与情境相吻合。领导既可通过改变情境以与自己的LPC风格相适合,也可在组织中调换新的职位。

表15-3

改变情境变量的领导行为

优化群体气氛:
1. 用更多或更少的时间与你的职员在一起(共同进餐、闲暇活动等);
2. 要求特定的人在你的团队工作;
3. 自动对付调皮或难缠的职员;
4. 通过建议或施加影响,使特定的职员离开或进入你的部门;
5. 通过提供优惠措施(如特殊的奖励、放假、有吸引力的工作等)鼓舞士气。

优化工作结构:
如果你希望工作更少结构化,你应该:
1. 只要有可能,要求你的领导让你解决新的或不寻常的问题;
2. 将你的问题和工作交给你的团队成员,邀请他们在工作计划和决策阶段与你共同工作。

如果你希望工作更加结构化,你应该:
1. 只要有可能,要求你的领导给予你更结构化的工作,或给出更具体的指令;
2. 将工作分解为较小的部分,使其更加结构化。

优化职位权力:
为增加你的职位权力你应该:
1. 通过全面行使权力来提醒别人"谁是老板";
2. 保证他人从你处获得信息。

为减少职位权力你应该:
1. 召集团体的所有成员参与计划和决策;
2. 将决策权交给他人。

第十五章 领导权变

第三节 领导行为的途径—目标模式

途径—目标模式是由加拿大多伦多大学教授伊万斯(Evans)于1968年提出,后由其同事豪斯(Rober House)教授及华盛顿大学教授米切尔(Terence Mitchell)教授补充和发展而成,是近年来在国外颇受重视的理论。途径—目标模式与菲特勒的LPC特性的权变理论不一样,它关心各种领导人的行为最有效的情境。

一、途径—目标模式的理论内容

准确理解为什么用"途径—目标模式"命名对于掌握该理论的核心思想很有帮助。按照豪斯的说法,领导人最重要的活动是那些阐明有利于下属通向不同目标的途径的活动,这种途径包括晋升、成就感或令人心情舒畅的工作气氛等。反过来说,实现这种目标的机会将促进工作满意,对领导人的认可和高度努力。因此,有效的领导人在下属的目标和组织目标之间形成了一种联系。

为了保证工作满意度和对领导人的认可,豪斯指出,必须让下属认为领导人的行为是直接令人满意的或者未来会令人满意的,被认为是不必要的或者无帮助的领导人行为将遭到抵触。为了提高下属的努力程度,豪斯主张,领导人必须依靠绩效付给报酬并且保证下属对如何得到报酬有明确了解。为了做到达一点,领导人不得不通过指挥、指导和训练提供帮助。例如,当上级同意根据出色的工作进行推荐,并且认真解释在现有的工作中如何做得更好的时候,希望晋升为主管人的银行出纳员将会作出积极努力。

需要指出的是:途径—目标模式是以期望理论和领导四分图为依据的,该模式的基本要点是要求领导者阐明对下属工作任务的要求,帮助下属排除实现目标的障碍,使之能顺利达到目标。在实现目标的过程中满足下属的需要和成长发展的机会。领导者在这两方面发挥的作用越大,越能提高下级对目标价值的认识,激发其积极性。

二、途径—目标模式的领导者的行为

通过实验,豪斯认为"高工作"与"高关系"的组合不一定是有效的领导方式,还应该补充环境因素。他认为有四种领导方式可供同一领导者在不同的环境下选择使用,如图15-5所示。

(一)指令型(导向性)

领导者发布指示,明确告诉下属做什么,怎么做。决策完全由领导作出,下属职工不参与。

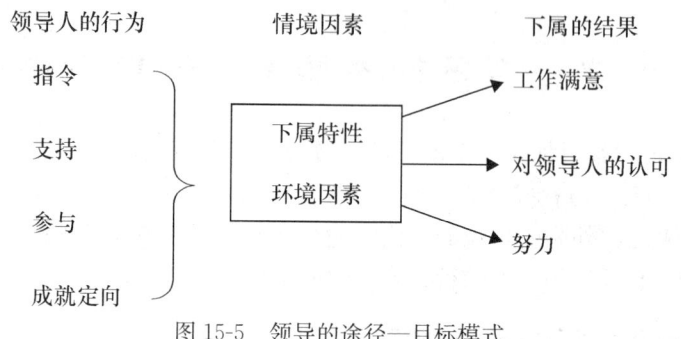

图 15-5 领导的途径—目标模式

（二）支持型

领导者很友善，平等待人，关心下属，但是不太注意通过工作使人满意。

（三）参与型

领导者在作决策时注意征求下属的意见，认真考虑和接受下属的建议。

（四）成就型

领导者向下属提出挑战性的目标，希望下属最大限度地发挥潜力，并相信他们能达到目标。而且不断制订新的目标，使下属经常处于被激励的状态。

三、途径—目标模式的情境因素

途径—目标模式本身关心两种主要的情境因素——下属的特性和环境因素，图 15-6 说明了在这一理论中这些情境因素的作用。简单地说，领导人的行为对下属的满意、努力及对领导人认可的影响取决于下属的特性和工作环境。

（一）下级的个性特点

个性特点包括领悟能力、教育程度、对成就的需求、对独立的需求以及愿意承担责任的程度等。有的人自视甚高，认为自己的能力和意志能控制事物的发展，能够影响周围的事物，这种人喜欢参与式的领导方式。有的人认为工作的成效是靠命运的机遇，自己无法控制，他就喜欢指令性的领导。按照这一理论，不同类型的下属需要或者更喜欢不同形式的领导，例如：

高需要实现者的下属在成就定向型的领导下将会工作得很好。

更喜欢得到做什么的具体指示的下属对指令型的领导风格反应最好。

当下属感到工作能力相当低时，他们将感激指令型的领导和训练行为。当他们感到有足够的能力完成任务时，将认为这种行为是不必要的和令人恼怒的。

（二）环境因素

环境因素包括工作性质、权力结构、工作小组的情况等，可用图 15-6 表示。

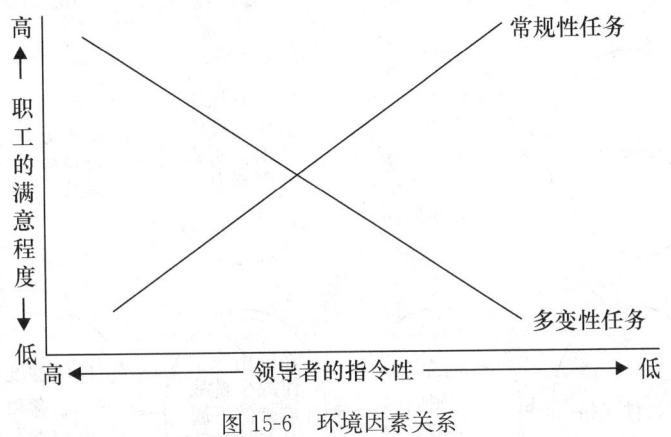

图 15-6 环境因素关系

如果工作任务模糊不清，职工无所适从时，他们希望有"高工作"型的领导，帮助下级作出明确的规定和安排，反之就不满意。面对常规性的工作，目标和达到目标的途径都很明确，这时就希望"高关系"型的领导。如果工作及工作目标很明确，领导还要唠唠叨叨，命令部下这样做还是那样做，下级就会感到厌烦，甚至认为是领导对自己的侮辱和不信任。这时，领导者对下级较多的体贴和创造好的心理环境，比事必躬亲要好得多。按照这一理论，领导行为的效力也取决于特殊的工作环境。例如：

当任务是清楚的和常规性的时候，指令型的领导被认为是多余的和不必要的。这将减少满意和对领导人的认可。同样，当任务清楚的时候，参与型的领导似乎没有用处，因为几乎没有什么可参与的。显然，这种任务在较低的组织层次中最为普遍。

当任务是挑战性的，但是模棱两可的时候，参与型的领导和指令型的领导都会为下属所欣赏。这两种风格阐明通向良好绩效的途径并表明领导人在出色地完成工作方面对下属关心帮助。显然，这种任务在较高的组织层次中最为普遍。

产生挫折的、令人不满意的工作将增强下属对支持型行为的感激。在某种程度上，虽然它可能不会增加下属的努力程度。

从这些环境因素的例子中可以看到，有效的领导应该利用工作激励的和令人满意的方面，抵消或补偿那些降低激励或令人不满意的方面。如果一名领导人管理的装配工作是常规的和清楚的，并且他的下属非常胜任，而他选择了一种指令型的风格，下属将认为这种指导是不必要的，并且作出不满意的反应。另外，如果一名领导人试图运用支持型的方式管理挑战性的、模棱两可的研究工作。他的下属需要上级进行指导，阐明任务完成的道路，但是，这名领导人却不能实现这一点。这会引起不满意并降低研究和开发单位的绩效。图 15-7 说明了途径—目标模式的应用。

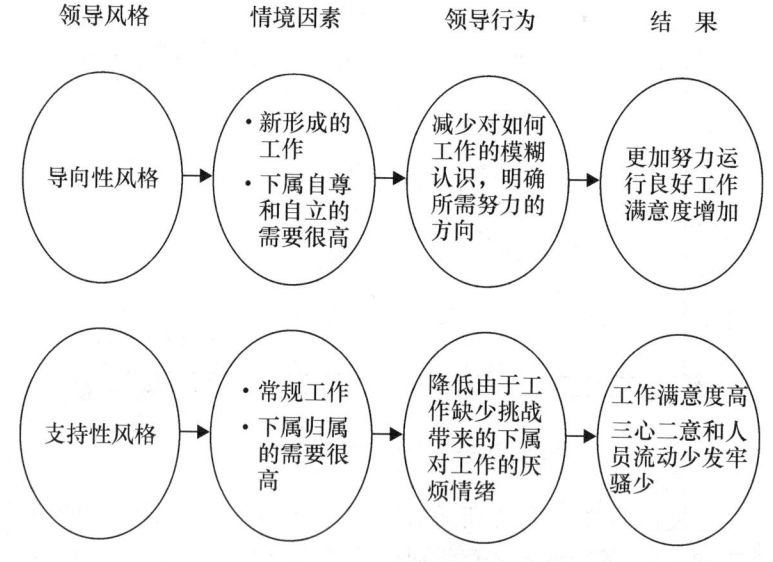

图 15-7 途径—目标模式的应用

四、途径—目标模式对领导的意义

研究揭示,当领导人运用支持性(与导向性相反)领导风格时,从事常规和令人厌烦工作的职员,对工作极为满意。但非结构化工作的职员,在其领导人运用导向性风格时生产效率更高,也更为满意。一个领导可通过考虑和满足职员的需求而使一项无味、厌烦和常规性工作变得更加愉快。例如,整天在机场收停车费的职员,从他高度结构化和极其常规的工作中很少得到自尊、自立感。他们会认为导向性领导风格显得有些过分和不必要。而支持性风格的领导,通过交流工作以外的兴趣来增加职员对工作的满意度。

对很不结构化、复杂和非常规的工作,导向性领导风格更适宜。导向性领导可帮助职员应付工作中的变化,识别圆满完成工作的标志。

在职员从事常规性、重复工作时,成功取向性领导风格对职员的工作情况和满意度几乎没有影响。只有当职员对做什么、什么时候做和如何开展工作有疑问时,这种风格的领导对工作和满意度才会有些影响。

如果职员从事的是非结构化工作,参与性领导风格可使职员更加努力。当职员参加到有关工作、目标、程序等决策过程中时,他们对工作更加了解,感觉他们有更多的机会顺利完成工作。而如果职员的工作高度结构化,且对工作了解得非常清楚时,参与性领导风格则几乎没有影响力。表 15-4 总结了这些匹配的结果。

表 15-4

领导方式的选择

情　形	成长需求	工作机遇	个人与工作之间的统一	建议采取的领导方式
1	高	高	高	成绩定向和参与型
2	低	高	低	指导型
3	高	低	低	支持型
4	低	低	高	指导和支持型

五、对途径—目标模式的评价

　　一般来说，上述大多数关于情境的主张受到某些研究的支持。特别是，有大量的证据表明，支持的或者体贴的领导人行为在管理常规的、挫折的或令人不满意的工作方面最有益，指令的或结构的领导人行为在管理模棱两可的、结构较少的工作方面更有效。

　　虽然途径—目标模式没有受到严厉批评，但是有一点应当提到，这一理论在对下属的工作满意和下属对领导人认可的预测方面似乎比在对下属绩效的预测方面更有效。部分原因可能是准确地测定绩效的确有困难。同时这一理论本身也存在一些问题，如从事明确的、常规性工作的雇员可能也会感激支持型的领导，而指令型的领导可能对任何工作的完成都是必要的，因为任务本身似乎并非具有内在的激励作用。

第四节　领导参与模式

　　这是行为科学家维克多·弗罗姆(Victor Vroom)和菲利普·耶顿(Phillip Yetton)于1973年提出的一种独特的、规范化的领导模式，可供领导者在特定的情况下作出有效的决策。该模式的基本要点是：有效的领导者应根据不同的情况，让职工不同程度地参与决策。所以，领导方式主要决定于下属参与决策的程度。

　　领导者可以通过改变下属参与决策过程的程度，来表明领导者采取什么样的行为才是合适的。没有对所有情况都适用的唯一正确的领导风格，领导者应该从专制独裁到参与管理的不同领导风格中选择更为合适的领导风格。

　　很显然，这一领导模式与菲特勒模式有很大的区别。菲特勒模式将领导人的行为特点看成固定不变，而要根据不同环境选择不同领导人。

一、决策的质量和决策可接受程度

决策的质量和决策为下属接受的程度,以及领导的风格,是菲特勒模式的两个环境变量。

决策质量涉及影响群体的诸如信息沟通、规范等的活动过程。决策质量有高有低,对组织绩效影响很小的决策是决策质量要求较低的决策,而对组织绩效有重大影响的决策,如分配工作任务的决策、规定工作规章制度和奖励制度的决策等,属于决策质量要求较高的决策。当决策的质量是重要的,而下属人员又具有领导者所不具有的信息优势的情况下,让下属人员参与决策比不让下属人员参与决策的效果更好些。

决策的可接受性是指有效地实施决策需要组织成员赞成的程度。组织成员也许不管决策是否会给他们带来不利影响,都会贯彻执行决策,但毫无疑问,组织成员更愿意贯彻执行与他们的价值观和喜爱相一致的那些决策。组织成员会倾向于接受这些决策作为自己的决策,并积极贯彻执行这些决策,使它们成功。

二、领导风格

领导参与模式与坦南鲍姆的连续带模式相似,它一共有五种不同的领导风格。一端是领导风格一,其特点是单纯由领导者作出决策;另一端是领导风格五,其特点是领导者与部属一起作决策。两者之间还有三个中间阶段。五种从高度专制独裁到高度参与的领导风格,五种领导风格的行为特征列举如下:

领导风格一:领导者运用手头的资料,自己作出决策,单独解决问题。

领导风格二:领导者从下级取得必要的供决策所用的信息资料,然后自己作出决定。向下级收集资料时,可能说明原因,也可能不说明原因。下级只是提供资料,并不提供或者评价解决问题的方案。

领导风格三:领导者与个别有关的下级直接接触,获得他们对决策的意见。但这些下级并不属于决策成员。领导决策时可能吸取也可能不吸取下级的意见。

领导风格四:领导者把决策意图告诉下级,让下级集体讨论,提意见和建议,然后领导作决策。领导决策时,也许考虑下属意见,也许不考虑。

领导风格五:让下级集体了解问题,并且领导者与下级共同提出和评价可供选择的方案,尽量取得解决问题的一致意见。领导者只是以决策成员的身份参与讨论,并不强求下级接纳他的意见,而是接受和贯彻整个集体所支持的决定。

三、情境因素

这五种领导风格中,领导者鼓励下属参与决策的程度依次由低到高。领导者选择什么样的领导风格,关键取决于所处的情况。弗罗姆和耶顿认为领导在决策中可能会遇到八种变化的情况,领导者究竟选用哪一种领导方式,取决于不同的情景因素。这八种情景因素是:

(1) 如果决策被接受了,是否会产生不同的行动方案?
(2) 是否有一个更好的高质量的解决方案?
(3) 我是否有充分的资料作出高质量的决策?
(4) 是否是结构性的问题?
(5) 是否是下属所接受的决策才能使它有效地贯彻?
(6) 如果我独自决策是否肯定能为我的下属接受?
(7) 在解决问题的过程中,下属是否能分担应达到的组织目标?
(8) 在所喜爱的解决方案中,下属之间是否有冲突?

四、选择领导风格的原则

在明确所处的情境的情况下,弗罗姆和耶顿提出选择领导风格的七个原则,领导者按这些原则就能发现最迅速和最能接受的选择领导风格的方法。这七个原则中前三个是决策质量原则,后四个是决策可接受性原则。

(1) 信息的原则。如果决策的质量是重要的,而领导者又没有足够的信息和单独解决问题的专业知识,那么为了保证决策的质量,就不能采取第一种专制决策的领导方式。

(2) 目标合适的原则。如果决策的质量是重要的,而下属人员又不具备作出合适决策的能力,那么就不宜于采取第五种高参与决策的领导方式。

(3) 非结构性的原则。如果决策的质量是重要的,而领导者又缺乏充分的信息和专业知识,并且问题又是非结构性的,那么就不能采取第一、第二、第三种专制的领导方式,因为决策需要下属公开讨论后才能提出。所以更多地要采用参与决策的领导方式。

(4) 接受性原则。如果下属对决策的接受性是有效贯彻决策的关键,那么就不宜采取第一、第二种专制的领导方式。

(5) 冲突的原则。如果决策的接受性是很重要的,而决策可能对下属产生不利影响,那么宜采取第三、第四种参与决策的领导方式以消除冲突。

(6) 合理的原则。如果决策的质量并不重要,而决策的接受性却很重要,那么最好采用第五种参与决策的领导方式。

(7) 接受最优的原则。如果接受性是主要的,并且如果要激励下属实现组织的目标,采用高参与决策的领导方式为好。

根据上面的八种情境和七个原则,弗罗姆和耶顿为领导者应用上述原则制订了简易的决策流程图,如图15-8所示。

组织行为学

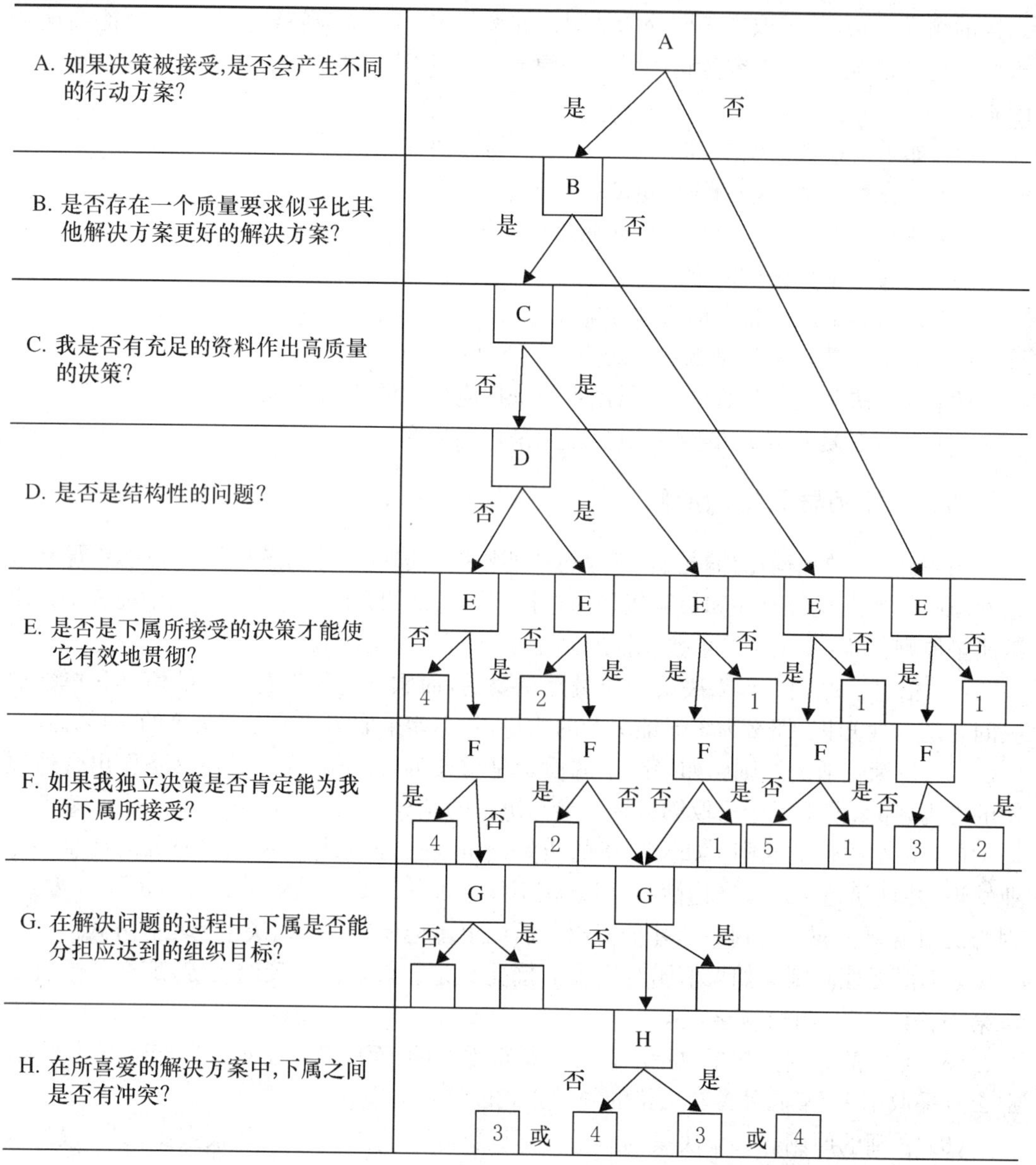

A. 如果决策被接受,是否会产生不同的行动方案?	
B. 是否存在一个质量要求似乎比其他解决方案更好的解决方案?	
C. 我是否有充足的资料作出高质量的决策?	
D. 是否是结构性的问题?	
E. 是否是下属所接受的决策才能使它有效地贯彻?	
F. 如果我独立决策是否肯定能为我的下属所接受?	
G. 在解决问题的过程中,下属是否能分担应达到的组织目标?	
H. 在所喜爱的解决方案中,下属之间是否有冲突?	

图 15-8 领导风格选择的决策树

五、对领导参与模式的评价

弗罗姆的模型为对领导行为的研究提供了新的突破。而且,它与早期对领导行为和群体有效运行的研究一致。如果领导能正确地分析情境,选择适合该情境的领导风格就变得比较容易。反过来,这些选择又促使他们正确、及时地作出决定。如果情景要求他人的参与,领导必须明白如何确立所希望的目标和条件,然后在这些条件下由职员决定如何最好地达到目标。如果情况需要领导单独作出决定,领导应该意识到没有让他人参与的潜在的积极和消极后果。

该模型也有某些缺陷。首先,即使模型本身要求选择独自作出决定的途径,大多数下属仍强烈希望参与决策过程,因为决策过程对他们的工作有影响。如果下属对决定一无所知,他们会变得沮丧,并不认同决定。其次,在决定模型的有关作用时,领导的某种特征会起关键作用。例如,在有冲突的情况下,只有擅长解决冲突的领导方可运用模型本身所建议的参与性决策战略。一个没有相关解决冲突技巧的领导者,若采用独断性的风格,效果可能会更好,即使模型建议采用相反的风格;最后,模型的前提是决策过程是个单独过程。但是,决策过程常常要经过几个循环,且其本身只是一个更广泛范围的一部分。

菲特勒强调工作绩效;豪斯强调下属对工作的满意和工作绩效;而弗罗姆和耶顿强调决策质量和决策可接受性。如果决策必须由群体来做出,那么弗罗姆和耶顿的模式最能帮助领导者挑选最适宜的领导方式。另一方面,如果改善个人的工作绩效最重要,那么菲特勒或豪斯的模式更为有用。

第五节　领导生命周期模式

领导的生命周期理论是由科曼(A. K. Korman)于 1966 年提出,后由赫西(Hersey)和布兰查德(K. Blanchard)予以发展形成的。该模式是以在情境中领导者提供给下属的关系(支持)与任务(指导)行为的数量多少为基础建立起来的。相对地,关系或任务行为的数量又是以追随者完成所需任务的准备程度为基础的。

一、领导生命周期模式的基本理论

究竟哪种领导方式最有效,这难有定论。任何领导方式可能有效,也可能无效,关键是使其与被领导者和环境情境相适应。据此,科曼等人提出了领导生命周期理论。科曼在分析俄亥俄州大学管理四分图的领导行为模式时加入了第三个因素:下属的成熟程度,见图 15-9。认为有效的领导方式必须配合下属目前的成熟度,同时以帮助他们发展,逐渐减少外部控制以及增加自我控制作为总的目标。

图 15-9 的模式是赫西和布兰查德所设计的。图中,横坐标代表以抓工作为主的工作行为,纵坐标代表以关心人为主的关系行为,第三个坐标则是成熟度。

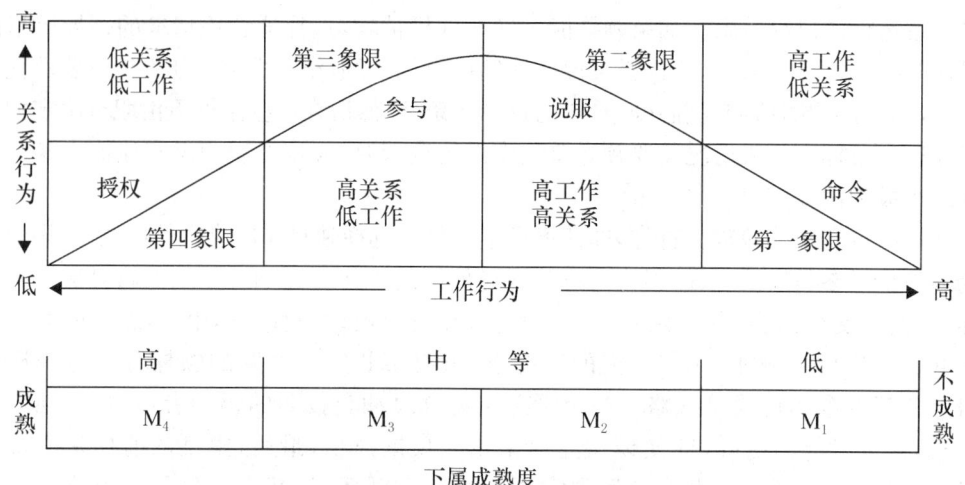

图 15-9 领导生命周期模式

赫西与布兰查德对其模式作出的定义如下：

（1）工作行为。工作行为表示领导者用单程沟通的方式向下属人员说明应该干什么，在何时、何地、用何种方法去完成任务。

（2）关系行为。关系行为表示领导者用双程沟通的方式，用心理的、培育社会感情的措施指导下属，并照顾组织成员的福利。

（3）有效的领导方式。有效的领导方式表示领导的方式能适应规定的环境，对于各种特定的情景，能作出正确的决定。

（4）无效的领导方式。无效的领导方式指领导方式不能适应规定的环境，对于特定的情景不能提供正确的领导。

（5）成熟度。成熟度指成就动机、承担责任的意愿和能力，以及个人或群体具有与工作有关的学识和经验等。但年龄与成熟度没有直接的关系，年少者并不一定比年长者不成熟，与成熟度有关的是心理年龄而非生理年龄。

如图 15-9 示，下属有不同的成熟度。在 M_1 中，下属没有能力或者不愿意去完成任务，而在 M_4 中，他们既有能力，又愿意，还自信他们能完成任务。在 M_2 中，下属不能够但愿意完成任务，也自信能完成任务。M_3 中，下属有能力完成任务却对自己没有信心。因为个体的成熟水平是从 M_1 到 M_4 增加的，故领导者应改变其领导风格，由任务行为到关系行为，逐步增加下属的承诺、能力与绩效。生命周期理论认为，随着下属由不成熟走向成熟，领导行为也应按下列顺序进行调整：

高工作与低关系 —→ 高工作与高关系 —→ 高关系与低工作 —→ 低工作与低关系

在图 15-9 中,相应的领导方式取决于下属的成熟程度,基本的领导方式可分成四种,用四个象限表示:

第一象限——命令型。高工作与低关系,适用于下属低成熟度(M_1)的情况。下属人员还不成熟,他们既不能够也不愿意负担起工作的责任。对于这种下属,采取命令型的领导方式是有效的方式,领导者可采取单向沟通方式,向下属明确地规定任务,确定工作规程,指示他们在何时、何地、以何种方法去完成任务。

第二象限——说服型。高工作与高关系,适用于下属较不成熟的情况(M_2)。下属人员愿意负起工作的责任,但是他们因缺乏工作的技巧而不能胜任工作。这时,采取说服型的领导方式是有效的方式,领导者以双向沟通信息的方式给予直接的指导,同时也从心理上增加他们的负起工作责任的意愿和热情。虽然这种方式绝大多数工作仍由领导者决定,然而领导者力图通过双向沟通和解释获得下属人员心理上的支持。

第三象限——参与型。高关系与低工作,适用于比较成熟的情况(M_3)。下属人员能胜任工作因而不愿意领导者对他们有过多的指示和约束。这时,采用参与型的领导方式是有效的方式。领导者通过双向沟通和悉心倾听的方式,和下属相互交流信息,讨论问题,鼓励下属共同决策,支持下属努力发挥他们所具有的能力。

第四象限——授权型。低工作与低关系,适用于高度成熟的情况(M_4)。下属人员具有能力、愿望和自信心来负起工作的责任。这时,采用授权型的领导方式最为有效,领导者赋予下属权力,领导者只起监督作用。

表 15-5 总结了不同员工成熟度与领导风格的匹配结果。

表 15-5

员工成熟度与领导风格

类　型	发　展　程　度	建　议　的　风　格
1	能力低、意愿低	指示(指挥的、低支持)
2	能力低、意愿高	推销/教练(指挥的、支持的)
3	能力高、意愿低	参与/支持(支持的、低指挥)
4	能力高、意愿高	授权(低指挥、低支持)

赫西、布兰查德等还认为,由于 20 世纪以来科技的迅速进步,教育与生活水平也相应提高,许多组织成员都有较高的教育水准和生活水准,同时也较成熟,人们的生理和安全上的需要将易于满足,人们更多地追求归属,希望被认可,从而有发挥潜力的机会。在这种趋势下,参与型的领导方式和授权型的领导方式逐渐成为主流。

二、领导生命周期模式的局限

赫西与布兰查德的领导生命周期模式易于理解,并且它的建议也简单明了。实际上,下属的成熟水平应经常受到检查,以便于领导者确定在此情境下怎样结合任务行为与关系行为才是最合适的。如果给予指导和密切的监督,一个没有经验的员工(低成熟度)也能像富有经验的员工那样表现出色。如果领导风格适宜,它也应能帮助下属提高他们的成熟水平。因而,当一个领导者组织了一个团队并帮助其成员学会了管理自己时,已有的领导风格也应加以改变以便适应变化的情境。

该模式有几点不足。第一,如果每个个体的成熟水平各异,领导者处理团队中的这些不同的准备水平时会有难度。第二,这种模式集中在一个情境因素——下属的成熟水平上。在大多数情境中,其他的一些因素,如时间和工作压力,也影响到领导者的行为选择。当选择领导风格时,领导者也应把这些因素考虑进去。第三,该模式假定领导者能轻易地改变领导风格去适应情境,事实上这是很难做到的。第四,尽管该模式得到广泛的应用,从而帮助人们提高自己的诊断能力,但是科学研究却不能对此给予完全的支持。那就是,一些研究结果支持了该模式,但另一些研究却没能证实该模式的基本假设。对专业的领导者和管理者来说,我们相信下属的成熟水平的维度,从"不成熟"到"成熟",其意义不大,或许这种概念对非专业的员工的领导者来说具有更大的意义。

思 考 题

1. 指出领导权变的几个因素,并给出例证。
2. 领导行为的连续带模式强调领导行为的哪些方面?
3. LPC量表在实际中的应用有哪些缺点?
4. 目标—途径模式中的情境因素有哪些?它们是怎样影响领导行为的?
5. 在领导参与模式中,选择领导风格的原则是什么?
6. 领导生命周期模式中,员工成熟度与领导风格的关系是什么?

第十六章 组织变革

学习目标

1. 了解推动组织变革的原因
2. 掌握组织变革的方法
3. 理解组织变革的一般特征
4. 理解组织变革的微观观点与宏观观点
5. 掌握有计划的变革与发展模型

第一节 组织变革的动因

组织变革是组织成长过程中的一个特殊阶段。它是指组织发展到一定时点,组织原有的运作方式与组织的实际情况会严重不符,从而发生成长危机。此时,组织的内在机制要求组织的运作方式发生改革。这种改革就是组织变革。组织变革是组织的一种根本性的、剧烈的、跳跃式的改革,它是一种范式的转换,是一种对自我认识方式的彻底转变,包括管理观念、思维方式等方面的彻底改革,并伴随着组织战略、结构、行为方式、运行机制等全方位的改革,是组织的再生。因此,有人甚至认为组织的正确名称应该叫做"再组织"(reorganize)。

现代组织理论的研究和探讨认为,组织是一个开放的、复杂的系统,这种系统处于与其他多重环境发生动态的相互影响之中,在这样一个多层次、多因素,复杂程度多变的背景之中,组织要想维护和发展,必须不断地调整与完善自身的结构和功能,提高在变化的环境中生存、维持和发展的灵活性和适应能力,即不断地对组织进行变革。所谓组织变革,就是指组织依据外部环境的变化和内部情况的变化,及时地调整并完善自身的结构和功能,以提高其适应生存和发展需要的应变能力。

任何组织变革的行为都是有因而发的行为,要制订科学的组织变革对策,首先需要对组织变革的基本动因进行分析,以求对这个问题有一个清醒的认识。如果在制订组织变革对策时不考虑或没有正确认识产生变革的内在原因,变革的行为就很难成功。因此,组织变革的基本动因研究是研究组织变革的起点,组织变革是多种因素综合作用的结果。组织变革的基本动因可分为内部原因和外部原因两个方面。

一、组织变革的内在动因

引起组织变革的内在动因可归纳为以下几个方面。

(一)组织目标的选择与修正

组织目标的选择与修正主要决定着组织变革的方向。同时在一定程度上规定了组织变革的范围。组织目标的选择与修正有三种基本状态,这三种基本状态的改变会相应地要求组织进行调整和变革。

(1)组织既定目标已经实现或即将实现,需要寻求新的发展、新的目标。这种选择相应要求组织进行重新调整与变革。

(2)组织既定目标无法实现,需要及时地转轨变型,寻求新的发展。组织目标的转轨变型,要求组织进行变革。

(3)组织目标在实施过程中与组织环境互不适应,出现偏差,要求对原有目标进行修正。目标的修正相应要求组织进行适当的调整与变革。

(二)组织结构的改变

组织结构的调整主要是指对组织结构中的权责体系、部门体系等的调整。组织结构的调整必然要求组织进行相应的变革。组织结构的改变要求调整管理幅度和层次、划分合并新的部门、协调各部门的工作等。组织结构设计不合理或原有结构不适应新的发展变化,也需要进行结构的变革。因此,组织结构的调整与完善也是现代组织变革的内在动因之一。

(三)组织职能的转变

随着社会的发展变化,现代组织的职能和基本内容也发生相应的变化。这种变化成为组织变革的内在要素之一。例如,在传统社会向现代社会的转化中,社会组织的职能发生了两种重要的变化趋势:

(1)社会组织的职能从原来的混浊不清向高度分化转变。这就要求组织变革原有的组织权责体系,明确组织内部合理的管理层次与幅度,建立有效的构通体系等。

(2)社会组织日益强调组织的社会服务职能。传统的企业组织以追求利润为唯一目标,现代的企业组织必须兼顾社会的利益。企业组织不仅要维持股东、职工、顾客和广大公众之间的利益平衡,要对大众负责,同时还承担消除种族歧视、防止公害,保护消费者利

第十六章 组织变革

益等一系列社会责任。这种组织职能的转变,迫使企业必须作出相应的调整和变革,才能求得企业的生存和发展。

二、组织变革的外部动因

引起组织变革的外部因素可以归纳为以下几个方面。

(一)科学技术的不断进步

现代科学技术的迅速发展,使得组织结构、组织的管理层次与管理幅度、组织的运行要素等都发生了巨大的变化,同时也对组织变革提出了新的要求。例如,电子计算机的发明与使用,使企业组织中的信息处理、决策等一系列管理过程与管理方式都发生了重大的变化,这些变化推动着组织不断地进行变革。

(二)组织环境的变动

现代组织所面临的环境要比以往任何时候都复杂多变。仅从企业组织的环境而言,其重大变化就有:市场的扩大;产品寿命的缩短;科学技术的迅猛发展;复合的组织联系;社会价值观念的改变;工作的自动化等。几乎有无数外部压力冲击着组织。这里,我们探讨三个最主要外部的压力:

(1)市场全球化。现代组织面临空前规模的全球竞争。跨国或多国公司的出现给国内公司施加了压力,促使国内公司的竞争面向全球,并考虑重新设计运作方式。强大的全球化力量也正使得全世界的国内公司为保持竞争力而放弃"通常的商业"。在许多工业国家里,全球战略正在取代一国接一国的生意方法。

(2)信息技术和计算机网络的普及。应付国际竞争要求管理具有柔性,这是传统组织所没有的。幸运的是,信息技术革命使得组织柔性的发展成为可能。组织面临的压力主要来自于信息技术的爆炸式发展。信息技术包含计算机网络、远程通信系统和遥控装置。信息技术(IT)对单个个体、团队和组织有着极深的影响。全球化现象是依靠信息技术将分散的组织以有效的方式连在一起。高度分散的组织,由于其运作单元散布于全世界,故合作方面就面临某些巨大挑战。但是,先进的计算机和远距离通信技术使组织可以将员工连接起来。例如,许多跨国公司依赖于虚拟团队去完成他们的工作。虚拟团队是通过远距离通信和信息技术将地理上、组织上分散的员工组织起来从而完成组织任务的小组。这种团队很少面对面开会或一起工作,虚拟团队可以临时组建,被用来完成特殊任务,也可以相对持久用来完成持久的战略计划。虚拟团队的成员流动性强,根据任务来变换成员,甚至对有持久性作业的团队也是如此(对于虚拟团队的问题在第十八章做详细论述)。

(3)组织成员内在动机与需求的变化。在组织中,个体成员的行为是组织运行有效性的基础。个体成员的行为又要以各自的需要为基础。一定的组织结构与组织管理总是与一定的成员的需要相适应的。当个体成员的需要普遍发生变化时,组织结构也应发生相应变化。因此,组织成员的需要变化也是构成影响组织变革的又一重要原因。例如,随着组织的发展,职工的内在需要逐渐向高层次发展,纯粹的物质刺激日益不起作用,组织成员有更高的追求,如参与感、责任感、创造性的增强要求相应地变革组织的激励环境,改进工作设计,变更工作内容,调整工资,改善工作环境,改变工作时间等,以满足组织成员不同层次的需要及逐步升华提高的需要。

(三) 管理现代化的需要

管理无疑是推动组织变革的重要因素。管理现代化要求组织对其行为作出有效的预测和决策,对组织要素和组织运行过程的各个环节进行合理地协调和组织,所有这一切都将对组织提出变革的要求。

以上介绍了组织变革的内外驱动因素,这些因素都会通过各种各样的形式表现出来。这就是组织变革的先兆和信号。一般说来,一个组织在下列情况下应考虑变革:① 决策效率低或经常出现决策失误;② 组织沟通渠道阻塞,信息不灵,人际关系混乱,部门协调不力;③ 组织职能难以正常发挥,如不能实现组织目标,人员素质低下,产品产量及产品质量下降等;④ 缺乏创新。

三、组织变革的一般特征

能够认识变革一般特征的管理人员对其后果会有所准备,也就是说,或者他们能够系统地分析变革而驾驭变革,或者将被变革所征服。变革一般具有以下四个特征。

(一) 计划:由结构化的到无结构化的

可以事先对变革过程做好计划,或者等问题变得更明显以后再作计划。计划变革是事先对各种活动进行了时间安排。例如,第一步是在一定日期前完成对问题的诊断。第二步是在另一个限定日期前找到解决办法等。当解决办法尚未可知时,这个计划的变革就是无结构化的。又如,有一个变革是要对所有的管理人员进行全面组织培训,这个变革的应用价值将取决于每位管理人员从中学到什么。一些人可能通过学习知道民主管理对于下级是最好的方法,另外一些人可能认为要提高他们单位的效益,就得加强预算控制,在无结构法中的培训计划强调的是个人对内容的理解。

(二) 权力:由单方面的到授权的

这方面的中心问题是由谁来进行变革决策和在什么基础上进行变革。单方面决策是以决策者的职权为基础的,而授权决策则依靠下级的知识和经验。上级必须严肃认真地分析下级的能力,以便确定是否应该分权。让没有相应知识和技能的人来参与重要决策,会酿成危险。当由上级来决定下级是否有足够能力来参与变革决策时,这个问题就带主观性了。同样,一些下级也可以质询上级决策的经验知识。

（三）关系：由不涉及个人的到涉及个人的

一种变革方法可以是涉及个人的或不涉及个人的。在一些培训班中，花费精力去分析某个管理人员的领导方式，这就是涉及个人的。相反，有些培训班是为管理人员分析各种领导方式的利弊及后果，则是不涉及个人的提高管理水平的方法。应该在多大程度上牵涉到个人，这是一个很难决定的问题。上级要权衡下级对涉及个人能够承受的程度。当着同事、上级或下级的面被人监督检查，许多人都会感到尴尬。当管理人员在开始进行那些牵涉个人的变革时，应该掌握这方面的情况。

（四）速度：革命式到进化式

任何变革方式都有一个特征叫速度，这就是过程发展的快慢与深度。一个变革可以以许多重大变化为开端，或者也可以由一些小变化开始，随着时间推移逐渐积累成大的变化。例如，可以先修改一些工作说明，然后再进行一些人事调动，最后建立一个新部门负责审核预算。"微观"变化只是修改工作说明，而"宏观"变化就要牵涉到整个机构的改革。

在准备变革时，每个管理人员必须权衡以上这四个要素。然而仅仅考虑这些要素还不够，还应该在构思一个变革方案前分析其他问题，如人事、环境、时间限制、资源和目标等条件。最关键的是变革中那些重要变量，即结构、人员、技术及与其相互作用的环境。一个变量的变化总是会影响其他变量的。

第二节　组织变革的方法

在部门、群体或整个组织内许多方法可以用来进行组织变革与发展。有的方法强调变革对象，有的方法强调变革过程。

一、强调变革对象的组织变革方法

以李威特（Harold Leavitt）为代表的组织变革理论强调变革的对象，他将管理人员常用的一些方法分为结构法、技术法、任务法和人员法。

(1) 结构法是通过提出新的指导方针、新政策、新程序来进行变革，如采用新的组织结构图、新的预算方法、新的规章制度。

(2) 技术法是靠重新安排工作流程，如通过新的设备布置、新的工作方法和新的工作标准来实现组织变革的。

(3) 任务法强调个人所完成的工作，重视激励和工作设计上的变革。

(4) 人员法强调改变态度、动机和行为方面的技术，这些是通过新的计划、选拔程序、绩效评价技术来实现的。

李威特的理论系统如图16-1所示。

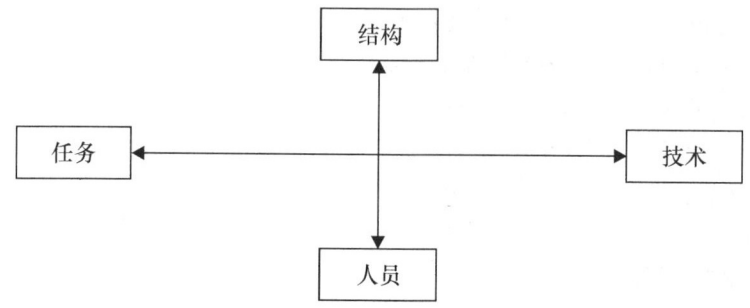

图 16-1　组织变革方法的相互依赖关系

李威特认为,一个方面的变革将影响到其他方面。例如,为了协助完成任务的结构变革不是在真空中进行的,人们必须在这个新的结构中利用技术工艺、程序或设备来工作。有时,人们不能适应这个新的结构,管理人员需要了解这些方法的相互依赖性,而且要主动地去分析变革带来的收益和付出的经济上与行为上的代价。

二、强调怎样变革的组织变革方法

另一种变革理论侧重在"怎样变革"方面。基于个人的经历和对一些实际情况的分析,格雷纳(Larry Greiner)找出了组织可以采用的许多类型的变革方式。他把这些方式分为三类,如图 16-2 所示。

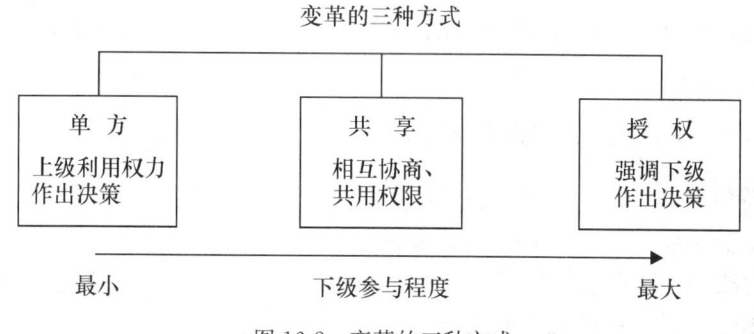

图 16-2　变革的三种方式

(一) 单方面权力

在单方面权力的方法中,下级几乎没什么贡献,上级依靠职权单方面提出变革。一般利用三种途径来行使单方面的权力:

(1) 利用命令。上级单方面宣布要进行变革,而且声称变革是下级期望的。命令的流动是由上而下的。例如,宣布由星期一开始,所有的事故保险申请单必须在事故发生后的 24 小时内填完。违反这条规定将在工作鉴定中反映出来。

（2）利用撤换。把一个或几个岗位上的人用其他人来接替，因为上级认为换人可能会改进工作成果。这时，上下级间没有什么协商。

（3）利用结构。管理人员为了改变特定条件下的上下级关系，可以采用取消结构中的一个层次或成立一个新的参谋顾问组。这时，管理人员认为改变关系会对下属的行为和绩效产生积极的影响。

（二）共享权力

共享权力的方法认为，组织拥有权威，但是必须审慎地使用权威。如果下属人员精明强干，就可以和下属人员共享权力来进行重要的变革决策。这个方法可以通过两种略有不同的途径实现。

（1）群体决策。群体成员从上级提交的几个方案中选择一个方案。这个途径既不包括确定问题也不牵涉解决问题，只是为了得到大家的赞同。选择这种途径的基点是认为群体决策会由于其成员的积极参加，对选定方案会作出更多的承诺。

（2）群体解决问题。通过讨论，群体解决问题。这样对于选择和诊断能够集思广益，有利于寻求问题的解决办法。

（三）授予权力

一旦授予权力，下属人员就会自始至终地积极参加变革。这种方法也有两种形式：

（1）案例讨论组。上下级坐到一起讨论面临的问题。下级会主动地去诊断、分析问题和寻找解决的途径。诚恳坦率是激励下级找出解决问题办法的关键。

（2）敏感培训组。在讨论小组中对个人加以培训，使他们对个人与群体行为过程更为敏感自觉。重点是提高人的自觉性，因为人际关系的改变会引起工作方式和工作关系的改变。通过提高自觉性、改善人际关系、改进工作成果而达到预期目标。

通过调查几个组织变革的实例，格雷纳发现，共享权力法是比较成功的，优于单方面权力法和授予权力法。单方面权力法拒绝听取来自下级的意见，但是有时下级对变革的技术方面和人事方面知道得更多一些；授予权力法则忽略了上级的潜力。所以，共享权力法代表着"最大限度的自主感与实施权威、政策的必要之间的平衡。"

虽然李威特和格雷纳的理论很有价值，但它们略显僵化、简单。他们认为结构法有些呆板、非人性，而人员法则是人道的、得人心的。事实并不一定如此，例如，利用增加管理幅度来改变组织结构，这样上级就没有足够精力密切监督下级的工作，下级就获得更多的自主权。反之，在人员法中，如敏感培训，也会由于在群体中有些人不愿讨论个人的信仰和价值观而僵化起来。

因此，一般进行组织变革和发展时，常常采用的不只是一种方法。例如，如果不对组织结构进行改进，以便应用一些新的管理技术，那么提高诊断及管理技术的领导艺术培训

组织行为学

班就变得毫无用处了。

第三节 组织变革的模型

组织变革和发展过程很复杂,不仅仅是决定在变动结构、人员和技术中应该采用什么方法的问题。在选定一种方法之前,各种因素包括个人的、小组的以至整个组织的都在起作用。同时,在使用这种方法时,还可能出现许多意想不到的后果。

要使管理人员掌握情况的一种方法是,事先心中要有一个变革进展的轮廓。这样能促使管理人员对面临的问题深入分析,同时还可以作为一个目标参考,有助于了解变革压力。组织变革和发展是由一系列阶段组成的。每个阶段都要形成必要条件后才能进入下一阶段。如果进行变革时忽略了前几个步骤,以后就会遭到意想不到的阻力或者产生不良后果。最常见的就是奋力把变革推向前进而强迫人们接受它,不顾人们的反对和沮丧的心情。

一、戴尔顿的四阶段模型

表 16-1 中总结了戴尔顿关于这个学习过程的理解。其中区分了四个变革的主要过程和四个学习的亚过程。这些过程是通过对五个被认为是成功的变革实例的研究总结而来的。

表 16-1

戴尔顿组织变革阶段

变革过程	系统内面临的紧张形式	有影响的权力媒介的干预	实施变革的个人意图	用成果、社交关系和内在价值观强化的新行为和新态度(伴随对影响媒介的依赖的降低)
制定目标		制定总的目标	目标的进一步具体化、制定次一级目标	具体目标的实施和再制定
改变社交关系	目前社交关系中的紧张	以前社交关系的中断和消失	围绕新的活动建立新的联系和新的关系	强化改变了的行为和态度的新社交关系
树立自我尊重意识	比较低的自我尊重意识	在媒介的关心和保证基础上建立自我尊重意识	以完成任务为基础的自我尊重意识的建立	提高了自我尊重意识
变革动机内在化		变革的外部动机(提出的新计划)	即兴所为和实践检验	变革动机内在化

(一)成功变革的两个条件

戴尔顿(Dalton)进行变革的顺序模型认为,在成功地进行变革之前,有两个重要的条件:紧张的形势和变革媒介的声望。

(1) 紧张的形势。系统内部主要的个人或群体必须感到了紧张形势。盖斯特(Robert Guest)对一个汽车装配厂的领导及组织变革进行了长时期的研究。在新的生产经理到任之前,这里存在着过度紧张的关系:工人的抱怨不计其数,人员流失率是其他工厂的2倍。领导部门对这个厂进行公开批评和严密的监督。新的生产经理上任后,成功地把这个效率最低的工厂改造为效率最高的工厂,面貌焕然一新。

(2) 变革媒介的声望。由紧张形势代表的变革力量必须调动起来并给予引导。要使变革成功,必须由一个受人尊敬的有影响力的媒介来发起。受到影响的职工需要有信心,相信这个变革会有成效。如果这个变革的媒介被看做是有知识的,而且有权力控制这个变革项目,这个信心就更加坚定了。在对各种组织的研究中,成功的变革常常是由有关单位的正式首脑发起的,或是得到了他的支持。在盖斯特的研究中,发起人是这位新上任的生产经理,显然他得到了地区管理部门的支持。

(二) 四个学习的亚过程

表 16-1 中还区分了四个主要的学习亚过程。在成功的变革项目中,每一个过程的运动有其特殊的方式。

(1) 制订具体目标。要想使变革成功,第一步是由一般化的目标向具体、特定目标的运动。随着变革项目的进展,目标就变得更现实更具体了。于是目标得到评价、修正,必要时还要重订。有时这些目标是由一个上级决定的,有时是由上下级共同制订的,其中共同之处是它们的具体性。

(2) 改变了的社交关系。在成功变革的项目中经常见到的第二步是松弛旧的社交关系,建立那些支持和强化变革的新的社交关系。旧的行为方式和态度常常深深地扎根于旧的关系中,旧的关系又是经过多年长期相互作用形成的。只要职工维持这些旧的关系不变,变革就无法进行。这并不是说一个人以往的所有关系都会阻碍要进行的变革,也不是说新关系总是有效的。但是,在结构上、技术上或人员上的任何重大变革都需要旧关系向新关系方面转化。改变旧的关系将有助于个人或群体的行为变化,这个观点并不是行为科学家首先提出来的。我们社会中有许多机构都是有意地把它们要影响的对象从他们日常的社会与个人关系中隔离开来。拆除或松弛以前的社会联系能够使个人和群体"解冻",但是仅此一项并不能保证产生的变革是遵循既定的方向进行或者是持久的。建立能够奖励期望的行为和支持改正后的态度的新关系,是非常必要的;否则,就会不断地有压力迫使回到以前强化的行为、态度和关系中去。

(3) 自尊意识的增长。受到变革影响的个人在自律意识上的变化,是变革过程中不可分割的一部分。当个人的自我发展意识提高以后,以前的行为方式就容易摈弃了。

(4) 内在化。一项变革的动力最初产生于被影响者的外界环境的变化。如果要使新的行为方式持续下去,被影响者必须把变革的动机和道理向内转化。当个人认为变革的思想和要求的行为对于处理内在的和外部的矛盾很有用时,就实现了内在转化。个人采取新的行为方式是因为相信它有助于问题的解决,或者符合个人的观念。内在化包括三个要素:

新的认识结构。影响媒介要提供一种新的理论认识结构,使个人能够用它来记载由组织和环境接收的信息。例如,一个新上任的公司经理可能要花费很长时间来说明即将执行的行动计划以及这个计划与以前计划的不同之处。

应用和修改。个人必须利用这个结构,必要时还要修改这个结构。由于许多项想不到的因素,常常需要临时修改。例如,一种新的组织结构经采纳后,也许要修改一下,以使其中关键人物能够有效地利用它。因为在计划阶段看来是很好的变革,一旦放到实际工作环境中就未必能适用和灵验。

验证。通过个人实践来验证新的变革是内在化的一个重要的因素,结构上、技术上或行为上的变革必须经过实际组织环境的检验。

二、有计划的变革与发展模型

我们在图 16-3 中提出一种模型,其中一系列的步骤是管理人员在管理变革和扩展权力时需要遵从的。这个模型认为,引起变革的力量在不断地冲击着组织。管理人员有责任确认这些力量,并且确定问题是否严重到需要考虑结构的、技术的、任务的或人员的变革,或是几种因素结合到一起的变革。如果问题比较严重,内部管理人员会从外部请来专家进行仔细的诊断。在有了诊断结果确定了问题所在以后,就要制订变革的目标,确定变革的发起人和研究限制条件。例如,组织可能仅有 10 万元用来处理出了故障的设备,这个条件及其他限制条件会影响进行变革最终选择的方案。

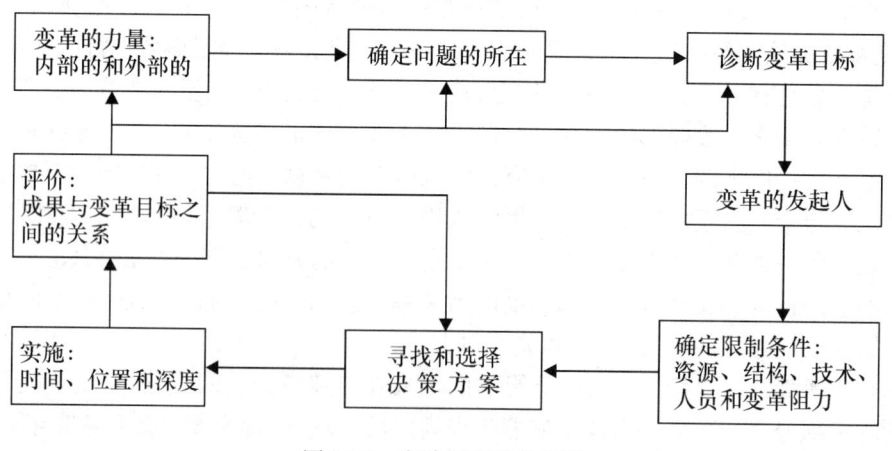

图 16-3 有计划变革的模型

确定限制条件以后，注意力就转向寻找解决问题的各种方法和技术，然后对各种方案进行抉择。在这个阶段，有计划的变革就需要对选择的方案进行评价。这个模型在评价阶段有两个反馈环节。被选中的方案可能被实践证明是错误的决策，这只有通过监测和反馈才能纠正。此外，还要把反馈信息送到变革力量起点和变革目标中去，然后利用变革的结果，加上环境因素的变化、组织的目标、可用的资源重新分析变革活动发生的顺序是否正确。

这个无尽无休的变革过程被伯罗（Blau）和斯各特（Scott）恰当地称为"变革的辩证过程"。他们认为对一个问题的解决办法会产生需要变革的新问题。例如，在一条装配线上换上一个新设备，能使产量大幅度增加。但是有些工人可能会因采用新设备后他们自身作用的降低而感到不满意，少数人可能辞掉工作，其他人或许会尽可能待在家里不去上班。这样，技术上的改进反而降低了士气，使人员流失率和缺勤率上升。这时，管理人员就必须由模型的始端进行分析，分析以前变革产生的新问题。

下面我们将按照图 16-3 的逻辑顺序分别来解释其中的每一个要点。

（一）变革的力量

组织中促使变革的力量有几个来源。如第一节所述，我们把它们分为外部力量和内部力量。

（1）外部力量。一般外部环境力量有经济因素、政治因素、社会因素和技术因素，直接影响组织任务的环境力量有消费者、技术、供应厂商、竞争者和社会政治力量，比较重要的外部环境发展潮流有：

国际贸易：世界范围内的经营、管理和竞争，给组织带来很多机会，也产生许多问题。组织必须适应不同的文化差别、不同的信息交流方式、职业规范、经营程序等，还要向在本国市场上竞争获得成功的外国公司学习。

工业发展：管理杂志上经常讨论传统工业如纺织、农业、林业产品的困境。面临工厂老化、效率低下、生产力过剩、高额利息和外国激烈的竞争，这些工业的前景不容乐观。但是，有的行业还是朝阳产业，如中国的保险产业、IT 行业。未来对转向高技术的组织来说还是比较光明的。

人口变化：管理人员越来越重视人口趋势的重大变化。发达国家中出生率越来越低、年龄分布的不同产生不同的生活方式、人口向繁荣地区的流动，所有这些都会引起工作、产品和劳务方面的变化。

工商业和政府：工商业和政府之间的关系是另一个重要的外部变革力量。这将影响立法、税务、雇佣、反托拉斯及与外国政府的关系等问题。

技术：当今技术变革无时无刻不在影响着我们，将来它仍然是一个主要的外部影响。新技术会带来新工业、新产品的出现，也会加速传统工业的老化。

(2) 内部力量。内部力量可以划分为结构要素、过程要素和行为要素。信息从组织上层向下层的传递产生困难,就是结构要素的问题。

由于决策功能失效、信息交流延续或领导无能都会产生变革力量。我们可以举一个决策功能失效的例子:当一个管理人员请另一位管理人员给予专业指导时,被邀请的管理人员会由于嫉妒或是竞争心理而拒绝,这样就会使决策受到影响。虽然有时在缺乏配合的情况下也可能得到优化决策,但终究不是最好的决策环境。

(二) 问题的确立

组织内外准确的信息流动,是使管理人员意识到存在需要变革的问题的重要手段。组织内部有关于资源利用、劳动力的发展、士气、缺勤率及其他方面的报告。组织外部有竞争情况、用户需求、政府法令、公众舆论等资料。把内部、外部信息综合到一起,就可以确定存在的或潜在的问题所在,信息越准确,管理人员准确评价变革迫切性的能力越强。

当相当多的骨干力量都请求辞职时,当占有市场急剧缩小时,或者当总经理们被迫改变定价时,很明显是需要变革了。要减少损失,就要求管理人员审慎地监视信息系统,及时地使用诊断技术。从本质上说,管理人员的工作总是要涉及诊断,以利于决定工作重心是放在激励上、工作设计上、领导艺术上或者其他组织行为上。

(三) 问题的诊断

对潜在问题的诊断,要求管理人员注意:

(1) 需要纠正的具体问题。

(2) 引起这些问题的潜在的决定因素。

(3) 需要变革的因素和要求变革的时间。

(4) 变革的目标和衡量目标是否实现的方法。

由于管理人员很忙,没有足够的时间进行这些诊断工作,关键问题则很难解决。这时,可以采用各种诊断技术。组织可以利用委员会、报告、顾问、工作小组、面谈、调查表、非正式讨论小组和其他方法来收集信息。中心的问题不是使用哪种技术或技术组合,而是怎样收集正确有效的信息。如果没有准确的、有代表性的信息,变革策略就会由于建立在盲目的基础上而变得毫无用处。诊断工作的好坏对于任何组织的变化和发展都是很关键的。

诊断能够帮助解答的另一个问题是,组织应该朝什么目标变革和发展。例如,厂方感兴趣的是只要产量高就不惜任何代价,还是需要一个士气高昂的劳动队伍,要牺牲多少劳动代价来换取高昂的士气,这基本上是一个目标决策的问题。通过有效的诊断工作,组织变革和发展的目标才能有实际意义。这些目标还要具体到能够据此作出判断看组织是否在朝着目标努力。因此,诊断和评价阶段预期的成果是对经营、限制条件、成本和成果的详细说明。

第十六章 组织变革

（四）变革的发起人

组织发展常常需要具有新颖观点的人来帮助变革。这个人可以是一个顾问、一个新经理或者是一个有见识的经理,他们能够不受内部文化、传统和政策的框框束缚来评价组织的活动。关键是这个管理人员——我们把他称为变革发起者,能够带来新的思想、新的方法、新的观点,从而能帮助组织的成员以新的途径去解决老问题。

(1) 变革发起人的特征。在组织中可以看到四种类型的变革发起人,其特征如表16-2所示。

表 16-2

变 革 发 起 人

类　型	权 力 来 源	作　用	模　型
外部动力型	崇高威望	多面手、专家	医疗模型
人员变革型	培养的信任	综合者	医生—病人模型
组织发展型	专业知识技能	边际作用	工程模型
居高分析型	可靠信誉	中和作用	过程模型
	职工的不满		

外部压力型。这类变革发起人一般工作在组织外部,施加各种压力、利用各种手段,如消费者利益维护活动、公众示威等来促使变革。

人员变革型。这种类型发起者关心的是人的活动,主要方法有培训、行为纠正、建议劝告等。

组织发展型。这种类型的发起者一般关心的是有关过程因素的活动,如小组的凝聚力、解决问题方法的改进和小组建设等。

居高分析型。这种类型的发起者运用运筹学、系统分析、政策研究和其他形式的分析手段来向高层管理人员提出需要进行的变革,变革发起人的工作常常引起组织结构的变化。

变革,就像领导职能一样,是一个影响过程,因而需要某种形式的权力。因为变化是很复杂的,牵涉到组织中许多要素和层次,所以不能过多地依靠行政权力。那么变革发起人的权力来自何处？混合权力型看来是最有效的,它包括来自威望高的身份(与职工有共同思想感情或理解他们的苦乐)、培养起来的相互信任感(坦率、秘密处理信息、安分守己)、专业知识技能(变革的理论和知识)、相互的信誉(过去取得的成就),以及不满意的赞助者(被他们看做是能够改变令人不满意环境的人)。

(2) 变革发起者的作用。变革发起者至少有四种不同的作用。一种作用是多面手与专家的作用,他们应了解组织的内部情况和各种职能作用,而在变革方面及其有关技术上必须是个行家。

结合的作用也是很重要的。这就是要他们把组织外部的(有时也有内部的)与手头问题的解决有关的资源带到组织内部来。例如,要在工作设计上进行变革时,变革发起人就可以把组织外部这方面的专家请来指导培训、实施和评价工作。

边际作用是一个关键的作用。与跨界工作者作用相仿,这时变革发起人可能属于一个特定团体而具有另一个团体中人们的思想感情和利害关系。

最后,与前几个作用联系很密切的中和作用也是一个必要条件。如果变革发起人被人看成是"磨刀霍霍"或者是要从某个行动中捞取什么,他的权力和影响变革的能力则会大大下降。

图16-4指明了影响变革发起人的作用。

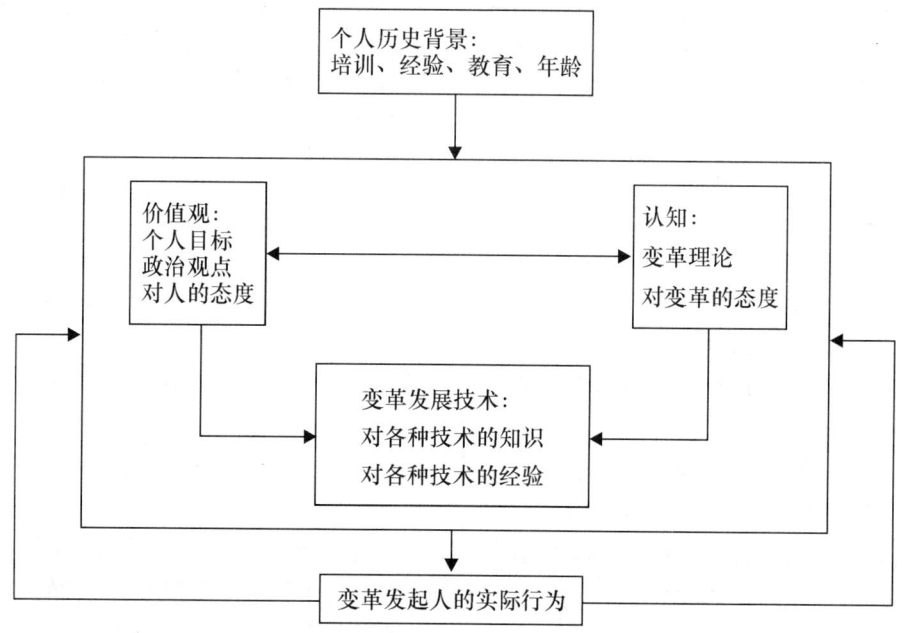

图16-4 影响变革发起人作用的模型

变革发起人的实际行为是其个人历史背景、价值观、认知和变革技术这四个因素综合作用的结果。如果这些变量不协调一致,就会产生紧张和焦虑。这个模型,结合变革发起人作用的要求,说明变革发起人应该是一个知识渊博、富于创造性的人。他善于使用科学的方法来解决问题,但是,这种期望有时是不现实的。因为人类总是有弱点的,受到的教育未必得当。组织中存在着限制条件,这些都是有成效的变革活动的潜在障碍。

在有计划的变革方案中,常常容易忽略学习的转化和变革发起人的作用。事实上,不应该忽略这两个因素。因为变革的后果,在很大程度上取决于管理人员对变革的理解程度。组织有时设计了一个很好的变革计划,但是遇到很大阻力,或者是不能由培训教室转移到组织中去。此外如果不能使用合适的变革发起人来实施和评价这个方案,这个方案就变得毫无用处,可能还会产生消极的后果。变革发起人还必须清楚什么时候需要个人干预,什么时候需要群体干预,什么时候需要组织干预。

(五) 限制条件

对于变革和发展技术,有许许多多限制条件必须考虑到。其中较为重要的影响任何种类变革的(无论是结构的、技术的还是行为的)限制条件有:"领导气候"、正式组织和个人特点。

(1) "领导气候"是由于上级的领导方式和管理实践所造成的工作环境中的气氛。直接领导可以影响下级接受和拒绝高层领导贯彻的变革,领导的价值观、态度和理解能力都是有限制性的力量。

(2) 正式组织的设计也要与提出的变革相和谐。例如,要想实行目标制订参与制度或参与政策,这在僵化的官僚制倾向的组织中是不现实的。因此,变革的项目和系统的设计之间必须有一定的吻合性,这样才能发挥变革的效果。

(3) 对于变革和发展方案很重要的个人特点有:个人的学习能力、个人的态度、个人的性格和个人的期望。如果工作人员没有使用计算机的能力,那么采用高级复杂昂贵的计算机技术就是毫无意义的。管理人员在分析某一变革方案潜在的限制条件时,需要一直把个人的特点放在心上。

(六) 阻碍变革的原因

尽管变革是组织生活中反复出现的,但是人们还是常常阻拦它。阻力常以破坏工作标准、缺勤、毫无理由的抱怨、降低生产率等形式出现在组织中。阻力可能是公开的,如生产中的消极怠工,或是隐蔽的,如装病、使新机器在某一天无法开动等。

实施变革的方式与变革本身及变革的规模一样,都能影响阻力的范围。职工一般喜欢对他们的工作环境、工作节奏以及工作完成的方式有一定程度的控制权。而且,有些变革太剧烈、太突然,以至变革中的莫测性吓坏了职工,如取消一个管理层次,或是关闭一个工厂,重新安排其中的人。被重新安排的人对他们的新工作、新上级、新同事都很陌生。为了了解人们为什么会阻碍变革,我们需要分析下面几个原因:

(1) 担心经济损失。任何变革,只要使人产生有些岗位要取消、有些职工要被解雇的感觉,它就会遇到阻力,因为它会使人们丧失挣钱谋生的权力。如果根本不打算解雇的话,管理人员必须公开声明变革不会产生精简问题,这时需要向职工解释为什么变革是必需的;如果需要解雇人员的话,其原因和程序也要解释清楚,减员也许不易被人们接受,但是对这个问题更好的理解会使工作进程少受延误。

(2) 社交上可能遭到破坏。由于工作在一起,职工之间形成了协调舒畅的交往方式和相互理解方式。这种协调舒畅的气氛使工作变得有乐趣,而且从中培养了友谊。结构上、技术上或人事上的任何变革都会引起这些和谐的关系中断。领导风格的变化也会影响这些相互关系。

(3) 感到不便。推行一种新的工作程序或采用一台新机器以便以更高的效率来生产,都会中断工作的日常秩序。任何干扰到日常工作方式的变革都会遭到不同程度的抵制。

(4) 对不确定性的担忧。在建立起日常工作秩序后,职工就知道他们的责任是哪些,知道在一定条件下上级对他们的行为会作出什么反应。任何变革都会产生变幻莫测的因素。变革前和变革后,职工都会猜测他们将来的作用是什么,上级对他们和对变革的反应如何。这种猜测集中在变革的不确定性上,这种不确定性在变革前是不存在的,它对变革能产生一些阻力。

(5) 小组的阻力。小组内部成员之间形成了一定的行为准则,这些准则确定了期望的行为的周界。不能遵守这些准则就会遭到拒斥、丧失威望或得不到期望的奖励。小组越是吸引人或者团结越紧密,它对其成员的影响越大。如果管理部门发起的变革威胁到小组的准则,就很可能遇到阻力。小组团结越紧密,对变革产生的阻力就越大。

管理人员怎样才能减少变革的阻力呢?要克服变革产生的压力有许多办法。在表16-3 中列举了最普遍、最常用的六种方法。

表 16-3

克服变革阻力的方法

方 法	一般适用环境	优 点	缺 点
教育和信息交流	在缺乏信息或有不准确的信息和分析的环境中	一旦被说服,人们会帮助贯彻执行变革	如果涉及的人很多,会耗费很多的时间
参与和关心	当发起人对需要的信息掌握不充分时或其他人有相当的权力来抵制变革时	参加的人将对贯彻变革作出承诺,他们掌握的有关信息将被吸收到变革计划中	当参加人员设计了一个不恰当的变革计划时,就会白白浪费很多时间
促进和支持	当员工对变革十分恐惧或忧虑时	一系列支持性措施会减少阻力	耗费时间、费用,有时还会失败
谈判	当某人或某个团体在变革中肯定要受损失而且这个群体有相当的权力来抵制时	当变革阻力非常强大时,谈判可能是一种必要策略	潜在的高成本不容忽视,而且可能面临其他权威个体的勒索
操纵和收买	当其他手段都不灵或代价太高时	对于消除阻力可能成为比较迅速、节约的解决方法,容易获得反对派的支持	如果人们发现被操纵时,会产生适得其反的效果,变革推动者会信誉扫地
直接和间接强迫	当变革速度问题十分突出时,同时发起人有很大权力时	速度快,能适用于任何种类的阻力	如果使人们对发起人产生较强的反感时,变革风险会变得更大

第十六章 组织变革

考克(Coch)和弗伦奇(French)对克服变革阻力的研究说明,从群体的观点来看,让职工参与变革是一种好办法。他们两人对一个工厂和四个组的工人进行了研究。这些工人的工资是修改后的计件工资制,他们以不同的方法对各组工作程序进行改革,对其后果进行了监测,看看有无阻力出现。

第一组是通过"无参与"方法进行变革的,由上级告诉工人们要进行变革。第二组是通过"代表参与"方法来进行变革的,由小组选举代表来同上级讨论变革,然后把上级的建议带回组中。第三组和第四组是通过"全部参与"方法来进行变革的,小组全体工人都与职员一起讨论怎样改进现在的工作方法,达成协议后再用新方法对工人进行培训,然后让他们返回岗位。

研究人员发现,变革后"无参与"小组的产量立即下降到原来的 2/3,持续了 30 天,还有辞职和公开表示不满的现象。与之相反,变革后"全部参与"小组最初产量有些下降,以后马上恢复了而且升到更高的水平。在这些小组中,没有辞职的,也没有敌对现象。从这个例子中可以很清楚地看出让职工参与变革是一种较好的办法。

(七) 寻找和选择方法

一旦管理人员确定了变革工作的目标,弄清了限制条件并仔细地分析了形势,他们必须选择一个方法来达到期望的结果。预期的结果可能是要提高技术或是改变态度、行为、结构或是具有丰富的知识等。劳伦斯和洛斯克对于寻找各种变革方法提出了一个有用的体系,他们强调仔细研究组织文化和组织环境的重要性。如果两者之间有差距,就要认真地加以考虑,然后考虑需要改变的行为方式和可以使用的技术。管理人员必须仔细将行为问题与变革方法相结合。图 16-5 总结了劳伦斯和洛斯克的主要观点。图中的体系侧重于行为的变革,并不包括许多常用的变革技术如敏感培训、目标制订和管理方格网等。

管理人员必须决定使用什么技术或技术组合,采取什么措施(即单方面的、委派的还是共享的)和什么时候开始变革项目,决策必须依据目标和限制条件作出。遗憾的是,很大程度的主观性会渗入这个重要的决策中。管理人员常常有他自己喜爱的技术、得意的想法,这些对决策过程都是附加的约束条件,主观程度的大小显然影响着问题和变革方法之间的配合,一个管理人员可能格外欣赏工作扩展,但是要把这种方法用到涉及报酬或组内冲突的问题上,就可能会招致麻烦。

所以一个管理人员在选择技术时应该仔细地考虑问题本身、限制条件和每个方案可能产生的效果。从而根据各种环境选择最适宜的技术。

(八) 实施

任何组织变革和发展技术的实施都有三个重要的方面:时机、位置和深度。

(1) 时机。时机的两个重要方面是组织的经营周期和改革必要的准备工作时间。如果变革开始于管理周期的高峰而且准备工作(如通知改革将影响到的人)还未做好,那么

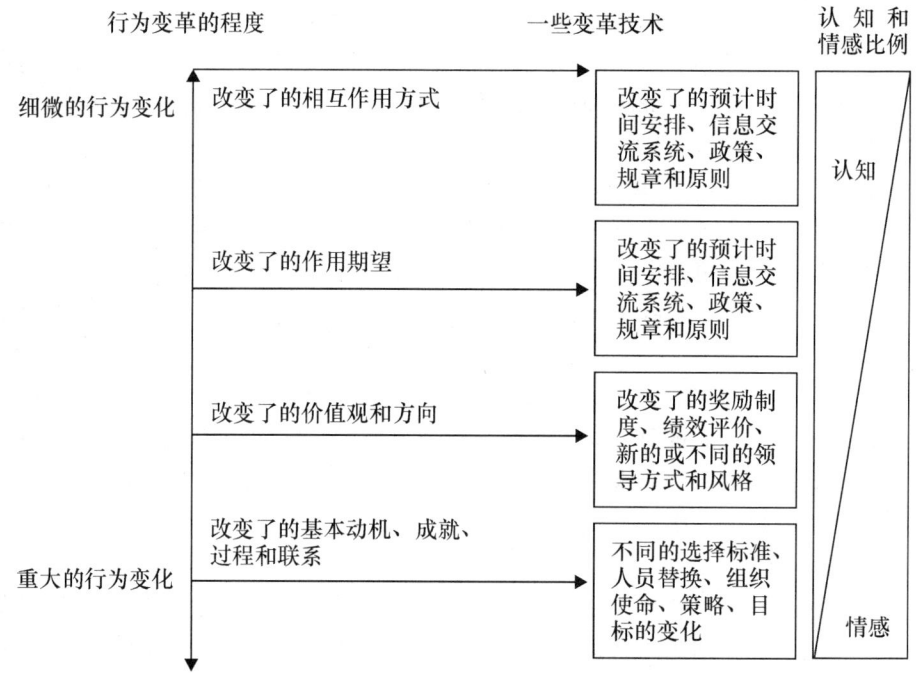

图 16-5　行为变革程度与技术的匹配

就是没有选好时机。但是如果组织为争取生存不能等待时,生存问题就比时机问题更为重要。

(2) 位置。参加实施变革的管理人员必须决定从什么地方发起变革活动。许多这方面的学者认为应该自上而下地发动,即由上层管理人员到基层管理人员或工人。如果变革和发展要实现其目标,上层领导必须给予积极的支持。如果上层领导不支持或不承担责任,组织中的其他人就会敷衍了事;如果最高层领导积极支持和参加这个项目,下级就会紧跟仿效。

但是,也有人提出由基层向上,或中层向两头发动变革的方案。利用工作扩展进行的工作设计变革,一般是先在组织基层进行的。上层领导可能批准了这些变革,但不一定参与。因此,对于有些变革,最高层领导会积极参加表示他们的承诺;而在另一些变革中,最高层领导就可能把变革留给中层或基层管理人员或工人去施展才干。

由上而下方案的普遍性受到比尔(Beer)和休斯(Huse)的质疑。他们认为变革并不是总是要最高层领导的全力支持,但是最高层领导必须允许组织变革和发展工作的进行。对于任何变革计划都要得到上层领导的承认,这一点看来是毫无争议的。

(3) 深度。实施的深度牵涉到干预问题。变革项目应该指向整个组织、单位、小组还是个人,这都是要考虑的问题。

（九）评价

图 16-3 模型的最后一部分是评价。以往,评价组织变革和发展的大部分著作,都是对某种技术、方法或模型热情宣扬的鼓吹者。只是近年来,在评价变革的成功与失败方面才进行了一些科学的研究。造成这种现象的原因主要有以下三个方面:

(1) 进行长时间的现场研究而不受不可控制的较大变化的影响,是十分困难的。这类非可控变化因素常常搅乱有计划变革方案的结果,使许多研究人员对于必要的长时期研究失去信心。

(2) 具有研究技能的外界人进入组织进行扎实可取的评价也是十分困难的。实际工作人员很担心由于研究人员闯入而使正常工作中断并受到干扰。在许多情况下确实如此,而且研究人员有时也做不到以通俗易懂的语言向他们解释研究的问题和研究的实际应用价值。

(3) 由于目标未被清楚地表达,许多实际工作人员对某个变革和发展的目的捉摸不定,因此他们往往无法对变革作出科学的评价。

尽管在评价上存在这些问题,但许多迹象表明,对组织变革和发展得更科学、更有效的研究还在不断涌现。为了改进组织变革和发展的研究工作,实际工作者和研究人员开始配合协作。只有通过评价,才能产生反馈,从而进行必要的改进。评价可以利用会谈法、自我填写调查表、观察法、记录和重大事件的报告法。可能的话,可以把这些方法综合运用以获得对工作结果的真实反映。由评价中得到的反馈可以返回到模型中的变革力量和实施阶段中去。评价阶段与实施阶段的联系是判断组织、群体和个人产生任何变化的关键,它能帮助管理人员确定变革对于实现预定目标是否有效的问题。

思 考 题

1. 组织变革的内在动因是什么?
2. 组织变革的外部动力有哪些?
3. 强调变革对象与强调怎样变革的理论观点有何区别和联系?
4. 组织变革的微观观点是从什么角度考虑问题的?
5. 学习的转化为什么会影响变革?
6. 变革的力量有哪些?怎么评价变革的结果?

第十七章 学习型组织

学习目标

1. 了解学习型组织产生的背景及原因
2. 理解学习型组织的概念
3. 了解学习型组织的特征及其构成
4. 掌握创建学习型组织的原则、方法及工具
5. 了解创建学习型组织的障碍,并学会克服这些障碍

第一节 学习型组织的产生

一、人性假设理论的延伸

《美国2000年教育战略》指出:"今天,一个人若想在美国生活得好,仅有工作技能是不够的,还须不断学习,以成为更好的家人、邻居、公民和朋友。学习不仅是为了谋生,而且是为了创造生活。"因此,21世纪的人,不应仅是泰勒和法约尔看成的"经济人",梅奥认为的"社会人",马斯洛倡导的"自我实现的人",麦格雷戈提出的"复杂的人";也不仅仅是20世纪70年代戴维思强调的"组织的人",80年代追求的"文化的人"。21世纪的人是把学习看做人的天性与生命的"学习型的人"。学习动机被看成是每个人与生俱来的,人们怀着对未来前景的共同憧憬和追求,必将激发自我不断学习,因为每个人都是天生的学习者,这是学习型组织研究产生和发展的人性假设前提,为学习型组织的研究奠定了坚实的基础。

二、组织适应变化的需要

当今社会,组织发生了很大的变化,如组织内部的变化、工作性质的变化、组织成员的变化以及学习方法的变化,沃特金斯和马席克认为正是这些变化促使了学习型组织的产生。

(一)组织的变化:成长的瓶颈

组织如果不进行变革就无法生存。要实现变革,必须不断地学习,不断地改进。具体说,以下因素影响着组织的成长瓶颈:

(1)全面质量计划。这是考察工作、减少失误、提高组织竞争能力的计划,不论大事小事,通过改进,所有人员都要有研究和开发的责任。

(2)技术的变化。为了充分应用电子计算机和其他技术,需要先学习新的工作方法和思考方法。

(3)服务观念的变化。不管顾客是谁,在哪里,要懂得顾客的需求并给予满足。

(4)作出出色的成绩、实现自我管理团体的需要。要管理项目并能有效地完成职责,清楚应当怎样齐心协力。

(5)节约时间的需要。个人把这一点看做具有竞争优势的重要原因,企业需要缩短研究开发、生产和提供服务的时间,也需要缩短学习活动的时间。

为了能在这些因素所造成的环境中生存下去,组织也好,组织成员也好,必须不断地学习,利用已有的知识和信息快速地处理问题,灵活地适应变化,正确地预见未来。

(二)工作的变化:工作复杂程度增大

几年前,在一份名为《公元 2000 年时的员工》的报告中就指出,只需要技能的工作数量将减少,而需要高等教育和技能的工作数量将增加。例如,摩托罗拉公司由于采用了可靠性超过人力的、1 小时生产 11 000 个半导体的制造设备后所需的员工数量仅为原来的 1/3。这样一来员工必须具备具有能读取电子计算机图像以确认机器人是否在正确地进行工作的能力。同样,在纺织行业,以往员工即使不能读写,也可以用眼睛实地观察机器怎样在工作。但是今天,由于使用新机器,技术人员必须通读复杂的使用手册和制造商提供的最新信息才能进行判断和修理。这种工作的变化,就要求员工必须具有很强的学习能力,同时组织也应该有相应的学习机制。

(三)学习的变化:终身学习

当今社会竞争激烈,所需要的知识也有了很大的变化。人们面对这种变化,犹如逆水行舟,不进则退,从而促使了一种学习形式的产生——终身学习。学习型组织正是由那些终身学习的员工所支撑起来的。员工本身也已经意识到应该把学习作为自己生活的新课题,终身学习正在成为大多数人工作中的实际需要。为了高效率提高业绩所需要的信息,几乎在成为信息的同时就变成过时的东西,因而必须早作准备,那就是不断地学习再学习,在工作中和他人一起同心协力地学习,以达成知识联盟。

第二节 学习型组织的构成

一、学习型组织的概念

虽然组织理论对学习的研究已经有很长时间了,但有关资料表明,现在仍存在相当多的异议。大多数学者都把组织机构的学习视为一个随时间不断展开的过程,并把这种学习同知识的获得和行为的改善联系在一起。但他们在其他一些重要问题上仍然存在分歧,比如说,一些人认为,学习的过程需要伴随行为的改变,而其他人则坚持认为,学习只需要新的思维方式就可以了;一些人将信息处理过程作为学习的机制,而其他人则提出学习是通过共享的见解、组织的日常规则甚至记忆来实现的;一些人觉得组织机构的学习是很平常的,而其他人则认为那些并不完善的自我辩解才是更普遍的学习方式。怎样才能对这些不同观点进行辨别呢?让我们先看下面的定义:

学习型组织是一个能熟练地创造、获取和传递知识的组织,同时也要善于修正自身的行为,以适应新的知识和见解。

这一定义始于一个简单的道理:新的思想对学习来说是极其重要的。有时,这些思想是通过创造力和洞察力的闪现而创造出来的;有时又是来自组织外部或者是内部个体的知识交流。不管这些思想源于何处,他们都是组织进步的根源。但这些思想本身并不能创造出学习型的组织,如果没有与之相伴的工作方式的转变,那就只会存在进步的可能性,而非实质性的进步。

"学习型组织"自彼得·圣吉提出后,十几年来已经成为这个时代的流行词。而随其流行与对其研究的深入,学习型组织的内涵反而模糊起来,至今仍未有一个定义明确且取得共识的概念。

本书对学习型组织的概念从下面三个方面来理解:

第一,学习型组织是全体组织人员能全身心投入并持续增长学习力的组织。要特别强调学习力的增长。所谓"学习力"有三大要素组成:学习动力、学习毅力、学习能力。

第二,学习型组织是能让人们体验到工作中生命意义的组织。这是学习型组织非常强调的一点。让员工到了我们这个组织,都感到获得了生命意义。这样,他们才能充分发挥能力,企业才能辉煌。

第三,学习型组织是通过学习创造自我、创造未来能量的组织。学习的目的是为了创造,如果你的企业只是成天学习,而不能创造能量的话,这不是学习型组织,这是形而上学。

二、学习型组织的特征

十几年来一直困扰着学习型组织研究者与实践者的一个问题是:具备怎样的特征才算是建成了学习型组织?问题的答案与问题本身一样成为学习型组织的研究焦点。下面介绍几位学者对这个问题的看法。

(一) 沃特金斯和马席克的观点

沃特金斯(K. E. Watkins)和马席克(V. J. Marsick)从学习型组织画像的角度,指出学习型组织与非学习型组织在四个层次上的不同:

个人层次:在学习型组织中,学习是持续性的,学习被战略性地结合到未来的组织需求上,可以阶段性地培养学习,自我超越。而在非学习型组织中,学习是被压制的、松散的、临时性的,学习没有一贯性和连续性,而且存在无力感。

团队层次:在学习型组织中,学习的焦点放在集团的发展和共同性的技能上,报酬是对整个团队和整个部门的。建立以共同愿景为基础的联动行为,在团队中共享学习,通过交流机制,把团队的学习成果向整个组织普及。而非学习型组织对过程不加注意,只是集中于工作上的学习,报酬不对团队而是对个人、部门,并且是被细分的、独立的。

组织层次:学习型组织在以往所获得技能的基础上进行学习,创造促进大家学习的灵活结构。非学习型组织的学习是表面性的,跟过去的技能无关,学习往往半途而废,不注意学习障碍(结构性僵化),通过结构性重组学习。

社会层次:学习型组织强调相互依存性的认识和对整个社会的贡献,为建立理想的未来,持续地调查,预测未来的趋势。非学习型组织忽视政策对社会的影响,也即隧道式愿景。

在此基础上,两人提出了以"7C"为标志的学习型组织的特点:

(1) 持续不断的学习。
(2) 亲密合作的关系。
(3) 彼此联系的网络。
(4) 集体共享的观念。
(5) 创新发展的精神。
(6) 系统存取的方法。
(7) 建立能力的目的。

(二) 罗宾斯的观点

组织行为学家斯蒂芬·P·罗宾斯(Stephen P. Robbins)概括出学习型组织的五个

特性：
(1) 有一个人人赞同的共同构想。
(2) 在解决问题和从事工作时，摒弃旧的思维方式和常规程序。
(3) 作为相互关系系统的一部分，成员们对所有的组织过程、活动、功能和环境的相互作用进行思考。
(4) 人们之间坦率地相互沟通（跨越纵向和水平界限，不必担心受到批评或惩罚）。
(5) 人们摒弃个人利益和部门利益，为实现组织的共同构想一起工作。

（三）英国经济家情报社的观点

英国经济家情报社与IBM咨询集团对全球企业出现的组织学习和知识管理的实践进行了深入研究，通过大量调查分析表明，学习型组织没有固定的模式，并从四方面阐明了学习型组织的特征：

(1) 领导：成功的梦想、与员工沟通、由司令官到支持者、授权、共担战略联合责任、由特权和管理权威到知识、技巧和效率权威。
(2) 文化：尊重个人自由、诚实、从错误中学习、个人和公司不断学习的重要性、批评、探索性学习、共享智慧、支持他人成功。
(3) 结构和过程：识别和评估知识、信息技术系统、组织鼓励、从外部资源和过去经验学习的手段、保留离开人员知识的程序。
(4) 将人作为资产管理：公司业绩的非货币度量、自我知识和个人成长、培训和发展、理解公司。

（四）菲利普·桑德拉的观点

英国学者菲利普·桑德拉（Philip Sadler）指出，建立学习型企业的目的就是把全体雇员作为客户来对待，向他们提供不分地区、机会均等的高质量的学习和发展的服务，这在一定意义上探索了学习型组织的本质。

（五）周德孚的观点

周德孚提出了学习型组织的八大特征：
(1) 组织成员拥有一个共同的愿景。
(2) 组织由若干创造性团体构成。
(3) 善于不断学习。
(4) 地方为主的扁平式结构。
(5) 自主管理。
(6) 组织的边界将被重新界定。
(7) 员工家庭与工作的平衡。
(8) 领导者的新角色。

（六）钱平凡的观点

钱平凡博士认为,学习型组织是一种以"地方为主"为基本构架的扁平组织,有五大特点：

(1) 企业组织的目标不再以"战略规划"为指导,而是由共同愿景驱动。

(2) 决策向基层移动。

(3) 企业组织与个人之间不再是通过"契约",而是通过"盟约",把组织与个人连成一个不可分割的整体。

(4) 企业组织的员工不再持有"工具性"的工作观,而是追求"精神面"的工作观。

(5) 企业组织的员工不是抱着"遵从"的态度去完成指定任务,而是抱着"奉献"精神去积极创造新价值。

（七）张声雄的观点

我国学者张声雄对学习型组织的本质进行归纳后指出,其"真谛"包括三句话：

(1) 全体成员全身心投入并有学习能力的组织。

(2) 让组织成员体会到工作中生命意义的组织。

(3) 通过学习能创造自我、扩大创造未来能量的组织。

他进而总结出学习型组织的六大特点：精简、扁平化、有弹性、不断自我创造、善于学习、自主管理。

综上所述,各家关于学习型组织特点的论述存在较大的分歧。美国当代管理学家达夫特向他的读者提问："这个概念(学习型组织)似乎不太现实？"罗宾斯断定,从来也不可能出现真正的学习型组织；圣吉也承认,你永远不能说："我们已经是一个学习型组织"。从某种意义上说,学习型组织是一种理念,甚至是一种信仰。而现存的问题既不是严格意义上统一关于学习型组织的构想,更不是以某种尺度去衡量现实中的企业是否具备了学习型组织的特点,而是我们是否树立了学习型组织的理念？在向学习型组织进军的道路上走了多远？并且要相信"只要找到路,就不怕路远"。

三、学习型组织的构成

自学习型组织问世以来,人们对如何创建学习型组织的研究一直激情澎湃,对如何创建学习型组织实践的努力更是乐此不疲。受牛顿经典理论的影响,人们的研究总以整体由部分构成为导向,对学习型组织这一理想境界进行分解,致力于其构成要素的研究,以期达到从部分入手,从而创建学习型组织整体的意图。

圣吉从建立过程角度,以五项修炼概括了学习型组织的构成,并以第五项修炼将其整合为一个整体。第一项修炼,自我超越；第二项修炼,改善心智模式；第三项修炼,建立共同愿景；第四项修炼,团队学习；第五项修炼,系统思考。"系统思考"的修炼是非常重要的,在于扩大人们的视野,让人们"见树又见林",它是整合其他各项修炼成一体的理论与实务。但是,"系统思考"也需要其他四项的配合,以发挥其潜力。因此,五项修炼是一个有机整体,不能孤立或分割。

哈佛大学教授大卫·加尔文(David Calvin)在阐述学习型组织的基石时,从学习型组织的学习内容角度指出其构成:系统地解决问题、试验、自己的过去与经验中学习、向他人学习、促进组织内的知识扩散。

我国学者张声雄在 1999 年 7 月召开的"99 世界管理大会"上提出了构成学习型组织的六大要素:拥有终身学习的理论和机制;建立多元回馈和开放的系统;形成学习共享与互动的组织氛围;具有实现共同愿景的不断增长的学习力;工作学习化使成员活出生命意义;学习工作化使组织不断创新发展。

对学习型组织构成的研究与对其特点研究一样,仍没有达成共识。人们在致力于学习型组织的构成研究中,认识到学习型组织的千姿百态,任何欲想穷尽其构成内容而一统其面貌的研究努力都背离了学习型组织理念性这一特点。这种先假想出一个学习型组织,由整体分解成部分的研究方式,将引导着另一种研究方式的开端,即在归纳大量现象的基础上抽象出学习型组织的理念构成,进而探求学习型组织的理念全貌。

第三节 学习型组织的创建

在对学习型组织构成的研究基础上,人们对学习型组织的整体面貌进行了探索,勾勒出一幅幅关于学习型组织的画像,并设计出不同的创建策略。

一、学习型组织的创建模型

关于学习型组织的创建,各个不同的企业会有自己不同的模型,比如安徽江淮汽车集团公司有"江淮模式"、山东枣庄的柴里煤矿有"柴里模式",常州红星家具集团公司有"红星模式"等等,这些企业都在创建学习型企业,并且都有很好的经验。在这里主要介绍两种西方的经典模型。

(一)梅耶模型

梅耶在对学习型组织的研究中,综合了复杂组合的各种因素,提出了梅耶模型。该模型表明冲击和吃惊成了学习型组织的开端,冲击可以根据组织的行为理论来解释,那就是战略和文化结合起来的东西。其中,战略是整个组织对环境的态度,而文化是导出行为的信念和价值的组合;结构和可利用的剩余资源制约了学习和改革的可能性(见图 17-1)。

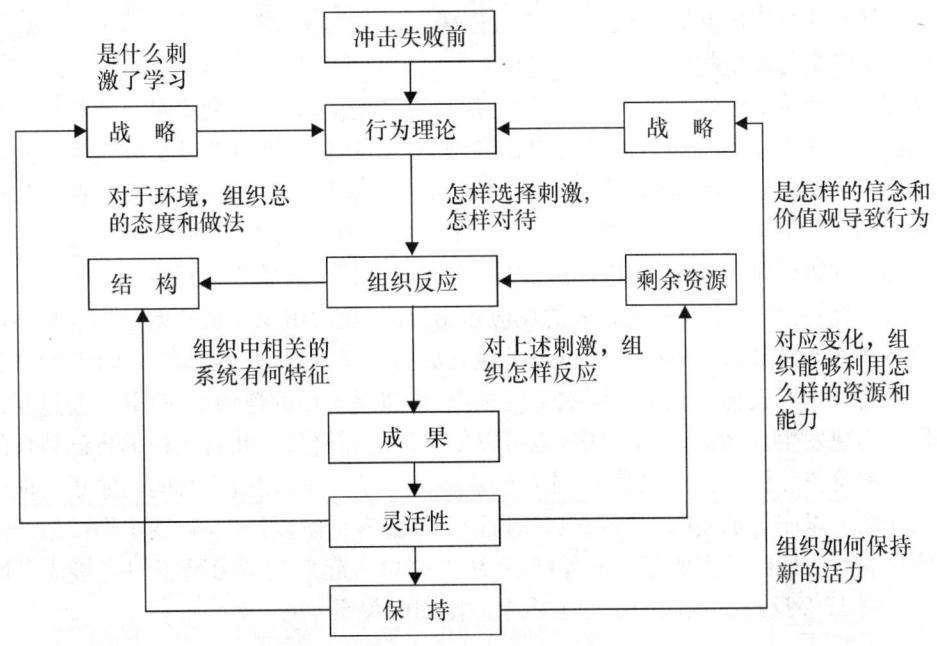

图 17-1 学习型组织的梅耶模型:学习型组织的理论框架

(二) 约翰·瑞定模型

约翰·瑞定(J. Redding)主要从战略规划角度,区分出三种组织战略改革模型:

第一种模型,强调计划,与传统的命令——控制型管理模式相一致。

第二种模型,即"计划——执行——计划"。

第三种模型,即"准备——计划——实施"。

后来,约翰·瑞定又在前三种模型的基础上提出了第四种模型,即学习型企业:"持续准备——不断计划——即兴推行——行动学习"。

二、学习型组织的创建原则

关于创建学习型组织的原则,也有众多的观点,在这里主要介绍两种观点。

(一) 沃特金斯和马席克的六原则

(1) 创造不断学习的机会——管理者是教练。

(2) 促进探讨和对话——交换知识。

(3) 鼓励共同合作和团队学习——系统能力。

(4) 建立学习及学习共享系统——"联机处理"。

(5) 促使成员迈向共同愿景——"启发因子"。

(6) 使组织与环境相结合——依存共生。

学习是在个人、团体、组织、社会这四个层次上产生的,是向更复杂的共享性的水平推进,也就是说,个人、团体、更大的业务单位和网络、组织本身和用户以及供应商之间的网络,然后扩展到其他社会集团。学习型组织中的学习是非常社会性的。人们在工作中为实现明确的目标而学习,个人帮助别人学习,组织在相互作用中学习,其结果就是把彼此的了解连接起来。学习型组织往往还会从一个人的言行中开始连锁反应。别人对此马上作出反应,然后另外一个人对这个人的反应作出反应;随后组织成员开始是用各自不同的方法对事物赋予意义;最终,他们通过和其他成员的交流,逐步取得一致。人们的知识,通过这一经历而迅速变化。在组织层次上的学习,恰似原子核的连锁反应那样,通过复杂的相互作用迅速发生。例如,在组织中,也可以传播价值和愿景。几百人根据自己独自的世界观来理解价值和愿景。但在其中,成员们就逐渐有了共识,创造出共同的愿景。他们会注意到什么可以成为现实的东西,并加以讨论。通过各个阶段的学习,逐步形成集合性的相互依存关系。如同圣吉所指出的那样,系统性的思考起着把学习型组织连接成一股绳的作用。图17-2反映了在四个层面上六个原则间的关系。

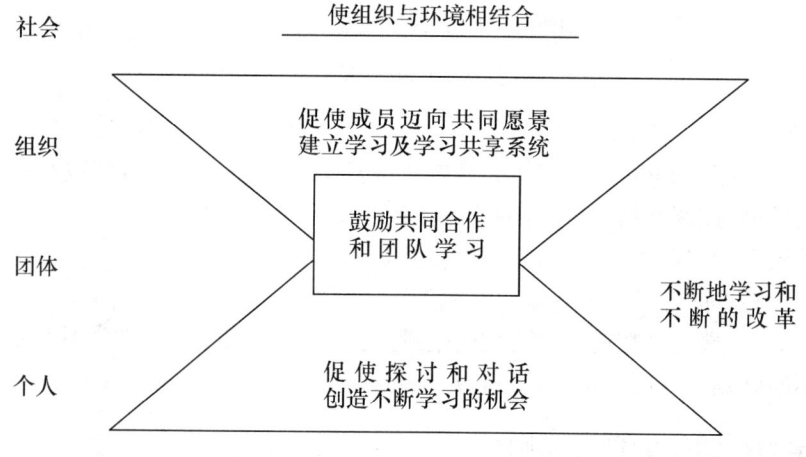

图17-2 学习型组织的行为准则

(二) 许庆瑞的五原则

(1) 系统思考原则。

(2) 目标统一原则。

(3) 自愿、熟练工作原则。

(4) 有效小组学习原则。

(5) 认识模型原则。

三、创建方法与工具

(一) 沃特金斯和马席克的三大行为技术

(1) 行为研究。行为研究是由介入、收集关于介入效果的数据、反省成果、设计新的介入所构成的相互作用的过程,其焦点在于解决问题。

定型的行为研究遵循如下步骤：① 把有共同问题的人们编成小组；② 在小组内反省问题；③ 收集与问题有关的信息；④ 在小组中分析信息,确认分析的正确性；⑤ 为解决问题,把小组中设计的解决方案,介入现场。

(2) 行为反省学习。由于人们通常不会对自己所熟悉和认可的条件生出疑问,行为反省学习向这种条件挑战,其焦点在于学会边行为边学习。

设计行为反省学习,虽然方法各异,但一般来说,由下面三个因素组成：① 项目工作：这是行为反省学习的中心；② 讨论会：成员们在项目基础上选择课题,通过为完成项目所需要的结构化的适时培训来学习；③ 回到工作中研究问题：成员们回到工作中后,就运用在计划中学到的新技巧,对产生的问题进行探讨。

(3) 行为科学。行为科学的焦点在"我们说是自己想做的事为什么不做的理由"上,并强调行为技术的核心是学习和行为的结合。

沃特金斯和马席克同时指出：行为技术的核心是把学习和行动相结合。行为技术之所以有吸引力正是由于这一点,但是实践起来并不是那么容易。要是学习、行动、实践都搞好,需要具有设计经验和促进学习能力的人。这种行为技术促进者,必须具有高度的技巧,他不需要直接介入参加者的学习过程,却能指导相互交流；他必须精通在复杂系统中的变化,使参加者能够理解所面临的问题是庞大的总体图中的一部分；他必须理解哪一种行为的结果,使参加者能通过有目的的实践,追踪行为的因果；他必须理解并明确指出在行为的表面下被认为是理所当然的思考方法。他应当让参加者进行训练,使之能验证他们自己的理解力,并且促进者必须在幕后干这些事,这样才能使参加者自己通过实践进行学习。

(二) 芭芭拉的八种学习工具连续体

芭芭拉在如何评价构建学习型组织的学习型工具时,对照传统的组织(被告诉型组织)与学习型组织提出了八种学习工具连续体：

(1) 学费补偿。

(2) 正式培训。

(3) 员工之间"传帮带"。

(4) 在职培训。

(5) 开发/学习计划。
(6) 团队协作。
(7) 学习标准。
(8) 合作伙伴关系。

(三) 唐棣的三方面建设方法

唐棣指出构建学习型组织的方法主要是强化三方面的建设：
(1) 领导与管理。
(2) 组织文化。
(3) 交流和知识系统。
学习型组织的生命线就是一个自由、开放、便于信息交流和知识传播的系统。

四、创建的阶段

(一) 芭芭拉的观点

芭芭拉在谈如何创建学习型组织时，将其学习分为五个阶段：没意识到无能——意识到无能——没意识到有能力——意识到有能力——精通。芭芭拉认为第四阶段容易发生的两种危险是，骄傲自大和厌烦，而第五阶段"精通"意味着不断变革，即另一种类型的"观念转变"，是学习的最高阶段。

(二) 王德禄的观点

王德禄指出，随着知识经济时代的到来，学习型组织成为企业做好知识管理工作和提高竞争能力的必要条件。在《第五项修炼》一书中，彼得·圣吉已经向我们展示了建立学习型组织的一整套方法。虽然这五项修炼基本是从抽象的角度来谈的，但却不能脱离组织结构、管理模式、组织文化而孤立存在，也就是学习型组织的三个阶段：
(1) 企业要想将自身改造为学习型组织，必须从建立适合于学习的组织结构入手。
(2) 在具备了一定的组织结构基础后，企业还要着重塑造组织的学习文化，培养组织的学习习惯和学习气氛。
(3) 企业要更好地提高自己的学习能力，并注意积极地向外界学习，组建知识联盟。

(三) 陈国权的观点

陈国权教授提出了"6P—1B"学习型组织的过程模型。6P是指：发现、发明、选择、执行、推广、反馈，1B是知识库和知识管理。它们之间的逻辑关系如图17-3所示。

组织学习从"发现"变化和问题开始，进而"发明"解决的办法，对各种方法加以"选择"，"执行"新方法，并在更广的范围上"推广"，最后通过对全过程结果的"反馈"来进一步调整和改进。这六个阶段产生的知识以及外部环境的知识要流入组织的知识库，组织知识库中的知识又会对每个阶段产生影响，并输出到外部环境。一个组织要建立学习和自

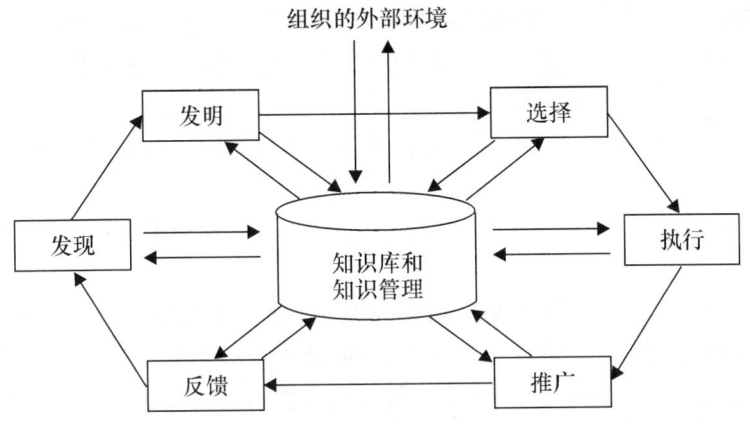

图 17-3　学习型组织的过程模型——"6P—1B"模型

我更新的能力,就必须在它的经营流程、组织结构、管理制度,以及信息系统中蕴涵这几个方面的基本思想。

该模型的特点是:

(1) 组织学习成为一个包含"发现"、"发明"、"选择"、"执行"、"推广"到"反馈"的闭环过程,体现了组织学习永无止境的、持续改进的本质。

(2) 位于模型中心的"知识库"以及上述六个过程与"知识库"之间的互动,体现了组织学习不断积累、螺旋上升的本质。该模型将"组织学习"和"知识管理"当今两个重要概念整合在一起,提高了本模型分析和解决组织学习及适应环境变化问题的能力。

(3) 该模型具有一定的适应性。图 17-3 中从"发现"、"发明"、"选择"、"执行"、"推广"到"反馈"的箭头是单向的,而每个阶段与"知识库"之间的箭头则是双向的。这样,它就不会像多米诺骨牌那样,中间缺一个环节并不能使整个学习过程中止。由于每个阶段与"知识库"之间有双向箭头,因此在这个大闭环中就包含了许多小的闭环回路,可以体现不同组织或同一组织在不同阶段和环境的学习过程特征,因此模型可用于很多不同情况。

基于 6P—1B 模型,陈国权教授提出了学习型组织的设计原则:

基于"发现"阶段的设计原则:危机意识、共同愿景以及组织聆听和分析。

基于"发明"阶段的设计原则:创新意识、创新思维、全员参与——利用所有人的智慧、团队工作与团队学习、自由度和自主权、激励制度和文化。

基于"选择"阶段的设计原则:组织系统的冗余性、合适的多样性、开放系统、人力资源制度、经营决策制度。

基于"执行"阶段的设计原则:领导的决心、管理层与员工的沟通、具体可操作的方法、PRC 体系(企业对于任何新的改革方案,一定要有专人去推行(push),对有功人员要奖励

(reward),对该方案最后的成功实施要庆祝(celebration))、变革的进程、外部力量、改变员工的组成、目标集中、多维度系统规划、使组织系统处于"混沌的边缘"。

基于"推广"阶段的设计原则:分享意识、激励制度、扩散机制。

基于"反馈"阶段的设计原则:反思意识、信息收集、分析和传递,建立不同程度的反馈调节机制。

基于"知识库"的设计原则:知识的保留、知识的共享、知识的保护、知识的转化、知识的输入和输出。

关于学习型组织的研究不仅如上所述,在其他领域的研究亦相当深入。如构建学习型组织的障碍因素、对学习型组织的评估等方面,从多学科角度研究组织学习的成果已很丰富,如心理学、社会学、管理学、组织学、经济学、人类学等。关于学习型组织研究的方法更是千姿百态,百花齐放,如案例分析法、数量统计、系统论方法、动力学方法、多学科方法等。

五、克服创建学习型组织的障碍

(一)学习的三大障碍

在现有的人才、习惯、文化、政策、结构等条件下,把组织朝着学习型组织的方向改革,会出现种种问题。首先,我们看一下学习本身的三大障碍:

(1)学习半途而废。组织为学习不能实现或者只能部分地实现而伤脑筋。即使在组织的某些部分产生特定的变化,整个组织也不一定会改变;或者即使整个组织起了变化,也只是表面性的,几乎不能学习。比如,管理人员对调动职工积极性和听任学习的自我管理是消极性的;过早地作出了考核;不熟悉新的规范等。这样,学习只能半途而废了。在产生改革以前,新的尝试就被停止了。

(2)被学习到的无力感。被学习到的无力感,剥夺了激励,使对学习的注意力减退。这种无力感,不仅在个人,在集体中也会产生。即使领导人想推进改革,应当追随他的部下却公开或隐蔽地阻挠,等待改革的暴风雨过去。此时,这样的集团就产生了无力感。

个人重复人生经验,在家庭、社会、组织中的作用走向社会化的同时,变得被动了,并且,由于组织是严格的等级制度和古板的官僚体制,又助长了这种被动状态。官僚体制的组织,是不容易使它采取不合规则的行动的。人们就是因此感到要求不被满足,接近于被学习到的无力感。然而,上司认为问题的原因在部下,部下却认为上司有问题。这种循环产生出闭塞的状态,从而又加重人们学习的无力感。组织必须充分注意使干劲消失、鼓励被动状态的环境因素。

(3)隧道式愿景。隧道式愿景,就是从系统性的观点分析自己和情况,使之不采取对应的行动。人们会注意自己的观点,但很少注意整个情况的复杂性。没有充分考虑问题的罪魁祸首,盲目行动,对问题的复杂性目瞪口呆,想不出行动的策略。要克服这种缺陷,必须理解组织结构的规范和政策之间的相互依赖性。此外,组织跨部门团队,进行职务互换的培训等,可以产生更大、更宽广的系统性的前景。

(二)创建学习型组织的三大难题

即使没有学习的障碍,学习型组织的创建也会面临如下三个问题:

(1)加班、打零工、疲劳过度的工人增加。由于缩小规模、重组、合并、收购、人员变动,留在企业中的工作必然超过过去。这样疲劳过度的工人的学习积极性会减退,加上对离职人员的复杂感情,以及存在下一回会不会轮到自己的不安心理,其心思必然不在学习上。还有,面临着较大的变化,也使其陷入了不稳定的心理状态。另外,即使是员工学习了,其学习成果也可能没有机会贮存在组织中。

(2)对企业的忠诚度正在改变。过去是终身雇用,员工对公司的忠诚度很高。而现在,员工的忠诚不是对组织,而是对他自己和自己的本领。组织,说到底只是人实现自己愿景的临时住处。这样一来,提高劳动生产率时,希望员工配合组织的学习就不容易了。在对组织的忠诚变得淡薄的现状下,对员工的忠诚应当取而代之。强调个人的能力和品质,可以产生出新的忠诚和自豪。遗憾的是,我们如今还不能构筑新的经济模式来取代过去的在大规模组织中进行生产的这种模式。

(3)有关担心和权力的怪论。当员工诉说担心解雇而被要求加强学习时,就会出现种种怪论,这样的担心反而抑制了学习。巴德威克指出,世界特别是公司必须保证自己的生存,才有了被认为是赋予了工作权力的职工。这是一种新的劳动观,企业对这种新的劳动观还没有熟悉,认为拥有劳动权利担心解雇的人和感到极度担心的人,劳动生产率都低。关于担心和权力的理论提出:员工的工资是自己的劳动所得,所以应当调动他们的积极性。担心和权力的理论,对于为处理没有能力的工人感到棘手的管理人员,也许是有吸引力的。但是,这是把组织上的问题强加到员工身上,使学习型组织从根本上没有指望了。

(三)克服创建学习型组织的障碍,开拓学习和改革的道路

克服障碍和困境,往往是困难的。专家固然重要,但是所有员工都应当利用自己的潜在能力,与同事们互相帮助而成长。学习专家帮助管理人员通过日常活动学会学习方法,引导他们掌握面临困境的各个方面。学习专家懂得学习的设计方法,同时了解管理人员和别的专家应当学习什么。双方共同努力,就可开拓学习和改革的道路。

在学习型组织的基础建设中,应当注意不使学习过程半途而废,不增加被学习到的无力感,并且不容许有隧道式愿景。对学习半途而废,可以通过制订完善的计划来避免。管理人员和人事负责人一起,对无法预料的半途而废的学习保持警惕,提出即使项目终止以后应该学习什么的备用方案等,就可以一直支持个人和组织的学习。对被学习到的无力

感,也可以要求深思熟虑。对于从过去的经验所产生出来的期待,可以由指导、非正式接触、培训、介绍到员工咨询窗口等,在个人层次上加以对应。在组织层次上,可以通过职务设计、报酬标准、管理人员行动等公开性、启发性的信息加以具体化。对于隧道式愿景的治疗,要用系统思考方法,但是只要不把工作设计成组织要求它或回报它的那样,个人学习都是困难的。

在质量管理中,从工作过程的开始到结束给予注意,能使顾客满意。由于员工之间得到自己工作结果的反馈,因而更加注意到与别人和别的部门的紧密合作。同样,组织必须创造条件,使员工系统地学习和工作。

克服了这些障碍,就创造出了可以在组织内促进学习的结构和文化。当然,这是大的改革项目,因此,通常会面临难以解决的困境。上面介绍的三种困境,现有的组织都曾面对过,但可以认定,能够学习从停滞中摆脱出来并提高生产率的方法,使不少组织都得到了好处。

【案例 17-1】

罗弗公司的学习事业部

20 世纪 80 年代后期,英国最大的汽车制造厂商罗弗(Rover)公司陷入困境:每年亏损超过 1 亿美元,内部管理混乱,产品质量江河日下,劳资关系恶化,员工士气低落,前景一片黯淡。几年之后,罗弗摇身一变成为全球最富有生命力的汽车制造厂商之一,在北美和亚洲,其产品供不应求,汽车全球销量几乎增加了 1 倍,产品质量优异,几乎囊括了业界所有的质量奖,人均创收增长了 4 倍。同时,员工的满意度的生产率也创历史新高,并且持续高涨,1995 年的一次对罗弗公司 34 000 名员工的调查表明,超过 85%的员工对自己的工作感到满意,认为受过良好的培训,并且愿意齐心协力扩展团队的绩效。

罗弗公司振兴的秘诀何在?调查显示,从高层领导到一线职工,他们一致认为,罗弗重振雄风最大的功臣首推公司长期推行的发展学习型组织策略。罗弗公司成功导入了学习型组织项目,并在很短的时间内发生了翻天覆地的变化。

罗弗公司于 1990 年 5 月首先成立了专门进行学习管理的机构学习事业部(Rover Learning Business,RLB)。作为一个独立的实体,RLB 的主要职责是推进全体员工的学习,力求使学习成为每个人和每个单位工作不可分割的一部分,并为学习提供必要的支持与帮助。通过 RLB 的工作,员工、团队、部门乃至于全公司都可以从不断增长的知识、经验中获益,从而使公司不断进步。RLB 有如下主要工作。

1. 倡导学习

第十七章 学习型组织

主要是刺激、鼓励、扶持员工和团队克服思维局限,不断拓展自我,强化个人与集体的协同意识。

2. 学习过程辅导

为了指导员工与团队顺利学习,RLB提供必要的学习工具,给予技术和物质支持。

3. 杆标管理

通过设定标杆,引导、支持员工与团队向公司内外先进的生产、管理实践学习,并在公司内合理分配、使用这些知识,在不同部门之间达成知识、技术、数据的共享。

4. 供应商、分销商和顾客一起成长

塑造世界一流的企业,离不开供应商、分销商和顾客等外部环境的配合,为了提高组织的学习能力,必须提高他们的学习能力,并把他们纳入企业考虑的范围,使他们与企业协调起来,共同进步。

5. 负责内外的沟通与交流

RLB很重要的一项任务就是负责内外的沟通与交流,以使员工认识到学习的重要性,在公众心目中树立业界最佳学习型组织的形象。

RLB的建立揭开了罗弗人称为"公司内真正意义上的革命"的序幕。通过RLB的努力,学习逐渐在全体员工心中扎下根来。

RLB的学习产品反映了公司对终身学习、培养工人的忠诚和自尊的支持。RLB的产品包括以下几个内容:

(1) 罗弗员工帮助学习(REAL)公司请人讲授与工作间接相关的课程,可学的课程包括新闻编辑、咨询、书法、语言、哲学。几年间已有17 000多名员工参加了REAL。

(2) 中学后的高学历的活动。罗弗与哈里克大学建立了合作关系,各类方案满足工作的不同需要。离开学校的员工若需要完成他们的再教育,可以先修基础的文学和数学课程。对罗弗的工作而言,这是个特殊的挑战,因为大多数辍学的人是在15岁时离开正规课堂的。1990~1995年中,1 000名员工已经获得了大学学历,其他人也学习了研究生的课程甚至获得的工程学博士学位。

(3) 个人发展档案(RDF)。这是一个员工用于创建自己的事业发展计划的工作簿。该档案包括由RLB设计的自我评价,使员工鉴定现有的技巧和能力,并为未来的事业发展设立目标。档案的使用是自愿的,但是员工总数的2/3保留了PDF,并与管理人员商议自我发展计划。

(4) 个人学习支付。这是一种图表式工具,可应用于确定最适合自己性格和技巧的学习方式。2 000多名结伴者自我设定个人学习阶段的工具,包括一个工作簿、录音机和录像机。结果,很多反映个人学习风格的活动得到了发展。

(5) 学习日记。所有员工都得到了一个可携带的日记本,成为一种计划工具,记载了有关发展个人兴趣、事业和改善生理、心理途径的建议。这是一个由RLB发起的学习活动的备忘录，包括有关学习的文章。同时，配合活动设立了各类奖励，包括一次家庭周末休假，一次个人发展课程，一次参观BMW工厂的旅行和免费体育活动。

(6) 员工发展中心。每个员工发展中心都有一些公开的学习设备，配备有高端电脑和交互式录像机，软件程序可用于电脑辅助自己设置阶段的学习。员工发展中心也提供教授电脑应用的软件以及管理、工艺技巧、语言、压力控制和放松等内容的课程。

罗弗公司十分注意为员工个人学习创造条件。公司每年支付员工175美元津贴用于员工个人学习，鼓励员工发展多方面的技能技巧，不仅鼓励员工学习与本职工作有关的知识技能，而且鼓励、允许员工掌握新知识、新技术、拓展视野，创造一个有利于创新的工作环境。

对于员工个人学习，罗弗的基本原则是：主动参与、反馈机制、学习转移、行为强化、激励、变革的意愿、反复练习、寻找时间，并为员工学习提供必要的物质帮助。例如，公司编制印发学习手册《学习是生活的一部分》，回答员工为什么要学习和怎样学习的问题；向员工赠送内容丰富多彩的学习日记。例如，1995年的学习日记中包括：有力的学习工具，如何管理个人学习，学习计划和评估工具，控制紧张的方法，学习格言，改善学习技巧的实用方法，学习源泉以及增强组织学习机会和奖励措施等。

案例来源：http://hr.chinaeec.com/renliziyuan/d/13666_3.html。

思 考 题

1. 学习型组织产生的原因有哪些？
2. 什么是学习型组织？学习型组织有哪些特点？
3. 一个学习型组织一般由哪些部分构成？
4. 创建学习型组织有哪些原则？
5. 创建学习型组织有哪些工具和方法？
6. 通过学习你认为应怎样把你所在的组织建成学习型组织？
7. 哪一种组织使你感到更舒服，是学习型组织还是传统的组织？说明你的理由。

第十八章 虚拟组织

学习目标

1. 了解虚拟企业组织产生的背景
2. 理解虚拟企业组织的生命周期
3. 掌握虚拟企业组织的运营模式
4. 掌握一些特定虚拟企业组织的运营模式
5. 了解虚拟企业的完善与发展

第一节 虚拟企业组织的产生

自从美国学者普瑞斯（Kenneth Preiss）、戈德曼（Steven L. Goldman）和内格尔（Roger N. Nagal）1991年提出虚拟组织的概念以来，虚拟组织已经成为企业界和学术界共同关注的热点问题。

现阶段，作为一种新的管理运作模式，虚拟企业组织已开始在实际中得到广泛应用。作为经济全球化和信息技术飞跃发展的产物，虚拟企业组织种种成功的实践为当前国际企业重组战略的实施注入了新的活力，同时也为我国国有资产存量和产业结构调整提供了有益的经验，并有助于我们进一步加深市场经济条件下对企业组织形式的再认识。甚至有人认为，虚拟企业组织将成为21世纪一种主要的、先进的组织与管理模式。

一、信息网络化发展趋势

自从1946年世界第一台计算机在美国莫尔学院诞生以来，信息技术以惊人的速度发展。美国1993年9月提出建立信息高速公路计划，即建立迈向新世纪全球信息网络，成

组织行为学

为划时代的转折点,使信息网络像植物根系一样渗透到国际社会的每一个角落,将全世界的经济文化联合在一起。任何一个新的发现、新的产品、新的思想都可以立即通过网络,通过先进的信息技术传遍世界。信息技术的发展从根本上转变了企业管理模式,扩张了企业的界限。过去由于市场交换中的信息搜寻、协作分工而付出的成本比较高昂,所以企业必须把研究开发、生产、销售等一系列活动集中在自己内部进行。随着网络技术的普及、电子商务的发展,使企业间跨越时空障碍的合作日益便利,大大降低企业协作的交易费用,当企业面临某个市场机会时,它可以通过信息网络,在全世界寻找开发、制造、运用、支援该产品的最恰当对象,临时组成虚拟组织,以实现更好的质量、更便宜的价格、更早地投入市场的理想。企业则把精力和资源集中于核心业务环节,培育并增强企业的核心竞争力。

信息网络技术不仅为虚拟组织运作创造了条件,而且,虚拟组织运作本身也是信息网络技术商业应用的最高级阶段。"数字经济之父"泰普·斯科特(Don Tapscatt,1999)认为,信息技术商业应用正经历着三个方面的重要转变,即从个人电脑到群体计算机工作网络,信息技术不仅可以使企业发展成为一个完整的高效经济实体,而且可以使其与外部企业建立新型关系,成为一个"不断拓展的企业"。信息技术从作为文字处理的工具到自动化和信息沟通的手段,再到集成的信息系统、决策支持直到促进企业运作模式和组织结构的变化,不断打破企业的水平界限、垂直界限。可见实施虚拟组织运作是信息网络化发展的必然趋势。

总体看来,新经济时代的到来,传统的、内部垂直的一体化的组织形式正变得太难以管理而不能生存,取而代之的将是一种更加精益的企业,这种企业依靠一种复杂的、能与其内部资源相互补充的外部关系网络。设计、生产、营销、广告、会计等都可以从专业厂商处买到,或通过与其他企业的联盟获得。有人预言,在20年内,"未来的公司"将由一个从单个办公室开始经营其业务的小组组成,这个小组将建立和运用其关于市场需求与客户要求、潜在供应商与合作者的知识,通过复杂的电子联系将这些知识融合在一起,迅速地对时尚和经济环境的变化作出反应,价值创造过程将从所有不必要的活动中解放出来,并且因此而更加有效率,一句话,虚拟组织运作正在成为众多企业适应时代变革赢得竞争优势的主要竞争手段。作为全球最大的网络互联设备供应商,思科公司基于互联网进行"虚拟结算"和"虚拟制造",这两个系统的成功运用,极大地提高了思科公司的生产效率。将原本需要15天时间才能完成的订货单结算工作,缩短到当天就可以作出详细的报告,第二天就可以完成对主要客户的全面分析。并且从原材料采购到产品销售的整个企业运作过程也变得完全透明化、畅通化。该公司在其2000财年第一季度的营业收入达到了38.8亿美元,比上一财年同季度增长了49%。这份报告公布后,该公司股票价格强劲上涨,成为继微软和通用电器之后第三个市场价值超过3 000亿美元的公司,创立了"虚拟企业"的成功模式。

二、环境知识化发展趋势

随着社会经济的发展,组织环境知识化发展趋势越来越明显。主要表现在以下几个方面。

(一)知识取代资本成为社会中的决定性因素

邓小平曾说过:"知识是第一生产力",德鲁克(1988)指出:"知识是今天唯一意义深远的资源,传统的生产要素——土地、劳动和资本没有消失,但它们已经变成第二位的。"决定性生产要素的转变,导致企业管理的重点是生产,其管理的效率标准是劳动生产率;新经济时代,企业管理的重点是知识的生产与开发,以及掌握知识的人的培训,其管理的效率标准是知识生产率,知识生产率的高低决定着企业未来的竞争水平。然而面对科学技术的日新月异、市场需求的瞬息万变,许多企业感到单靠自身的力量,获取与竞争对手相抗衡的竞争优势已不是易事。一方面企业知识资源的培育和开发与企业遇到的市场机会给予企业的需要相比在时间上可能有一个滞后,即使是在知识资源开发方面有良好预见力的企业这一点也是难以克服的;另一方面知识资源的巨额开发费用也使有的企业心有余而力不足。这样,就企业的知识资源状况而言,一方面是企业对知识资源的全方位的需求;另一方面是企业自身知识资源的严重不足,即使一些人才济济的企业也不例外。面对这种情形,越来越多企业自然想到了借用企业外部的知识资源来弥补企业自身知识资源的不足,巩固和提高自身的市场竞争优势,虚拟组织运作由此而生。

(二)创新是企业的灵魂,是企业竞争优势获得的关键

在工业经济时代,企业竞争优势的获得虽然也是来自于企业的技术创新,但传统的资源优势以及资金优势在很大程度上起着决定性的作用。而随着企业财富的增长越来越多地建立在知识的基础上,企业的竞争优势也越来越取决于企业的技术创新。然而,今天企业技术创新具有新的特点:

(1)速度成为取胜的关键。随着经济的发展、科技的进步,人们的消费观念、消费需求也在不断地变化和转换,且变化与更新的速度越来越快,与之相对应的则是产品生命周期越来越短。在市场机会稍纵即逝的经营环境中,速度已成为决定企业成败的关键因素。企业既要建立面对技术进步的快速反应机制,又要建立面对市场的快速创新机制,还要建立快速决策机制,因此虚拟组织运作应运产生,它能够使企业在最短的时间内推出市场认可的产品。

(2)产品技术结构复杂化,"全能"企业难以生存。一项技术复杂的新产品的完成,涉及越来越多的生产环节,从研究开发到产品的完成,乃至增产的实现和市场渠道的开拓,已表现为规模越来越大的战略工程。而这种战略是任何企业都难以在短期内独立完成

的。如果企业将有限的资源分散到各个环节,必然难以深入所有的业务领域,掌握各项技术的关键环节,难以在所有的业务领域都达到最高的水平。没有技术领先优势就没有市场优势。在高新技术领域能否及时地推出新产品,是否具有技术领先地位,对企业的市场占有率及市场推广发展潜力具有决定性的影响。为此,企业不会再愚蠢地追求这种全能的过程,而是尽可能地集中资源,沿着企业主要技术所导向的路线,进行持续的和系统性的研究开发,保持企业在主要业务领域的技术领先地位。如果采用虚拟企业组织,就可以适应这样的要求,各个企业组织互相取长补短,合作开发在市场上快速取得领先地位的技术。

(三)学习是企业生命的源泉

比竞争对手学得更快的能力是企业唯一持久的竞争优势。20世纪90年代以后,知识成了企业成功的关键性资源,然而与传统经济资源不同,大多数知识可以被无限地复制并快速地传播,除了极少数知识可以通过版权或专利权加以保护以外,大多数知识可以为别的企业获取,为其他企业迅速模仿。因此,唯一保持领先的做法就是不断地学习,而且要比竞争对手学得更快更好。企业学习不仅可以采取"边干边学"的形式,即着眼于自身持续的过程改善,使企业的经营管理具有更大的适应性,而且可以采取"学中干"的形式,即着眼于系统成员的合作、经验和知识的共享。虚拟组织是企业学习的重要途径,它不仅可以节省时间降低成本,而且以学习为中心建立起的虚拟组织不是被动地适应环境,而是主动去创造环境,具有显著的未来性,同时能够适时地调整成员关系,促进不同价值观、知识文化的融合,使之成为组织革新的重要推动力。通过建立虚拟组织获得新知识,并将其与自身的核心能力相融合,这将是提高公司竞争力的重要途径。

(四)知识员工将成为企业的真正主人

麦肯锡公司研究推断:到21世纪初,美国所有工作中80%以上的工作实质上属于"脑力工作",知识员工将成为未来生产体系的主体。与一般员工相比,知识员工更在意自身价值的实现,更倾向拥有一个自主的工作环境,更热衷具有挑战性的工作。虚拟组织运作适应了知识员工的特点,组织结构的扁平化、小型化和弹性化,使管理重心下移,员工的自主权和决定权增加,具有高度的参与感,他们可以跨越组织界限组成虚拟组织团队,这增强了工作的挑战性,适应了知识员工较强的成就动机;更重要的是,虚拟组织成员企业专业化分工,有利于留住和吸引优秀的专业人才,促进知识员工的个体成长和职业生涯发展。

三、价值客户化发展趋势

20世纪80年代以来,由于科技的进步、经济的发展以及竞争的加剧,使市场中的买卖关系发生了根本性的变革,生产者主权经济正逐步让位于消费者主权经济,以市场为导向,一切为了顾客不再是装点企业门面的标语,而已变成企业实在的行动,落实到企业的经营战略上乃至企业组织变革的指导思想上。成功的企业将是那些以客户为中心进行思维,认识到客户的关键需求,并以新的企业设计来满足这种需求的企业。在新的环境中,顾客需求的变化主要有如下表现。

(一) 顾客需求多样化、个性化

随着人们收入水平的提高,思想观念的转变,人们的消费需求也发生了巨大的变化,消费的目的不再是为了满足生存和温饱,而是为了追求享受和个性的发展,消费结构已经提升为"追求多样化、多元化和差别化"。传统的标准化大规模生产方式受到前所未有的冲击和挑战,当大规模生产标准化商品不再能带来高收益时,许多企业逐渐地转向对特定顾客提供特殊的服务,从高产量转向高价值。当今世界,无论是成熟产业还是新兴产业,发展最快、盈利最多的企业都是生产特种商品或服务满足特定顾客需求的企业。哈佛大学罗伯特·赖特教授(Reich,1991)认为这些企业增加价值有三种相互联系却又不同的技能:首先是以独特的方式把现存的东西重新组合起来所需解决问题的能力;其次是帮助顾客理解其需要以及这些需要怎样由客户化的商品来最好地获得满足的能力;最后是联系问题解决者和问题确认者的技能。因此,许多企业不再把精力集中于产品整体,它们的战略和业务日益集中在专门的知识上,从"做所有的事情"转到"做客户感到重要的事情"和"做自己最擅长的事情"。这样渐渐形成了组成虚拟组织的基础条件之一,然后通过借助外部资源组建动态企业网络,为顾客提供多样化、个性化的产品,创造更大的价值,获得更多的利益。

(二) 顾客需求方案化

传统的组织往往是给大量顾客出售同一产品。实际上,同一产品对不同的用户可能拥有不同的价值或不同的用途。顾客购买一个产品的目的是为了解决其实际问题,也就是想得到对实际问题的解决方案。因此产品的价值是隐藏在顾客购买该产品所需要的"解决方案"之中的。解决方案是许多不同的产品和服务的组合,如果这些产品或服务是以单个的互不联系的方式出售给顾客时,顾客就很难将这些产品和服务集合在一起形成一个解决方案。因此也就看不到隐含在其中的价值,这样就很难使顾客产生购买的欲望。而虚拟组织正是从顾客的这种需求角度出发,综合所有参与伙伴成员企业的优势,给顾客提供一个完整的解决方案。

(三) 顾客需求主体化

在传统大规模生产阶段,企业普遍认为只要生产者能生产,就会有顾客购买,顾客处于被动的接受地位。随着社会经济的发展和卖方市场向买方市场的转变,顾客的主体性大大增强,他们已不满足于从市场上买到标准化的产品,他们不仅希望得到按照自己要求定制的产品,而且希望参与以前只有厂商才有权进行的产品设计决定。为此,许多企业开始运用虚拟现实技术,吸纳顾客参与产品设计生产,不仅生产满足顾客需求的个性化产品,而且满足顾客的主体性要求,丰富顾客价值。

(四) 顾客需求即时化

随着市场竞争加剧,经济活动的节奏也越来越快,其结果是每个企业都感到用户对时间方面的要求越来越高。这一变化的直接反映就是竞争主要因素的变化。20世纪60年代企业间竞争的主要因素是成本,到70年代转变为质量,进入80年代以后又转变为时间。用户不但要求厂家按期交货,而且要求的交货期越来越短。对于现在的厂家来说,市场机会几乎是稍纵即逝的,留给企业思考和决策的时间极为有限,如果一个企业对用户要求的反应稍微慢一点,很快就会被竞争对手抢占先机。因此,缩短产品开发生产周期,在尽可能短的时间内满足用户要求已成为当今所有管理者最为关注的问题之一。虚拟组织强调成员企业并行分布式资源而不是建立新资源,强调成员企业并行分布式作业代替传统企业的线型作业,能够大大缩短产品开发生产时间,提高企业市场响应速度。HP公司的200台Intranet Web服务器,主要来自产品分支机构、地区销售办公室和社团组织。其应用包括时间安排、错误报告、设备需求、软件配置管理等。除此以外,Intranet还有其他应用,如:信息访问(联机帮助、信息与专家共享、公共图书馆、公共资源),事务处理(远程问题解决、及时和分布的训练)以及其他(产品设计、历史存档、公司间的决策与合作)。而HP公司利用Intranet的价值在于它能够轻松地获取信息,以便于及时作出更好的决策、节省企业营运资本及时间、增强企业内部之间的沟通与合作、延伸企业现有投资。

四、经济全球化发展趋势

世界经济的发展及信息技术的应用,使整个世界日益成为一个紧密的经济体,各国经济日益相互渗透、相互交织,经济全球化正成为世界经济不可逆转的现实发展趋势。经济全球化主要表现在以下两个方面。

(一) 世界统一大市场正在形成

当前全世界除极个别国家外,都走向了市场经济的道路。尽管各国市场经济形成和发展的阶段不同,但一个容纳50亿人口的一种真正的全球经济的形成已是不可逆转。同时,区域一体化也促进了世界统一市场的形成。一些国家在平等互利的基础上联合起来,彼此自愿地约束自己部分的经济主权甚至相互对等地让出一部分经济主权,通过制订严格的条约法规,使部分或全部生产要素在所有成员国间自由流动,以实现资源优化配置、经济共同繁荣的目的。一方面区域一体化有力地促进了区域内企业间更好的合作;另一方面,由于区域外企业无法以传统手段维持其在区域内的市场份额,于是不得不与圈内企业结盟,促进了区域内与区域外企业的合作。此外,市场需求趋同化也促进了全球市场的形成。信息技术的发展,推动了各个国家和地区之间的交流,使原来受历史、文化及社会

第十八章 虚拟组织

消费习惯等因素影响形成的,具有不同需求结构的市场逐渐接近,特别是经济发达国家的市场需求结构,在知识、技术广泛交流的基础上迅速地同一化。在这种条件下,原来局限于一国的和在需求多样化影响下较小规模的产品市场,经过多国市场的叠加,变为较大规模的市场。一种新产品诞生后可以迅速地在许多国家的市场上同时推开,企业的竞争目标不是定位在本国的细化市场上,而是要谋求多国的共同市场的支配地位。例如,微软公司在设计每一种软件的新版本时都以英、日、法、德等语言同时推出,并且通过提高产品的多种适应性,满足应用者多方面的需求,现在全世界正在使用的电脑中,87%的安装了微软公司的操作软件。

一方面,全球市场的形成弱化了国家之间、地区之间进行积极联系的障碍,使企业能较方便地实施全球化战略,即在全球范围内组织研究开发,寻找合作伙伴,以及调整其生产布局和市场布局。显然这种布局空间的扩大,给企业实施虚拟组织运作策略提供了良好的条件。另一方面,全球市场的形成使企业之间的竞争更加激烈,国际竞争国内化、国内竞争国际化,企业的生存和发展由于竞争的加剧而受到更大的威胁。即使没有走出国门的企业在制订生产经营战略时也不得不将外国企业的竞争力量考虑在内。在全球市场上,企业面对的是国际企业,决定企业国际竞争能力的条件是在世界特定市场上的规模及知识创新能力,而不是综合规模。因此,许多国际化大企业在多个领域同时推进失利之后,转向发展核心业务,通过专业规模扩张,实施虚拟组织运作,奠定垄断国际市场的基础。

(二) 跨国公司不断发展壮大

据联合国跨国中心统计,20世纪60年代后期,西方发达国家有跨国公司7 276家,而到1999年已增加到6万多家,它们的子公司渗透到世界各个国家和地区的几乎所有经济领域和产业部门,这些跨国公司控制着全球生产的40%左右,国际贸易的50%~60%,技术转让的70%,国际投资额的90%,这些庞大的经济实体正在深刻而全面地改变着整个世界经济的发展格局,预示着世界经济和现代企业未来的发展。伴随科学技术的进步,日趋激烈的市场竞争,跨国公司的经营战略也经历了从多国国内、内部一体化和虚拟一体化三个由低到高的发展阶段。所谓多国国内经营战略就是指跨国公司在海外建立子公司,生产和销售与母公司相同或根据当地偏好改制的产品。在这种战略下,子公司具有较高的独立性,它们与母公司以及其他子公司的一体化程度较低。这种类型的战略适合于国与国之间市场分割较为严重、贸易壁垒较高的情况。随着贸易壁垒的减少,国际竞争的加剧,许多跨国公司开始从价值链的角度整合母公司与自己国外分支机构联系,由此产生了内部一体化经营战略。它们根据世界市场或地区市场的规模,产品和零部件生产与销售中的规模经济和范围经济,对原由子公司分散和重复生产的产品和零部件实行专业化生产和协作,从而组织起公司在全球范围内的产品研究与开发、产品和零部件生产与销售的

397

网络,在这些网络中,公司下属企业分别从事一种或几种原料加工与提炼、一种或几种零部件的创造和装配,一种或几种型号产品的组装。各子公司的生产计划、销售额、生产工艺与规模及新产品的引进等全部由公司集中协调与控制,以此降低成本,实现公司整体的最大效率。随着新经济时代的来临,这种结构复杂、等级森严的"全能式"内部一体化战略越来越难以适应科学技术的日新月异和市场需求的多样化、个性化要求,许多跨国公司开始实施虚拟一体化战略放弃非核心业务,集中发展主营业务,通过信息网络借助外部公司核心资源,整合产品价值链提高企业国际竞争力。

第二节 虚拟企业组织的运营模式

一、虚拟企业组织的概念界定

虚拟企业(virtual enterprise)是美国 IACCOCCA 研究所在一份题为"21世纪制造企业战略"报告中提出的。所谓虚拟企业是"为了快速响应市场机遇,利用信息与网络技术,将不同区域的具有不同规模和技术的企业的特有资源快速配套,组成一个有时限的、无围墙的、超越空间约束的、互惠互利的由电子信息手段统一指挥、协调工作的经营实体。"对虚拟企业的界定,在不同的时间,不同的角度对它定义的理解都有所不同,目前还没有一个统一的定义,比较常见的有以下几种。

(一) 从技术角度来定义

虚拟企业是指组织机构无形化,通过信息网络加以联结的企业组织,如网上商店、网上银行等都是虚拟企业的典型形态。

(二) 从虚拟产品和虚拟服务的角度确定

有能力提供虚拟产品和服务的企业就是"虚拟企业",如 ATM 机,它可以在瞬间满足顾客的需要。

(三) 从虚拟企业的地理特点来看

虚拟企业是无固定工作地点,使用电子通讯方式(如网络、电子邮件、电话等)进行成员间联系的企业。在这样的企业中,除了硬件维护,其他业务都不需要在公司内就能进行。

(四) 从它的联盟特性来看

伯恩将虚拟组织描述成企业伙伴间的联盟关系,且虚拟企业并没有明确的组织架构,而是由各独立公司所构成的暂时性网络,通过信息技术连接起来,共享技术、成本以及对方的市场。他同时指出虚拟企业的一项重要特征:暂时性。一旦原始目标达成,联盟即行解散。另外,伯恩针对虚拟企业的合作关系指出,虚拟企业的一个主要缺点是丧失了对某些作业活动的直接控制,因此合作伙伴间互信的建立是一个重要的问题。

(五)从虚拟企业的"外包"来看

阿波格特、麦克法兰和麦坎尼(Applegate,McFarlan,McKenny,1996)认为虚拟企业是指保留了协调、控制以及资源管理的活动,而将所有或大部分的其他活动外包。

(六)从运行的角度来理解

普瑞斯(1995)等人认为虚拟组织是为了迎合明确的时间机遇或预期的时间机遇而产生的由各种企业单位形成的一种集团,其中人员和工作过程都来自于这些企业单位,他们彼此紧密联系相互影响和相互作用,为共同的利益而奋斗。

在以上几种观点中,后三种观点是比较全面和适合现在的虚拟组织的定义。总的来说,我们可以将虚拟组织视为企业间的战略联盟,而它模糊了联盟和一体化的界限,超越一般的交易关系,但它远没有达到合并的程度,是介于一般市场关系和企业一体化之间的中间组织。它无须扩大企业规模而可以扩展企业市场边界,产生规模经济效益。

二、虚拟企业组织的生命周期

虚拟企业组织是一种动态的企业联盟,当合适的市场机会出现时,虚拟企业组织开始组建、形成并运作;当市场机会消失时,虚拟企业组织便告解体。因此,虚拟企业组织是有生命周期的,它随着市场机会的出现而出现,随着市场机会的消失而消失。虚拟企业组织的生命周期可以分为明显不同的四个阶段,虚拟企业组织的生命周期模型如图18-1所示。

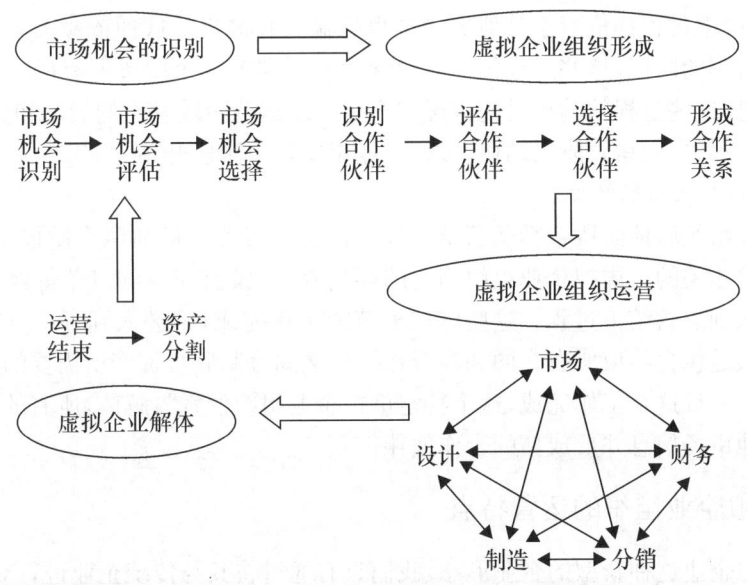

图18-1 虚拟企业组织的生命周期模型

虚拟企业组织的生命周期由市场机会识别阶段、虚拟企业组织形成阶段、虚拟企业组织运营阶段和虚拟企业组织解体阶段四个阶段组成。每一个阶段分别包含两个或两个以上的决策过程。

（一）市场机会识别阶段

市场机会识别阶段涉及机会识别、机会评估和机会选择三个决策过程，在时间上这三个过程是顺序相连的，机会识别过程发现的机会输出是机会评估和选择过程的输入。可以利用的最好市场机会一旦被确定，则机会识别阶段便告结束，被选择的市场机会的有关信息便被输入到虚拟企业组织形成阶段。

（二）虚拟企业组织形成阶段

在虚拟企业组织形成阶段主要的决策过程有合作伙伴识别、合作伙伴评估、合作伙伴选择和合作关系形成。像虚拟企业组织生命周期的第一阶段一样，这四个过程也是顺序相连的。合作伙伴识别过程使用机会识别阶段传递过来的信息作为输入，其输出结果是一系列潜在的合作伙伴，然后这些信息作为输入数据输入到合作伙伴的评估和选择过程，这个过程的结果是明确一系列的合作伙伴。合作关系形成过程涉及加入虚拟组织中的各合作伙伴的实际信息，一旦虚拟企业组织形成，便开始了它的运营阶段。

（三）虚拟企业组织运营阶段

虚拟企业组织运营阶段通常包括五个主要的决策过程：设计、市场、财务、制造和分销。与虚拟企业组织生命周期前两个阶段不同，运营阶段的五个决策过程不是顺序相关的，其中一个决策过程都依赖于其他决策过程的输入和输出。这种依赖关系使得运营阶段成为最难管理的阶段，这些过程的输入包含生命周期前两个阶段所有的关于市场和合作伙伴的信息，这些过程的输出是包含虚拟企业组织运营阶段发生的活动和交易的总和。一旦市场机会消失，则运营阶段结束，虚拟企业组织解体阶段开始。

（四）虚拟企业组织解体阶段

虚拟企业组织解体阶段包括运营结束和资产分割过程。像前两个阶段一样，这些决策过程是顺序相关的。虚拟企业组织当前的存货水平、没有完成的订单等经营信息作为输入数据输入到运营结束过程。这些细枝末节的工作完成，则进入到资产分割过程。这一过程的输入是包含结束所有合同和在合作伙伴之间分割联合资产所需要的所有的会计和法律信息。一旦这个工作完成，这个特定虚拟企业组织便宣告解体，所有的企业便可以自由寻求其他市场信息并形成新的合作伙伴。

三、虚拟企业组织的运营特点

对于虚拟企业这种新型的企业形态，我们只有通过将其与传统企业进行对比，才能准确地理解它的运营特点，具体比较如表 18-1 所示。

表 18-1

虚拟企业与传统企业的比较

区　　别	传　统　企　业	虚　拟　企　业
功能与部门	结合	分离
反应速度	比较迟缓	迅速
产品特点	大批量、同质性	小批量、个性化
存在时间	比较长	完成任务就解散，短暂
信息技术	吸收信息能力弱，利用较少	吸收信息能力强，利用极多
组织结构	垂直化	扁平化
企业内外关系	串行	并行
管理模式	职能管理、纵向管理	项目管理、横向管理
工作地点风险的承担	集中，通常在一个公司，集中在企业本身	分散，也可以集中分散，由各个组成部分承担

（一）功能与部门的分离

虚拟企业组织突破了传统企业的有形界限，虽然表面上有着生产、营销、设计和财务等功能，但企业内部却没有执行这些功能的组织。在企业资源有限的情况下，为取得竞争中的优势地位，企业只掌握核心功能，即把企业知识和技术依赖性强的高增殖部分掌握在自己手里，而把其他低增殖部门虚拟化。通过借助外部力量进行组合，其目的就是在竞争中最大效率地利用企业资源。例如，耐克、可口可乐等企业主要就是这样经营的，它们没有自己的工厂，通过把一些劳动密集型的部门虚拟化，并把它们转移到许多劳动成本低的国家进行生产，企业只保留核心的技术和品牌。

（二）快速反应

传统企业为了开展经营活动，往往具有各方面（原材料供应、生产以及销售等）的功能，结果使得企业规模过大。面对迅速变化的市场，企业反应迟缓。虚拟企业则是一个高度柔性的个体，它能迅速根据市场需求的最新变化，迅速调整网络成员的构成，以有利于新产品的开发及顾客需求的满足。

（三）小批量、个性化的产品

虚拟企业组织能够利用其成员调整容易、生产柔性较强的特性，充分考虑顾客的需求，为顾客提供小批量和个性化的产品。相比之下，传统企业是以大批量生产同质的产品为主要特征的。

（四）短暂的动态联盟

虚拟企业组织的新意在于，它是利用现有的资源而并非创造新的资源，它使虚拟合作产生同传统的合作形式截然不同的结果。虚拟企业同传统的战略联盟相比,更表现出短暂和临时的特点,体现了其动态性。虚拟企业组织本身在完成一项指定的工程后就会解散,而其成员企业将继续加入到其他的虚拟企业组织中去。因此,与传统企业相比,它在组建时间上具有短暂性。

（五）对信息技术和通讯网络的依赖

通过高度发达的信息技术和通讯手段,虚拟企业成员之间可以跨越空间界限,进行便捷的信息沟通,能够依靠充分又完全的信息从足够多的备选组织中精选出合作伙伴,真正达到信息共享,从而保证了合作各方面都能够较好地合作。要生产出令顾客满意的虚拟产品,必须建立覆盖供应商、制造商、分销商及顾客的信息网络,以最快的速度将收集到的信息及时同最新的设计方法和计算机技术相结合,同时也将信息反馈给顾客。虚拟企业组织的成功就是取决于其集成大量信息并对信息作出快速反应以及准确处理的能力,这是虚拟企业组织优于传统企业的一个根本原因。

（六）组织结构的扁平化

虚拟企业组织内部的管理层级将因对信息流的高度应变性而相应变得扁平化。传统企业由于职能的过分细化,中层管理人员过多,他们在信息传送的上下层中以及同级各职能部门之间都存在一定隔阂。而在虚拟企业组织中,企业的主管基于高效的信息传输能够直接与每一子任务块进行交互式沟通,并迅速采取应变措施。

（七）并行工程作业

虚拟企业组织中由于信息基础设施等异步通信系统及网络的支持,使得企业工作方式打破了传统的以时间为顺序的串行的工作方式,各个工作模块之间在一个统一思路的指导之下,既独立完成任务,又彼此协调配合,从而大大缩短了开发时间与成本。

（八）新颖的管理模式

随着计算机技术的普遍应用,传统的中层经理的监督和协调功能已经被计算机网络所替代,处于公司管理层的最顶部和最底部的人员可以通过计算机网络实现沟通和联络,因而公司的组织结构开始向扁平化方向发展,传统的纵向管理正逐渐被横向管理所取代。

（九）工作地点的离散化

企业生产的时空观将发生根本变化。时间真正成为企业的生命。赢得时间就是赢得市场。传统地理上的贸易区观念将在一定程度上被时区观念替代。当一个时区的工作人员进入梦乡时,另一个时区的工作人员已养足精神,接着工作了。异地设计、异地制造、异地装配在虚拟企业组织中已是十分普遍的事情。

（十）分散开发与经营风险

为了使产品开发越来越高新技术化和复杂化,一项复杂高新技术产品的开发涉及越来越多的科技领域和经过越来越多的生产环节,表现为规模越来越大的战略工程,而这种战略工程是任何企业都难以在短期内独立完成的。巨额的投资费用和较高的投资风险令许多企业都望而却步。而虚拟企业组织却可以较好地解决这个问题,它以信息网络为基础,在对项目进行模块化分解的基础上,在世界范围内广泛选择成员伙伴。它通过联合优势企业共同开发、共担费用、共享成果,以这种方式来降低产品开发的风险。同时,它也因为广泛的网络掌握更正确的市场渠道,以避免对陌生领域不熟悉带来的投资风险并能克服行业间和地域间的市场壁垒。

四、虚拟企业组织的运行模式

我们可以用图 18-2 来简要说明虚拟企业组织的运行模式。

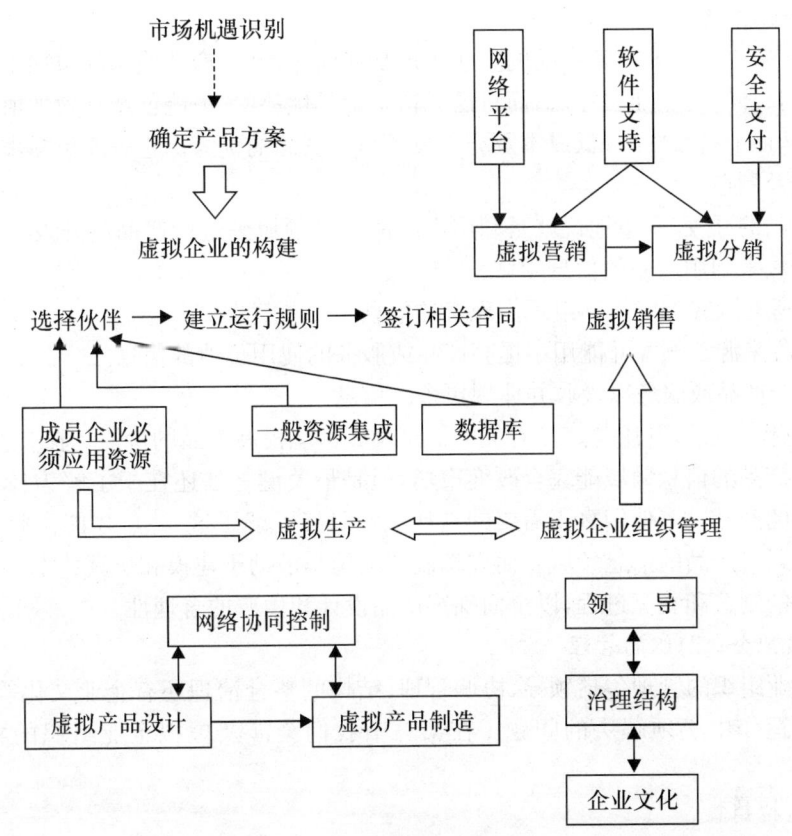

图 18-2　虚拟企业组织的运行模式

虚拟企业运作的总体框架是由虚拟企业组织的构建、虚拟生产的实施、虚拟企业组织管理和虚拟销售四大部分构成的。

(一) 虚拟企业组织的构建

虚拟企业的产生源于市场分析后发现有需求的产品,以此为基础进行虚拟企业组织的构建。首先是选择合作伙伴;然后即可制订一般运行规则和签订相关合同;最后可构造相应的制造单元并进行虚拟制造实施。

虚拟企业的系统运行是一个复杂的过程,一般的运行规则分为三个层次:

(1) 构建虚拟企业组织的宏观的法规性文件,它确立虚拟企业组织的加盟办法、运行基本程序及有关仲裁办法等。

(2) 规定和明确虚拟企业组织各专门业务应符合的标准规范和通行惯例等。

(3) 具体产品(业务)项目相关的协议等。

(二) 虚拟生产

虚拟生产,是指企业将其产品的直接生产功能弱化,把生产功能用外包加工的方法转移给其他擅长加工的企业去完成,而自己只留下最具优势的、最能创造高附加值的开发和销售功能,从而节省投资、降低成本及充分发挥自身资源的优势。它一般包括虚拟产品的开发设计以及制造。

虚拟产品的开发,简单地说就是利用产品的信息领域去进行产品的开发。一般可以通过三种方法来利用产品的信息领域:

(1) 使所有顾客都能得到组织内现有的信息。

(2) 收集来源于顾客并能用于提高产品或服务的使用价值的信息。

(3) 改变产品或服务以吸收并体现更多的信息。

无论是什么产品,利用与产品有关的信息领域都能提高产品的价值。在有些情况下,利用和开发产品的信息领域能完全改变市场,但是最关键之处还在于了解为什么顾客会购买你生产的产品——他们真正需要的是什么? 只有了解了这一点,才能了解如何最有效地利用和开发产品的信息领域。而虚拟制造实施是借助于建模和仿真技术。在计算机上模拟产品的制造和装配过程,以全面确定产品设计和生产的合理性。

(三) 虚拟企业组织的管理

虚拟企业组织的管理包括领导、协调管理、结构的整合治理还有企业文化等问题,这些都是虚拟运作中必须解决的问题。在第三节我们会涉及虚拟企业组织的特殊管理方法。

(四) 虚拟销售

虚拟销售也是虚拟企业组织中的运行步骤之一。它包括了虚拟营销和虚拟分销还有联合销售的概念。虚拟营销,是充分利用了信息的沟通性,对每个消费者的购买行为之间的差异进行考察和了解,这样的话就可以摆脱传统细分市场的信息不完全性。并将这些信息作为产品、客户群以及营销方法差异化的基础,从而满足消费者个性化的需求,制订相适应的营销战略。同时,由于信息网络的出现使得与传统的方式相比大大提高了效率,使得距离已经不再是企业与顾客进行沟通所面临的一个重要问题。与顾客进行沟通的新方法的形成已经变成了一股势不可挡的发展趋势。通过银行和软件中心的全力合作产生的安全支付系统,多媒体公司提供的一些全新的服务如互动电视、电话会议等。信息网络的另一功能在于使分销功能也在快速的,从生产者向消费者转移。通过虚拟的方式与顾客进行沟通为提高产品或服务的价值提供了许多新的机会。

第三节 几种特定的虚拟企业组织

一、学习型虚拟企业组织

学习型虚拟组织是基于学习的组织联盟。它是企业各个联盟的高级形态,由若干个企业基于网络通信技术将各自核心知识进行有机集成,旨在学习和掌握合作伙伴的知识技能和能力,且与合作伙伴共同创造新知识的动态联盟。

学习型企业与一般企业的比较如表18-2所示。

表 18-2

学习型企业与一般企业的比较

	学 习 型 企 业	一 般 企 业
合作方式	强调知识、能力等无形资本的合作	强调资本、劳动、设备等有形物质要素的合作
价值的创造性	无形的知识通过共享,而且能无磨损地创造更多的价值	有形的物质资本只能被单独享用,在使用过程中,只发生增值不大的价值转移,并被逐渐消耗掉
企业的紧密性	由于知识共享可以带来双赢,消除了企业间的敌对情绪	由于有形资本的独占性只可以形成输赢关系,加强了各企业间的竞争和敌对情绪
信息的流通性	网络的触角可以全天候渗透到世界各地的任何企业,从而使信息能进行充分的交流	一般企业是建立在团队或垂直性的组织的基础上,信息沟通能力很弱

企业组织本质上是一种共享的"知识基"(knowledge base),作为学习型虚拟企业更是如此。"知识基"为学习型虚拟企业提供了"知识库"(如图18-3所示),通过网络,使得

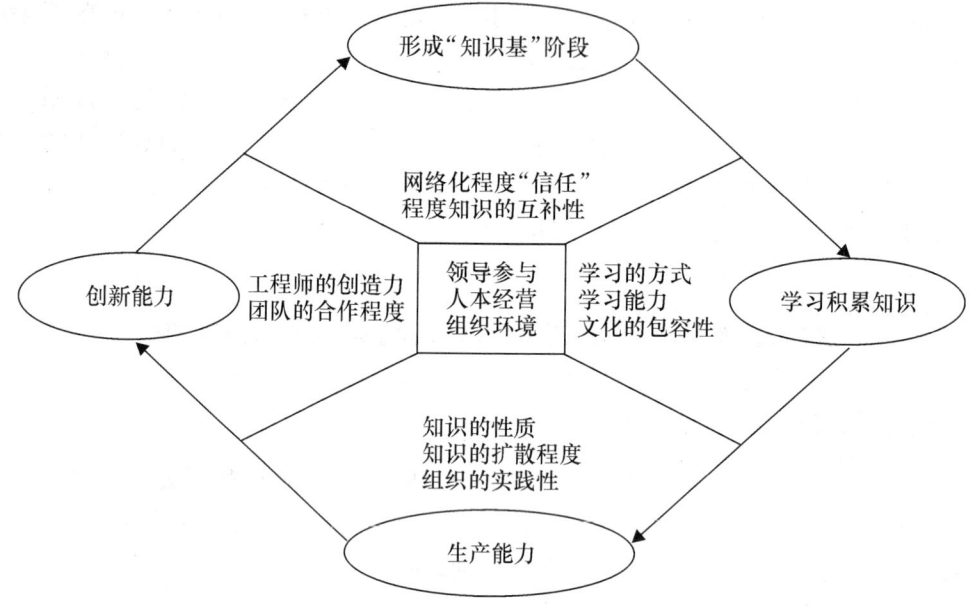

图 18-3 虚拟企业的一般学习过程图

各个成员有机会进入对方的知识库。所以"知识基"是整个学习过程的基础。在此基础上,企业的各合作伙伴不断进行知识的交流,有意识地吸收其他组织的知识并进行知识的积累,这是学习过程的第二阶段。然后,通过将知识溶入实际的生产过程中,即企业必须通过"学中用",把学习积累的知识转变成企业的生产能力。接着,也是学习型企业学习的最后阶段,将企业知识进行"再生",创造出前所未有的新知识、新能力。

二、集约加工型虚拟企业组织

集约加工型虚拟企业组织的含义是具有集约生产能力的企业向分散的小规模生产单元提供技术、服务甚至生产资料来进行初加工,选择性地回收这些初加工产品,进行集约化加工,最终产品由企业推向市场(如图18-4所示)。我国农村中大量涌现的"公司＋农户"的经济关系就是这种组织的典型代表。例如,我国红塔集团在烟草公司的质量和产量方面制订收购标准,在保证大规模集约化生产的同时规避了企业的供应风险;日本商家在看好我国部分沿海地区能捕捞到的一种海胖头鱼之后,便在这些地区广泛寻找初加工生产商,传授相关的技术并定下产品回收标准,回收后送到日本再加工成罐头出售。这种以集约加工型企业为核心的经济是我国种植业、养殖业向产业化方向发展的重要思路。

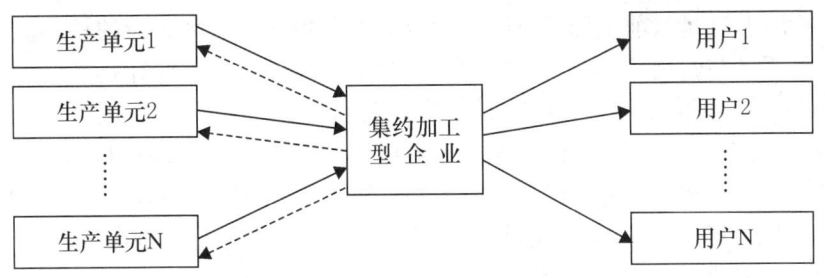

图 18-4 集约加工型虚拟运作方法

三、项目管理型虚拟企业组织

这是指一些企业为寻求某一共同目标而通过入会或入股的方式组建成一个新的企业实体来为这些企业提供共同需要的管理、技术或其他服务的一种企业经营形式。例如,天津市海岸集团公司,它是由 41 家从事科研、工程施工等单位以入股加盟的方式组建成的一个管理性公司。公司本身没有自己直属的研究、设计和施工队伍,但拥有开拓市场,承接综合性工程项目,进行项目管理的能力,针对不同的项目,公司从包括股东成员单位在内的外部企业协商选用人力、设备等优势资源形成项目组,在公司的领导下具体负责项目的工程任务(如图 18-5 所示),图中虚线代表管理信息沟通,实线代表人员、技术、设备等实物的流动。许多工程项目,如港口、电站、桥梁等多是复杂的系统工程,单靠一家专业公司难以单独承担,以管理性公司为核心实现的企业联盟方式却可以充分发挥企业的联合优势,有效地承揽工程任务。

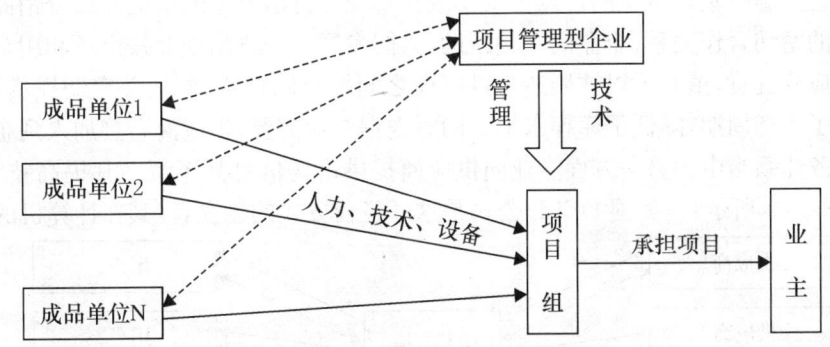

图 18-5 项目管理式虚拟企业组织运营模式

四、"哑铃"型虚拟企业组织

企业拥有关键技术和市场营销能力,而将非核心业务或非优势业务外包给专业的、高效的公司来承担,这是目前全球流行的一种企业经营模式。这种企业的核心能力集中在两大部分,即设计与营销,国际上称这种类型的企业为"哑铃"型(如图18-6所示),如著名企业的运动鞋生产厂家耐克、阿迪达斯等,均实现了无生产车间经营;国内的新世纪饮水科技公司在没有自己的工厂情况下,完全靠科技开发和销售网络取胜,目前与它合作的有30个配件厂,6个总装厂。近10年来,业务外包使世界企业组织模式发生了根本变化,并仍以惊人的速度增长。高技术企业,特别是信息技术企业的外包比例最大,几乎占总外包的30%,属于制造业务的外包占25%。

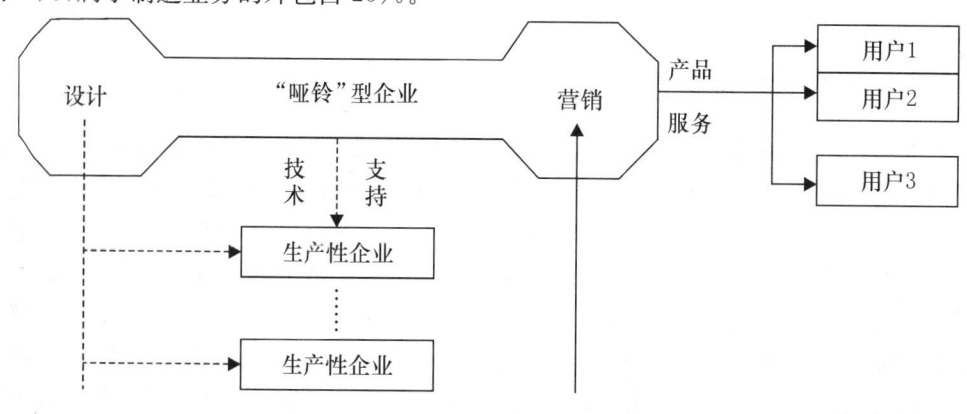

图18-6 "哑铃"型虚拟企业组织

五、一体化的虚拟企业组织

一体化的虚拟企业组织的特点主要体现在企业与价值链上的供应商或分销商之间的融为一体的密切合作关系,企业间互相帮助,共同发展。一方面企业按市场和用户的需要随时向供应商提货,摈弃了以往制造与供应商之间按合同订货、储运并定期提货的过程,大大缩短了生产周期,降低了库存水平。同时根据企业需要,供应商直接加入到企业面向用户的服务体系当中。另一方面企业向供应商提供市场信息甚至帮助其提高技术、加强管理(如图18-7所示)。美国DELL公司是这一经营方式的创立者,其在计算机的经营取

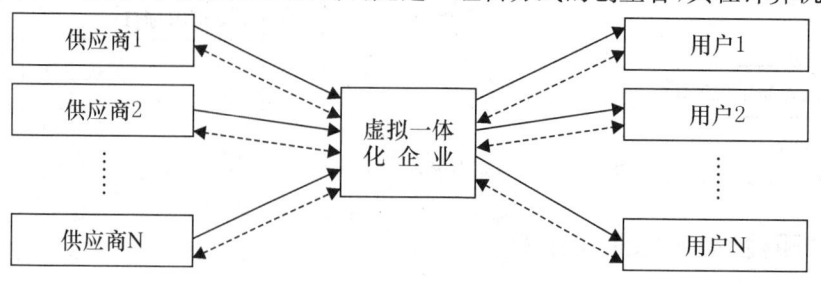

图18-7 一体化的虚拟企业组织

得了骄人的业绩。

第四节 虚拟企业组织运营模式的完善

一、组建联盟、规则导航

虚拟企业在其创建初期阶段,就必须明确各项规则,做好以下的准备活动。

(一)设立虚拟合作协议

一份表述清晰周密的合作协议,是合作各方达成共识、取得彼此信任的基础,是虚拟团队成功必备的前提条件。

(二)明确3W要素

清晰明确的任务将推动团队成员积极为技术开发的成功倾注热情,作出卓越贡献。一份有指导意义的任务说明书至少包括 3 个要素:WHAT——团队要完成的任务是什么;WHY——为什么要那么做;HOW——如何才能实现任务。虚拟团队多元文化带来的价值观冲突,要求团队必须在初创阶段就要为形形色色的专家树立一个共同的远景,一个整合的价值观。明确阐明团队的核心价值,以实现任务目标为原则,求同存异、及早在团队成员间达成共识,建立起成员间彼此的尊重和信任,为在开发过程中的沟通、决策和问题解决提供有力支点。

(三)明确团队界定条件

界定条件就像一个纠偏系统,明确了团队成员的工作行为边界,它既是一个约束系统,又是一个引导系统,引导团队成员在正确的轨道上,更有效地逼近目标,达成任务。

(四)建立团队运行原则

团队运行原则是指导团队成员工作行为的规范性文件,它与团队的核心价值紧密相连。

(五)明确团队成员的任务和责任

虚拟团队一旦设立虚拟合作协议,清晰团队任务,阐明团队核心价值,明确界定条件,建立运行原则,就必须明确界定团队成员的任务和责任,使每个团队成员清楚了解他们自身为技术开发成功应做的努力和贡献。

二、搭建平台,知识共享

跨组织虚拟合作,特别是全球性跨组织虚拟合作,一方面面临跨时空管理和多元化文化管理的挑战;另一方面正是这种时空和文化巨大差异性的碰撞,成为团队成员新知识和新创意的源泉。虚拟团队的技术开发过程,实际上就是知识的传递、分享、整合与增值的过程。建立适应性的沟通平台、实现高效沟通、有效管理知识,是团队技术开发过程的核心任务。

(一) 搭建信息技术平台

跨组织虚拟团队是将企业内部资源与外部资源有效整合利用,共同实现统一目标。这种跨时空的资源整合利用,必须有强有力的沟通技术手段的支撑。而信息技术的飞速发展为实现这个目标提供了基础。

(二) 构建知识螺旋上升系统

新的知识总是来源于团队成员个体。知识管理的核心,就是将成员个人的知识传播给其他成员。即在团队内构建一种动态的知识传播链条:从成员个体隐性知识到团队显性知识,将高度个人化的、难以规范的、不易传递给他人的知识,通过提炼知识背后的系统化的原理,将其规范化、系统化地表述出来,以便团队更有效地综合利用;再从显性知识到隐性知识,随着新的显性知识在整个团队内得到共享,其他成员开始将其内化,用它来拓宽、延伸和重构自己的隐性知识系统。这种隐性知识与显性知识动态的相互作用,就像知识螺旋一样,从隐性到显性,成员个人再用显性知识扩展自己的隐性知识基础,螺旋运动,不断上升。然后在一个更高的起点上,开始新的螺旋运动。

三、注重沟通,知识增值

团队成员的士气、信心、斗志、热情等形成团队的一种气势。建立有效沟通手段,提高团队成员的一种气势,通过放大性的知识增值,最终实现突破性的技术创新活动。

(一) 定期召开沟通会议

跨组织虚拟团队的沟通是在一个虚拟的空间,通过信息技术传递信息,分享知识。但是面对面的会议沟通对团队成员间信任感的建立、重要阶段的工作调度、重大问题的协商解决是必不可少的。因此,定期的面对面会议与虚拟网络会议的结合使用,成为有效过程管理的重要手段。

(二) 对团队的工作任务与过程进行协调

虚拟企业的管理过程的目标就是通过各个成员企业的各种资源的合理配置,使成员企业的核心技术实现良好的配合,从而完成合作项目。协调是在自觉、自愿和自主的条件之下实现的两个或两个以上企业间的合作。为了处理好虚拟企业中内部组织关系、各成员企业间的关系、成员企业与外部环境的关系以及虚拟企业与外部环境的关系,就必须研究分析对待。团队协调人是在团队创立阶段经合作各方磋商产生的。他的主要任务是协调而非领导、控制。团队成员一般是在各领域的知识专家,通常个性比较强,性格敏感,不善沟通。这就需要团队协调人作出巨大的努力建立团队的社交架构,创建沟通平台,激发沟通意识,反馈沟通成效。因此协调人的角色定位应该是:桥梁、辅助者、障碍消除者和业绩催化者。

（三）求同存异的文化管理

虚拟企业的管理经常面临着由于文化差异带来的障碍甚至是冲突，一般的企业是基于统一的文化管理，而且存在一个形式固定的组织内部，虚拟企业的组织习惯使其无法实施单一的文化管理，临时性的合作又不可能有时间来培育十分完善的组织文化，构建虚拟企业、保持和培育成员企业的核心能力以及对核心能力的载体——人才的培养、激励和发展、都要求虚拟企业要实行跨文化的协调管理。

（四）虚拟企业的知识管理和协调

知识管理是通过改变人的思维模式和行为方式，建立起知识共享与创新的企业内部环境，运用集体的智慧提高应变能力和创新能力，最终实现企业的目标。知识管理强调对人力资源的积累、生产、获取、共享和利用为核心的企业战略，促进人力资源、信息、知识和经营过程的紧密结合。虚拟企业的知识管理对协调提出了更高的要求。因为知识管理就是要促进企业内部、企业与企业之间、企业与顾客之间、企业与外部环境之间的联系，它要求把信息与信息、信息与活动、信息与人连接起来，在人际交流的互动过程中达到知识的共享，运用群体的智慧进行创新，以赢得竞争优势。

（五）建立新型的管理体制

虚拟企业需要魅力型领导、中层教练和知识型员工。虚拟企业要求领导在判断力上有绝对的自信，善于创建组织共同的未来远景，并能清楚地向下属阐明目标与要求，鼓励下属为达到目标而努力；中层管理人员在虚拟企业中由考评者、监督者的角色中转变为教练的角色，为其所领导的小组顺利开展工作提供建议、协助、鼓舞和激励；企业的所有员工应具有更多的知识和更强的适应能力。在虚拟企业管理过程中，对员工的激励框架要有对团队内部协调性的刺激，以使员工更加努力工作。

（六）以信任驱动知识增值

增强企业各成员之间的信任感，既是有效沟通的前提，又是有效沟通的目的。信任是虚拟企业组建的基础，也是成功运行的润滑剂。信任建立在对目标的信任，对成员的信任以及对运行系统的信任基础之上。一个充满信任感的团队，将更容易形成凝聚力、更容易培养沟通热情，更能激发成员的创新潜力，将以放大性效果驱动团队成员知识的增值。

四、提升能力，延续管理

不同于以往被企业所热衷的垂直整合，虚拟整合意味着对传统企业结构的接替。虚拟团队是虚拟整合的产物，这种理念开始于这样一种共识：企业自身力量有限，仅仅依靠自身力量难以实现预期的战略目标，必须通过与其他企业合作，齐心协力会使合作各方都比各自孤军奋战时更加强大。其次，企业要善于整合各方力量，优势互补，通过组建虚拟团队,来提升企业创新能力,实现延续管理的目标。

(一)虚拟整合,打造优势

重新定位价值链上每个组织的工作、虚拟整合、优势互补,以便于每项工作都能由专业的公司来完成,提高整条价值链的运作效率,实现双赢。在合作过程中,企业要勇敢面对虚拟合作和信息共享所带来的文化大挑战。

(二)有效激励,提升能力

与传统团队一样,虚拟团队同样需要有效的评估与激励,不仅要对团队整体工作进行评估,同时也要对团队成员个人工作进行评估激励。通过有效的激励,充分挖掘团队成员潜力,激发创造热情。需要注意的是,由于虚拟团队跨越时空及多元化的特征,对虚拟团队的评估激励,传统的方法面临着极大的挑战。

(三)知识沉淀,延续管理

乔治·华盛顿大学教授贝兹利(H. Beazley),在他的《延续管理》(Continuity Management)一文中,提出了延续管理的理论,主张企业重要的营运知识,必须有效充分地转移,不能弃置在离职员工的打包行李中。对与虚拟团队的管理,延续管理的理念同样十分重要。以技术创新为任务的虚拟团队,其管理的核心就是一连串知识积累、沉淀的结果。从数据解读为信息,再归纳为知识,整合为能力的过程。因此,要将团队整个运作过程中产生的重要知识采取有效手段进行转移,同时对合作过程中产生的衍生知识数据库、团队成员个人档案和知识传递系统运行的识别记录,以及成功与失败的尝试记录等资料建立相应的沉淀转移系统,作为团队成果的一部分沉淀下来。

总体来看,新经济时代的到来,传统的、内部垂直一体化的组织形式正变得太难以管理而不能生存,取而代之的将是一种更加精益的企业,这种企业依靠一种复杂的、能与其内部资源相互补充的外部关系网络。设计、生产、营销、广告、会计等都可以从专业厂家处买到,或通过与其他企业的联盟获得。有人预言,在20年内,"未来的公司"将由一个从单个办公室开始经营其业务的小组组成,这个小组将建立和运用其关于市场需求与客户要求、潜在供应商与合作者的知识,并通过复杂的电子联系将这些知识融合在一起,以迅速地、无痛苦地对时尚和经济环境的变化作出反应,价值创造过程将从所有不必要的活动中解放出来,并且因此而更加有效率。虚拟企业以其灵活的组织方式和对市场的快速反应能力,可使企业在市场中占据优势地位,中小企业可通过虚拟组织形式实现优势互补,在市场中拥有一席之地;大企业也可通过虚拟组织提高自身的核心竞争能力。但应该清醒地认识到,组成虚拟企业也有一定的风险性,有许多因素如企业间关系、核心竞争能力、领导者及员工素质都可能导致企业经营失败,并且企业的流动性很大也不利于进行统一管理,在某些方面还可能导致步调不一致,此时虚拟企业经纪人的作用显得尤其重要。尽管虚拟组织有许多不足之处,但是虚拟组织灵活地将各虚拟组织单位的资源整合在一起,从而显示出了强大的生命力。虚拟组织生命周期模型揭示了虚拟组织是有生命周期的,它的建立,为虚拟组织理论和实践提供了一些有益的启示。

思 考 题

1. 虚拟企业组织的产生背景是什么?
2. 简述虚拟企业组织的概念及其生命周期模型。
3. 虚拟企业的运营模式与一般企业有哪些异同点?
4. 学习型虚拟企业组织的运营模式的特点是什么?
5. 比较几种虚拟企业组织的异同。

参考文献

[1] 许玉林. 组织设计与管理[M]. 上海:复旦大学出版社,2003.
[2] 理查德·L·达夫特. 组织理论与设计精要[M]. 北京:机械工业出版社,1999.
[3] 余凯成. 组织行为学[M]. 大连:大连理工大学出版社,2001.
[4] 王璞. 组织结构设计咨询实务[M]. 中信出版社,2003.
[5] 关培兰. 组织行为学[M]. 北京:中国人民大学出版社,2003.
[6] 詹姆斯·L·吉布森,约翰·M·伊凡塞维奇,小詹姆斯·H·唐纳利. 组织学行为、结构和过程[M]. 10版. 北京:电子工业出版社,2002.
[7] 小詹姆斯·I·卡什,罗伯特·G·埃克尔斯,尼汀·诺里亚,理查德·L·诺兰. 创建信息时代的组织——结构、控制与信息技术[M]. 大连:东北财经大学出版社,2000.
[8] 周三多,陈传明,鲁明泓. 管理学——原理与方法[M]. 4版. 上海:复旦大学出版社,2003.
[9] 司马千. 决策学——决策理论与方法[M]. 北京:经济管理出版社,2002.
[10] 赫伯特·西蒙. 管理行为[M]. 北京:北京经济学院出版社,1998.
[11] 黄孟藩. 现代决策学[M]. 杭州:浙江教育出版社,1998.
[12] 梁绍川. 企业文化与管理方式[M]. 广州:暨南大学出版社,2002.
[13] 胡爱本,包季鸣,季路德. 新编组织行为学教程[M]. 2版. 上海:复旦大学出版社,1996.
[14] 斯蒂芬·P·罗宾斯. 组织行为学[M]. 7版. 北京:中国人民大学出版社,2002.
[15] 吴照云,等. 管理学[M]. 4版. 北京:经济管理出版社,2003.
[16] 张德. 组织行为学[M]. 北京:清华大学出版社,1998.
[17] 卡斯特,等. 组织与管理——系统方法与权变方法[M]. 北京:中国社会科学出版社,1985.
[18] 由延长,徐林. 学习型组织综述(上、下)[J]. 研究与发展管理,2002(3)、(4).
[19] 张声雄. 学习型组合理论概述[J]. 中国人才 2003(2).
[20] 陈国权. 学习型组织的过程模型、本质特征和设计原则[J]. 中国管理科学,2002(4).

[21] 沃特金斯,马席克.学习型组织[M].北京:世界图书公司出版社,2001.

[22] 许庆瑞.管理学[M].北京:高等教育出版社,2000.

[23] 周德孚,等.学习型组织[M].上海:上海财经大学出版社,1998.

[24] 戴维·A·加文.建立学习型组织[J].哈佛商业评论,1993年7/8月.

[25] 查尔斯·M·萨维奇.第五代管理[M].谢强华,等,译.珠海:珠海出版社,1998.

[26] 叶浩生.西方心理学的历史与体系[M].北京:人民教育出版社,1998.

[27] 秦永良.组织行为学[M].北京:石油工业出版社,2002.

[28] 李剑锋.组织行为管理[M].1版.北京:中国人民大学出版社,2002.

[29] 舒晓兵,廖建桥.工作压力与工作效率理论研究述评[J].南开管理评论,2002(3).

[30] 于显洋.组织社会学[M].北京:中国人民大学出版社,2001.

[31] 迈克尔,E·哈特斯利,林达·麦克詹妮特.管理沟通[M].李布,赵宇平,等,译.北京:机械工业出版社,1999.

[32] 甘华鸣,李湘华.沟通[M].北京:中国国际广播出版社,2001.

[33] 桑德拉·黑贝尔斯,理查德·威沃尔.有效沟通[M].李业昆,译.北京:华夏出版社,2002.

[34] 吴秉恩.组织行为学[M].台湾:华泰书局,1986.

[35] 卢盛忠,等.组织行为学[M].南京:江苏教育出版社,1993.

[36] 贺云侠.组织管理心理学[M].南京:江苏人民出版社,1987.

[37] 郭毅,阎海峰,傅永刚.组织行为学[M].北京:高等教育出版社,上海:上海社会科学院出版社,2000.

[38] 程国平.经营者激励:理论、方案与机制[M].北京:经济管理出版社,2002.

[39] 周瑛,邱珂.管理心理学[M].北京:警官教育出版社,1997.

[40] 俞克纯,沈迎选.激励·活力·凝聚力[M].北京:中国经济出版社,1988.

[41] 赵中天.企业管理心理学[M].北京:科学技术出版社,1986.

[42] 姚立,刘洪,Olson E.自组织团队的建设[J].系统辩证学学报,2003(4).

[43] 吴春波.实践探索团队运作与团队管理[J].成人高教学刊,2003(5).

[44] 胡君辰,杨永康.组织行为学[M].1版.上海:复旦大学出版社,2002.

[45] 黄培伦.组织行为学[M].广州:华南理工大学出版社,2001.

[46] 罗伯特·赫勒.团队管理[M].沈晓莺,译.上海:上海科学技术出版社,2000.

[47] 德博拉夫·安科拉,等.组织行为与过程[M].孙非,译.大连:东北财经大学出版社,2000.

[48] 布莱克韦尔·奈杰尔·尼科尔森. 团队与团队管理[M]. 林泽炎, 严丽华, 等, 译. 北京: 对外经济贸易大学出版社, 2003.

[49] 德博拉·安可纳, 托马斯·A·科奇安, 等. 组织行为与过程: 企业永续经营的管理法则[M]. 2版. 北京: 中信出版社, 2000.

[50] 蔡树培. 人群关系与组织管理[M]. 北京: 九州出版社, 2001.

[51] 默里·希伯特, 布鲁斯·克莱特. 图解领导百科[M]. 1版. 王玉, 王琴, 李劲松, 译. 北京: 清华大学出版社, 2003.

[52] 戴维新. 论21世纪领导者的知识素质[J]. 南京社会科学, 2002(5).

[53] 亨利·明茨伯格. 传授领导力[M]. 刘昕, 译. 沈阳: 辽海出版社, 2003.

[54] 姜法奎, 刘银花. 领导科学[M]. 大连: 东北财经大学出版社, 2002.

[55] 罗纳德·A·海费茨, 唐纳德·L·劳里. 领导者的工作[J]. 哈佛商业评论, 1997(12).

[56] 刘世玉. 企业管理中的领导行为探析[J]. 中央财经大学学报, 2002(3).

[57] 哈罗德·孔茨, 海因茨·韦里克. 管理学[M]. 10版. 北京: 经济科学出版社, 1998.

[58] Dvaud Goss. 人力资源管理[M]. 陶文祥, 译. 台湾: 五南图书出版公司, 1997.

[59] 迈克尔·阿姆斯特朗. 战略化人力资源方法[M]. 张晓萍, 何昌邑, 等, 译. 北京: 华夏出版社, 2000.

[60] 劳伦斯·S·克雷曼. 人力资源管理 获取竞争优势的工具[M]. 孙非, 等, 译. 北京: 机械工业出版社, 1999.

[61] 武欣. 绩效管理实务手册[M]. 北京: 机械工业出版社, 2001.

[62] 孙海法. 现代企业人力资源管理[M]. 广州: 中山大学出版社, 2002.

[63] 理查德·佩廷格. 掌握组织行为[M]. 刘天伟, 戴晓峥, 肖欢, 译. 南宁: 广西师范大学出版社, 2001.

[64] 汪明生, 等. 冲突管理[M]. 北京: 九州出版社, 2001.

[65] 时巨涛, 等. 组织社会学[M]. 北京: 石油工业出版社, 2003.

[66] 史蒂文·L·戈德曼, 等. 灵捷竞争者与虚拟组织[M]. 杨开峰, 章霁, 等, 译. 沈阳: 辽宁教育出版社, 1998.

[67] 张爱卿. 当代组织行为学理论与实践[M]. 北京: 人民邮电出版社, 2006.

[68] Hellriegel, D., Slocum, J. W. & Woodman, R. W.. 3re ed., *Organizational Behavior*[M]. West Publishing Co., 1983.

[69] Evan, W. M.. *Conflict and Performance in R&D Organizations*[M]. Industrial Management Review, 1965.